# 고전학의 새로운 모색

# 고전학의 새로운 모색

안대회 외 지음

성균관대학교 대동문화연구원

# 서문

이 책은 한국 고전 연구의 방향과 방법을 다룬 14편의 글로 구성되었다. 대동문화연구원이 60주년을 맞이하여 기획한 기념학술회의에서 발표된 글을 중심으로 엮었다.

지난 1년 사이에 성균관대학교 동아시아학술원 대동문화연구원은 뜻 깊은 학술회의를 두 번에 걸쳐 진행하였다. 2017년 9월에는 『대동문화연구』가 100호를 간행하는 것을 기념하여 '고전 자료의 발굴과 새로운 연구 시각'이라는 주제로 학술대회를 개최하였고, 발표된 논문 7편을 12월에 간행된 100호에 수록하였다. 이듬해 2018년 1월 17일과 18일에는 개원 60주년을 맞이하여 '한국 고전학의 새로운 모색'이라는 주제로 학술대회를 개최하였다. 여기에서 발표한 논문을 3월과 6월에 출간한 『대동문화연구』 101호와 102호에 각각 네 편씩 수록하였다.

20세기 이후 한국에서 인문학 연구소가 60년의 역사를 맞이하는 것은 큰 의의를 지닌다. 이만한 역사를 지닌 연구소는 열 손가락으로 다 꼽지 못할 만큼 수가 적다. 더욱이 한국학 연구를 지향하는 연구원의 경우에는 더욱 적어서 두셋 정도를 꼽을 수 있다. 연구소에서 간행하는 학술지가 100호를 맞이한 것 역시 그와 같은 긴 역사를 입증하는 의미있고 기념할 만한 순간이다.

게다가 유서 깊은 전문학술지 『대동문화연구』가 1963년 8월 31일 1호를 발간한 이래 지령 100호를 맞이하는 시점과 1958년 1월 개원한 이후 60년 회갑을 맞이한 시점이 공교롭게 겹치게 되었다. 역사적 의미를 지닌 시기가 우연하게 함께 도래한 것을 계기로 지난 성과를 되돌아보고 앞으로 다가올 새로운 60년을 준비하는 학술적 논의의 자리를 마련하기로 하였다.

대동문화연구원을 거점으로 활발하게 활동했던 학계의 중견 연구자를 초빙하여 몇 차례 회의를 열어 의견을 모았다. 한영규(성균관대), 조성산(성균관대), 류준필(서울대), 권내현(고려대), 이영호(성균관대), 안대회, 함영대가 3차에 걸친 논의를 거쳐 고전학이란 주제어로 대동문화연구원이 오랜 시간을 들여 개척하고, 지속해온 고전자료와 고전연구의 대상과 연구방법론을 더 깊이 있고 더 새롭게 모색해보기로 합의하였다. 21세기 인문학 연구에서 한국 고전학의 위상과 방향을 내부의 반성과 외부의 시각을 교직시켜 더 객관적으로 짚어보려는 시도였다. 구체적으로는 다음과 같은 세 가지 주제를 상정하여 놓고 검토하였다.

1. **古典의 재정의와 正典의 문제** : 고전이란 과연 무엇인가? 과연 21세기 한국 고전학에서 고전은 어떻게 정의될 수 있고, 무엇을 고전으로 인식하고 연구할 것인가? 이를테면 우리 연구원이 지속적으로 연구해 온 연행록은 어떻게 '고전학의 정전'으로 확립되고 구축될 수 있을까? 전근대와 근대의 고전은 어떠한 점에서 같고 또 다른가? 또 그들의 正典化 작업은 어떻게 진행되어야 하는가?

2. **한국 고전학을 바라보는 세계의 시선** : 한국고전의 세계적 위상은 어떠한가? 유럽과 동아시아, 서구의 시선에 포착된 한국고전을 살펴보고, 세계학계의 평가와 또 미래의 가능성을 진단하고 한국 고전학에서 더 발굴하고 드러내야 할 고전에 대한 선별적 안목을 모색해 본다.

3. **고전학의 연구방법론** : 디지털 인문학의 시대에 고전에 대한 연구방법론은 과연 어떻게 정립되어야 하는가? 수많은 데이터베이스를 바탕으로 통계하고 시각화하여 직관적으로 보여주는 디지털 인문학의 등장은 전통적인 인문학 연구방법론에 새로운 문제의식을 던지고 있다.

고전학의 연구방법론에서는 그 방법론을 어떻게 수용하고, 또 대응할지를 분야별로 성찰해 본다.

이 질문은 오랫동안 고전 문헌을 수집·정리하여 한국학 발전의 자양분을 제공해온 대동문화연구원의 활동과 성과를 요약하면서 동시에 고전 연구의 새로운 방향성을 모색하려는 시도와 부합한다. 이에 따라 적합한 발표자를 선정하여 두 번에 걸쳐 발표회를 거행하였고 『대동문화연구』에 수록하였다.

이 책은 『대동문화연구』에 수록한 논문을 중심으로 고전학을 새롭게 모색하려는 취지에 부합하는 논문을 다시 선정하여 한 권의 단행본으로 출간하였다. 모든 앞서 설정한 문제의식을 반영한 것은 아니지만 한국 고전학의 가능성을 충분히 보여준다는 점에서 단행본으로 묶을 만한 가치와 의의를 지닌다고 판단하였다. 이 책은 15편의 논문을 4부로 나누어 편집하였다. 4부로 나누어 편집한 동기와 각 부의 특징 및 개별 논문에 대해 간략한 설명을 붙이면 다음과 같다.

제1부 '고전학 서론'은 고전학의 개념과 범위, 서양과 동양의 고전학에 대한 접근 방향을 다룬 3편의 논문으로 구성하였다. 필자와 안재원, 衣若芬의 글로 각각 한국 고전학과 서양 고전학, 동양 고전학 분야를 다루었다. 필자의 논문은 한국의 국학이 고전학이란 명칭을 통해 보편학문으로 나아가야 하며, 정전화와 정본화를 통해 고전학의 기초를 확립하여야 할 단계임을 주장하였다. 안재원의 논문은 보편학문으로서 서양 고전문헌학의 소개를 주축으로 하되 동양의 문헌학과 관련성을 함께 논하였다. 衣若芬의 글은 동양 고전학의 새로운 범주를 설정하여 텍스트와 도상을 연관하여 연구하는 '文圖學'이란 새 개념을 설정하고 그 가능성을 탐색하였다. 각 영역에서 고전학의 개념과 의의, 연구 방향을 다루고 있어서 이 책 전체의 서론에 해당한다.

제2부 '고전학 방법론'은 4편의 글로 구성하였다. 노명호, 김경호, 권기중, 이영호·함영대의 글로 각각 고려사, 중국 고대사, 호적, 경학 분야의 고전 텍스트를 다루고 있다. 노명호는『고려사』와『고려사절요』등 고려사 문헌을 이해하기 위한 기초로서 친족제도유형의 개념체계를 사례로 들어 사료해석과 사실 파악의 문제를 검토하였다. 김경호는 戰國과 秦漢時期 出土文獻資料와『史記』「秦始皇本紀」를 비교 검토하여 진시황의 사망과 관련한 역사적 사건에 관한 새로운 견해를 도출하였다. 권기중은 조선후기 호적대장의 현황과 연구 방향을 검토하여 조선후기 사회의 모습을 재구성하는 문제를 다루었다. 이영호·함영대는 디지털 경전주석학이란 이름으로 한국경학자료시스템을 분석하여 한국의 경학자료 DB 구축과 이를 활용한 경학연구의 새로운 지평과 방법론을 살펴보았다. 4편의 글에서는 고전 문헌 가운데 역사 문헌과 출토 문헌, 고문서, 디지털 문헌을 분석하여 고전학 연구의 영역과 범위를 다양하게 검토하였다.

제3부와 제4부 '고전 자료 새롭게 읽기'는 모두 7편으로 구체적인 고전 문헌을 분석하여 문헌 연구의 새로운 가능성을 탐색한 글로 구성하였다. 먼저 제3부는 권순회, 정우봉, 이창숙의 글로 구성하였다. 권순회는 시조집이란 문헌에 초점을 맞추어 연구하였다. 작자의 이름이 밝혀지지 않은 無名氏의 작품을 중심에 놓고 18세기 가집 편찬의 흐름을 분석하여 시기별 특성과 계보를 탐색하였다. 정우봉은 18세기의 백두산 유기를 분석하였다. 특히, 申光河의『遊白頭記』, 洪重一의『白頭山日記』, 金肇彦의『白頭山記』를 학계에 처음 발굴하여 소개함으로써 백두산 유기를 확장하였다. 이창숙은『동상기』를 비롯한 조선의 한문극본 3편을 분석하여 희곡으로서 지닌 체제와 장르적 특성을 도출하였다. 3부에 실린 글은 문학의 영역에 속하는 고전 문헌 가운데 시조집, 유기, 희곡과 같은 특정 분야의 자료를 연구하는 새로운 시각을 보여주었다.

제4부는 정민, 진재교, 박철상, 백민정의 글로 구성하였다. 정민은

정약용이 저술한 미완의 저작『備禦考』30권의 행방을 추적하였다. 저작자와 권수, 내용 등 여러 면에서 혼동되어 무관심 속에 방치된 국방 관련 중요한 문헌을 추적하고 고증하여 저작자와 권수 등을 복원하였다. 진재교는 조선후기의 類書와 人物志라는 문헌에 주목하여 주요한 유서와 인물지를 조사하고 분석하여 지식·정보를 집적하고 분류하는 문헌의 서술적 특징을 분석하였다. 박철상은 대표적인 金石文 拓本帖과 목록집을 조사하고 분석하여 조선시대 금석문의 정리 현황과 정리 방향을 제시하였다. 백민정은『增補 明南樓叢書』에 수록된 여러 작품들을 통해 최한기 사상을 주자학과의 관계에서 재조명하였다. 4부에 실린 글은 고전 문헌 가운데 국방 전문서, 유서, 금석문 탁본첩, 사상서와 같은 특수한 분야의 다채롭고 구체적인 문헌 자료를 고증하고 조사하고 분석하는 방법을 신선하게 보여주었다.

이상에서 간명하게 소개한 14편의 글은 일반적인 관점에서부터 특수하고 구체적인 분야까지 한국 고전학의 여러 측면을 고루 다루면서 글쓴이의 전문분야와 관심사에 따라 다채로운 시각을 보여주었다. 고전 문헌을 다루는 전문 연구자와 이 분야에 관심을 가진 젊은 연구자들에게 제공한다면 연구와 사유의 폭을 넓히고, 참고와 독서에 편리함을 줄 수 있으리라 기대한다.

대동문화연구원은 지난 60년 동안 고전 문헌을 수집·정리하여 한국학 발전의 자양분을 제공해왔고, 고전자료의 발굴과 분석에 새로운 시각을 제시해왔다. 중요한 것만을 들어보면,『한국경학자료집성』,『근기실학연원제현집』,『연행록선집』등 학술연구의 근간이 되는 주요한 연구자료 50여 종의 핵심문헌을 영인하여 학계에 보급하였고,『다산학단문헌집성』,『환재총서』,『심대윤전집』등 흩어진 문헌을 추적·발굴하고 수집·정리하여 연구의 기초 자료로 제공했다. 최근에는 호적과 족보, 경학, 연행록, 명청문학비평, 동아시아 지식과 지식인 지도 등 한국과 동아시아 자료의 데이터베이스를 구축하고, 정리한 자료를 활용하여 한국학 연구의 새로운 방법과 목표를 찾고자 노력하였다.

고전 문헌이라는 다양한 대상을 고전학이란 시각에서 심층적으로 검토해 본 이 책이 대동문화연구원의 새로운 60년을 위한 기초가 되고, 나아가 21세기 인문학 연구에서 한국 고전학이 더 과학적인 토대 위에서 인류 보편의 가치를 드러내는 학문적 단계로 나아가는 데 도움과 자극을 줄 수 있기를 기대한다. 기획 취지에 공감하여 훌륭한 발표문과 정리된 원고를 흔쾌히 내어주신 필자들에게 깊이 감사를 드리고, 두 번의 학술대회에 발표와 토론, 사회와 좌장으로 참여해주신 많은 분들께도 다시 한번 감사를 드린다.

2018년 11월 16일
대동문화연구원 원장 안대회 씀

# 차례

# 1부

## 고전학 서론

# 한국 고전학의 방향

안대회(성균관대 한문학과 교수)

## 1. 머리말

이 글은 한국의 옛 문헌과 사료를 어떻게 이해하고 정리하며, 읽고 연구해야 하는지 古典學의 관점에서 검토하고자 한다. 한국의 근대 대학 체제에서 고전을 연구한 기간이 한 세기가 채 넘지 않고, 실질적으로 연구가 활성화된 역사는 길게 잡아도 수십 년에 불과하다.

현대사회는 다매체와 다변화, 국제화의 추세에서 속도를 더 높이고 있고, 한국학과 고전 연구도 그에 맞춰 다양성을 추구하며 비약적으로 발전했다. 그러나 고전 연구가 현대 기계문명의 보폭에만 발을 맞춰 전개되기는 어렵다. 한국의 고전 연구가 지닌 특수성과 보편성을 고려한 방향으로 모색이 필요하다. 국내적으로 고전에 대한 이해를 높이고 연구를 활성화하며, 국제적으로 한국 고전을 인류가 공유하는 문헌으로 활용하는 방안을 효과적으로 마련할 단계이다.

현재 한국 고전의 연구가 당면한 과제를 돌파하고 새로운 방향을 설정하려고 한 이 글은 고전학의 개념을 내세우고 그 가능성을 검토해본다. 이전에 國學이나 韓國學 등으로 개념화하여 연구하던 관점을 고전학이란 더 일반적 개념으로 정의하여 고전 문헌과 사료의 연구에 진일보하는 계기로 삼는다. 시급하고도 중요한 과제로 정전화와 정본화의 두 가지 과제를 설정하여 고전학의 튼튼한 토대를 세우는 방향을 모색하고자 한다.


## 2. 古典學의 개념과 방향

古典學(classics)은 고전을 연구하는 학문이다. 주로 그리스와 로마의 고전을 연구하고 해석하는 학문으로 근대 유럽에서 부상하였다. 고전학을 표방하는 유일한 학술지인『서양고전학연구』에 수록된 논문을 일별하면 고전학의 범주가 분명하게 드러나는데, 철학과 문학을 중심으로 다양한 학문의 기반을 이루는 고전적 문헌을 해석한 서양철학자나 서양문학 연구자의 논문이 절대 다수를 차지한다. 고전학은 이렇게 서양 고전의 연구에 한정된 개념으로 오래도록 사용해 왔고, 한국 고전의 연구에서는 거의 사용하지 않았다. 이는 한국만이 아니라 일본, 중국 등의 동아시아에 공통된 현상이다.

古典學이란 개념이 그동안 서양 고전 연구에 한정하여 쓰였으나 古典이란 말은 그렇지 않았다. 한국에서는 흔히 현대나 그에 접근한 시기의 문헌과 맞상대하는 개념으로 고전이란 말을 사용하여, 대체로 근대 이전에 출현한 오래되고 낡은 문헌을 가리켰다. 물론 고전적 위상을 지닌 문헌을 가리키는 '고전'이란 말과 겹치기도 하고, 구분되기도 한다. 고전학이란 기본적으로 서양에서 그리스와 로마의 고전을 가리키던 개념에서 출발하지만 일반적인 '고전'을 다루는 학문으로 재정의할 수 있다. 고전학의 대상을 유럽의 기준에 맞추어 꼭 고대의 문헌을 다루는 古代學이어야 할 필요는 없다.

한국의 고전을 다룰 때 특히 그렇다. 한국에서 고전을 규정할 때에는 특수하게 큰 문제가 가로막혀 있는 것이 현실이다. 시기로는 백 년이 채 지나지 않은 문헌일지라도 고전이란 이름을 쉽게 부여받기 때문인데, 이는 多衆言語를 구사해온 한국의 언어적 조건에 기인한다. 한국은 역사상 한국어, 한문, 이두, 이문, 중국어, 일본어 등을 문헌의 생산에 사용한 다중언어 사회였다. 그와 같은 언어 사용에서 균열이 크게 발생한 시기가 조선 말기이다. 그 시기를 전후하여 그 이전과 그 이후의 문헌은 한 나라 사람이 생산했다고 볼 수 없을 만큼 큰 격차가 벌어졌다. 이전에는 한문이 문헌의 대세를 차지했다면, 이후에는 한국어가 주도하였다. 한문 사용자가 급격하게 소멸한 현상에 동반하여 한국어 문장도 고문과 현대문에는 극단적 차이가 발생하여 특별한 교육을 받지 않으면 현대인이 고문을 읽는 것은 매우 어렵다. 현대 한국인에게 고문은 외국 어나 마찬가지가 되었다.

어문 생활에서 벌어진 고금의 거의 완벽한 단절 탓에 고전 문헌과 현 대문이 자연스럽게 구분되어 한문이나 고문을 사용한 문헌은 바로 고전 으로 규정하여 전문가의 영역에 가둬놓았다. 고전적 가치를 지녔는지를 판가름하는 평가와 선택의 과정을 거치지 않고, 단순히 한문이나 고문 으로 된 텍스트면 고전이란 명칭을 부여받게 된 것이다. 古典文學을 비 롯하여 전근대의 역사와 문화, 철학을 다루는 학문 분야에서 고전은 대 체로 이렇게 규정된다. 한국에서 고전과 고전학이 맞닥뜨리는 벽과 같 은 조건이다.

한문과 고문으로 된 문헌을 자연스럽게 고전으로 간주하지만 적은 비중의 고문을 제외하면 한문저작이 절대적 비중을 차지한다. 양적으로 도 그렇고 질적으로도 그렇다. 사실상 고전은 한문으로 된 문헌을 가리 키고, 그 때문에 근대 이전의 고전을 전적으로 다루는 학과는 한문학과 나 한문교육과이고, 국어국문학과의 고전분과 한문학 전공, 문헌학과 사학과 철학과의 일부 전공에서 부분적으로 한문 문헌을 다루고 있다. 극히 일부 대학에서 고전학 협동과정이나 연계과정을 만들어 고전학이 란 명칭을 사용하여 동서양 고전을 교육하고 있기는 하나, 실상은 고전 학 본래의 영역인 서양 고대의 고전을 주축으로 하고 일부 서양 근대의 고전과 동양의 대표적 고전을 함께 강독하는 형편이다. 그 때문에 한국 에서 고전은 고대라는 시간의 문제에 초점을 맞추기보다는 언어와 문자 의 문제에 초점을 맞추어 확대하는 것이 현실적이고 올바른 방향이다.

그렇다면 한국의 방대한 양의 고전을 다루는 학문에 주로 서양 고전 을 다루던 고전학이란 개념을 사용하고자 시도하는 것이 어떤 의미를 지닐까? 한문학이나 고전문학이나 모두 문학이란 근대적 분과학문의 관점을 기반으로 하고 있어서 고전 문헌을 종합적으로 다루는 고전학과는 접근방법이 다르다. 더욱이 漢文學은 학문분과로는 거의 한국에만 존재하는 특수한 학문분야이다. 더 일반적이고 포괄적인 고전학의 관점으로 고전 문헌을 연구하는 것은 한국 고전의 전체상을 객관적으로 부각시키는 점에서 더 효과적이다. 명칭의 문제는 조심스럽게 접근할 사안이지만, 한문 문헌이 절대 다수인 고전 문헌을 지닌 한국의 현실을 고려할 때 정체성에 더 부합할 수 있다.

한국 학계에서 최근 들어 고전학의 학문적 가능성을 탐색하는 논의가 등장하는 이유가 여기에 있다.[1] 고전학의 명칭과 관점을 거론한 연구자가 모두 한국 한문학 전공자라는 사실은 엉뚱한 현상이 아니다. 서양 고전학의 개념을 살피고 학문적 연계성에 대한 고려가 충분하지는 않으나, 한문학 고전을 객관적으로 연구하는 차원에서 고전학을 거론하되, 논의의 초점이 한국 한문학 연구나 漢文學科의 학과 정체성을 고민하는 문제와 깊은 관련을 맺고 있다. 한국 고전으로서 한문학을 국수주의나 국학이란 좁은 시야를 벗어나 일본, 중국, 베트남 등 동아시아 여러 나라의 한문 고전과 연계하여 교육하고 연구하려는 폭넓은 시도의 일환이다.

한국 학계에서 고전학의 개념과 명칭을 도입하려고 시도하고 있듯이 일본이나 중국에서도 마찬가지로 시도하는 단계이다. 古典學을 주로 서양 고전에 적용하는 점도 마찬가지이고, 고전학을 동아시아나 자국의 고전에 적용할 때에는 명확하게 개념을 규정하지 않은 채 사용하는 점도 같다. 게다가 고전학을 표방한 학과가 거의 설치되지 않은 점도 같다. 일본에서는 서양 고전학의 성과를 바탕으로 동아시아의 고전을 연구하

---

1) 진재교, 「동아시아 고전학과 한문교육」, 『한문교육연구』 제42호, 2014, 37~66면; 김용태, 「전국 한문학과의 교육목표와 전공과목 편성에 대한 一提言」, 『한문학보』 34권, 2016, 125~145면.

고자 시도한 바 있고,[2] 히로시마대학에 東洋古典學硏究會가 결성되어
『東洋古典學硏究』란 학술지를 1996년 이후 내고 있으나 적극적인 변화
가 찾아지지 않는다. 중국에서는 최근 들어 근대 이후로 국수주의적 색
채를 띠는 國學이나 漢學을 대체하고, 전통적인 經學이나 子學의 장점
을 수용하고 결함을 극복할 학문으로 고전학의 가능성을 검토하는 추세
이다. 서양 고전학의 장점을 수용하여 자국의 고전을 과학적으로 연구
하는 새로운 시도로 고전학을 강조하고 있다.[3] 한편으로는 중국의 고전
학은 서양 고전학의 주요범주에 해당하는 先秦 이전의 고전을 연구하는
考古學의 성격이 매우 강하다.[4]

여기에서 주목할 사실은 북한에서 고전을 연구하는 학문분야를 민족
고전학의 개념으로 설정하고 있다는 점이다. 북한에서는 민족고전학을
"력사적으로 형성되고 사회생활의 모든 분야를 포괄하는 기록자료를 연
구하는 사회과학의 한 분야"로 정의하고, 연구의 대상은 "고전문헌의 형
성발전과 고전유산의 수집, 감별, 정리, 해석, 평가에서 나서는 학술적 문
제를 탐구하고 리론화하는 것"에 두고 있다. 북한에서는 국가적 차원에서
1950년대 중반부터 고문헌의 복각, 번역 및 출간과 해제 사업을 왕성하
게 벌여서 상대적으로 방대한 양의 민족고전을 번역해낸 성과를 거두어
남한 학계에 충격을 주었다. 그런 성과가 바탕을 이루어 민족고전학의 개
념이 만들어졌으며 그것이 하나의 학문분야로 성립된 시기는 대략 1977
년 무렵 사회과학원 직속으로 민족고전연구소가 만들어진 이후이다.[5]

---

2) 고노시 다카미츠[神野志隆光]의 '동아시아 고전학으로서의 상대 문학'이란 프로그램에서
   "한자세계로서의 동아시아라는 시점으로, 한국 · 중국 · 일본의 고전세계를 대상으로" 가능
   성을 시도하였다. 진재교, 위의 논문 42면 참조.

3) 楊天奇, 「超越"经学""国学"的"古典学"新境」, 『海南大学学报』(人文社会科学版) 35권 2
   호, 2017, 154~165면.

4) 裘锡圭 · 戴燕, 「古典学的重建」, 『书城』, 2015, (9), 27~40면.

5) 허원영, 「북한의 조선시대사 연구현황과 고문헌자료 협력방안 – 북한의 조선시대사 연구

민족고전학은 보편적 고전학의 시야로 한국의 고전을 연구한 것처럼 보인다. 그러나 민족이란 말에서 짐작되듯이 국학이나 한국학보다도 더 국수주의적이고 민족주의적 색채를 강하게 풍기고 있다. 그와 같은 과도한 국수적 색채를 벗고 보편적 고전학으로 전환하는 것이 필요하다는 점은 남한 학계와 크게 다르지 않다.

위에서 그동안 고전을 국학이나 한국 한문학, 또는 민족고전학의 범주에서 연구해왔던 것을 고전학의 관점으로 전환하여 검토할 것을 제안하였다. 하지만 고전학으로 관점의 이동은 단순한 명칭의 변화를 의미하지 않고 한국 고전을 읽고 연구하는 관점과 방법의 변화를 동반한다. 여기에는 학술사적 과정이 깊이 개입되어 있다.

20세기 이전 동서양이 통합되기 이전에 동아시아에서 보편적 고전으로 正典의 위치를 차지한 문헌은 중국의 漢籍이었다. 19세기와 20세기 들어 동아시아에서 근대적 국민국가가 형성되면서 漢籍의 패권적 위상이 무너지고, 그 빈 자리를 민족의 고전, 국민의 고전이 차지하였다. 서양 학문을 가장 먼저 수용한 일본이 國學이란 이름으로 자국의 고전을 고전 연구의 중심에 놓는 변화를 선도하였고, 이는 한국과 중국 등에 영향을 끼쳐 교육과 독서에 반영되었다. 자국의 정체성과 위대함을 자국인이 저술한 고전의 교육을 통해 정립하고자 하여 國學, 自國學 위주의 고전 연구가 진행되었다.

이는 근대 이전에 중국 고전을 正典으로 받아들이고, 그것을 매개로 하여 각국이 서로 영향을 주고받는 관계 속에서 동아시아 고전이 형성된 실정을 고려하면 고립적이고 폐쇄적인 고전 연구라 할 수 있다. 각국에서 생산한 고전은 서로 밀접한 관련을 맺고 있는데도 불구하고, 19세

와 민족고전학—」(최진옥 외, 『남북 고문헌자료 조사 · 연구사업을 위한 기초연구』), 한국학중앙연구원, 2007, 107~133면.

기 이후 각국이 자국 고전을 중시하면서 근대 이전에 고전을 생산하고 향유하던 원리와 관계는 과도하게 무시되었다. 국가에 따라 차이가 나지만 근대 이후 학술조차 국수주의의 성향을 띠고, 자국 고전을 과대하게 중시하면서 다른 나라의 고전과 분리하여 보는 시각이 굳어졌다. 어느 시대 어느 나라의 저술이든 서로 깊은 관련성을 맺고 있음에도 일국의 시각에서 고전을 이해하는 경향이 강해졌고, 동아시아에서 중국 고전을 타자화하여 외국 고전으로 간주하고, 중국 역시 고전을 자국의 고전으로만 가두었다.

그러나 동아시아 사회에서 공유했던 보편적 고전을 배타적으로 보는 것은 편협한 시각이다. 동아시아적 관점에서 보편적 고전의 독서와 교육은 필요하고, 동시에 각 나라의 고전의 가치를 평등하게 드러내도록 해야 한다. 근대 이후 편협해진 연구의 시각을 회복하여 동아시아 고전 일반을 과학적이고 객관적인 학문 방법으로 연구하고자 할 때 고전학은 평등하고 객관적인 관점과 시각을 제공할 수 있다. 그렇다고 중국 고전 위주로 편성된 근대 이전 고전독서법으로 완전한 복귀를 의미하는 것은 아니다. 근대 이후 각국에서 통용된 국학 연구가 드러낸 일국적이고 국수주의적 성향에서 벗어나 평등하고 균형잡힌 고전학의 재설정이 필요하다.

한편, 고전학은 한국과 일본에서 흔히 사용하는 한문학이란 용어를 대체할 만한 개념으로도 적합하다. 한문학이란 명칭이 뿌리를 두고 있는 것은 천 년 넘게 한문으로 문헌을 생산해온 동아시아의 특수한 역사이고, 그중에서도 한국의 경우가 대표적이다. 한문이 문헌 생산에 큰 비중을 차지하기는 하지만 앞서 말한 것처럼 다중언어 시스템에서 생산된 다양한 고전 문헌을 평등하고 객관적으로 연구하기 위해서 뿐만 아니라, 동아시아 각국에서 다양하게 변용된 고문헌을 중립적으로 연구하기 위해서도 고전학의 개념과 방법은 매우 유용한 선택이다. 고전학은 만주어나 몽골어까지 포함하여 동아시아 각국의 언어와 문자체계까지 포함한 고전 문헌을 연구하는 개방성을 표현하기 때문이다.

한문학이나 동아시아 한문학이란 용어는 자칫 근대 이전에 동아시아에서 보편적 고전으로 통용되던 漢文으로 쓰인 漢籍 위주로 사유하는 협소한 개념이 될 수 있다. 근대 이후 자국학 연구는 그와 같은 편향되고 일방적인 관계를 극복하는 데 크게 기여하였다. 중국에서 일부 학자들이 동아시아 각국에서 생산된 한문 고전을 域外漢籍으로 간주함으로써 중국 중심주의적 사고를 드러내고 있는 경향에 대처하는 방안으로도 고전학의 명칭은 효과적이다.

고전학의 시각은 문학이나 철학, 역사 등 근대적 분과학문으로 분리된 시각을 바로잡아 전학문의 시각과 능력을 확보하는 차원에서도 필요하다. 동아시아 각국의 고전을 다양한 문화집단이 서로 침투하고 교신한 결과로 이해하고, 한적을 포함한 각국의 고전을 공평하고 자유로운 연구를 통해 객관적이고 개방적으로 접근하는 공통의 틀로서 고전학은 유용한 가치를 지닌다.

그동안 국학과 한문학, 민족고전학의 시각으로 접근한 한국과 동아시아 고전 문헌을 보편의 시각으로 넓혀서 읽고 연구하는 방향을 고전학의 관점이 제시해줄 수 있다. 보편의 시각을 맹목적으로 따르는 것도 주의해야 할 태도이나 자기 것을 지나치게 강조하여 자기만족에 머무는 일국적이고 협소한 가치 추구에서 벗어나 고전 문헌에서 동아시아, 나아가 인류의 보편적 가치를 찾아내는 접근이 필요하다.


## 3. 正典化의 관점과 그 역사적 전개

한국의 고전을 연구하고자 할 때 처음부터 부딪히는 문제는 자료의 방대함에 비해 자료조사, 교감, 고증, 분석, 주석, 표점, 번역 등 고전을 치밀하고 객관적으로 연구한 결과가 부족하다는 점이다. 이는 고전을 학술적으로 연구한 역사가 매우 짧은 데 일차적 원인이 있다. 기초적이고 기본이 되는 문헌을 무엇으로 설정할 것인지 합의조차 없고, 기본적인 문헌조차 믿고 쓸 만한 텍스트가 확정되지 않은 것이 많다. 그러니 독자적 가치가 있어 보편적 고전으로 승화될 가능성이 있는 고전조차도 널리 소개할 기회를 만들지 못하고 있다. 한국 고전 가운데 인류의 고전으로 평가받을 만한 문헌이 왜 나올 수 없겠는가? 한국 고전의 正典에 어떤 것들이 있는지 기본서의 목록을 만드는 것은 고전 연구에서 중요한 의미를 지니므로 이를 正典化의 관점에서 살펴보고자 한다.

한국의 고전 가운데 시대를 초월하여 읽을 만한 뛰어난 가치가 있다고 인정받는 저술의 목록을 어떻게 만들 것인가? 문화의 영역에서 정전은 하나의 사회나 그룹이 가치 있다고 여기는 텍스트 자료를 일컫고, 문학의 영역에서 정전은 보편타당하고 지속적으로 통용된다고 생각하는, 전형적인 문학작품의 목록 또는 모범적인 작가들의 목록이다.[6] 문화의 영역이든 문학의 영역이든 정전의 목록을 만들고 그 타당성을 검증하는 문제는 고전학에서 다루어야 할 중요한 사안이다. 수많은 고전과 史料의 숲에서 연구자를 비롯하여 일반 독자들이 어떤 고전을 읽어야 할지 기초와 큰 방향을 제시해주기 때문이다. 후속 세대에게 교육과 독서의 안정적인 길잡이를 위해서도, 한국의 고전을 읽고자 하는 외국의 연구자나 독자를 안내하기 위해서도 정전의 목록을 만들고 그에 걸맞은 정확한 텍스트를 제공하는 일은 소홀히 할 수 없다.

그러나 한국의 고전에서 기초가 되는 문헌에 어떤 것이 있고, 무엇부터 읽어야 하며, 단계별로 분야별로 읽기를 권장하는 목록에는 어떤 것들이 있는지 명확하게 설정되지 않았다. 한국어 고문으로 쓰인 고전은 상황이 훨씬 낫기는 하지만 한문으로 쓰인 전적이 다수를 차지하고 있는 전근

---

6) 고규진, 「문학정전」, 연세대학교 출판부, 2012, 14면.

대 시기의 인문 고전이나 문학 고전에서는 상황이 상당히 열악하다. 수천 년 동안 읽어야 할 정전을 수렴해온 중국의 경우나 이미 19세기부터 주요한 자국의 고전을 정전화한 일본의 경우와 달리 한국은 자국의 고전을 정전화하는 일에 큰 관심을 기울이지 못했기 때문이다. 20세기 들어와서야 본격적으로 자국 고전의 정전화에 일정한 의식이 싹텄다고 말할 수 있다.

한국 고전에서 정전화와 탈정전화의 관점으로 다룰 성과를 거의 찾을 수 없으므로 그 현상의 역사적 전개과정을 먼저 확인해보는 것이 합당한 순서이다. 근대 이전 한국에서 읽어야 할 고전은 일정한 목록을 가지고 있었다. 삼국시대 이래 중국 고전만이 유일한 正典으로 인정받았다. 고려시대에는 불교가 국교이었기에 불교 서적 역시 정전의 한 부분을 차지하였다. 조선에 들어와 유학 외에는 정전의 자리에 오를 수 없었고, 조선 중기 이후에는 性理學이 독보적 지위를 차지하면서 유학의 주된 범주에 속하는 陽明學 저술마저 정전의 지위에 오를 수 없었다.

조선시대 정전의 문제를 바라볼 때 조선 후기의 교정 전문가이자 문인인 張混의 경우를 하나의 사례로 꼽을 수 있다. 그는 〈平生志〉에서 꼭 비치해야 할 서적의 목록을 '淸寶一百部'로 제시하였다. 공부하는 사람이라면 갖춰두어야 할 도서목록으로 제시한 것은 조선 후기 지식인이 판단하는 正典의 범주를 이해하는 좋은 기준의 하나다. 經史子集과 소설, 辭書, 醫書까지 포함한 이 목록에 조선의 책은 『三國史』, 『高麗史』, 『東史』 3종뿐이고, 澤堂 李植이 편찬했다는 『儷文程選』이 포함되어 있을 뿐 일본이나 다른 국가의 책은 한 종도 없다. 한국의 문집이나 선집 예컨대 『동문선』도 포함되지 않았고, 『東醫寶鑑』이나 『聖學輯要』 같은 명저도 포함되지 않았다. 물론 양명학의 고전인 『傳習錄』도 들어있지 않다. 『삼국지연의』나 『情史』 같은 소설류를 포함한 것을 고려하면 조선 후기 학자들이 정전이라 간주하는 문헌의 범위가 극단적이다. 정도의 차이일 뿐 다른 지식인도 큰 차이가 나지 않고, 중국 고전 위주로 정전을 만든 상식을 드러낸다.

이보다 더 규모가 크고 분류체계까지 갖춘 정전의 목록은 洪奭周(1774~1842)의 『洪氏讀書錄』이나 洪吉周(1786~1841)의 『四部誦惟』에서 확인할 수 있다. 박학한 학자인 형제 둘이 이미 읽었거나 읽지는 못하였으나 읽고 싶은 책의 목록을 선정하여 제시함으로써 정전의 목록을 만들고자 하는 의도를 읽을 수 있다. 그중 전자는 393종을 선정하여 이를 經史子集으로 분류하고 거기에 간단한 해설을 붙였다.[7]

권1에는 『역경』과 『시경』, 『예기』, 『康熙字典』, 『훈민정음』, 『奎章全韻』 등 經部 93종, 권2에는 『資治通鑑』 등 史部 106종, 권3에는 『孔子家語』를 비롯한 儒家 93종, 『齊民要術』 등 農家 7종, 『黃帝素問』 등 醫家 20종, 『老子』, 『莊子』 등 道家 62종 등이 실려 있다. 권4에는 『楚詞』·『東文選』·『牧隱集』 등 47종을 수록하였다. 박학한 학자답게 여러 분야에서 한국의 고전을 포함했다는 점에서 의식의 변화가 감지된다. 극단의 시대에 한국 고전을 바라보는 시각을 성찰하여 자국의 저서를 읽지 않는 풍토를 반성하며 정전의 위치에 올릴 만한 고전을 고려한 점은 높이 평가할 만하다.

그러나 이들을 제외하면, 이루 헤아릴 수 없이 많은 저술이 나왔음에도 『삼국사기』, 『고려사(절요)』, 『삼국사절요』, 『동국통감』 등과 같은 官撰書로서 역사서인 경우를 제외하고는 의미가 있는 정전의 목록을 세운 사례로 내세울 만한 것이 거의 없다.

그와 같은 상황에서 正祖가 행한 역할은 남다른 의미가 있다. 정조는 다양한 正典을 만들어 전국에 널리 공급하였다. 다수가 중국의 고전으로 『春秋』를 비롯한 경서, 『史記英選』과 같은 사서, 『朱書百選』, 『唐

---

7) 리상용, 「홍씨독서록 수록 서적의 선정기준에 대한 연구」, 『서지학연구』 30호, 서지학회, 2005, 247~281면.

宋八子百選』, 『五經百選』과 같은 百選 시리즈, 그리고 『挹翠軒遺稿』,
『李忠武公全書』, 『宋子大全』을 비롯한 조선 명현의 문집 정본을 편찬하
였다. 역대 국왕 가운데 가장 체계적이고 새로운 시도로 정전을 만들었
고, 그 보급과 확산에도 주의를 기울였다. 특히 조선 명현의 문집을 단
순하게 재출간하지 않고 꼭 읽어야 할 정전으로 만들고자 한 시도가 주
목된다. 이미 출간된 적이 있거나 아예 출간된 적이 없는 문집을 정본으
로 만든 명현의 문집은 조선 시대 정전화 사업의 모범적이고 집중적인
사례로서 가치를 인정할 만하다. 정조의 시도는 학파의 주도자 퇴계 이
황이나 율곡 이이와 같은 저명한 학자의 문집을 정전화한 전통에[8] 이어
서 문집을 정전화한 중요한 선례를 남겼다.

　　그러나 한국 고전의 正典化를 위한 본격적인 시도는 한문 고전을 더
는 생산하지 못하는 시기가 도래하면서 시작되었다. 그 시도는 1908년
이후 朝鮮古書刊行會와 朝鮮光文會 두 기관에서 주도하였다.[9] 조선고서
간행회는 28종 83책의 『朝鮮群書大系』를 간행하여 『퇴계집』과 『동국이
상국집』을 비롯한 시문집과 『동문선』, 『대동야승』, 『지봉유설』을 비롯한
편서, 『삼국사기』과 『삼국유사』, 『연려실기술』, 『해동역사』를 비롯한 역
사서, 『해행총재』, 『택리지』, 『신증동국여지승람』을 비롯한 저술까지 포함
하고 있다. 몇 종을 제외하면 현재도 각 분야 고전의 대표라고 인정받는
명저를 포괄하고 있어 정전 목록의 첫 단계로서는 수준이 상당히 높다.

　　조선광문회 역시 『동국통감』, 『택리지』, 『열하일기』, 『경세유표』와 『아
언각비』, 『연려실기술』, 『해동역사』 등 24종 46책을 발간하였다. 두 기관

---

8) 김태년, 「'正典' 만들기의 한 사례, 『栗谷別集』의 편찬과 그에 대한 비판들」, 『민족문화』 43
　권, 2014, 77~115면; 문석윤, 「『退溪先生文集』에서 『定本 退溪全書』까지」, 『한국사상사
　학』 55권, 2017, 293~338면.
9) 최혜주, 「일제강점기 고전의 형성에 대한 일고찰-재조일본인과 조선광문회의 고전간행을
　중심으로」, 『한국문화』 64집, 2013, 157~195면.

에서 설정한 목록은 상당히 유사하다. 두 기관의 목록과 편찬사업은 한국의 문화와 문학, 지식의 정체성을 드러내는 고전을 어떻게 목록화할 것인지를 보여주고 있어 정전화 작업의 출발로서 큰 의미가 있다. 여기에 1930년대 초부터 鄭寅普가 실학 고전을 중심으로 朝鮮古書解題를 진행한 것도 한국 고전 정전화의 주요한 계기를 마련하였다.

조선 말기부터 일제강점기 초기에 두세 차례 진행된 한국 고전의 정전화 작업에서는 몇 가지 뚜렷한 현상을 찾아볼 수 있다. 하나는 脫中國化 현상으로 앞서 장혼이나 홍석주, 홍길주의 정전 설정에서 보는 것과는 달리 중국 고전 중심의 정전에서 완벽하게 벗어나 있다. 둘째로 이른바 官撰書나 刊本 위주의 정전에서 벗어나 다양하고 독특한 개인 저술이 목록에 올랐다. 셋째로 처음 시도한 목록임에도 문학과 철학, 사학, 기타 학문을 포괄하려는 균형감각과 절제된 정선이다. 넷째로 중국을 소재로 하거나 과도하게 중국적 방향이 보이는 경향을 버리고 한국 고유의 역사와 문화, 문학과 사회를 배울 수 있는 고전 위주로 선택하였다. 마지막으로 대부분 한문 고전을 범위에 넣었고, 국문 고전은 거의 배제되었다. 선본을 선정하여 현대 활자로 출간하되 조선고서간행회는 구두를 끊어 읽기에 편리함을 추구했고, 조선광문회는 구두를 끊지 않았다. 아직은 다수의 지식계층 독자가 한문 원전을 자유롭게 읽는 시대였던 배경이 이와 같은 정전화 사업을 가능하게 만들었다. 최남선은 간행하는 취지에서 "역사적·언어적·도덕적 세 방면을 자주적·근대적·과학적으로 연구 설명하려는" 태도로 조선광문회에서 고전을 간행한다고 밝혔는데,[10] 그의 언급은 한국 고전을 대상으로 자주적이고 근대적이며 과학적인 연구가 본격화되었음을 알리는 신호이다. 보편적 고전의 시대에서

---

10) 최남선, 「10년」, 『청춘』 14, 1918년 6월, 8면.(류시현, 『최남선』, 한겨레출판, 2011, 66면. 재인용)

국학의 시대로 탈바꿈한 시대적 변화를 정전화 목록이 보여주고 있다.

그러나 이들이 간행한 고전의 목록은 전체 한국 고전 가운데 일부일 뿐이고, 특히 문학 고전은 거의 포함되지 않았다. 다만 전체 한국 고전을 대상으로 출간한 점을 가치로 꼽을 수 있는데 그 이후 이와 같은 방대한 규모로 정전을 간행한 일이 거의 없다. 특정 출판사의 상업적 영인본 출간이나 번역서 출간, 대학 연구소 차원의 영인이나 번역이 일부 추진되었으나 대체로 방향성이나 목표의 규모가 작았다.

한편, 출판계의 경우에는 일제강점기 이후 지금까지 거의 문학 정전 위주로 출간하였다. 해방 이후 본격적으로 간행되기 전단계로 1931년 삼천리사에서 『근대문학전집』을 발간하여 『열녀춘향』, 『민요 및 가요』, 『추풍감별곡』 등 10권의 고전문학을 대중적으로 기획하여 발간하였다.[11] 고전문학전집의 형태로 읽을 만한 가치가 있다고 인정한 정전을 추리고 배치하였다. 1961년 민중서관에서 순차적으로 간행한 『한국고전문학대계』를 시작으로, 2000년대까지 20여 종의 한국고전문학전집이 출현하였는데 검토할 만한 학술적 가치를 지닌 전집은 민중서관(1961~)의 『古典文學大系』, 고려대 민족문화연구원에서 간행한 『한국고전문학전집』(1993~2006) 37권, 그리고 현재도 진행 중인 문학동네의 『한국고전문학전집』(2010~) 17종 22권이다.[12] 이 전집들은 시가 소설 구비문학 한문학 등 한국 고전문학의 전 갈래를 포괄하여 정전을 만든다는 목표를 가지고 있었으나 그 목표를 달성하지 못하고 대부분 중단되었다. 전 갈래를 포괄한다는 목표는 현실적 한계에 부딪혀 대체로 고전소설 위주로 목록이 만들어졌다. 문학전집은 처음에는 한국어로 쓰인 순수한 한국문학 작품을 위주

---

11) 박숙자, 「1930년대 명작선집 발간과 정전화 양상」, 『새국어교육』 83집, 한국국어교육학회, 2009, 688면.

12) 권혁래, 「한국고전문학전집의 간행 양상에 대한 비판적 고찰」, 『고전문학연구』 40권, 2011, 161~196면.

로 구성하여 한문학 고전을 소홀하게 다루었으나 점차 한문학을 적극적
으로 수용하는 방향으로 전개되었다.[13]

고전문학 정전을 지향한 이들 고전문학전집은 몇 가지 한계를 드러내
고 있다. 전체적으로 고전문학 전체상에 알맞은 균형을 맞추지 못했고,
기획의도가 분명하지 않거나 의도를 충실하게 구현한 전집을 만들지 못
하고 대부분 중단했으며, 한문학 분야는 소외되거나 극히 작은 비중을
차지했다. 학술적 가치를 지닌 이들 고전문학전집이 독자의 기대에 부
응하지 못한 이유를 다음과 같이 분석할 수 있다. 일반 교양인의 반응이
낮아 판매가 잘되지 않았고, 정전에 걸맞은 수준 높은 책을 만들기에는
학계 전문가의 학술적 역량이 뒷받침되지 못했으며, 정전 한 종을 만드
는 데 연구자가 들이는 시간과 노동은 과다하지만 연구비 지원이나 학
계의 평가는 지나치게 야박하였다. 그리고 투여되는 자금을 감당할 후
원자가 없었다. 그리하여 현재까지 한국고전문학은 신뢰할 만한 전집을
보유하지 못하고 있다.

그렇다고 해도 문학 정전은 다양한 시도가 진행되어 사정이 나은 편이
다. 문학을 벗어나 일반 고전에 이르면, 전집의 형태로 정전을 묶어 간행
하는 사례가 거의 없었다. 세계사상전집이나 동양사상전집에 구색을 갖
추는 차원에서 몇 종이 수록되는 경우가 대부분이었을 뿐, 문학을 포함하
여 한국 고전의 정전을 체계를 갖춰 정리하지 못했다. 정전의 목록을 만
들고 그 내용을 간단하게 소개하는 차원을 넘어서지 못했다. 휴머니스트
에서 2006년에 6권으로 간행한 '한국의 고전을 읽는다' 시리즈가 목록과
내용을 소개한 차원으로 출간되었으나 실제 작품이 출간되지는 않았다.

---

13) 한편, 북한에서는 문예출판사에서 1983년 이후로 '조선고전문학선집' 100권을 간행하고
있다. 국문학상 다양한 장르를 포괄하여 체계적 기획 하에 출간하고 있어 고전문학 정전의
모범적인 사례로 꼽을 수 있다. 한국에서는 이를 보리출판사가 한국에 맞게 '겨레고전문학
선집'이란 총서명으로 출간하고 있다.

현재까지 펼쳐진 정전화 과정을 검토하면, 한국 고전의 정전에 관한 관심과 논의가 매우 부족했음을 확인할 수 있다. 문학 정전을 포함하여 한국 고전의 정전을 설정할 때에는 다음과 같은 점을 고려할 필요가 있다.

　　첫째, 한국 고전이 한국의 교양인이나 지식인에게 독서물로 읽힌 역사가 짧거나 다른 외국의 고전보다 상대적으로 저평가되었다. 근대 이전에는 오로지 중국 고전을 정전으로 여겼고, 근대 이후 한국 고전은 독서 시장의 중심으로 부상하지 못했다.

　　둘째, 한국 고전은 절대 다수가 한문으로 되어있고, 한국어로 쓰인 고전도 현대어와 차이가 매우 커서 전문가를 포함하여 현대의 독자가 접근하기가 쉽지 않다. 자국의 고전을 번역이 아니면 읽을 수 없는 극단적인 단절은 고전의 가치와 활용을 현저하게 떨어뜨린다.

　　셋째, 언어와 문자의 단절은 정전의 정확한 재현을 어렵게 하고, 연구자나 독자에게 효과적이고 빠르게 전달하는 데 상당한 노력과 시간을 요구한다. 조선 말기와 일제강점기 초기에 조선고서간행회나 조선광문회에서 간행했던 일련의 고전간행과는 비교할 수 없을 만큼 많은 난관이 가로 놓여 있다. 그 때문에 앞으로 정전화 작업은 정본화 작업과 함께 번역과 주석 작업을 병행하는 방향을 취해야 한다.

　　넷째, 정전에 대한 학계의 활발한 논의가 없고, 고전과 史料의 구분이 명확하지 않다. 전문가가 활용할 수준의 전문적이고 시시콜콜한 사료와 읽기를 권장할 만한 정전이 분간없이 독서시장에 나온다. 전문가가 아니면 굳이 읽을 필요가 없는 사료가 정전보다도 먼저 번역되기도 한다. 가치 있고 중요하며 많은 독자가 읽기에 적합한 고전을 선정하여 정본과 번역서를 만들도록 노력하여야 한다. 명저로 손꼽히는『반계수록』이나『지봉유설』,『韓國痛史』등과 같은 명저조차도 연구자가 읽을 만한 텍스트가 없다.

다섯째, 시대를 초월하여 가치가 크다고 인정하는 한국의 고전을 과연 얼마나 설정할 수 있고, 또 굳이 설정할 필요가 있는 것인지, 정전을 만들어 연구의 토대로 삼고 독서대중에게 보급할 효과적인 방법을 마련할 길은 있는지 의문이다. 또 수요자가 전문적인 한국학 연구자인지, 일반 독자인지, 아니면 외국의 전문가 또는 일반 독자인지에 따라 정전의 목록에 차이가 발생하는 것을 고려해야 한다.

현재도 한국 고전의 체계적 연구나 한국학의 기본 텍스트가 만족할 만한 수준으로 갖추어지지 않고 있다. 이는 개인 연구자의 힘으로 추진하기 힘든 일이므로 각 분야 전문가를 보유하고 오랜 경험을 축적한 연구기관이 주관하여 치밀하고 장기적인 계획하에 추진하는 것이 바람직하다.


## 4. 고전 정본화의 의의와 확대

정전은 필연적으로 정본화 과정을 거쳐야 한다. 수많은 고전 가운데서 정선한 탁월한 가치를 지닌 문헌이므로 다른 어떤 문헌보다 정확한 분석과 비평을 거친 텍스트가 제공되는 것이 당연하다. 그러나 정전의 설정이 뒤진 것처럼 한국 고전의 정본화 작업 역시 매우 실망스럽다. 따라서 정본화 사업은 무엇보다 앞서 서둘러야 할 급선무이다.

대동문화연구원을 비롯하여 많은 대학의 한국학 연구기관은 대체로 명칭부터 국가적 관점을 지향하는 의식을 담고 있다. 근대적 한국학 연구가 길지 않은 역사를 가진 점을 감안할 때 국가주의적 관점에 의한 국학 연구가 지닌 유효성을 부정하기는 어렵다. 이들 연구기관의 사업이 지닌 특성은 대동문화연구원의 성과가 잘 보여주고 있다. 그동안 수행한 주요한 사업을 확인해보면, 유교 경서와 주요한 문집 선본을 수집하고 정리하여 영인하였고, 『한국경학자료집성』, 『근기실학연원제현집』, 『연행록선집』, 『다산학단문헌집성』, 『환재총서』, 『심대윤전집』 등 흩어진 문헌을 발굴·정리하고 영인하여 기초 자료로 제공했다. 여기에 뿌리를 두고 호적과 족보, 경학자료, 연행록 등 자료의 데이터베이스를 구축하고, 연구서와 번역서, 목록과 색인 등 학술적 가공작업까지 진행하였다. 그중에서 가장 많은 공력을 기울였고, 성과를 낸 부분은 한국학 자료의 수집과 영인이다. 전집보다는 선집으로 출간되는 조선시대 문집의 관례나 간본보다는 사본이 더 흔히 유통되는 조선시대 출판의 실상을 고려할 때 자료의 수집과 영인 사업은 그 의의와 기여가 상당히 크다. 그러나 그 주축이 새로운 형태의 출간이 아니라 과거 전적의 재현인 영인사업이 지닌 한계 역시 분명하다.

그동안 대학 연구기관에서는 고전의 정본을 만드는 사업에는 그다지 관심을 기울이지 못했다. 정확한 비평판 정본을 만드는 학술적 작업은 엄정한 학술적 연구와 정확하고 신뢰할 만한 역주작업의 토대를 다지는 일이다. 조선시대에 經學史나 性理學 연구사에서 經書나 註疏의 글자 하나의 차이와 해석의 分岐에 따라 학파의 견해까지 달라지는 장면을 볼 수 있듯이 자구와 판본, 진위와 문맥 등 다양한 요소를 반영하여 만든 정본의 제작은 고전학에서 핵심적인 사업이다.

그러나 근대 이후 거의 최근까지도 주요한 고전의 정본을 만드는 일에 학계도 연구기관도 개인연구자도 관심을 기울이지 못했다. 중국이 장구한 역사를 통해 고대 고전의 정본을 만들어온 과정이나 일본이 근대 들어 자국 고전의 정본을 만든 노력에 비하면 시기적으로 상당히 늦고 성과도 적다. 다행히 21세기에 들어서 주요 고전의 정본을 만들 필요성에 공감하여 일부 고전에서는 정본 사업이 활발하게 진행 중이다.[14] 현황을 세 가지로 나누어 정리하면 다음과 같다. 먼저 연구기관에서 고전

14) 이동철, 「韓國 古典籍 整理에서 校勘과 標點의 現況과 課題: 1980년대 이후 개인 연구자들의 주요한 성과를 중심으로」, 『민족문화』 31권, 2008, 7~122면; 심경호, 「한국한문문집을 활용한 학문연구와 정본화 방법에 관한 일고찰」, 『민족문화』 42집, 2013, 287~336면.

의 정본화 사업을 진행한 것부터 살펴본다.

굵직한 사업 위주로 소개하면, 다산학술재단의『與猶堂全書』정본화 사업이 이미 완수되어『定本 與猶堂全書』37책을 출간하였고, 자세한 과정을 白書로 정리하였다.[15] 퇴계학연구원의『定本 退溪全書』사업이 막바지에 도달해있고, 임원경제연구소의『林園經濟志』정본화와 번역사업도 현재 빠른 속도로 진행 중이다. 최근 정재철 교수팀의『燕巖集』정본화 사업도 시작되었고, 한국한의학연구원에서 8개 이본을 교감한『내 손안에 동의보감』이 출간되었다. 이들 몇 가지 고전은 연구자 개인의 혼자 힘으로 하기 힘든 방대한 분량이므로 사업참여자의 수도 적지 않고, 사업비도 많이 들어 연구기관에서 정부의 재정적 지원을 받아 사업을 진행하고 있다.

다음으로는 연구지원 기관에서 정본화 사업에 관심을 기울이고 있다. 2012년에 한국학중앙연구원에서 '한국학 고전 텍스트 정본화 사업의 필요성과 시급성'이란 주제로 7인의 연구자가 논문을 발표하여 정본화에 대한 학계의 관심을 촉구하였는데[16], 이는 한국학진흥사업의 일환으로 지원하는 정본화 사업과 연결된다. 이 기관의 재정적 지원으로 각 연구기관에서 일정한 성과를 거두었다.

세 번째로는 개인 연구자의 관심이다. 앞에서 보듯이 정본 작업은 시간과 노력과 비용이 들어가기 때문에 그동안 개인 작업이 많이 이루어지지 않았고, 특히 정본화에 대한 인식이 높지 않아 실제로 이루어진 성과

---

15) 다산학술문화재단,『與猶堂全書 정본사업백서』, 다산학술문화재단, 2014.

16) 정명현,「전통 과학과 기술 연구를 위한 정본화 사업의 필요성」,『정신문화연구』통권 128호, 2012, 한국학중앙연구원, 91~117면; 서대원,「定本化와 讀本化: 국학진흥의 기초」, 위의 책, 77~89면; 문석윤,「한국학 고전 텍스트 정본 편성의 의의와 실제:『정본 퇴계전서』의 사례를 중심으로」, 위의 책, 59~76면; 안재원,「왜 '정본'인가」, 위의 책, 31~57면; 베르너 자쎄,「한국학 고전 텍스트 정본 사업의 필요성에 대하여」, 위의 책, 23~30면; 이태수,「한국학 정본 사업의 의의」, 위의 책, 7~21면.

가 많지 않았다. 다만 최근 들어 인식이 제고되고 있다. 필자는 개인적으로 이 작업이 고전 연구의 튼튼한 토대를 마련하는 중요한 사업이라고 판단하여 고전을 번역할 때에는 반드시 정본 작업을 병행하였다. 주요한 성과로는 20종의 이본을 對校하고 標點을 단 뒤에 번역을 진행한 『완역 정본 북학의』(2013, 돌베개)와 3종의 이본을 對校하고 標點을 달아 번역한 『綠波雜記』(2017, 휴머니스트)를 출간하였다. 또 『小華詩評』은 이본만 100여 종이 넘는데 수십 종의 이본을 조사하고 그중에서 善本으로 평가하는 10종의 사본을 대상으로 교감하여 정본을 확정하고 그것을 저본으로 삼아 번역하였다.[17] 이와 작은 작업을 혼자의 힘으로 수행하면서 이본을 교감하며 표점을 다는 것이 시력을 해치고, 기력을 소진하는, 매우 힘든 고역임을 절실히 깨달았다.

현재는 대학원생들과 주요 고전을 함께 읽되 이본을 모두 구해 정본을 만들고 번역과 주석을 더하는 세미나를 10년 가까이 진행하고 있다. 그동안 8종의 이본을 어렵게 구해 『畫永編』의 정본을 만들어 번역하였고,[18] 李重煥의 명저 『擇里志』는 주요한 사본 수십 종의 이본을 교감하여 정본을 만들고 번역작업을 완수하여 『완역 정본 택리지』로 출간하였다.[19] 『擇里志』는 이본만 200여 종이 되고 하나도 같은 텍스트가 없을 만큼 이본 간에 글자와 문맥의 차이가 심하여 정본 작업에 큰 어려움을 겪었다. 홍만종의 『詩評補遺』 역시 4종의 이본을 구해 현재 세미나를 완료하고 출간을 앞두고 있다. 『擇里志』의 경우처럼 이본이 방대할 경우에는 연구자 공동의 작업이 아니면 수행하기 어렵다.

이처럼 몇 가지 주요한 고전을 대상으로 하여 정본을 만들어본 경험

---

17) 홍만종 저, 안대회 옮김, 『小華詩評』, 성균관대학교 출판부, 2016.
18) 정동유 저, 안대회·서한석 외 옮김, 『畫永編』, 휴머니스트, 2016.
19) 이중환 저, 안대회·이승용 외 옮김, 『완역 정본 택리지』, 휴머니스트, 2018.

상 비평판 텍스트를 만들지 않고 행한 번역이나 연구는 근본적인 한계를 가질 수밖에 없다는 사실을 명확하게 알 수 있었다. 우리가 고전이라고 인정하는 텍스트는 그것이 중요하든 중요하지 않든 텍스트 자체가 지닌 한계와 결함이 있고, 그 한계와 결함을 최소화하는 텍스트 비평 위에서 연구도 이루어지고 번역도 이루어져야만 한다. 과학적이고 객관적인 연구의 기초에 정본화 작업이 자리하는 것은 당연하다.

정본화 작업에서 무엇보다 선결되어야 할 것이 국가가 편찬한 역사서의 정본화이다. 『삼국사기』나 『삼국유사』, 『고려사』, 『고려사절요』와 같은 기본적인 역사 고전에서도 최근까지 정본으로 꼽을 만한 것이 없었다. 고려사 연구에서 기본서에 속하는 『고려사절요』만 해도 단종 원년(1453)에 印出된 갑인자와 을해자 판본이 있는데 갑인자는 모두 같으리란 예상과는 달리 실제 정본 작업을 해본 결과 교정에 따른 내용상의 차이와 많은 오자가 발생했다.[20] 역사학자들이 이 점에 주의를 기울여 교감본을 간행한 것은 한두 해도 지나지 않을 만큼 너무 늦은 감이 있다.[21] 당연히 『고려사』와 같은 정사도 간본 사이의 텍스트 비평 작업이 이루어져야 한다. 2014년에 중국에서 孫曉 등이 주관하여 『高麗史』가 10책으로 간행되었는데 標點校勘本이라 하지만 교감의 측면에서 신뢰할 수 있을지 의문이다.[22]

대표적인 正史로 일반인까지 관심을 기울이고 있는 『조선왕조실록』도 현재 남북한에서 각기 완역되었으나 일찍부터 번역상 오류가 지적되었다. 그러나 번역의 오류 이전에 이 텍스트 자체를 교감하여 정본으로 만드는 작업이 이루어져야 한다. 이 사료는 국가적 노력의 결정체이나 원

---

20) 노명호, 「새 자료들로 보완한 高麗史節要와 讐校高麗史의 재인식」, 『진단학보』 124집, 2015, 27~56면.

21) 노명호 외 교감, 『교감 고려사절요』, 집문당, 2016.

22) 孫曉 主編, 『高麗史』, 西南師範大學 出版社, 2014.

전 자체의 불완전성이 있으므로 완전히 신뢰하기에는 부족하다.

『조선왕조실록』뿐만 아니라『승정원일기』는 화재로 소실되고 다시 복원되는 과정을 거치면서 상당히 불완전한 텍스트로 남아 있다. 결락된 부분이 상당하고 불에 탄 부분은 복원되지 못한 부분이 있다. 더욱이 草書로 쓰인 탓에 誤脫字가 다수 발생하여 관련한 다량의 문헌과 對校하는 작업이 요구된다. 이 방대한 사료도 堂後日記 등을 비롯한 수많은 사료와 대조하여 정본화를 거쳐야 제대로 된 사료로 믿고 이용할 수 있다.[23]

문집의 경우는 더욱 정본 작업이 필요하다. 널리 활용되는 문집 가운데 정조의『弘齋全書』가 있어 완역까지 되어 있다. 국왕의 문집 가운데 최대의 분량을 가지고 있고, 정보나 문장이 최고의 수준을 보이며, 편찬 역시 정밀하게 이루어져 외면상 완벽한 저술로 평가된다. 그러나 사료적 가치가 높은 저술을 모두 수록한 것은 아니다. 심환지에게 보내는 어찰을 비롯한 편지글은 대부분 싣지 않았고, 세손 시절 韻書에 붙인 서문이 실리지 않았으며, 金邁淳에게 보내 金昌翕의 학술을 비판한 장문의 편지도 누락되었다.[24] 정치적 논란을 일으킬 수 있는 주목할 만한 사료를 의도적으로 누락시킨 결과이다. 문제작이 누락되고 범작이 수록되는 결함은『홍재전서』뿐만 아니라 많은 문집에서 공통적으로 나타나는 문제점이다. 따라서 중요한 문집은 대대적인 증보를 통해 정본을 만드는 작업이 요구된다.

한국 고전의 정본화는 고전의 가치를 높이고, 정확하게 이해하는 지름길일 뿐만 아니라 번역과 연구의 기초를 다지는 작업이다. 정본화에 대한 인식이 최근 들어 높아져 주요한 성과가 속속 나오는 현상은 고무

---

23) 신승운,「『承政院日記』의 飜譯과 定本化 問題」,『민족문화』31권, 2008, 45~70면.

24) 안대회,「御札의 정치학 - 정조와 심환지」,『역사비평』87호, 2009, 157~202면. 김창흡의 학설을 비판한 문장은『不易言』에 실려 있다.

적이다. 정본화는 정전이나 기본사료에 속하는 저작부터 시작하여 차츰 범위를 확장하는 방향을 취하고, 각 기관을 중심으로 추진하되 개인 연구자도 관심을 기울여야 할 일이다.

## 5. 맺음말

이 글은 20세기 이후 근대적 한국학의 연구대상이 된 한국의 고전 문헌 연구를 비판적으로 검토하고 그 대안을 마련하고자 하였다. 해방 이후 고전 연구가 본격화된 지 60년 정도의 시간이 흐른 지금 한국 고전의 가치를 더 잘 드러내기 위해서는 고전학의 개념과 관점을 모색하는 시도가 필요함을 제기하고, 그 구체적 방안으로 정전 목록의 제시와 정본화 사업의 체계적 시행을 제시하였다.

지난 반세기 동안 한국학 연구가 괄목할 만한 진전을 이루었으나 한국의 경제력과 국제적 위상에 비할 때 한국학의 기여나 발전은 상대적으로 뒤처지고 있다. 다매체와 다변화, 국제화의 추세 속에서 한국학 연구는 國學의 협소한 울타리에 안주할 수 없고, 더 개방적이고 더 국제적이며 더 보편적인 시각과 문제의식의 단련을 통해 발전해나가는 것이 필요하다. 그럴수록 고전 문헌의 단순한 영인이나 DB화를 넘어서 정전과 정본을 만들어 연구의 튼튼한 토대를 만드는 사업을 동시에 진행해야 한다.

이 글에서는 고전 연구의 진보를 위해 세 가지 측면에서 제안하였다. 그 제안이 한국 고전 문헌의 가치를 높이고 연구의 활성화를 도모하는 데 기여할 수 있기를 기대한다.

# 르네상스는 돌고 돈다!

renascentia semper rotata!

안재원(서울대 인문학연구원 부교수)

서양고전문헌학은 기원전 3세기에 태동했고, 상대적으로 긴 역사를 거쳐 축적된 학술이다. 이렇게 긴 역사를 거치다보면, 하나의 학술로서의 정체성이 변질될 수 있지만, 그 변질을 막아주는 소금 역할을 하는 것이 있다. 서양고전문헌학의 정의가 그것이다.

> 서양고전문헌학은 문헌 전승을 파악하고, 해명하며, 복원하는 학술이다.
>
> (Scholarship is the art of understanding, explaining and restoring the literary tradition.)[1]

이 작업은 기원전 3세기에도, 디지털 시대에도 변함없이 수행되고 있다. 매체 변화가 있었지만, 작업의 본질적인 성격이 바뀌지는 않았다. 보기에 딱할 정도로 서양고전문헌학은 이른바 '소금' 정의를 고집한다. 이유인 즉, 이 작업이 기본적으로 해야 할 일이기 때문이다. 사정이 이렇다보니, "호고주의(好古主義)"니 "실증주의(positivism)"라는 비판과 비아냥을 자주 듣는다. 니체 (Friedrich Nietzsche, 1844-1900)의 비판이 대표적이다.

> 예전에 문헌학이었던 것이 지금은 철학이 되었다.
>
> (philosophia facta est quae philologia fuit.)[2]

---

1) Pfeiffer, R., History of Classical Scholarship: From the beginnings to the end of Hellenistic Age (《서양고전문헌학의역사1》), Oxford 1968, p. 3.

2) KGW. II.1: 247-269

1869년 5월 28일에 행한 강연("*Homer und Klassische Philologie*")에서 니체가 한 말이다. 이 말의 원래 주인은 서기 1세기의 철학자 세네카(Seneca, 서기 4-60)이다. 말과 문헌에 갇힌 문헌학은 안 된다는 것이 세네카와 니체가 전하려는 메시지이다. 이들의 주장이 틀린 것은 아니다. 하지만, 이들의 주장이 서양고전문헌학의 근간을 흔들 정도는 아니다. 이들의 주장이 '이념' 차원의 문제 제기였지만, 서양고전문헌학은 구체적인 '실천(praxis)'을 중심으로 축적된 학술이기 때문이다. 결국 세네카와 니체는 서양고전문헌학을 떠나서 철학과 미학으로 나갔다. 문헌에 전승된 세네카나 니체의 말과 생각을 추적하고 연구하는 방법도 실은 서양고전문헌학의 기본 방식을 준수한다는 점이 흥미롭다. 문헌의 전승 조건을 존중할 수밖에 없기 때문이다. '문헌의 전승 조건의 존중'을 다른 말로 하면, "거기-그때(ibi et tunc)"로 말할 수 있다. 니체가 "여기-지금 (hic et nunc)"의 깃발을 내걸었다면, 서양고전학문헌학자들은 거기-그때의 기치를 고수했다. 150여 년이 지난 오늘날의 관점에서 이 차이는 누가 옳고 그르냐의 문제는 아니다. 거기-그때를 고집했던 사람들의 작업도 작게는 서양 학문의 역사에 크게는 서양 문명의 발전과 변화의 원인을 논할 때에 결코 빼놓아서는 안 되기 때문이다.

그때-거기를 고수했던 서양고전문헌학자들의 작업을 소개하겠다. 거기-그때의 노선이 가장 선명했던 시기는 19세기이다. 서양고전문헌학이 대학 안에 하나의 학술로 자리잡은 시기이다.[3] 물론, 서양고전문헌학을 대학에서 정식 학과로 만들려는 노력은 서양고전문헌학만의 일은 아니었다. 예컨대, 칸트(Immanuel Kant, 1724-1804)가 철학과를 교양학부에서 독립시키려고 했던 노력을 들 수 있다. 그의 논고 『학부 논쟁(Der

---

3) 이하는 졸고, 서양고전문헌학과 동양고전문헌학의 만남, 〈서양고전학연구〉 56-1, 2017을 다듬어 인용한 것이다.

Streit der Fakultäten, 1798)』이 전거이다. 칸트의 노력은 서양고전문헌학자들에게도 큰 영향을 준다. 대표적으로 뵈크(August Boeckh, 1785–1867)를 들 수 있다. 그는 칸트 철학의 영향을 깊게 받았다. 하지만 문헌학에 대한 칸트의 입장에는 동의하지 않는다. 오히려 문헌학을 철학의 대척점에 위치시킨다. 지식은 보편의 지평에서 성립하지만, 지식은 또한 역사의 맥락과 공동체의 맥락을 그 구성 조건으로 요구한다는 것이 뵈크의 입장이다. 지식도 역사의 검증을 받을 때에 지식으로서 의미 있게 작용한다는 것이다. 이를 행하는 학문이 문헌학이라는 것이다. 철학자들이 던지는 사변(speculation)의 공허함을 비판하는 대목인데, 역사를 통해 검증받은 지식을 다루는 것이 문헌학이라는 것이다. 이런 생각에 입각해 뵈크는 문헌학을 "알려진 것을 알아가는 것(das Erkennen des Erkannten)"으로 정의한다. 문헌학을 철학에 대등한 학문으로 정립시키려는 노력의 하나로 볼 수 있는데, 이를 위해 뵈크는 아스토텔레스의 생각을 끌어들인다. 그러니까 방법적인 특징이 강한 문헌학을 경험(empeiria)과 기술(techne)의 심급에서 지식(episteme)의 심급으로 끌어올린다. 백과사전식 편제로 구성된 문헌학의 여러 경험들과 기술들을 하나로 묶어서 지식의 심급으로 끌어 올리려는 전략의 일환이었다. "알려진 것"이라는 언표는 문헌학의 역사성과 문헌학이 다루는 대상, 곧 질료로서의 성격을 강조하는 것이고, "알아가는 것"이라는 언표는 문헌학의 방법론, 즉 형식으로서의 특성을 지시한다. 이를 통해 뵈크는 문헌학을 지식이라는 메타층위에 위치시키고, 문헌학을 질료와 형식의 결합체로 규정한다. 이 규정에 대해서는 아직도 논쟁 중이다. 하지만 뵈크와 같은 학자들의 이런 노력 덕분에 서양고전문헌학은 "그때-거기"로 가는 베이스 캠프를 대학 안에 차리게 된다. 여기에는 물론 뵈크의 노력도 중요하지만, 서양고전학자들이 시대의 변화에 부응하여 서양고전학문헌학이 나아갈 방향을 다섯 가지로 설정하고 이를 위해 노력했다는 점도 중요하다.

서양고전문헌학은 비판학문이어야 한다.

서양고전문헌학은 표준학문이어야 한다.

서양고전문헌학은 역사학문임을 잊어서는 안 된다.

서양고전문헌학은 보편학문을 지향해야 한다.

서양고전문헌학은 종합학문을 기치로 삼아야 한다.

대학 안에 베이스 캠프를 차린 서양고전문헌학자들이 수행한 작업을 소개하겠다. 서양고전문헌학의 역사에서 19세기의 가장 중요한 특징은 학자들이 연구의 중요성을 자각하고 교육에 못지않게 연구에도 중점을 두기 시작했다는 점이다. 대학도 연구를 주요 사명으로 간주했고 학자들의 연구를 제도적으로 지원했다. 연구는 촉진되었고, 많은 새로운 학문들이 탄생하였다. 특히 자연과학의 발전이 두드러졌다. 하지만 자연 과학에 못지않게 인문학도 발전하였다. 특히 철학, 역사학, 법학, 고고학, 문학, 언어학 등 개별 학문이 하나의 독립된 학문으로 자리잡았다. 서양고전문헌학도 다른 학문들과의 상호 영향 관계를 맺으며 발전하고, 이와 같은 발전을 바탕으로 서양고전문헌학이 이제는 "고대학(Al-tertumswissenschaft)"으로 나아가야 한다는 주장이 대두된다. 이를 제기한 이가 빌라모비츠(Ulrich v. Willamoviz-Moellendorf, 1848-1931)였다. 빌라모비츠는 19세기부터 20세기까지의 서양 인문학을 주도했던 소위 "독일 문헌학(German Philology)"의 주창자이다. 그의 고대학이 내건 기치는 여기-지금이 아닌 거기-그때로 가자는 것이었다. 거기-그때를 거기-그때의 맥락에서 바라보자는 것이었다. 안전하고 온전한 과거의 복원 운동이었다. 이 기치는『고대학 총서』로 실현된다.

1『서문과 보조학문』, 2『그리스어 문법, 라틴어 문법, 수사학』, 3『고대 근동사, 그리스사, 로마사』, 4『그리스 국가론, 그리스와 로마의 군사

술과 전쟁술』, 5『철학사, 수학사, 자연과학사』, 6『고고학』, 7『그리스 문학사』, 8『로마 문학사』, 9『중세라틴 문학사』, 10『고대 법학사』, 11『비잔티움 연구사』 등.

『고대학 총서』는 1885년 뮐러(Iwan von Mueller, 1830-1917)에 의해 처음 제안되었고, 지금도 세계 곳곳에서 개별 분과로 나뉘어 진행되고 있다. 20세기 서양고전문헌학의 전개도 사실 빌라모비츠가 주창한 고대학의 구체적인 실천 과정이었다. 고대학이라는 이름이 거창하게 들릴 수 있다. 약간의 해명이 필요하다. 『고대학 총서』가 필요한 이유는, 원전을 복원하다 보면, 철자 하나 단어 하나를 고증하는 데에도 연관된 지식이 모두 동원되어야 풀리는 경우가 많기 때문이다. 예컨대, 그리스어와 라틴어 필사본을 다루기 위해서는 여러 다양한 분야에 대한 지식이 필요하다. 특히 비판정본(批判定本)의 작업을 하기 위해서는 서지학, 목록학, 비문학, 문법, 운율론, 수사학, 시대별 문예 사조의 특징을 잡아낼 수 있는 능력, 사유 전개의 특성을 구분할 수 있는 능력, 해당 문헌의 전문적인 지식에 대한 장악 능력, 고대 세계와 관련한 지식 일반이 요청되기 때문이다. 이와 같은 현실적인 요청이 빌라모비츠가 고대학을 제안하게 된 이유였다. 따라서 고대학은 전승 문헌에 생기를 불어넣어 문헌 원래의 모습으로 살려내기 위해 제안된 학술프로젝트였다. 사정이 이렇다 보니 서양고전문헌학자들은 전승 문헌이 허용하는 것 이상의 해석이나 발언을 하지 않는 것을 원칙으로 삼는다. 믿고 인용할 수 있는 비판정본들이 탄생할 수 있었던 것은 사실 이 원칙 덕분이다. 지금은 한국에서도 호메로스에서부터 보에티우스에 이르는 서양 고전의 원전을 쉽게 구할 수 있다.

앞에서 살펴보았듯이, 서양고전문헌학은 서양의 고유한 학술이다. 하지만 르네상스 시대를 거치면서 사정은 많이 달라지는데, 달리 말하면,

서양고전문헌학을 서양 역사에만 고유한 것으로 볼 수 없는 일들이 벌어지는데 구체적인 사례를 통해서 살펴보겠다. 그 사례로 예수회 신부인 인토르체타(Prospero Intorcetta, 1625-1696)가 번역한 라틴어『중용』을 소개하겠다.

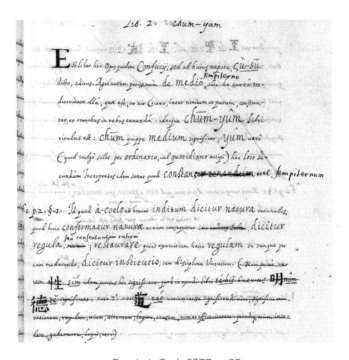

*Par. Lat. Cod. 6277, p.65*

이 필사본은 파리 국립도서관에서 2015년에 찾아낸 것이다. 이 필사본은 쿠플레(Philippe Couplet, 1623-1693)가 1687년 파리에서 출판한『중국인 철학자 공자』의 저본이다. 필사본6277과 쿠플레의 출판본을 비교했는데, 양자 사이에 큰 차이가 있음을 확인했다. 쿠플레가 자신의 입장과 필요에 따라 인토르체타 문장들의 대부분을 지워버렸기 때문이다. 그런데 쿠플레본은 2012년 메이나르(Thierry Meynard)에 의해 편집되어 출판된다. 메이나르의『중국인 철학자 공자』는 많은 오식과 탈자를 가진 텍스트이다. 이 책은 쿠플레의 출판본의 판독에 실패했다. 결정적으로 필사본6277을 참조하지 않았다. 그런데, 『중국인 철학자 공자』와 중국의 전례 논쟁에 대한 국내외의 연구들은 모두 쿠플레의 출판본을 바탕으로 입론된 것들이다. 따라서 지금까지 국내외의 학계에 보고되지 않았던 인토르체타의 비판정본이 출판된다면, 『중국인 철학자 공자』에 대한 연구와 논의에 새로운 전환이 생겨날 것이다. 이런 작업이 서양고전문헌학과 무슨 관계가 있는지에 대해서 의문이 생길 수도 있다. 다음은 위에서 인용한 필사본의 비판정본이다.

---

Liber 2. Chum-Yum.

Est liber hic opus quidem Confucii, sed ab huius nepote, Cu-Su dicto, editus. Agit autem potissimùm de medio sive de aureâ mediocritate illâ, quae est, ut Cicero, inter nimium et parum, constanter et omnibus in rebus tenendâ: ideoque Chum-Yumlibri titulus est.

2권 중용

이 책은 실은 공자의 작품이지만, 자사라 일컬어지는 그의 손자가 편찬하였다. 책은 다른 무엇보다도 중용 혹은 황금률에 대한 것이다. 키케로에 따르면, 이는 과도함과 부족함 사이에서 언제나 모든 일들에서 지켜야 하는 것이다. 따라서 책의 이름은 중용이다.

---

"*ut Cicero*"(키케로에 따르면)가 중요하다. 인토르체타가 동양경전인 『중용』을 누구의 눈으로 읽고 어떤 방식으로 라틴어로 번역했는지를 해명해주는 열쇳말이기 때문이다. 그 해명은 어렵지 않다. 인토르체타가 『중용』을 번역해서 사용하는 용어와 개념들의 대부분이 실은 키케로의 책에서 가져다 쓴 것이기 때문이다. 인토르체타의 눈에 *Confucius*는 *Cicero Sinicus*로 보였을 것이다. 인토르체타를 비롯한 예수회 신부들의 번역에는 서양 사상

의 근간을 이루는 중핵 개념들과 동양 사상의 중심을 차지하고 있는 핵심 개념들이 직접적 혹은 간접적으로 맞대응되면서 비교되고 있다는 점을 강조한다. 그런데, 이렇게 번역된 책들이 프랑스의 루이14세와 같은 유럽의 계몽 군주들과 볼테르, 라이프니츠, 볼프와 같은 계몽철학자들에게 큰 영향을 행사했고, 또한 이 시기에 이뤄진 번역-주해 작업들이, 한편으로 동양에서 사용하는 주요 개념들과 용어들이 이 번역 과정을 통해서 탄생했으며, 다른 한편으로 서양의 근대가 시작함에 있어서 또한 근대 학문들이 시작하는 데에 있어서 동양의 학문도 또한 서양이 동양에 끼친 영향에 못지않게 결정적인 영향을 끼쳤다는 점도 중요하다. 마지막 사례를 소개하겠다.

> 우연이 쟝부로 수지 조각쩌러진디 싱혼, 각혼, 령혼 말이 잇거놀 이눈 젼에 듯지 못혼 말이라ᄒ고, 물을 추겨부란 거슬 온젼이쩨혀본즉 셩교셔 몃 쟝이라.
>
> il était dans ces perplexités quand par hasard il lut sur un chiffon de papier qui tombait d'une armoire où on l'avait collé ces mots dont jamais il n'avait entendu parler auparavant: 《Ame végétative, âme sensitive, âme raisonnable》;

인용은 바티칸의 비밀문서보관소에 보존된 한국 천주교 성인들에 대한 증언록에서 가져온 것으로, 유진길(劉進吉, 1791-1839) 아우구스티노(Augustino) 성인에 대한 증언이다. "싱혼, 각혼, 령혼"이 중요하다. 아리스토텔레스의 『영혼론』에 나오는 개념들이다. 우리말로 표기되었지만 서양 고전의 도움 없이는 사실 이해가 안 된다. 서양고전문헌학이 서양 고전에 대한 연구와 교육에 국한되는 것이 아님을 보여주는 사례이다. 1839-1860년 박해 기간에 일어난 일들을 기록한 바티칸 문서3권(Congr. Riti Processi 4858, 4859, 5279) 중에 Hagiographica Coreana I, II, III의 비판 정본 작업이 완료되어서 2007, 2012, 2018년에 출판되었다. 현재는 Hagiographica Coreana IV의 비판 정본을 만들고 있다. 바티칸 문서는 당대 조선의 박해를 둘러싼 현장에 관한 보고인 동시에, 한국적인 것이 최초로 라틴어와 프랑스어로 개념화되는 과정을 보여준다는 점에서 서양 문명과 동양 문명의 접촉 과정에 대한 일차적 사료이다. 특히 한글과 한문으로 기록된 박해 당시의 기록은 라틴어와 프랑스어로 기록된 증인 진술들과 함께 보다 큰 맥락, 즉 우리나라가 중국을 통하지 않고 세계사에 편입되었던 큰 맥락을 획득할 수 있기에 우리의 소중한 자산이다.

결론적으로 서양고전문헌학이 서양만의 학술이 아니다. 참고로, 서양고전문헌학의 역사를 집대성한 저술은 파이퍼의 『서양인문정신의 역사 1, 2』이다. 하지만 파이퍼의 저술이 모든 것을 다룬 것은 아니다. 헬레니즘 말기에서 르네상스 초기까지 서양고전문헌학의 역사는 다뤄지지 않았다. 원래는 이 시기에 대한 연구도 포함시키려 했으나 문헌 분량이 너무 방대해서 이는 후대의 학자들에게 남길 수밖에 없었다고 한다. 파이퍼가 남긴 연구는 네 분야이다.

1) 키케로로부터 페트라르카 이전까지의 라틴 문헌들의 전승 역사
2) 헬레니즘 시대 말기부터 비잔티움 제국의 멸망에 이르는 비잔티움 문헌들의 전승 역사
3) 시리아와 아랍에서 번역-주해된 서양고전 문헌들의 전승 역사
4) 동서 문헌 교류와 비교 연구

이 가운데에서 동서 문헌 교류와 비교 연구는 다시 세분되어 발전한다. 1) 고대 시대의 동서 문명 교류와 비교를 중심으로 하는 시노-헬레닉(Sino-Hellenic)연구, 2) 중세 시대에 있었던 문헌 교류(Graeco-Latino-Arabica, Sino-Arabica, 참조『淸眞大全』)와 팍스 몽골리카(pax mongolica, 참조『Bar Hebraeus 전집』)연구, 3) 16세기 이후의 동서 문헌 교류

가 그것들이다. 우리와 직접적으로 연결되어 있는 16-18세기에 대해서 부연하겠다. 이 시기는 문헌을 중심으로 하는 동서 교류의 연구에서 다른 어느 시기보다 중요하다. 이미 16세기 말부터 중국에서는 동양고전과 서양고전의 번역이 체계적으로 이뤄졌기 때문이다. 예컨대 아리스토텔레스의 『범주론』, 『천체론』, 『니코마코스 윤리학』의 일부, 유클리드의 『기하학』, 키케로, 세네카, 아우렐리우스의 문헌이 각기 『명리탐(名理探)』, 『환유전(寰有栓)』, 『교우론(交友論)』, 『구우론(逑友論)』, 『기하원본(幾何原本)』의 서명으로 한역되었고, 사서오경(四書五經) 중의 일부가 *Confucius Sinarum Philosophus sive Scientia Sinensis*이란 제목으로 라역(羅譯)되었다. 다음은 16-8세기에 예수회 선교사들이 번역하거나 저술한 것들이다.

- 수학 분야: 리치의 『기하원본(幾何原本), 1607』, 『환용교의(圜容較義), 1608』.
- 지리학 분야: 알레니의 『직방외기(職方外紀)』; 불리오의 『서방요기(西方要紀)』.
- 물리학 분야: 우르시스의 『태서수법(泰西水法), 1612』, 테렌츠의 『기기도설(奇器圖說), 1627』.
- 의학 분야: 테렌츠의 『인신설개(人身說槪), 1627』, 로의 『인신도설(人身圖說), 1650』
- 어문학 분야: 루기에리의 『포르투갈-중국어 사전』, 리치의 『서자기적(西字奇蹟), 1605』, 트리고의 『서유이목자(西儒耳目資), 1625』.
- 철학과 종교: 루지에리의 『천주실록(天主實錄), 1593』, 리치의 『천주실의(天主實義), 1603』, 『교우론(交友論), 1595』, 『서국기법(西國記法), 1594』, 바뇨니의 『서학수신(西學修身), 1605』, 『서학제가(西學齊家), 1605』, 『서학치평(西學治平), 1605』, 알레니의 『서학범(西學凡), 1623』과 푸르타도의 『명리탐(名理探), 1631』, 『환유전(寰有

銓), 1628』. 등.

　예수회 신부들이 하고 많은 책 중에서 하필 이 책들을 선택했는지에
대한 이유와 배경에 대해서는 아직 밝혀진 바가 거의 없다. 어쩌면, 이
곳이 미지의 신대륙일 것이다. 수많은 문헌들 가운데에서 몇몇 저술들
은 당시 유럽에서 활발하게 진행된 당대의 담론과 논쟁을 직접 수용하
거나 반영하고 있음을 확인했다.[4] 거의 같은 시기에 저술되거나 번역된
저술도 있다. 이쯤 되면, 르네상스는 서양에서만 진행된 것이 아니라 동
양에서도 동시에 진행되었음이 분명하다. 이것이 글의 제목을 "르네상
스는 돌고 돈다"로 잡은 이유이다. 르네상스는 실은 돌고 도는 학술 운
동이다. 15세기에 르네상스 운동을 주도한 곳은 이탈리아 북부 도시들
이었다. 16세기 초반의 르네상스 운동이 꽃피었던 지역은 알프스 이북
의 바젤, 프라이부르크, 스트라스부르크와 같은 대학 도시들이었다. 그
러다가 17세기 초반에 르네상스 운동을 주도한 곳은 네델란드의 도시들
이었다. 이는 르네상스가 상업의 번영과 밀접하게 연관되어 있음을 보
여준다. 17세기 중반의 르네상스 운동의 중심지는 프랑스였다. 학술 운
동이 국가 통치의 기반이 되고 있음을 보여주는 사례이다. 18세기와 19
세기 초반까지 르네상스 운동을 주도한 나라는 영국이었다. 이는 대영
제국의 확장과 맞물려 있다. 19세기 중반과 20세기 초반의 르네상스 운
동의 주도권은 독일로 넘어간다. 하지만 제1, 2차 세계 전쟁은 르네상
스 운동의 중심지를 구대륙에서 신대륙으로 이동시켜버린다. 사정이 이
와 같다면, 르네상스 운동은 시간과 더불어 공간적으로도 도는 것이 분
명하다. 그렇다면, 서양의 르네상스 운동과 함께 거의 동시에 동양에서

---

4) 이에 대해서는 '유럽에서 중국으로 책들과 중국에서 유럽의 간 책들', 『중국어문학』, 2017
　　참조.

도 진행되었던 르네상스의 운동은 어떻게 해명해야 할까? 그리고 정말 르네상스 운동이 도는 것이라면, 어쩌면 그것은 지금쯤은 미국을 지나서 중국과 미국 사이의 어딘가에 머물고 있는 것은 아닐까? 어쩌면, 르네상스는 "여기-지금" 우리 앞에 벌써 와 있을 것이다. 예컨대 예수회가 작업한 한역이든 라역이든, 실은 그 어떤 것이든 서양 문명의 바탕 노릇을 해 온 라틴어 개념들과 한자 문화권을 기축으로 하는 동양 문명이 각기 자체의 역사와 논리를 속에 품은 채 혹은 등 뒤에 감춘 채 서로 얼굴을 마주하고 있는 상황에서, 비유컨대 어느 단어 하나, 어느 문장 하나, 그냥은 자신의 속내를 쉽게 열어 보여 주지 않는 새로운 미지의 신대륙이 우리의 앞에 있다는 것은 분명한 사실이 때문이다. 이 미지의 신대륙이 파이퍼가 말한 "거북이 걸음(testudineo gradu)"이 요청되는 "거기-그때"인 것은 분명하다.

# 文圖學

— 동양 고전학 연구의 새로운 시각

衣若芬(南洋理工大學 中文系 教授)

## 1. 文圖學에 대하여

'문도학'은 텍스트와 도상을 연구하는 것이다. '문도학'이라는 개념을 제시하게 된 것은 필자가 오랜 세월 천착해 온 '題畫文學'[1]·'詩意圖'[2]·'문학과 미술의 관계'[3] 등의 연구과제가 축적된 결과이다.

한 개념어의 창조와 발명은 특정한 동력과 세계관을 배경으로 한다. '문도학'을 창조하고 생성시킨 동력은 현재의 수많은 새로운 매체·새로운 콘텐츠를 과거의 인식 구조 속에 배치시켜 놓았을 때 이해가 잘 되지 않는다는 점에 있다. 여기에는 새로운 명명 방식을 통한 귀납과 재배열이 요구되는데, 이는 훨씬 더 풍부한 해석과 업그레이드 된 창의력을 가져다주는 계기가 될 것이다. 문도학적 세계관은 포용적이고도 자유로운

---

1) 題畫文學에 대한 개념 정의는 광의와 협의의 두 가지 방식으로 이루어져 왔다. 좁은 의미의 제화문학은 단순히 화폭에 쓰인 문자를 가리킨다. 넓은 의미에서의 제화문학은 대체로 그림을 제재로 삼고 그림을 주제로 삼아, 상찬하거나 감흥을 기탁하거나 의론을 하거나 풍유하는 등의 내용을 詩詞歌賦 및 산문 등의 문체로 표현하는 문학작품에 대한 통칭이다. 衣若芬, 「鄭板橋題畫文學研究」, 臺灣大 碩士學位論文, 1990 참조. 훗날 이 논문은 수정을 거쳐 단행본으로 출판되었다. 衣若芬, 『三絶之美鄭板橋』, 臺北: 花木蘭出版社, 2009 참조.

2) 詩意圖는 詩畫 혹은 詩圖라고도 불리며, 詩文을 제재로 삼아 시문의 함의를 표현하는 회화를 가리킨다. 회화는 고대 전적 혹은 문학작품을 소재로 삼는데, 제재와 표현 방식에 따라 대략 세 가지 방면으로 구분해 볼 수 있다. 첫째는 전권 혹은 일부 편장의 삽화 혹은 해설이다. 가령 山海經圖·大荒經圖·爾雅圖·搜神記圖 등이 이에 속한다. 둘째는 圖繪에 담긴 역사 전고 혹은 민간 설화인데, 가령 동한 시대 桓帝의 建和 연간(147~149) 산동 嘉祥지역 武梁祠 石刻畫 혹은 故事人物畫가 이에 속한다. 셋째는 특정 문학 텍스트에 의거하여 문학작품의 내용을 서술하는 것 외에 그 함의와 취지를 밝힘으로써 그림 속 物象과 시문이 情致交融하는 의경을 표현하는 것이다. 衣若芬, 「宋代題「詩意圖」詩析論-以題「歸去來圖」·「憩寂圖」·「陽關圖」爲例」, 『觀看·叙述·審美-唐宋題畫文學論集』, 臺北: 中央研究院 中國文哲研究所, 2004, 266~329면 참조.

3) 衣若芬, 『遊目騁懷-文學與美術的互文與再生』, 臺北: 里仁書局, 2012.

마인드를 가지고 일상생활 · 문예창작 · 인터넷 경제활동 등 다양한 방면의 '觀看之道(The way of seeing)'를 추구한다. 그리고 "관간지도"로부터 지적 즐거움과 심미적 체험을 음미해 나가기를 희망한다.

'문학'이라는 단어가 지닌 기존 범주를 피하기 위해, 중국어 명명을 '문도학'이라고 하고 '圖文學'이라고 칭하지 않는다. 또한, '문도학' 연구 범위는 텍스트 해석·텍스트 생산·텍스트 사용 등의 방면을 아우르는 반면, 圖像은 텍스트 유형 중의 하나에 속할 뿐이다. 그러므로 순서상 "文(本)"이 앞서고 "圖(像)"가 뒤에 오는 점을 고려하여 '문도학'이라고 한 것이다.

'문도학'의 관점은 기호학·언어학·신비평·구조주의·수용미학·독자반응이론, 그리고 해체주의와 포스트모더니즘 등의 학설과 사상을 흡수하고 학습을 통해 형성된 것이며, 개념들이 지나치게 얽혀서 복잡해지지 않도록 필자는 핵심 의미만 취하여 응축하고 정련시켰다.

요점을 간추리자면, '문도학'은 학제 간의 융복합을 통해 만들어진 개념어이며 포괄성이 강하다. 고대 회화로부터 요즘 동영상 댓글 자막인 彈幕에 이르기까지, 모두 문도학이 讀者/시청자(受衆)/사용자(用戶)에게 조금의 도움이라도 되기를 희망하는 적용 범위에 들어간다.

'문도학'의 '텍스트'와 '도상(image)'의 개념 범주는 매우 넓다. 우선 '텍스트'의 특징은 그 성질에 있다. '작품(article, work)'을 초월하여 작자와 창작물 사이의 일방적 수직 관계를 느슨하게 하고, 해석권과 발언권을 모든 사람들에게 열어둠으로써, 계급적 선입견이 없는 민주성을 강조한 것이다. 물론 '읽기'를 거치지 않은 '텍스트'는 自成·自證·自足적인 것으로 볼 수 있으나 동시에 自生自滅이라고도 할 수 있기 때문에, 그것은 마치 들리지 않는 혼잣말이 바람에 날려 흩어지듯 끝내는 사라지고 만다. 그러므로 텍스트는 어떤 형식으로든 존재해야 하며 아울러 세계와 연결되어 있어야 한다. 소리(聲音)·신체언어(肢體)·도회(圖繪)는 인류의 기본적인 표현 방식이며, 또한 사람과 사람 간에 상호 소통하는 매개체이다. 자아의 '표현'과 상호간의 '소통'은 모두 내면적으로 작용하는 힘이 있다. 자아 표현이 내면 세계와 외적 세계에 대한 일개인의 반응이라면, 상호 소통은 '개인'·'타자'·'내적 및 외적 세계' 세 방면의 상호 교감으로서 문명의 발생을 추동시키고 문화에 동력을 불어 넣는다. 이러한 역량을 일으키는 원동력은 바로 텍스트이다. 즉 소리·몸짓·도회로부터 형성되는 '소리/언어 텍스트(sound/language text)'·'텍스트 본체(textual body)'·'문자/문학 텍스트(word/literary text)', 그리고 '도상 텍스트(image text)'인 것이다.

텍스트는 세계를 변화시키고 성장시키는 에너지원이며, 이 에너지가 '저렴'할수록 그것의 획득과 사용은 용이해지고 효용은 더욱 확대된다. 반면, 소통과 전파의 '원가(成本)'가 낮으면 세계 변화와 성장의 속도도 그에 따라 더욱 가속화된다. 일례로 구전 설화·인쇄 매체 및 이동형 인터넷이 결합된 현대적 풍모만 봐도 바로 알 수 있다. 이는 과거 우리가 文字書寫에 편향시켜 이해했던 텍스트와는 다르다. 현대의 과학기술을 이용한 영상·음악·문자는 손쉽게 콜라주식으로 결합되어 새로운 텍스트를 만들어낸다. 이는 더욱 풍성할 뿐만 아니라 더욱 광활한, 그리고 어떤 설명 방식으로 받쳐 줘야 할 필요성이 제기되는 공간을 제공한다. 문도학은 기저에 보이지 않는 여러 흐름들, 즉 '불확정'적이고 심지어 급속도로 '불연속'적이며 '알지 못하는' 유동적 힘의 동향을 관찰하는 것이다.

문도학에서 '도상(image)'이라는 것은 가시적(visible) 형식 표현에 기초한 것으로, 전통적으로 인식되어 온 회화(painting)·도화(picture) 이외에도 또한 부호(symbol)·아이콘(icon)·상표(logo) 등 시각적 언어(visual language), 그리고 사진·영상·선(線條)·인쇄물 등을 망라한다. 주의할 것은, 이렇게 창조·제작된 도상은 모두 선천적 혹은 후천적으로 복제·재생되는 요소를 지니고 있다는 점이다. 즉 자체적으로 '텍스트'이면서 중복적으로 사용과 감상이 가능하고 아울러 사용과 감상의 장소 변화에 따라 교체와 累進의 의의를 생성시키기도 한다. 이외에, '이미지(image)'는 또한 추상적인 심상 세계를 가리키기도 하는데 바로 '意象'을 말한다. 동아시아 각국 간의 상호 교류 상황을 연구할 때 '文化意象'은 중요한 시각 중의 하나가 된다.[4]

실제로 연구 작업을 진행할 때, '문도학'은 도상학(Iconography)·미술사(Art History)·문화연구(Cultural Studies)의 제이론 및 방법을 겸용하며, 대중문화(Popular Culture)·도상의 의의·시각 문화 방면에도 동시에 관심을 기울인다. 차이점이라면 도상학은 도상 분석을 중점에 두고 도상의 문화적 맥락으로부터 그것의 상징 의의를 해석하는 것이며, 반드시 문자 혹은 소리 텍스트까지 연구 범주에 넣지는 않는다. 미술사는 작품(특히 정교한 예술품)이 예술 발전 과정 속에서 점하는 역사적 좌표를 탐구하는 것이므로, 진위를 분석하고 가려내는 감정 작업이 매우 관건적이다. 이때 창작자와 작품의 생성은 긴밀한 종속 관계를 지닌다. 작품은 연구자에 의해 디테일한 면이 '발견'된 후 그 형식 구조에 따라 전후 계승관계의 좌표에 귀속되어질 수도 있다. 그러나 의의를 '발명'하기에 적합하지 않을 경우 텍스트의 다양한 가능성과 가소성을 개발하는 일은 오히려 문도학이 지닌 강점이라고 할 수 있다. 문화가 생산되는 공간의 정치·사회·계급·권력·이데올로기는 문화 연구의 범위인데, 이 또한 문도학에 포함시킬 수 있다. 다만 문도학은 구체적 텍스트의 의미를 연구하며 문화 현상을 관찰하고 비판하는 일에만 국한되지는 않는다.

## 2. 文圖學과 동양고전학

고대 동양의 史籍·圖譜·地誌·금석 탁본·서화작품 등 도상이 있는

---

4) 衣若芬, 「從文化意象理解東亞文明」, 「東亞文明資産和公共性的新規劃」, 연세대 國際學術研討會主題演講, 2014 참조.

문헌 자료들 또한 문도학 연구 방법의 담론에 적용시킬 수 있다. 과거 이러한 문헌자료는 주로 역사학, 지리학, 미술사 등의 연구에 사용되었고, 역시 역사학, 지리학, 미술사 등의 방법론을 이용하여 해당 방면의 문제 해석을 시도하였다. '문제'와 '방법'이라는 두 가지의 공생·상호작용 관계는 비록 학술적 난제를 효율적으로 해결할 수 있을지는 모르겠으나, 가령 문제 범위가 기존 방법의 범주를 벗어날 경우 다차원적인 해석 경로를 찾아야 되는데, 문도학이 바로 그 중의 하나이다.

문도학은 '觀看'을 출발점으로 삼는다. '관간'으로 인해서 '인지'하고 '감지'하며, 이어서 '판단'하고 '식별'하며, 마지막으로 '행동'으로 옮긴다. 문도학의 '행동'이란 가령 소비, 감상, 소장, 비평, 연구 등을 말한다. 연구 방면은 두 가지로 나눌 수 있다. 하나는 텍스트 주변 맥락, 예를 들면 생산 메커니즘, 이용 상황, 사회 관계망, 유통 과정 등의 현상이다. 다른 하나는 텍스트 자체를 탐구하는 것으로 해석을 내놓는 것이다. 동양 고전학의 문헌자료는 결코 시대가 오래되었다고 해서 경화되지 않는다. 반대로 피동적인 관찰에 더욱 적합하며 풍부한 내적 함의를 캐낼 수 있다.

동아시아의 "西湖十景"을 일례로 들어볼 때, 과거의 연구는 주로 세 방면에 집중되었다.

- "서호십경"의 기원 및 그 영향 → 한국과 일본의 "서호십경" 詩畵
- 동아시아 국가의 "서호십경"에 대한 수용과 변용 → 한국과 일본의 "서호십경" 현지화 상황
- 선도, 전파, 수용, "서호십경"을 동아시아에 보급한 중개자-인물, 물질과 지역 → 연행사, 서적과 회화의 유전, 항주에 대한 인식

그러나 이상 세 가지는 다음과 같이 좀 더 깊은 고구를 필요로 한다. 우선, 항주 "서호십경"의 하나인 "花港觀魚"를 일례로 들면, 왜 조선시

대 화가의 관련 작품은 "觀漁"라는 제목으로 더 많이 쓰였을까? 가령 심사정의 "花港觀漁", 정선의 "唐浦觀漁", "杏湖觀漁" 등을 들 수 있는데, 이상은 모두 간송미술관에 소장되어 있다. 다음, 일본의 "서호동경"은 도쿄 우에노(上野) 공원의 시노바즈(不忍) 연못을 서호로 비의하거나 서호를 모방하여 후쿠오카의 오호리(大濠) 공원을 설계하는 방식으로 '서호'를 현지화하였다. 그러나 조선시대에는 한강 혹은 한강의 '西江' 일대를 "西湖"라고 불렀는데, 이처럼 '江'과 '湖'를 구분하지 않은 현지화 상황은 또 어떻게 이해해야 할 것인가? 마지막으로, 활동반경이 강남까지 미치지 못하는 연행사절단이 어떻게 항주와 "서호십경"을 인식할 수 있었을까? 조선의 "서호십경"과 중국 항주의 "서호십경"은 각각의 명칭에서 차이가 있는데 왜 직접적으로 계승하지 않았을까?

이러한 점들은 단지 역사학, 지리학, 미술사 방법만으로 답할 수 있는 문제가 아니며, 문도학의 각도로 접근했을 경우 해석해낼 수 있을 것이다. 다음은 바로 문도학의 방법으로 동양 고전학을 연구한 시범사례이다.


### 3. 조선 문인의 西湖熱

1832년 조선 문인 김경선(1788~1853)은 동지 겸 사은사의 사행단에서 서장관의 신분으로 청나라에 갔다. 그는 자신의 저서 『燕轅直指』에서 해난으로 琉球까지 표류해 간 제주도민의 유구와 중국 견문에 대해 기록한 후 「濟州漂人問答記」라고 표제를 달았다. 유구 사신은 표류인을 중국 연경으로 데려가서 조선 사신에게 인도하여 본국으로 송환시킬 계획이었다. 그들은 유구를 출발해 복건에 도착한 후 북상하다가 항주를 경유할 때 항주에서 여러 날을 묵으며 명승지를 유람한 이야기를 김경선에게 다음과 같이 전했다.

여러 명승 중에서도 西湖와 錢塘은 더욱 절경이라 일컬어진다. 서로 80리가 떨어져 있으나 각각 십경이 있다. 서호십경은 柳浪聞鶯, 花港觀魚, 兩峯揷雲, 三潭印月, 麯院風荷, 平湖秋月, 南屛晚鍾, 雷峯夕照, 斷橋殘雪, 蘇隄春曉이며 나머지는 柳耆卿의 '望海潮詞'에 모두 갖추어져 있다. 전당십경은 西湖夜月, 浙江秋濤, 孤山霽雪, 西峯白雲, 東海朝暾, 北關夜市, 九里雲松, 六橋煙柳, 靈石樵歌, 冷泉猿嘯이다. 대개 경물들은 기이하여 연도에서 처음 보고는 언어와 문자로는 만분의 일이라도 형용할 수 없었다. 결국 서로 마주보며 "살아생전 이것을 보았으니 죽어도 여한이 없다."고 감탄하였다.[5]

김경선은 표류인의 진술에 대해 반신반의했다. 우선, "국외 표류민으로서 外藩의 사절단에 끼워져서 오는 자들에게 마음대로 구경하는 일이 허락되지는 않았을 것이다[海外漂民之附行外藩使行者, 未必許其極意縱觀.]." 게다가 "史牒에 기록된 것과 차이가 많으니, 이는 반드시 소문으로 얻어 들은 것이 많을 것이고, 허풍을 떠는 정도에 지나지 않을 뿐이다[其所言, 多與史牒所記差爽, 必是得於傳聞者多, 而未免浮夸而然耳.]." 그는 표류인을 "용모와 언사가 교활하고 영리하여 전연 성실한 뜻이 없었다[形貌言辭, 狡猾瀏利, 全無誠樸之意.]."[6]고 여겼으므로, 이 문답은 글자 수를 채운 것에 불과한 셈이다.

제주도 표류민이 과연 실제로 "서호십경"과 "전당십경"을 유람했는지

---

5) 金景善, 『燕轅直指』 권3, 「留館錄」 上, 〈壬辰年十二月二十五日〉, "諸勝之中, 以西湖錢塘尤稱絕勝. 相距八十里, 而各有十景. 西湖十景, 柳浪聞鶯·花港觀魚·兩峰揷雲·三潭印月·麯院風荷·平湖秋月·南峯晚鍾[鐘]·雷峯夕照·斷橋殘雪·蘇隄春曉, 餘則備悉於柳耆卿望海潮詞. 錢塘十景西湖夜月·浙江秋濤·孤山霽雪·西峰白雲·東海朝暾·北關夜市·九里雲松·六橋烟柳·靈石樵歌·冷泉猿嘯. 大抵景物之供奇, 沿路初見, 不可以言語文字形容其萬一也, 遂相顧嗟嘆曰: '人生見此, 死亦無恨.'" 한글 번역은 한국고전번역원 제공 자료를 참고하였고 부분적으로 수정과 윤문을 거쳤다.

6) 앞의 책, 285면.

는 논외로 두고, 그들이 십경의 명칭을 환히 꿰뚫고 있는 점은 김경선이 의심한 대로 서적에서 얻은 지식이라 치더라도 상당히 탄복할 만하다. 이는 최소한 19세기 중엽에 독서 좀 한 사람이면 상업에 종사하는 일반 조선 백성이라도 중국에 "서호십경"이라는 명승지가 있는 것쯤은 다 알았고, 심지어 "살아생전 이를 봤으니 죽어도 여한이 없다."라는 과장된 어투로 "서호십경"의 절경을 강조할 수 있다는 점을 드러내고 있는 것이다.

사행노선과 일정의 제약으로 인해, 조선 연행사는 일률적으로 도성 한양(지금의 서울)을 출발하면 종착지는 북경이었고, 그 후 왔던 길을 되돌아가기 때문에 강남을 탐방할 기회는 없었다. '강남'은 문예적으로 온축이 깊고 두터운 곳이었으므로 직접 가서 둘러볼 길이 없었던 조선 문인들에게 특별히 경모의 대상이 되었다.[7]

김경선에 앞서 강남, 항주, 서호에 대한 동경의 마음을 표현한 사람들은 많다. 1765년에 서장관인 숙부 洪檍(1722~1809)을 수행하여 자제군관 신분으로 중국에 간 홍대용이 바로 그 중 한 사람이다.

홍대용은 북경에서 진사시 응시를 위해 상경한 항주 擧人 嚴誠(1733~1767), 潘庭筠(1743~?), 그리고 陸飛(1720~1786)와 교분을 맺었고, 세 사람은 모두 시문서화에 능했다. 홍대용과 연행 사절단의 김재행은 그들과 만나 필담을 나누었는데, 김재행이 그들에게 "그대가 사는 곳은 '三秋에 계수나무요 十里에 연꽃이다.' 하는데, 그 풍물이 지금도 예와 같은가[貴處三秋桂子, 十里荷花, 風物尙如舊耶?]?"라고 물었다. 반정균이 "그뿐만이 아닙니다. 서호의 풍물은 천하의 제일입니다[不但此而已, 西湖風物, 爲天下第一.]."라고 답하였다.[8]

---

7) 楊雨蕾, 『燕行與中朝文化關係』, 上海: 上海辭書出版社, 2011, 27~29면.
8) 洪大容·李德懋 著, 『朝鮮人著作兩種−乾淨衕筆談淸脾錄』(鄺健行點校), 上海: 上海古籍出版社, 2010, 8면.

김재행이 "제가 東國에 살면서 서호의 명승을 듣고 동경한 지 이미 오래나, 번번이 한 번 가서 보고 싶은 宿願을 풀 길이 없음을 탄식하고 있었습니다. 다행히도 오늘 역암과 난공 두 분 형을 만나서 흉금을 헤치고 회포를 쏟아 놓음에 이미 형체를 잊을 지경이 되었습니다. 이른바 서호십경도 그 풍광이 여기에 있으니, 心氣가 暢快하고 그 낙이 무궁하여 비록 錢塘을 직접 보지 못하여도 한 될 것이 없습니다[弟在東國, 聞西湖名勝, 神往者已久, 而每歎無路一見, 破此宿願. 何幸今日, 遇闇蘭二兄, 披襟瀉懷, 已至忘形. 所謂西湖十景, 風斯在下, 志氣暢快, 其樂無窮. 雖不見錢塘, 亦無所恨.]."9)라고 하였다.

홍대용은 귀국 후 엄성에게 서신을 보내 와유의 용도로 쓸 서호 경치를 그려달라고 요청하였다.


제가 평생에 너무나 산수 유람을 좋아하지만 다만 이 좁은 땅에 있다 보니 우물 안에 앉아 하늘 쳐다보는 꼴을 면하지 못했습니다. 서호의 여러 명승지 같은 것을 한갓 기록만 보며 자나 깨나 그리워하다가, 제공들을 만나면서부터는 보고 싶은 생각을 더욱 스스로 금할 수 없어, 이 마음이 雷峰과 斷橋의 사이를 왕래하기를 몇 차례인지 알 수 없습니다. 만약 제공들의 힘을 빌어 수십 군데의 경치를 模寫해다가 누워서 유람할 수 있게 된다면 어찌 백붕의 선사[百朋之賜]일 뿐이겠습니까? 이것은 그림이 잘 되고 못됨과 상관없이 다만 세밀하게 실지에 가깝게만 하되, 각각 그 고적의 대략을 그 위에 써넣고, 또한 이로 제공들의 거주지 위치, 齋居의 규모를 볼 수 있게 함으로써, 저로 하여금 수시로 펼쳐 볼 때마다, 어렴풋이라도 그 사이에서 제형들을 기릴 수 있게 하여 준다면, 어찌 기발하고도 다행스럽지 않겠습니까?10)

---

9) 앞의 책, 81면.

10) 洪大容,『湛軒書』권1,「與鐵橋書」, "容平生頗喜遊覽山水, 惟局於疆域, 不免坐井觀天. 如西湖諸勝, 徒憑傳記, 寤寐懷想. 而自遭逢諸公以來, 爬搔益不自禁, 顧此心不知幾廻來往于雷峰斷橋之間矣. 若賴諸公之力, 摹得數十諸景, 竟成臥遊, 則奚啻百朋之賜也. 此不

홍대용은 좋아하는 서호 그림에 대해 충실히 실사해 줄 것을 희망하였고, 서호의 명승고적과 엄성 등 벗들의 거처를 구체적으로 표현하여 마치 풍경지도처럼 그의 와유로 하여금 현실의 근거가 있도록 하였다.

항주 "서호십경"은 "소상팔경", "무이구곡" 등 중국에서 유입된 다른 산수경관 문화와 유사하다. 고대 한국인의 입장에서는 모두 갈망만 할 뿐 다다를 수 없는 '관념적 풍경'이었다.[11] '관념적 풍경'에 대한 지식은 소문, 서적, 도회 등의 경로를 통해 습득되며, 마음으로 체득된 후 자국의 문학, 예술, 학술, 정치, 심미적 이상, 가치관 등과 융합되어, 모티프는 일치하나 각각의 특색을 지닌 문화적 이미지를 형성하는 것이다.[12]

"소상팔경"은 고려시대에 사신으로 금나라에 간 궁정화가와 문신이 배워온 것이다.[13] 일찍이 조맹부와 교유한 이제현은 "송도팔경"을 주제로 「巫山一段雲」이라는 詞 작품을 창작했는데, 조선 지역에 수많은 팔경을 양산하는 촉진제가 되었다.[14] "소상팔경"의 여덟 경관은 결코 공인을 거쳐 확정된 장소가 아니다. 기본 원칙, 즉 '장소'에 '경치'를 더하고 네 글자를 한 조로 하는 규칙만 파악하면, 각종 지역의 팔경은 아주 손쉽게 만들어 낼 수 있는 것이다.

주자학이 흥성한 조선에서는 주희의 「武夷櫂歌」를 구도의 과정으로

---

須畫格工拙, 只務細密逼眞, 因各題其古蹟梗槩于其上, 且因此而并得見諸公第宅位置, 齋居規模, 使之隨意披覽, 怳然若追奉杖履於其間, 則豈不奇且幸耶."

11) 衣若芬, 「印刷出版與朝鮮"武夷九曲"文化意象的'理學化'建構」, 廖肇亨 主編, 『轉接與跨界－東亞文化意象之傳佈』, 臺北: 允晨出版社, 2015, 351~388면.

12) 衣若芬, 「瀟湘八景－東亞共同母題的文化意象」, 『東亞觀念史集刊』 6, 臺北: 國立政治大學, 2014(a), 35~55면.

13) 衣若芬, 「高麗文人李仁老·陳澕與中國瀟湘八景詩畫之東傳」, 『中國學術』 16, 北京: 商務印書館, 2004(c), 158~176면.

14) 衣若芬, 「李齊賢八景詩詞與韓國地方八景之開創」, 『中國詩學』 9, 北京: 人民文學出版社 2004(b), 147~162면.

이해하였는데,[15] 이는 성리학자 및 후학인 문하생들이 계류나 골짜기를 고르고 거기에 '九曲'의 이름을 붙인 것이다. 물 흐름의 역방향으로 나열하여 '일곡', '이곡'에서 '구곡'까지 배열하고, 그 가운데 살면서 강학하고 스스로 즐거움을 얻었다.

한편 항주 서호의 경우, 문학·회화·인적 교류가 축적됨에 따라, 한국 문화예술의 퇴적층에도 스며들어, "소상팔경"과 "무이구곡"과 차별화된 이중적 특성, 즉 한편으로는 상상력을 발휘하는 '관념적 풍경', 다른 한편으로는 매우 사실적 근거에 충실하여 살 수도 노닐 수도 있는 인간 세계의 승경을 배태시켰다. 수많은 고대 한국 문인들은 모두 홍대용·김재행과 마찬가지로, 과거에 항주에 가본 적이 있는 중국인들을 상대로 알고 있는 서호 관련 여러 상황들을 알아보거나 확인하는 것을 좋아하였다. 1537년 평양 전위사를 맡았던 許沆(?~1537)은 조선의 임금 중종(재위 1506~1544)께 명나라 사신 龔用卿(1500~1563)과 나눈 이야기를 다음과 같이 아뢰었다.

신이 또 여쭙기를, "서호는 얼마나 넓습니까?"라고 하자 天使가 "그 넓이는 거의 20리에 달합니다."라고 (말)하였습니다. 신이 "그 안에는 소나무와 꽃들을 많이 심겨져 있다던데, 과연 그러한지요?"라고 묻자, 천사가 "그렇소."라고 하였습니다.[16]

풍경과 풍습에 대해서 묻고는, "항주의 승경을 전에 들은 바가 있는데, 오늘 항주 사람을 만났다네. 서호의 경치를 물어보니, 온 마음과 정신을 다 녹게 만드네[昔聞杭州勝, 今見杭州人. 聽說西湖景, 使我融心

---

15) 衣若芬, 「遊觀與求道-朱熹"武夷棹歌"與朝鮮士人的理解與續作」, 『中國文化研究所學報』 60, 香港: 中文大學, 2015, 53~71면.

16) 國史編纂委員會 編, 『朝鮮王朝實錄』, 東國文化社, 1958, 中宗 32年(1537) 4月 3日.

神.]."[17]라고 시를 지었다.

속칭 "천하에 서호가 서른여섯 개 있다[天下西湖三十六]"는 말이 있다. '서호'는 대략 저자거리 서쪽에 위치한 호수를 가리키며 지역이 고정되어 있지 않으므로 가져와서 활용하거나 전파시키기 쉽다. 고대 한국은 "소상팔경"의 영향을 받아 "송도팔경"이 생겨났고, "무이구곡"을 따라 "곡운구곡"이 나왔으나, "서호십경"이라는 명칭은 특이하게 그대로 답습되어 현재 서울 한강의 양화나루, 서강일대를 가리켜 "서호"라 부르며, 이로써 조선 버전의 "서호십경"이 생겨나게 된 것이다.

조선 버전의 "서호십경"은 '관념적 풍경'을 현실화시킨 것이다. 앞서 서술한 『연원직지』와 『간정동필담』에서도 모두 언급한, 즉 柳永의 「望海潮, 東南形勝」에서 "십리에 연꽃이 있고, 삼추에 계수나무로다[有十里荷花, 三秋桂子.]."라는 서호의 풍부한 이미지, 그리고 孤山에 은거한 林逋의 "梅妻鶴子"의 처사정신을 현지에 이식시킨 결과이다.

고대 한국문인과 화가들의 서호에 대한 동경을 논한 학자는 이미 있다.[18] 정민 교수[19]와 김문경 교수[20] 모두 조선 버전의 "서호십경"에 주목했다. 본고에서는 선행 연구를 기초로 하되, 중국 "서호십경"이 동쪽 조선으로 전래된 점, 한강이 '서호'에 비의된 점을 고찰함으로써, 한중 양국의 서호에 대한 역사 문화적 의미를 해석해 보고자 한다.

---

17) 李義健, 『峒隱稿』 권2, 「華人來傲余寓, 問其居住, 乃杭州也. 去西湖纔二十里, 問西湖風景, 則極稱其勝. 因曰: 每年二三月, 百花盛開, 搢紳男女, 盛辦遊宴之具, 塡咽湖邊, 泛舟行樂云」.

18) 池容瑗, 「朝鮮時代 西湖圖 研究」, 고려대 석사학위논문, 2008; 허뢰, 「중국 항주 서호십경의 변천과 경관 인식 양상」, 서울시립대 석사학위논문, 2014 참조.

19) 정민, 「16·7세기 조선 문인지식인층의 江南熱과 西湖圖」, 『古典文學研究』 22, 韓國古典文學會, 2002, 281~306면.

20) 金文京, 「西湖在日韓一略談風景轉移在東亞文學中的意義」, 廖肇亨 主編, 『東亞文化意象之形塑』, 臺北: 允晨文化公司, 2011, 141~166면; 衣若芬, 「從文化意象理解東亞文明」, 「東亞文明資産和公共性的新規劃」, 연세대 國際學術研討會主題演講, 2014(b), 1~12면.

## 4. 항주 西湖十景 정보의 유입

"서호십경"은 남송 말기에 성립되었고, "湖山十景"이라고도 한다. 王沺(1256년 절강에 가서 帥幕이라는 관직을 역임)[21], 張矩(약 1260년 전후 생존)[22], 周密(1232~1298)[23], 陳允平(1205?~1280) 등은 모두 시사 등의 작품을 써서 읊었다.[24] "서호십경" 각 경관의 명칭은 기록에 따라 다르고 약간의 차이가 있으며,[25] 주로 『方輿勝覽』 및 『夢粱錄』에 기록이 보인다. 祝穆은 『方輿勝覽』(1239년 완성) 「西湖」에서 다음과 같이 주석을 달았다.

호사가들이 일찍이 열 개의 제목을 지었는데, 平湖秋月, 蘇堤春曉, 斷橋殘雪, 雷峰落照, 南屏晚鐘, 曲院風荷, 花港觀魚, 柳浪聞鶯, 三潭印月, 兩峰揷雲 등이다.[26]

吳自牧(약 1270년 전후 생존)은 『夢粱錄』(서문에 1274년이라고 기록)에서 다음과 같이 언급했다.

최근 화가들이 湖山의 사계절 경치 중에 가장 기이한 것으로 열 가지가 있다고 했다. 蘇堤春曉, 麴院荷風, 平湖秋月, 斷橋殘雪, 柳岸聞鶯, 花港觀魚, 雷峰落照,

---

21) 潛說友, 『咸淳臨安志』, 臺北: 臺灣商務印書館, 1983.

22) 唐圭璋 編纂, 王仲聞 參訂, 孔凡禮 補輯, 『全宋詞』, 北京: 中華書局, 1999, 3908~3911면.

23) 앞의 책, 4129면.

24) 衣若芬, 「江山如畵'與'畵裏江山'-宋元題'瀟湘'山水畵詩之比較」, 『雲影天光-瀟湘山水之畵意與詩情』, 臺北: 里仁書局, 2013, 315~364면.

25) 闕維民, 『杭州城池暨西湖歷史圖說』, 杭州: 浙江人民出版社, 2000.

26) 祝穆, 『臨安府』, 『方輿勝覽』, 臺北: 臺灣商務印書館, 1983. "好事者嘗命十題, 有日平湖秋月·蘇堤春曉·斷橋殘雪·雷峰落照·南屏晚鐘·曲院風荷·花港觀魚·柳浪聞鶯·三潭印月·兩峰揷雲."

兩峰揷雲, 南屛晩鐘, 三潭印月이다.[27]

　"서호십경"이 만들어진 초창기에는 주로 강남 일대에서 유행했다. 강남에 가서 두루 유람을 해본 적이 있는 고려 문신들은 비록 서호를 노래했으나 특별히 "서호십경"을 언급하지 않았다. 가령 1319년 이제현은 고려 충선왕을 따라 강남 강소성과 절강성 등지를 여행했다.[28] 또한 李穀(1298~1351)은 일찍이 원나라에서 벼슬을 했고 서호를 유람했으며 서호의 풍광을 묘사한 시도 몇 수 있다. 그 중 한 수를 옮기면 다음과 같다.

　　뱃사람들이 객을 보고 다투어 영접하며,
　　연꽃 구경 갈 곳 많다 웃으며 가리키네.
　　오늘 물길 거슬러 올라가면 경치 더욱 멋있겠지,
　　밤새 산에 내린 빗물에 생기 더 올랐을 테니.
　　舟人見客競來迎, 笑指荷花多處行.
　　此日泝流應更好, 夜來山雨水添生.[29]

　항주로 떠나는 鄭誧(1309~1345, 字 仲孚, 號 雪谷)와 작별하며 지은 시에서, 이곡은 매화를 사랑한 高士 林和靖을 언급했다.

　　매화의 풍격이 몇 번이나 새로워지는 동안,
　　속물이 어떻게 그 자리에 끼일 수나 있었으리.

---

27) 吳自牧, 『夢粱錄』, 臺北: 臺灣商務印書館, 1983, "近者畫家稱湖山四時景色最奇者有十, 日蘇堤春曉 · 麯院荷風 · 平湖秋月 · 斷橋殘雪 · 柳岸聞鶯 · 花港觀魚 · 雷峰落照 · 兩峰揷雲 · 南屛晩鐘 · 三潭印月."

28) 趙鐘業, 「익재 이제현의 중국 기행시 연구」, 『한국시가문화연구』 5, 한국고시가문학회, 1998, 573~598면.

29) 『稼亭先生文集』 권16, 「六月十五遊西湖」. 한국고전번역원의 번역을 인용하였다.

나대신 화정의 댁이나 한번 들러 주오,

시를 잘하는 분은 매화도 아낄 터이니까.

梅花風格幾番新, 俗物何曾解混眞.

爲我一過和靖宅, 能詩便是愛梅人.[30]


조선시대에 서호를 유람한 사람은, 가령 1488년에 해난을 당해 절강성 台州까지 표류한 崔溥(1454~1504)이다. 그의 『漂海錄』에서 "서호는 성 서쪽 2리에 있었는데 남북의 길이와 동서의 지름이 10리나 되고, 산천이 수려하므로 노래와 음악 소리가 끊이지 않습니다[西湖在城西二里, 南北長, 東西徑十里. 山川秀發, 歌管駢闐之地.]."[31]라고 기술하였다.

사료 속에서 비교적 일찍 "서호십경"이 언급된 경우는 李甫欽(1397~1457)의 "和匪懈堂西湖十景詩"[32]이다. 비해당은 바로 안평대군 李瑢(1418~1453)을 가리킨다. 세종대왕의 셋째 아들이며 문예와 서화를 애호하였다. 그의 형 李瑈(1417~1468. 훗날 조선의 세조)는 중국을 간 적이 있고 서적과 圖畫類를 가지고 귀국했으므로, 어쩌면 이를 계기로 "서호십경"의 詩詞圖繪가 유입되었을지도 모른다. 안평대군은 문신들과 "소상팔경"을 수창하였으며, "匪懈堂瀟湘八景詩卷"을 세상에 남겼다.[33] 다만 "서호십경"에 관한 상세한 문자 기록은 보이지 않는다.

이상을 종합하면, 13세기 후반에 형성된 "서호십경"은 15세기 중엽에 조선에 전파되었다. "서호십경"에 대한 각 경관의 구체적인 명칭에 대한

---

30) 『稼亭先生文集』권17, 「送鄭仲孚遊杭州謁丞相 五首」. 한국고전번역원의 번역을 인용하였다.

31) 崔溥 著 · 朴元熇 校注, 『崔溥漂海錄校注』, 上海: 上海書店出版社, 2013, 68면.

32) 正祖, 『弘齋全書』권6, 「正壇三十二人」.

33) 衣若芬, 「朝鮮安平大君李瑢及「匪懈堂瀟湘八景詩卷」析論」, 『域外漢籍硏究集刊』1, 北京: 中華書局, 2005, 113~139면.

인식과 열성은 16세기에 이르러야 확산되기 시작한다.

1534년, 조선 중종은 경회루에서 문신 선발 시험을 실시하고, 어제로 "柳浪聞鶯" 칠언율시, "平湖秋月" 칠언율시, "雷峰落照" 오언율시 등[34]을 내렸다. 문신 鄭士龍(1491~1570)의 시를 보도록 하자.

버들개지 날고 봄날 가매 한스러움 아득하고,

솜 부채 입놀림은 날이 길 때를 서둘러라.

깊은 계곡을 갑작스레 떠나니 목소리 어눌하나,

강촌 마을에 도착하자마자 얘기하느라 바쁘네.

무정하고도 교묘한 혀는 꿈에서 깨어난 듯 풍성하고,

빛나는 앵무새 한 마리 있어 다만 꾸밈을 다툴 뿐이네.

마구 울어대는 소리 견디자니 정신이 없어,

숲 근처에서 한가로이 지저귀도록 금령을 내리면 어떨꼬.

絮飛春去恨茫茫, 緜羽調喉趁日長.

幽谷乍離聲却澁, 江鄕初止語偏忙.

無情巧舌饒驚夢, 有煥金衣只鬪粧.

消得亂啼無意緖, 何如閑囀禁林傍.[35]


만경의 寒瑤는 시선 닿는 끝까지 드넓고,

가을날 돌아가는 길은 水國의 여뀌 꽃 배 타네.

纖阿는 비단 휘장을 비추고,

積練은 가볍고도 밝게 옥쟁반에 잠기네.

三弄 가락은 잦아들고 고깃배의 피리소리 멀어지는데,

---

34) 國史編纂委員會 編,『朝鮮王朝實錄』, 中宗 29年(1534) 7月 17日.

35) 鄭士龍,『湖陰雜稿』권4,「柳浪聞鶯」.

학 울음소리 멎고 이슬 맞은 날짐승은 춥네.

누구에게라도 기대어 琴高한테 건너가게 되면,

紫府에 진인이 부족한 지 아닌 지 물어야겠네.

萬頃寒瑤極目寬, 秋歸水國蔘花丹.

纖阿恰滿通綃幕, 積練輕明浸玉盤.

三弄調殘漁笛遠, 九皐聲徹露禽寒.

憑誰跨得琴高去, 紫府朝眞問缺完.[36]


정사룡은 1534년과 1544년에 두 차례 동지사 신분으로 명나라에 다녀왔다. 아울러 1521년, 1537년, 1539년, 1546년에 여러 차례 원접사 등의 직무를 담당했고, 조선에 온 명나라 사신을 접대하며 그들과 빈번하게 수창하였다. 정사룡은 沈光彦(1490~1568)이 보낸 "항주 서호도"[37]에 제를 달고 음영하였다. 金得臣(1604~1684)의 『終南叢志』에는 명종 연간에 얻은 산수화 한 폭에 대한 기록이 있다. 군신들 중에서 오직 정사룡만이 그림 속의 靈隱寺, 湧金門 등의 장소를 지목하며 구별해 내고 "서호도"[38]임을 알았다는 내용이다.

이외에도, 백운동 서원을 창건한 성리학자 周世鵬(1495~1554)의 「平湖秋月」, 「蘇堤春曉」, 「斷橋殘雪」, 「麴院風荷」, 「花港觀魚」, 「兩峰揷雲」시가 있다.[39] 權濤(1575~1644)는 「西湖八詠」이 있으나, "서호십경" 중에서 "南屛晚鐘"과 "兩峰揷雲"[40]이 빠져 있다. 申欽(1566~1628)의 시 "높

---

36) 鄭士龍, 『湖陰雜稿』 권4, 「平湖秋月」.

37) 鄭士龍, 『湖陰雜稿』 권5, 「鈍庵寄送杭州西湖圖, 雪擁藍關圖, 商山四皓圖, 玉堂春曉梅花圖索詠. 雜記一律博笑」.

38) 金文京, 「西湖在日韓─略談風景轉移在東亞文學中的意義」, 東亞文化意象之形塑, 2008.

39) 周世鵬, 『武陵雜稿』 권4, 「平湖秋月」, 「蘇堤春曉」, 「斷橋殘雪」, 「麴院風荷」, 「花港觀魚」, 「兩峰揷雲」.

40) 權濤, 『東溪集』 권1, 「西湖八詠」.

은 나무에 매미 울고 거리에는 비 갰는데, 병 앓으니 인사라곤 전혀 차릴 수가 없네. 해를 따라 이동하는 고요한 파초 그림자, 서호의 팔경도를 누워서 보는 셈이네[蟬噪高林雨霽衢, 病來人事十分無. 芭蕉影靜輕陰轉, 臥看西湖八景圖.]."[41]에서 언급되고 있으며, 河弘度(1593~1666)의 시 각주에서도 "유랑관어는 서호팔경 중의 하나이다[柳浪觀魚, 卽西湖八景一也.]."[42]라고 하고 있다. 당시 "서호십경"에 대한 이해가 아직 전면적으로 이루어진 것은 아니었고, 또한 팔경 산수문화의 영향을 받아 "서호십경"이 팔경으로 인식되었음을 알 수 있다.

기존 연구에 의하면, 명대 嘉靖(1522~1566)에서 萬曆(1573~1620) 시기는 서호 유람이 왕성한 단계였고, 이에 부응하여 수많은 관련 서적들, 가령 田汝成(1503~1557)의 『西湖遊覽志』, 『西湖遊覽志餘』(1547년 初刻)[43] 같은 책들이 등장했는데 조선 문인들은 『西湖志』라고 약칭하였다. 신흠은 중국에서 소책본을 들여왔다.

내가 과거 연경에 사신으로 갔을 때 田叔禾의 『西湖志』를 얻었는데, 사적이 잘 갖추어 기록되어 있었고 산천 경관에 대한 것과 문사들이 노닐며 읊조린 글들이 하나도 빠짐없이 수록되어 있었으므로 아주 좋아했다. 사행을 마치고 본국으로 돌아올 때 드디어 小本을 구입하여 전대 속의 보물로 삼았다. 본국에 돌아와서는 관직이나 몸도 한가로웠으므로 『서호지』에 줄곧 관심을 갖게 되어 책상 위에 다른 책은 거의 놔둔 적이 없었다.[44]

---

41) 申欽, 『象村稿』 권2, 「患痁臥吟」.

42) 河弘度, 『謙齋集』 권11, 「不赴楊州出鶴灘書懷」.

43) 馬孟晶, 「名勝志或旅遊書―明『西湖遊覽志』的出版歷程與杭州旅遊文化」, 『新史學』 24, 臺北: 新史學雜誌社, 2013, 93~138면.

44) 申欽, 『象村稿』 권36, 「藍田遺壁跋 後稿」, "余昔奉使赴燕, 得田禾叔『西湖志』, 愛其事蹟備具, 山川臨觀之美·游戲詠歌之什, 皆摭拾無一遺者. 竣事東還, 遂購小本, 爲囊裡寶裝. 曁歸值官閑身暇, 心未嘗不於志瞿瞿, 而幾乎乎案無他書矣."

그외 사행을 따라가서 조선에 들여온 서호 관련 서적은 『三才圖會』(1607) 와 楊爾曾이 편집한 『海內奇觀』(1609) 등이 있다. 내부에 삽도판화가 첨부 되어 있으므로, 직접적으로 조선의 산수화 창작에 영향을 미쳤고, 또한 "서 호십경"을 17세기 말에서 18세기 초까지 더욱더 유행시키는 역할을 하였다.

조선 숙종(1674~1720)은 화원에게 "서호십경도"를 그림으로 제작하라 는 명을 내리고 國舅인 仁元王后(1687~1757)의 아우 金後衍(1694~1735) 에게 하사하였다. 김후연은 통신사를 따라 일본에 간 적이 있는 洪世 泰(1653~1725)에게 시를 짓도록 하였다. 홍세태는 「西湖十景」 시 열 수 를 지었다. "南屛晚鐘"을 "南屛曉鍾"으로 "平湖秋月"을 "平湖秋色"으 로 한 것을 제외하고는, 나머지 팔경은 모두 중국의 제목과 일치한다.[45] 그 후 같은 방식으로 명을 받들어 「서호십경」을 지은 사람은 또한 朴永 元(1791~1854)이 있다.[46] 십경의 개별 명칭은 중국과 다르지 않으나, 시 대는 이미 19세기에 접어든 후이다.


## 5. 조선 버전의 西湖十景

항주 "서호십경"의 개별 십경 제목들이 조선에서 총체적이고 확실히 인식되던 시기에, 명칭은 동일한 "서호십경"이지만 한강의 풍광을 노래 한 조선 버전의 "서호십경"이 출현했다. 金謹行(1713~1784)의 "서호십경" 시의 십경은 다음과 같다.


鶴灘霞日 鳳洲雪月 鴨島歸鴻 龍湖暮帆 棠山烟花

---

45) 洪世泰, 『柳下集』 권5, 「西湖十景」.

46) 朴永元, 『梧墅集』 册5, 『應製錄 賡韻』, 「西湖十景」.

栗里霜楓 月巖落照 巴陵漁火 桂峀朝嵐 花岑夕烽[47]

여기서 이것을 "소상팔경"과 함께 비교해보면 유사한 면을 발견할
수 있다.

平沙雁落—鴨島歸鴻

遠浦歸帆—龍湖暮帆

洞庭秋月—鳳洲雪月

漁村夕照—月巖落照/巴陵漁火

山市晴嵐—桂峀朝嵐

서명응(1716~1786)이 이름 지은 "서호십경"은 다음과 같다.

白石早潮 靑谿夕嵐 栗嶼雨耕 麻浦雲帆 鳥洲煙柳

鶴汀明沙 仙峯泛月 籠巖觀漲 鷺梁漁釣 牛岑採樵

또한 "소상팔경"과 유사한 경관 표제도 있다.

遠浦歸帆—麻浦雲帆

瀟湘夜雨—栗嶼雨耕

洞庭秋月—仙峯泛月

山市晴嵐—靑谿夕嵐

아울러 「西湖十景」에서 보이는 것으로는 다음과 같다.

---

47) 金謹行, 『庸齋集』 권1, 「西湖十景」.

花港觀魚―鷺梁漁釣

柳浪聞鶯―鳥洲煙柳


이로 볼 때, 김근행의 "서호십경"은 "소상팔경"에서 베낀 것이고, 서
명응의 "서호십경"은 "소상팔경"과 항주 "서호십경"을 겸해서 취한 것이
라고 할 수 있다. 김근행의 "서호십경"은 후세의 독자를 만나지 못하였
으나, 서명응의 손자 徐有本(1762~1822)은 조부의 창의력을 계승하고 계
속적으로 차운시를 지어 수창하였다.[48]

이상 항주의 "서호십경"이 고대 한국에서 수용되는 과정을 살펴볼
때, 조선 문인이 "서호십경" 설만 듣고 개별 경치의 명칭까지는 파악을
못해서 그런 것이 결코 아님을 알 수 있다. 이는 의식적으로 자국의 한
강에서 십경을 선별하였으나, 중국 원래의 '서호'라는 지명과 구별하여
사용하지 않았기 때문이다.

만약 안평대군과 문인들이 "서호십경"을 창화한 활동들이 사실이라
면, 비슷한 시기의 李承召(1422~1484), 姜希孟(1424~1483) 등이 안평대
군을 위해 지은 "淡淡亭十二詠"은 당시 '서호'라는 명칭이 항주 서호를
전적으로 가리킨 것이 아니라는 점을 보여준다. 담담정은 서울 마포 북
쪽 언덕에 위치해 있다. 원소유주는 안평대군이었으나 훗날 신숙주의 별
장이 되었다. 成俔(1439~1504)은 "匪懈堂 안평대군은 왕자로서 학문을
좋아하고 시문을 잘하였으며 서법이 奇絕하여 천하제일이었다. 또 그림
과 거문고 타는 재주도 훌륭하였다."[49]고 기록하였다. 이외에도 다음과
같은 기록을 남겼다.

---

48) 徐有本, 『左蘇山人文集』 권2, 「謹次王考文靖公西湖十景詩韻 幷序」.

49) 成俔, 『慵齋叢話』, 臺北: 東方文化書局, 1971, "匪懈堂以王子好學, 尤長於詩文, 書法奇
絕, 爲天下第一. 又善畵圖琴瑟之技."

(안평대군은) 성격이 浮誕하여 옛것을 좋아하고 景勝을 즐겨 北門 밖에다 武夷精
舍(필자 주-"夷"는 "溪"가 옳다.)를 지었으며, 또 南湖를 향하여 淡淡亭을 지어 만 권의
책을 모아두었다. 문사를 불러 모아 十二景詩를 지었으며, 또 四十八詠을 지어 혹은
등불 밑에서 이야기하고 혹은 달밤에 배를 띄웠으며, 혹은 聯句를 짓고 혹은 바둑 장
기를 두어 풍류가 끊이지 않았고, 항상 술 마시고 놀았다. 당시의 이름 있는 선비로서
교분을 맺지 않은 이가 없었으며, 무뢰한이나 雜業을 하는 이도 많이 모여들었다.[50]

"소상팔경"이라는 개념은 고려 초에 유입되었다. '팔경'은 '팔영'과 구
분 없이 쓰였으므로[51] "淡淡亭十二詠"은 바로 '十二景'을 의미하며 구
체적으로는 다음과 같다.

麻浦夜雨 栗島晴嵐 冠岳春雲 楊花秋月 西湖帆影 南郊鴈聲
仍火芳草 喜雨斜陽 龍山漁火 鼇嶺樵歌 盤磯釣雪 甕村新煙[52]

"西湖帆影"의 '서호'는 '서강', 즉 마포에서 양화에 이르는 그 일대를
가리킨다. 『東國輿地勝覽』(1530년 초 刻)에서는 "한강은 목멱산 남쪽에 있
어서 옛날에는 漢山河라고 불렀다. 신라시대에는 北瀆이라고 했다. (……)
고려시대에는 沙平나루라고 불렀다."[53]라고 하였다. 목멱산은 바로 현재
서울의 남산을 말한다. 1760년대의 「漢陽圖」에서는 "沙坪(平)"이라는 지

---

50) 成俔, 『慵齋叢話』 권2, "[安平大君]性又浮誕, 好古貪勝. 作武夷[按: 作溪]精舍于北門外,
   又臨南湖, 作淡淡亭, 藏書萬卷, 招聚文士, 作十二景詩, 又作四十八詠. 或張燈夜話, 或乘
   月泛舟, 或占聯, 或博奕, 絲竹不絕, 崇飮醉謔, 一時名儒無不締交, 無賴雜業之人, 亦多歸
   之." 인용문 번역은 한국고전번역원 번역을 참고하여 윤문하였다.
51) 衣若芬, 「蘇軾對高麗"瀟湘八景"詩之影響―以李奎報『虔州八景詩』爲例」, 『宋代文學研究
   叢刊』, 高雄: 麗文文化事業股份有限公司, 2004(a), 205~229면.
52) 李承召, 『三灘集』 권1, 「淡淡亭十二詠」.
53) 盧思愼, 『新增東國輿地勝覽』, 東京: 國書刊行會, 1986.

명을 여전히 볼 수 있다. 한강은 "서쪽으로 흘러 露梁이 되고 龍山江이 되며, 더 서쪽으로 가면 西江이 된다."[54] "노량", "용산강", "마포", "서강"이라는 이름과 동에서 서로 이르는 위치는 1765년 「四山禁標圖」에서도 분명하게 드러난다. 『東國輿地勝覽』은 또한 "용산강은 도성 서남쪽 10리에 있다[龍山江在都城西南十里.].", "마포는 도성의 서쪽 즉 용산강 하류에 있다[麻浦在都城西, 卽龍山江下流.].", "서강은 도성의 서쪽 15리에 있다[西江在都城西十五里.].", "양화나루는 서강 하류이다[楊花渡卽西江下流.]."라고 기록하고 있는데, 오늘날 '한강'이라는 명칭이 옛날에는 구간별로 다르게 불렸음을 알 수 있다.

명나라 사신을 접반하는 조선 문인들은 자주 그들과 함께 한강을 유람하고는 "遊西湖"[55]라고 말했으며, 또한 자주 '서호'를 강물로 묘사하였다. 특히 서강과 양화나루 일대가 그러하다. 가령 1457년 陳鑑과 高閏이 조선에 사절로 왔을 때, 金守溫(1409~1481)이 고윤의 시에 차운한 작품을 보도록 하자.

> 십 리라 서호에 화려한 유람선을 띄워라,
> 사신들의 행락 속에 풍류를 한껏 보겠네.
> 날 갠 냇물 향기론 풀은 황루의 구절이요,
> 계수나무 목란의 노는 적벽강의 배로다.
> 시와 술은 빈객들의 흥취를 제공할 만하고,
> 생가 소리는 고금의 시름을 능히 깨뜨리네.
> 강산이 이러하고 사람이 또 옥 같았으니,

---

54) 앞의 책.

55) 金守溫, 『拭疣集』 권4, 「陪兩天使遊西湖, 舟中遇雨, 率爾成興, 伏希電覽」; 徐居正, 『四佳詩集』 권8, 「次日休陪高陽左相遊西湖韻」.

이 모임에 나는 응당 백두라 말해야 하리.

十里西湖畵舸浮, 使華行樂儘風流.

淸川芳草黃樓句, 桂棹蘭橈赤壁舟.

詩酒可供賓主意, 笙歌解破古今愁.

江山如此人如玉, 此會吾應說白頭[56].


1476년 祁順과 張瑾이 조선에 사절로 왔을 때, 서거정(1420~1488)이
장근의 시에서 차운한 작품은 다음과 같다.


서호의 석양 아래 누선을 둥둥 띄워라,

아득한 거울 속 하늘에 사람이 떴구나.

금람 牙檣은 백로의 꿈을 놀래 깨우고,

곤현 철발은 잠든 용을 깨워 일으키네.

산은 큰 바다를 만나 푸르름이 다하였고,

물은 잠두봉에 닿아 파랗게 뿌려 대누나.

내일은 비구름처럼 서로 헤어질 테니,

한강을 뒤돌아보면 꿈에도 그리울 걸세.

西湖落日泛樓船, 人在蒼茫鏡裡天.

錦纜牙檣驚鷺夢, 鵾絃鐵撥起龍眠.

山當鯨海靑還盡, 水到蠶頭碧更濺.

雨散雲離明日事, 回頭漢水夢相牽[57].

---

56) 金守溫, 『拭疣集』 권4, 「丁丑年陪明使陳內翰鑑高太常闉遊於漢江及楊花渡 船中次高
韻」. 한국고전번역원의 번역을 인용하였다. 다만, 이 번역문은 김수온의 작품집이 아닌 서
거정, 『사가시집』 권8에 수록되어 있음을 밝혀둔다. (역자 주)

57) 徐居正, 『四佳詩集』 補遺2, 「次韻副使遊漢江」. 한국고전번역원의 번역을 인용하였다.

시에서 언급한 "鼇頭"는 "鼇頭峰"이다. "龍頭峰"이라고도 하며 양화나루 동쪽 언덕에 있다. 비록 陳鑑의 시에서 "美景良辰留海外, 佳山秀水逼江南."[58]이라고 언급은 하였으나, 명나라 사신의 경우 조선 문인처럼 서호와 한강을 동일시하지는 않았다. 가장 적극적으로 서강을 서호에 비유한 작가로 서거정을 들 수 있다. 마치 서호가 남송 도성을 일궈낸 승경이듯, 서강 또한 건국한 지 얼마 되지 않은 조선왕조라는 수도의 승경인 셈이다. 서거정의 「漢都十詠」의 제목을 잠시 보도록 하자.

莊義尋僧 濟川翫月 盤松送客 楊花踏雪 木覓賞花
箭郊尋芳 麻浦泛舟 興德賞蓮 鍾街觀燈 立石釣魚

이제현이 쓴 고려수도의 "松都八景", 즉 "紫洞尋僧, 靑郊送客, 北山烟雨, 西江風雪, 白嶽晴雲, 黃橋晩照, 長湍石壁, 朴淵瀑布"와 비교해 보면, "한도십영"이 부분적으로 "송도팔경"을 계승하고 있다는 점을 알 수 있다.

莊義尋僧—紫洞尋僧
盤松送客—靑郊送客
楊花踏雪—西江風雪

"한도십영"의 제목은 또한 부분적으로 "서호십경"에 가깝기도 하다.

濟川翫月—平湖秋月/三潭印月

---

58) 陳鑑, 『足本皇華集』 권3, 「日昨重承遊覽, 嘉賓良會, 世不常有. 牽成近律三首, 聊紀一時之勝, 不暇計詩之工拙也. 錄似同遊諸君子, 尙希和敎焉」.

興德賞蓮―曲院風荷

立石釣魚―花港觀魚


　　그러므로 "한도십영"은 "송도팔경"과 "서호십경"을 결합한 것임을 알 수 있다. 서거정은 이제현처럼 수도에서 팔경을 선별했을 뿐만 아니라, "서호십경"만으로 명성을 독차지하지 않도록, 한양의 특색 있는 경관 열 곳으로써 도성 풍정을 덧보탠 것이다.

　　명나라에 사신으로 간 경험이 있고, 또한 명의 사신을 접대한 적이 있는 蘇世讓(1486~1562)은 응제시로 「洞庭秋月」을 짓고, 직접 "중종께서 서호에 행차하셨는데, 수전 때 제를 붙임[中廟幸西湖, 水戰時命題.]." 이라고 주를 달았다. 정식 지리지에서 서강을 "서호"라고 부르는 설이 결코 없었음에도 불구하고, 조선이 끝날 때까지 문인들 사이에서는 습관적으로 불리는 명칭이 되었으며, 독자들도 전후맥락이나 시문의 내용을 보면 바로 중국인지 아니면 한국의 "서호"를 가리키는 것인지 분별할 수 있다. 가령 강희맹의 「西湖蠶嶺契飲序」[59]에서, 蠶嶺은 앞서 언급한 양화나루 동쪽 언덕의 잠두봉이며 서강을 가리킨다. 또한 李宜茂(1449~1507)는 「書遊西湖圖上」에서 다음과 같이 읊었다.


　　서호에서 물 떠다 티끌 묻은 관을 씻어내고,

　　관아에서 한나절 휴가를 얻었다네.

　　바쁜 공무로 나를 어지럽힐 일 없으니,

　　취중에 술잔과 시로 그대와 즐거움 다하네.

　　눈에 가득한 강산은 그 감회 풀기 어렵고,

　　물고기와 새들도 물아일체 되어 흥이 끝없네.


---

59) 姜希孟, 『私淑齋集』 권8, 「西湖蠶嶺契飲序」.

그림으로 옮기려는 것은 호사가라서가 아니라,

백발로 퇴직하여 노년을 보낼 때 보려고 함일세.

西湖弄水洗塵冠, 贏得官曹半日閑.

忙裏簿書無我溷, 醉中觴詠盡君歡.

江山滿目情難遣, 魚鳥忘形興未闌

移上畵圖非好事, 白頭歸老要相看.[60]


관원이 바쁜 와중에도 짬을 내어 서강을 유람한 정경을 그림처럼 묘사하고 있다. 항주 서호에 임화정 처사가 은거하였다면, 한강 서호의 경우 權韠(1569~1612), 成輅, 李基卨(1556~1622)가 "西湖三高士"로 불리었고, 朴世采(1631~1695)가 그들의 전기를 남겼다.[61]

또한 申琓(1646~1707)은 「題西湖圖并序」에서 다음과 같이 기록하고 있다.


아! 나는 오랫동안 편방에 살았고 땅은 이미 동쪽이니, 비록 靑鞋布襪의 신분으로 호수와 산 사이를 한가로이 거닐고 싶다한들 어찌 얻을 수 있겠는가? 게다가 강남 땅 한 조각은 전쟁터가 된 지 오래인데, 지금 옛날의 번화로움을 보전하고 있는지도 알 수 없다. 오늘 이 그림을 보니 감회가 없을 수 없다.[62]


정리하면, 비록 똑같이 "서호"라고 부른다 하더라도, 한중 양국의 "서호"는 각자의 특색을 갖추고 있다. 崔有淵(1587~1656)이 다음 시에서 말

---

60) 李宜茂, 『蓮軒雜稿』 권2, 「書遊西湖圖上」.

61) 朴世采, 『南溪集』 권83, 「西湖三高士傳」.

62) 申琓, 『絅菴集』 권1, 「題西湖圖并序」, "噫! 余匏繫偏邦, 地已左矣, 雖欲以靑鞋布襪, 徜徉於湖山之間, 安可得也? 且江南一片地, 久爲戎馬之場, 未知今日能保昔日之繁華耶? 今觀此圖, 不能無感."

했던 것과 같다.

옛날 소동파가 항주의 서호에 대해 읊은 것이 있는데, "서호와 서시는 화장이 연하든 농염하든 두 가지 모두 어울린다."고 하였다. 봄 경치는 농염한 화장 같고 가을 모습은 연한 화장 같다고 말한 것이다. 서시는 세상에 비할 데 없는 國色인데, 이를 서호에 비유했으니, 서호경물은 천하에서 가장 동경할 만한 곳이다. 우리나라 서호에도 집을 지어 "兩宜"라고 이름 지은 곳이 있다. 우리 서호 역시 항주의 서호만 못하지 않음이 자명하다.[63]

## 6. 西江과 西湖

조선시대에 "서호"라고 불리는 장소는 한 곳만이 아니었다. 金允植(1835~1922)이 1861년에 問安부사를 역임한 朴珪壽(1809~1876)의 말을 기록한 자료에 의하면, 박규수는 연경에서 "전당의 擧人을 만났는데 그가 소매에서 「西湖圖」를 꺼내 보여주었다[逢錢塘擧人, 袖中出西湖圖示之.].", "그곳의 산수 형세를 살펴보니, 우리나라 斗陵과 歸川 사이 정도에 해당하나, 다만 인공적인 포치가 뒤떨어질 뿐이다[察其山水形勢, 我國斗陵歸川之間, 可以當之, 但少人功舖置耳.]."[64]라고 인식하였다. 歸川은 경기도 양주와 광주 사이에 위치해 있으며 남쪽으로 한강이 흘러 지나간다. 그러나 가장 유명하고 사람들의 입에 오르내리는 곳은 역시나 한강의 서강이다.

엄밀히 따지자면, '江'과 '湖'는 서로 다른 두 개의 의미 범주를 지닌

---

63) 崔有淵, 『玄巖遺稿』 권4, 「兩宜堂記」, "昔有東坡子詠杭州西湖曰: '西湖與西子, 淡粧濃抹兩相宜.' 謂春景如濃; 秋容如薄也. 夫西子萬古國色也, 以西湖比之, 則西湖景物, 爲天下冣可想. 而我國西湖, 亦有爲堂而名之曰 '兩宜'. 我西湖亦不下杭之西湖也明矣."

64) 金允植, 『雲養集』 권7, 「懷歸川賦在沔陽時作」.

다. 그렇다면 항주 서호에 억지로 끼워 맞추기 위해 서강을 축소시키기라도 했다는 말인가? 학자 정약용(1762~1836)의 분석과 비평은 조선에서 '江', '湖', '浦'가 서로 혼용되는 상황을 보여준다.

湖라는 것은 큰 못이다. (원문 주해: 陂는 물을 가두는 장벽이다.) 물의 형세가 마치 금수류의 胡囊같다고 하여 湖라고 한다. …… 西湖, 鏡湖 등은 모두 우리나라의 큰 제방에 물을 저장하여 밭에 물을 대는 것으로 흐르는 물을 명명한 것이 아니다. 속유들이 잘못 알고 호를 강으로 여기고 호를 포처럼 사용하여, 蠶洲를 東湖라 하고 冰庫를 冰이라 하듯이, 모두 호라고 이름 한 것이다.[65]

정약용은 또한 의미상 '湖'에 속하는 부분이 '池', '堤'로 불리는 상황도 언급하였다. 즉 "의림지, 공골지, 합덕지, 벽골제, 경양지, 남대지, 모두 참으로 호수나 시인묵객들이 와서 유람하면서도 결국 湖자를 감히 쓰지 못하니 어찌 부주의하다고 말하지 않겠는가[而義林池·空骨池·合德池·碧骨堤·景陽池·南大池, 眞是湖也, 而詩人墨客臨汎游覽, 終不敢用一箇湖字, 豈不疏哉.]!"라고 하였다. 오늘날까지 한국에는 "湖西", "湖南"이라는 지역명이 있다. 정약용은 "혹자는 충청도를 호서라고 부르는데, 의림지의 서쪽에 있기 때문이다. 전라도를 호남이라고 하는 것은, 벽골제의 남쪽에 있기 때문인데, 그러한지를 모른다[或曰忠淸道稱湖西者, 以在義林池之西也. 全羅道稱湖南者, 在碧骨堤之南也, 不知然否.]."[66]라고 말한 바 있다.

앞서 서술한 『東國輿地勝覽』에서는 "龍山江", "麻浦", "西江"이 세

---

65) 丁若鏞, 『與猶堂全書』, 『雅言覺非』 권2, "湖者, 大陂也. 陂者, 澤障也. 水形如鳥獸之有胡囊, 故曰湖也. …… 西湖·鏡湖之等, 皆如吾東之大堤蓄水, 以漑田, 非流水之名. 俗儒錯認以湖爲江, 用湖如浦, 蠶洲曰東湖, 氷庫曰氷湖, …… 悉名爲湖."

66) 앞의 책.

곳("三江")을 "三湖"라고 불렀는데, 바로 "龍湖", "麻湖", "西湖"[67]이다. 다시 말해, 항주 서호의 명성이 자자했던 이유로 "서강"을 "서호"라고 부른 것이 아니라, '강'과 '호'가 서로 통용되었기 때문이다. "마포"를 "마호"라고 부르는 경우는 李安訥(1571∼1637)의 시에서 볼 수 있다. 즉, "고기잡이 배에서 들려오는 늦은 저녁 피리소리에 마호는 멀어지고, 불전에서 들려오는 새벽 종소리에 저도는 고요하다[漁舟晚笛麻湖迴, 佛殿晨鍾楮島幽.]."라는 구절에 직접 주를 달아 "마호는 마포이다[麻湖, 乃麻浦.]."[68]라고 하였다. 趙顯命(1691∼1752)의 시 「與柳令, 舟還麻湖, 疊開字」 第五疊에서도 "마포의 사립문은 밤이 되도록 열어둔 채, 어린 손자는 등불을 들고 내가 오기를 기다리네[麻浦柴門到夜開, 小孫燈火候吾來.]."[69]라고 하였다.

문학작품에서 "서강"과 "서호"를 교차 사용한 사례는 많다. 가령 金澍(1512∼1563)의 시 「李君天章 從諸君遊西江 宿甘露寺 翌日歸來 袖詩示余 仍次韻贈之」에서 "서호 승경을 생각할 때 마다, 옛날에 노닐던 기억을 잊을 수 없다네[每想西湖勝, 難忘舊日遊.]."[70] 또한 그러하다.

金富倫(1531∼1598)은 「西江泛月」에서 "세상 티끌로부터 몸을 빼내어, 달과 함께 서호에 배를 띄운다[抽身塵土裏, 帶月泛西湖.]."[71]라고 하였다. 李好閔(1553∼1634)은 「西湖晚吟」이라는 시에서 "골짜기는 겨울눈에 다하려는데, 서강은 해저무려고 하네[盤谷窮冬雪, 西江欲暮天.]."[72]

---

67) 尹愭, 『無名子集』 册1, 「濯纓亭記」. '東湖'(지금 서울 옥수동 부근의 한강), '南湖'(서울 용산 앞 일대 한강)를 합하여 '五湖'라고 부름.

68) 李安訥, 『東岳集』 권17, 「三月十四日丁巳」.

69) 趙顯命, 『歸鹿集』 권2, 「與柳令舟還麻湖疊開字」.

70) 金澍, 『寓庵遺集』 권3, 「李君天章, 從諸君遊西江, 宿甘露寺, 翌日歸來, 袖詩示余, 仍次韻贈之」.

71) 金富倫, 『雪月堂集』 권1, 「西江泛月」.

72) 李好閔, 『五峯先生集』 권3, 「西湖晚吟」.

이라고 하였다. 許穆(1595~1682)은 「樂悟亭記」에서 "삼강의 승경은 서호의 명성이 가장 높다. 한수는 노량, 용산까지 중간에 물이 둘로 갈라졌다가, 서강, 용수를 지나면 다시 합류한다[三江之勝, 西湖最大. 漢水至露梁龍山, 中分爲二水, 過西江龍首, 復合流.]."[73]라고 했는데, 여기서 "漢江"은 또한 "漢水"라고도 불렸다.

이상 16·17세기부터 '강'과 '호'를 뒤섞어 사용한 사례로 볼 때, 당시에는 이미 보편적인 양상이었음을 알 수 있다. 시간을 조선 초기로 거슬러 올라가면, 개국공신 鄭道傳(1342~1398), 權近(1352~1409) 등은 새 도성 한양을 노래한 "新都八景"을 지어 올렸는데, 그 중 "西江漕泊"은 「西江漕泊」 작품 속에서 '서호'에 대한 형용으로 사용되지 않았다. 이로 볼 때, 15세기 중엽에 이르러, 안평대군, 강희맹, 김수온, 서거정이 바로 서강을 '西湖化'한 추동자라고 할 수 있다.

'강'자가 '호'자와 혼용되고 "서강"이 "서호"로 불렸다면, "麻浦"를 "麻湖"라고 부른 점 또한 '호'자와 '포'자를 구분하지 않은 사례로 간주할 수 있다. 현재 북한 경내에 위치한 "三日浦"는 "관동팔경"의 하나인데, 자연 발생적인 호수라서 고대에도 "三日湖"라고 불렸다. 漢江三湖는 주요 포구 세 곳을 가리켜 한국어로 삼개나루라고 하였고, 훗날 삼개나루가 주로 마포를 가리키게 되면서 마포삼개 혹은 마포나루로 불렸다.[74] 나루, 즉 나루터는 나룻배를 타고 강을 건너는 곳이며, 한자로 쓰면 '津', '渡' 혹은 '浦'이다. 그러므로 물이라는 측면에서 말하면 "마호"이고, 나루터(포구)라는 측면에서 말하면 "마포"인 것이다.

이러한 관점을 따라 고구해보면, 한자표기와 한글표기는 번역의 과정에서 격차가 생길 수 있다. 한자의 '江', '河', '湖', '浦', '池' 등은 각

---

73) 許穆, 『記言』 권13, 「樂悟亭記」.

74) 이기봉, 『고지도를 통해본 서울 지명 연구』, 국립중앙도서관, 2010, 63면.

각 구별되는 함의 범위를 지닌다. 그렇지 않으면 이런 글자를 따로 만들 필요가 없는데, 한국어에서는 반드시 그런 것 같지 않다.

1445년에서 1447년에 지어진 「龍飛御天歌」는 조선 세종대왕이 "훈민정음" 반포 당시 한글과 한자로 쓴 시가이다. 제 20장에서 "河無舟矣"라는 한 구절이 있는데, '河'는 중세 한국어의 ᄀᆞᄅᆞ를 쓴 것이며 현대 한국어로는 '가람'에 속한다. 한강은 또한 '한가람'이라고도 불리는데, '한'이라는 글자는 넓다, 길다, 크다는 의미이므로, 한강은 큰 강, 긴 강이라는 뜻이다. '가람'은 중세 한국어에서 '江', '河', '湖'가 서로 통용되었다. 한강의 "서강"을 한국어로 표현하면, 즉 서쪽 일대의 "가람"이며, 한자로 써도 "湖", 즉 "西湖"가 된다.

「용비어천가」를 창제한 시기는 바로 앞서 서술한 것처럼 서강이 '서호화'된 15세기 중엽이다. 조선 문인은 한자로 시문을 썼을 뿐만 아니라 민족의 새로운 언어 표기 방식도 수용하여 그 속에 한국어의 의미를 녹여 넣은 것이다. 결국 정약용이 "俗儒"라고 비평한 사람들도 오늘날의 가치관으로 따져 본다면, 어쩌면 한자를 사용했다고 하더라도 민족 주체성을 망각하지 않은 지식인으로 볼 수 있을 것이다.


## 7. 맺음말

본고의 제 2절로 다시 돌아가서 정리하자면, 동아시아 "서호십경"에서 제기한 세 가지 문제점에 대하여 본고는 그 탐색의 방법으로 문도학 연구방법을 채택하였다. 문도학 연구방법이야말로 기존의 역사학, 지리학, 미술사가 전부 포괄하지 못한 층위들까지 비로소 분명하게 모두 해석해 낼 수 있다.

항주 "서호십경"은 13세기 후반에 성립되었다. 15세기에 조선에 유입되었고, "서호십경"의 각 풍광에 대한 구체적 명칭의 인식과 열성은

16세기에 이르러 확산된 후 점차적으로 성행하였다.

16세기 중기, 항주 서호에 대한 흥취, 그리고 명나라 사신과의 교유 과정에서 이루어진 시부창화를 기반으로, 조선 문인은 자주 한강 서부의 '서강'을 '서호'라고 불렀다. 문도학의 '텍스트'는 소리·문자·도상을 포함하는 바, '서강'과 '서호'의 경우 한자의 언어맥락 속에서는 '江', '湖', '浦'의 함의 범주가 각각 다르나, 표음부호인 한국어 체계에서는 모두 하나의 동일한 발음인 '가람'이다. '西江'을 '西湖'로 불렀다고 해서 중국의 항주 서호에 억지로 전부 끼워 맞추려고 한 것은 아니었다. 자국의 언어표기 방식을 통해 현지의 서호를 가리킨 것이었다. 그러므로 '서강'을 '서호'로 기록하고 그림으로 그린 것은 조선 詩畵의 표현에서는 결코 위화감이 없었던 것이다.

도상 속 어부가 고기를 잡는 "觀漁"는 더욱더 동태적이면서 생활적일 뿐만 아니라 "觀魚"에 비해 물위의 풍경에 대한 구성과 포치가 더 적절하다. 이는 중국 화가 葉肖巖과 藍深이 그린 "花港觀魚"가 주는 정태적 경향의 정취와는 서로 다르며, 조선 버전의 "서호십경"이 지닌 지역적 특색이라고 할 수 있다.

문도학의 '圖'는 '意象'의 의미도 함께 지니고 있다. 조선 "서호십경"의 경우, "소상팔경", "송도팔경", "한도십영", "담담정십이영" 등 景觀文化를 융합하여, 同名이면서도 각 풍경의 내적 함의는 서로 달리 하면서 서강 풍광에 부합된 조선 버전의 "서호십경"을 창조하였다. 18세기에 이르러서는 더욱더 완숙되었고, 문학작품과 회화를 통해 자국의 풍광과 정취를 갖춘 조선 "서호십경"을 만들어냈으며, 20세기 초까지 계속해서 유전되었다.

번역 : 김정숙(한국외대)

# 2부

# 고전학 방법론

# 고려시대 새로운 영역의
# 연구에서 사료와 개념체계의 관계

## ― 실제 사례를 통한 고찰

노명호(서울대 국사학과 명예교수)

## 1. 머리말

─조선 전기에 편찬된『고려사』나『고려사절요』의 역사서술과 비교할 때, 근현대에 편찬된 한국사 저술의 고려시대 역사서술에는 새롭게 주목되고 재구성된 전에 파악되지 않았던 사실들이 많이 발견된다. 그것은 새로운 영역의 연구들이 점차로 증가해 온 결과이다. 근현대 연구성과들의 바탕을 형성한 요소들은 여러 가지가 있고, 그 모두를 열거하는 것은 어려운 일이다. 그 중요한 요소들로 일반적으로 주목되고 있는 것으로는 史觀 내지는 관점, 연구방법, 사용된 사료, 사료비판의 정밀도 등을 들 수 있다.

새로운 영역의 연구를 가능하게 한 또 다른 중요 요소로는 근대학문의 개념체계가 등장하기도 한다. 개념은 연구 대상의 기본적 속성을 개괄하여 구체화시켜 드러내준다. 그것이 없이는 연구 대상을 구체화하여 인식하는 것 자체가 어렵고 때로는 사료해석도 잘 되지 않는 만큼, 그 중요성은 크다. 특히 단일 개념만이 아니라, 복수의 개념들로 구성된 개념체계는 대상인 사물이나 사실들의 분류체계이기도 하고, 그것들의 기본속성이나 구조적 윤곽을 분명히 인식할 수 있게 해준다는 점에서 중요하다. 이 글에서는 근현대에 들어와 이루어진 고려시대 새로운 영역의 연구에 도입된 개념체계의 문제를 검토해 봄으로써 앞으로의 연구를 위한 개념체계 문제의 판단기준과 전망을 모색해보려 한다.

개념의 내용은 일반적으로 그것을 지칭하는 용어가 있으므로, 새로운 개념은 새로운 용어와 함께 등장한다. 그러한 면에서 개념체계란 개념─용어체계이기도 하다. 단, 동일 개념에 다른 용어를 사용하는 경우도 종종 있다.

근현대에 등장한 개념체계 가운데는 특정 사관이나 이론에 부수된 개념체계도 있다. 예를 들면, 사적유물론이나 고전적 사회진화론에서 제시한 일련의 개념체계는 한국사연구자들에게 비교적 널리 알려진 것들이다. 그런데 이 부류의 개념체계는 다른 사관이나 관점·이론 등에서는 부정하거나 일부 조정하여 이용하기도 한다. 그만큼 특정 사관이나 이론에서 파생된 개념체계를 적용한 연구의 사실 파악이나 사료 해석은 가설적이거나, 부수된 가치관이나 이념 등에 의해 연구자의 주관이 작용할 여지가 크지만, 그것을 검증할 객관적 기준의 확보는 어렵다.

개념체계 가운데는 연구자가 입각한 특정 사관이나 이론과 관계없이, 사물에 대한 파악을 가능하게 해주는 사실 기반의 개념체계도 있다. 이에 해당하는 개념체계는 검증의 객관적 기준이 분명하여 핵심적 사실 파악 내지 사료 이용과 해석에 중요성을 갖는 것이 있지만, 오히려 학계에서 그다지 큰 주목을 받지 못한 감이 있다. 연구에 대단히 중요하면서 연구자가 입각한 특정 사관이나 이론과 거리가 먼 개념체계는 크게 두 가지가 발견된다.

(가) 그 하나는 검증 가능한 분명한 범위의 일반적이고 객관적 사실에 입각하여 기본 속성을 분류하고 개괄하여 구체화시켜 드러내주는 개념체계이다. 특정 관점이나 이론과 무관한 일반명사들도 지칭하는 대상에 대한 개념을 갖고 있듯이, 역사연구의 대상에 적용되는 개념체계 가운데에도 사관이나 이론과 관계없는 것들이 존재한다. 이들은 특정 공간과 시간에 한정되지 않고 해당 사실들이 분포한다는 점에서 일반적이고, 검증 가능한 방식으로 확보되었다는 점에서 '객관적'인 사실에 입각하고 있다.

일반적이고 객관적 사실에 입각한 개념체계는 구체적이고 분명한 범위의 대상에 대한 풍부한 사실 검토에 의해 높은 논리적 완결성을 가지며, 그만큼 주관이나 이론적 가설이 개입되기 어렵다. 이 글에서는 고려시대 친족제도유형의 개념체계를 예로 삼아, 기존 연구들에 영향을 준 고전적 사회진화론에 입각한 개념체계와 객관적 사실에 입각한 개념체계의 차이점을 비교하고, 그것이 사료해석과 사실 파악에 미친 영향을 검토하려 한다.

(나) 다른 하나는 고려시대 역사상의 핵심 부분과 관련된 고려시대나 조선초의 개념체계이다. 이 경우의 개념체계는 연구자가 입각한 사관·관점·이념과 500년 이상의 시간적 거리를 두고 존재하였고, 검증 가능한 사료에 나타난다. 당시의 역사상의 핵심 부분과 관련된 개념체계는 당시에 큰 쟁점이 되고 있어서, 고려시대 사료의 전반적인 빈곤 속에서도 비교적 사료가 검토 가능할 만큼 남아 있다.

근현대에 이루어진 연구성과를 돌아보면, 당시대의 중요한 핵심적 개념체계들에 대한 검토가 소략하고 근본적으로 재검토해야 할 오류들이 있다. 그 결과 근현대에 재구성되어 파악된(서술된) 고려시대의 역사상에는 주요 부분들이 극히 축소되거나 거의 배제된 것들이 있다. 고려시대 문화를 구성하는 요소로 기록된 '土風(國風)'과 '唐風(華風)'은 그 중요한 것이다. 고려시대 황제제도에 대한『고려사』나『고려사절요』편찬의 원칙인 '直書·改書'의 개념 역시 그러한 것이다.

이 글에서는 위의 (가), (나) 두 종류 개념체계와 사료의 문제에 대하여 고려시대 역사상의 구조적인 새로운 이해에 관련되는 예들을 중심으로 검토해 보려 한다. 이 글에서 검토되는 내용의 일부는 앞서 발표한『고려사』등 주요 전적의 이본정리와 사료비판에 대한 글에서 부분적으로 언급된 것이다.[1] 사료정리 및 사료비판의 문제에 초점을 둔 글에서 다룰 수 없었던 많은 내용들과 함께 개념체계에 대한 집중적이고 심층적인 검토를

---

1) 노명호, 「"고려사"와 "고려사절요"의 재인식과 한국사학의 과제」,『역사학보』228, 역사학회, 2015.

하는 것이 이 글의 목표이다. 직서·개서에 대해서는 앞서 발표한 글에서 상세히 검토한 바 있으므로, 그것을 참고하기 바란다.

## 2. 객관적 사실에 입각한 개념체계와 사료: 친족제도 연구의 경우

객관적 사실에 입각한 일련의 개념들로 구성된 개념체계와 사료 이용 및 해석 사이의 관계를 검토하는 것은 자칫 추상적인 논리의 전개가 될 수 있다. 여기서는 가능한 한 구체적인 사실을 기반으로 논의를 전개하기 위하여 고려시대 친족제도에 대한 연구를 예로서 검토해보기로 하겠다.

근현대 한국사 연구에 일차로 도입된 새로운 친족제도의 개념체계는 직접·간접으로 모어건(Lewis Henry Morgan)의 고전적 사회진화론에 영향을 받은 것이었다. 그 이론에 의하면 사회발전단계에서 일정한 배우자가 없는 짝짓기 상태의 단계와 중간단계를 지나 모계가 먼저 출현하고 부계가 다음 단계에 출현하게 되었고, 출계율(descent)은 모계와 부계로 구성되었다. 이 고전적 이론의 영향은 실로 광범하였다. 모계사회 선행론과 모계·부계 씨족 등의 친족집단이라는 개념체계는 통설화되었고, 그러한 서술은 남한과 북한에서 간행된 개설류를 비롯한 수많은 논저들에서 발견된다. 1930년대의 유물사관에 의한 한국사 저술 등에서도 그것은 마찬가지였다. 그것은 고전적 사회진화론을 도입한 엥겔스나 마르크스의 저작을 그들이 그대로 따른 때문이었다.[2]

---

2) 프리드리히 엥겔스, 김대웅 역, 『가족 사유재산 국가의 기원』, 도서출판 아침, 1991의 1884년판 「서문」은 Lewis Henry Morgan, 1877 *Ancient Society, or Researches in the lines of human progress from savagery through barbarism to civilization,* London, Macmillan & Co. 1877에 대한 언급으로 시작된다. 엥겔스의 이 책은 McLennan의 난혼설 등도 인용하고 있으나, 모어건의 영향이 그 기반을 이루고 있다. 엥겔스는 자신도 대체로 그렇지만 "마르크스가 모어건의 연구 성과를 자신의 유물론적 역사 연구의 결론의 입장에서 서술함으로써, 비로서 그 의의를 명백히 밝히려고 했다."고 하였다. 그는 마르크스가 모어건의 저서에서 광범위하게

고려시대의 친족제도 역시 초기 인류학에서 기원한 친족유형 개념체
계들을 토대로 하여 이해되었다. 그리고 상층 사회 구성의 기초적 실체로
서 사료에 보이는 '家門'이 부계 종족으로 추정되었고, 그 결과 여러 姓氏
別 父系 인물을 찾아 系譜圖를 만드는 성씨별 부계 가문 연구가 유행하
였다.[3] 이러한 고려시대 부계가문론 연구는 최근까지도 이어지고 있다.

한편, 인류학의 친족관계에 대한 연구는 1960년대 후반에서 1970
년대 전반 무렵에는 1세기 정도에 걸쳐 축적된 방대한 연구들이 집대
성되고 체계적으로 정리되어 발표되고 있었다.[4] 현지조사에 의한 민족
지(ethnography)적 연구성과들을 종합하며 기존에 알려져 있던 친족 유
형을 깊이 있게 다룬 논저들이 간행되었다.[5] 또한 친족관계에 대한 초
기 연구인 L. H. Morgan 이래로 친족관계의 여러 측면들은 부계와 모
계의 친족집단만을 대상으로 검토되다가, 근본적으로 새로운 유형들이
심화된 연구들을 통해 알려지게 되었다. 즉, 양측적(bilateral) 또는 총계
적(cognatic) 친족관계나 친속(kindred) 등의 친족 유형을 새로이 개념화
한 연구들이 발표되었다.[6]

---

발췌하고 평주를 달아놓은 것을 자신이 소장하고 있다고 하면서, 자신의 저작이 세상을 떠
난 마르크스를 대신하여 수행한 것에 불과하다고 하였다. 그리고 본문 제1장도 모어건의
인용으로 시작한다.

3) 藤田亮策의 1933년 仁州 李氏 家門에 대한 연구를 비롯하여, 1960년대부터는 윤경자, 변
태섭, 김연옥, 박용운, 이수건, 이만열, 황운용, 김광철 등도 여러 성씨별 연구를 발표하였
다. 이 중에서도 성씨별 귀족가문을 가장 많이 연구한 것은 박용운이다. 그는 뒤에 그것을
모아 단행본을 출간하였다(박용운, 『고려사회와 문벌귀족가문』, 경인문화사, 2003). 이에
대한 연구현황을 근래에 이윤정이 검토한 바 있다(이윤정, 「고려시대 귀족가문 연구의 성
과와 과제」, 『한국중세사연구』 27, 한국중세사학회, 2009).

4) 그러한 인류학의 새로운 연구동향은 부분적으로 이광규에 의해서 소개되고 있었다(이광
규, 『한국가족의 구조분석』, 일지사, 1975).

5) 예컨대, 다음의 책은 모계 친족관계에 대해 심화된 연구성과를 수록하고 있어서, 기존
과 다른 새로운 중요한 측면들에 대해서 밝혀준 책이다. David M. Schneider & Kathleen
Gough (editors), *MATRILINEAL KINSHIP*, Berkeley: Univ. of California Press, 1961.

6) George Peter Murdock(editor), *Social structure in Southeast Asia*, Chicago, Quadrangle Books,

| Recruitment<br>(충원) | | Focus (기준) | |
|---|---|---|---|
| | | ego('나') | ancestor(조상) |
| Unrestricted<br>(비한정적) | | cognatic kindred(총계적 親屬)<br>= bilateral kindred(兩側的 - ) | unrestricted cognatic lineage, clan<br>(비한정 총계적 종족, 씨족) |
| Restricted (한정적) | by sex<br>(성별<br>한정) | 'unilateral' kindred<br>(一側的 친속)<br>patrilateral -<br>matrilateral -<br>(부측, 모측 친속) | unilineal lineage, clan<br>(單系의 종족, 씨족)<br>matrilineal -<br>patrilineal -<br>(모계, 부계의 씨족, 종족) |
| | other<br>(다른<br>방식) | 'restricted cogantic kindred'<br>(한정 총계적 친속) | restricted cognatic lineage<br>(한정 총계적 종족)<br>(예, ramage) |

<그림 1> 친족 관계 유형의 범주들

친족관계에 대한 연구가 심화되며 그 성과를 집대성하여 체계화한 책들이 간행되었다. 우선 친족관계에 대한 소주제들로 장절 체계를 세우고 여러 중요한 연구들을 정선하여 편집한 책들이 간행되었고,[7] 친족관계에 대해 개념을 체계적으로 정리한 개설서들이 출간되었다.[8] 새로운 지식의 일반화는 더욱 진전되어, 1974년에 간행된 18권 분량의 사회과학 백과사전에도 새로이 알려진 친족 유형을 포함하여 친족관계에 대한 전반적인 체계가 정리되어 소개되고 있었다.[9]

1964; J. D. Freeman, "On the Concept of the Kindred", 1960(*Kinship and Social Organization*, 1968 ed. by Bohannan and J. Middleton); G. P. Murdock, "The Kindred", *American Anthropologist* v.66, 1964.

7) 필자가 큰 도움을 받은 책으로는 다음과 같은 것이 있다. Paul Bohannan and John Middleton (editors), *Kinship and Social Organization*, The Natural History Press, 1968; Nelson Graburn(editor), *Readings in Kinship and Social Structure*, Harper & Row, New York, 1971.

8) Robin Fox, *Kinship and Marriage*, Penguin Book, 1969; Burton Pasternak, *Introduction to Kinship and Social Organization*, Entice-Hall, New Jersey, 1976. 위에서 Robin Fox의 책은 최근까지 여러 차례 거듭 재판되고 있으며, 여러 논저들에서 많이 인용되고 있다.

9) Fred Eggan, Jack Goody, Julian Pitt-Rivers, "Kinship", *International Encyclopedia of Social Science*, The Macmillan Company & The Free Press, 1974.

한국사 연구에서 일반화되어 있었던 '부계·모계 집단' 개념을 인류학의 새로운 연구성과와 비교하면, 그것은 친족관계 유형들의 일부에 불과하였다. 즉 그것은 〈그림 1〉 친족관계 유형의 여섯 범주[10] 중의 한 범주인 '單系의 종족이나 씨족'에 불과하였다. 따라서 나머지 다섯 범주의 유형에 대한 개념은 당시 한국사학계에 전혀 존재하지 않았다. 이 다섯 범주는 일종의 개념의 사각지대가 되고 있었다. 여섯 범주는 크게 두 가지의 축, 친족관계의 충원방식의 3 부류가 친족관계의 2 부류로 다시 분류된 것이다.

여섯 범주로 정리된 개념체계는 어떤 인류학적 이론에서 도출된 것이 아니라,[11] 오랜 기간에 걸쳐 많은 사회들을 현지조사하여 축적된 사실들을 비교연구하고 분류하여 개념을 추출한 것이었다. 예컨대 출계(descent)의 종류별로 기술단계와의 상관관계를 검토한 연구에서는 560여 사회들을 대상으로 하고 있었다. 부계 출계가 240여 곳, 양측적(bilateral) 출계의 경우는 200곳이 넘는 사회를 대상으로 하고 있다.[12]

여섯 범주의 친족유형의 개념체계가 객관적 사실에 토대를 둔 것이라 해도, 기존의 고려시대 부계가문론이 고려 당시의 사실과 일치하였다면, (개념상의 세부적인 문제 외에는) 큰 문제는 없다. 문제는 그 해석과 주장이 당시의 사실과 일치하지 않기도 하고, 개념의 사각지대에 들어가는 중요 사실들을 인식 대상에서 누락하고 있다는 것이다. 앞서 언급하였듯이 연구자가 가지고 있는(연구자에게 형성되어 있는) 개념체계의 틀 속에서 사실들을 인식하게 됨에 따라 그것을 벗어나는 사실들은 이해할

---

10) Diagram 35 ; Robin Fox, 1967, p.167.

11) 인류학에도 결혼에 대한 서로 다른 관점과 관련된 alliance theory와 descent theory처럼 '객관적 사실' 이외의 중요한 요소를 내포한 이론도 있다. 이러한 이론과 별도로 친족유형의 여섯 가지 개념체계는 주관적 요소가 거의 없는 검증 가능한 분명한 범위의 '객관적 사실'을 토대로 한 것이다.

12) M. Schneider & Gough(editors), 1961, p.677.

수 없거나 그대로 흘려보낸 때문이다. 그것은 어떤 사실이 둘 이상의 개념에 해당하여 추가 검토가 필요할 경우에도, 불완전한 개념체계를 가진 연구자는 추가 검토를 건너뛰어 자신에게 형성된 개념 범위에만 연결시켜 해석하는 경향으로도 나타난다. 그 예를 팔고조도의 계보를 통해 보기로 하자.

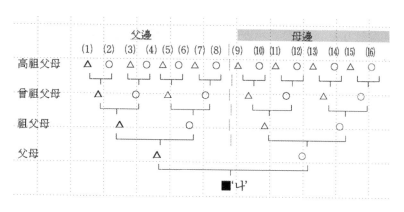

〈그림 2〉 팔고조도의 계보

고려시대나 조선시대에는 고조부모 세대까지 소급된 직계조상 8쌍을 모두 '고조부·모'라 하기도 하였고, (3)~(16)까지를 '외고조부·모'라

table17-4 Descent and Types of Subsistence  (%)

| Subsistence Type | Descent System | | | | |
|---|---|---|---|---|---|
| | Patrilineal | Bilateral | Matrilineal | Duolineal | Total |
| Plough agriculture | 69(28) | 38(19) | 9(11) | 1(4) | 117(21) |
| Horticulture | 109(44) | 86(42) | 57(68) | 15(53) | 267(47) |
| Pastoral | 51(21) | 19(9) | 5( 6) | 4(14) | 79(14) |
| Extractive | 19(8) | 61(30) | 13(16) | 8(29) | 101(18) |
| Total | 248(101) | 204(100) | 84(101) | 28(100) | 564(100) |

하기도 하였다.[13] 그런데 여기서 부계에 해당하는 것은 '나'부터 (1)까지로 연결되는 계보선이고, 모계에 해당하는 것은 '나'부터 (16)까지로 연결되는 계보선이다. 그러므로 부계가문론이 의거한 '부계·모계 집단'만의 개념체계는 (2)~(15)에 해당하는 친족관계를 전혀 고려할 수 없는 개념체계이다. 이들은 개념의 사각지대에 들어 있었다. 게다가 '부계·모계' 중에서 모계에 대한 개념은 정확하지 않은 경우가 많았다.[14] 그런 까닭에 (2)~(15)에 해당하는 것을 모계적인 것이라고 이해하는 경우도 적지 않았다. 또한 초기의 고전적 진화론의 영향을 강하게 받아, 모계 사회를 모권제 사회로 생각하며, 성별 사회적 관계가 부계와 대칭적으로 달라진다는 이해도 문제였다.

'나'로부터 (1)~(8)의 범위는 '부측(parilateral)' 개념과 일치하며, 전통시대에는 이것을 '부변'이라 하였다. (9)~(16)의 범위는 '모측(matrilateral)' 개념과 일치하며, 전통시대에는 '모변'이라 불렀다. (1)~(16) 전체를 포괄하는 범위가 '양측(bilateral)'이다. '양측'은 '총계(cognatic)'라는 용어와 혼용된다.

기준(focus)의 면에서는 조상을 기준으로 하여 씨족이나 宗族(lineage)과 같은 집단을 형성하는 친족관계의 개념만이 한국사학계에 있었다. 한국 현대에서 예를 찾는다면, 실생활에서의 의미는 많이 탈락하였지만, 성씨별로 그 시조나 중시조의 후손들로 구성된 대소의 門中들이 여기에 해당한다.

'나(ego)'를 기준하여 '나'와 개별적인 친족관계를 갖는 親屬(kindred)

---

13) '외고조'라고도 했던 직계조상의 門蔭을 받는 등 실질적 관계도 금석문에 나타난다. 중국에서 '고조부모'라는 한자어는 (1)과 (2)만을 의미하며, '외고조부모'라는 말도 존재하지 않았다.

14) 이러한 모계 개념의 부정확한 이해의 오류를 지적한 다음과 같은 연구들이 있었다. 이기동, 「신라중고시대 혈족집단의 특질에 관한 제문제」 『진단학보』 40, 진단학회, 1975; 김의규, 「신라모계제 사회설에 대한 검토」 『한국사연구』 23, 한국사연구회 1979; 이문웅, 「신라친족연구에서 혼인체계와 출계의 문제」, 『한국문화인류학』 17, 한국문화인류학회, 1985.

의 개념도 고려시대를 비롯한 한국사 연구에서 고려되지 않은 개념이다. 고려시대부터 확인되는 '나'의 '~촌'으로 계산되고 호칭되기도 하는 寸數 제도는 친속의 전형적인 것이다. 한국 현대에서 보면, '나'의 형제, (외)삼촌, 할아버지 등으로 구성되는 일상생활 속의 친족관계가 여기에 해당한다. '나'의 형제가 '나'의 부모에게는 아들이 되는 것에서 보듯이, 친속은 각 개인 '나'가 기준이 되어, 부모 자식 사이에도 달라진다.

고려시대 부계가문론은 8고조도의 16가지 계보 가운데서 '나'에서 (1)에 이르는 계보형태에 해당하는 것만을 조사하여 모아 놓음으로써 '~성씨가문'이라고 파악한 것이다. 그 계보형태는 총계(=양측적)에서도 존재하는 것이어서, 두 가지 개념에 해당할 사실을 한 가지 개념에만 연결시킨 것이다. 부계가문론은 이렇게 논리적으로 문제 있는 가설을 기반으로 부계 계보의 인물들만을 모아 계보도를 작성하고, 그것이 부계가문이라 하였다. 그러나 그 부계로 모아 놓은 인물들이 부계가문으로 집단적 기능을 한 것에 대한 구체적인 증거 사실은 많은 논저들 가운데 어디서도 제시하지 못하였다. 오히려 정치적 사건 등이나 여러 가지 제도들에서는 그것과 상충하는 반증이 되는 사실들이 발견된다. 이 설은 (2)~(16)까지의 계보형태 등을 아우르는 사실들에 대해서는 그 개념체계를 크게 벗어나기 때문에 제대로 접근하고 이해할 수가 없다. 예컨대 음서제를 검토하면서, 『고려사』 「범서공신자손조」나 「범서조종묘예조」의 많은 기록들에 보이는 '挾女'는 해석이 되지 않았다. 그 때문에 대단히 큰 범위의 인원들을 대상으로 적잖은 빈도로 시행된 이 계통의 음서를 검토대상에서 제외하였다. 연구자의 사고에 사실을 파악할 수 있는 개념체계가 형성되어 있지 않으면, 사료가 있어도 해석할 수 없고, 사실 자체를 간과하게 되는 예이다. 8고조도나 그와 유사한 많은 자료들 역시 검토대상에 들어갈 수 없었다. 상속제도나 전정연립을 다루면서는 양자의 근본적으로 다른 법조문을 혼동하기도 하였고 사료 해석에도 부계개념의 제약으로 근본적인 문제가 있었는데,[15] 그 학설을 많은 연구자들이 오랜 기간 그대로 따랐다.[16] 이러한 예는 고려시대 친족제도 영역 전반에 걸쳐 나타난다.

부계와 모계만으로 된 부계가문론의 개념체계는 그 범주에 해당하는 사실들이 존재하는 조선후기 이후의 사회나, 중국 등 그에 해당하는 부계친족집단을 기반으로 한 사회를 이해하는 데는 큰 문제를 일으키지 않는다(단, 세부적으로는 재검토해야 할 사항은 남는다). 그러나 고려시대 친족제도의 사실들은 부계가문론이 뿌리박은 19세기 후반 인류학적 개념체계의 범주 밖에 존재하는 것이어서, 그것에 무리하게 맞추어 정리하면 時代相의 왜곡이 대단히 커진다. 문제는 연구자가 가지고 있는 개념체계가 연구자의 사고의 폭을 제한하는 때문에 그러한 한계와 모순을 인식하기 어렵게 만들기도 한다는 것이다. 있는 사료를 이용할 수 없어 방치한 것이 발견되고, 사료 속의 근본적으로 서로 다른 사실들을 구분하지 못하고, 사료의 해석이 되지 않아 사실을 추출할 수 없는 상태가 발견된다면, 연구자가 가지고 있는 개념체계를 근본적으로 재점검 해보아야 한다. 개념체계에 근본적인 문제가 있는 한, 연구는 한계에 도달한 후 더 나아가기 어렵고, 연구자는 문제가 있다는 사실도 인식하기 어렵다.

부계가문론과 다르게, 자료에 나타나는 사실은 비교적 광범하게 검토하면서도, 인류학의 친족관계유형 개념체계를 부정한 연구자도 있었다. 최재석은 초기에는 부계 집단으로 고려시대를 파악하였지만, 1970년대 말 이후에는 부계집단의 존재를 부정하는 자료들을 소개하며, 신라시대의 부계적 요소와 비부계적(非單系的) 요소가 공존하던 상태에서, 비부계적(비단계적)요소가 점차 약화되고 부계적 요소는 점차로 강화되어

---

15) 旗田巍,「高麗時における土地の嫡長子相續と奴婢の子女均分相續」,『東洋文化』22, 東京大 東洋文化研究所, 1957.
16) 이에 대한 자세한 검토는 노명호,「고려시대의 토지상속」,『중앙사론』6, 한국중앙사학회, 1989 참조.

조선후기에는 거의 부계적 색체만 띠게 된다고 하였다. 그런데 그는 한국의 비부계적 요소는 현재까지 알려진 모계적, double descent, ramage, ambilineal, cognatic, bilateral 등 어느 것에도 해당하지 않는 독특한 것이기 때문에 그러한 용어를 사용할 수 없다고 하였다.[17] 하지만 그는 '한국의 비부계적 요소'가 그가 열거한 용어·개념들과 어떤 점에서 부합되지 않는지에 대한 구체적인 검토나 제시는 한 바 없다.

사료의 발굴과 그에 입각한 최재석의 연구에는 의미 있는 부분들도 있다. 그러나 그의 연구에 도입된 개념체계를 보면 큰 문제가 있다. 앞에서도 언급했듯이 1960년대에는 다양한 기술 단계의 많은 사회들의 친족관계들에서 공통적 요소를 추출하여 개괄함으로써 〈그림 2〉와 같은 친족관계의 개념·용어 체계가 만들어진 것을, 최재석은 깊이 주목한 것으로 보이지 않는다. 그는 그러한 정밀한 개념·용어 체계를 구체적인 검토 없이 부정하였고, 그를 대신할 개념들을 제시하지도 않았다.

무엇보다도 그가 사용한 '부계', '단계', '비단계'라는 용어·개념 역시 인류학적 용어·개념을 받아들인 것으로 그가 인류학적 용어 사용을 부정한 주장과 모순되는 것이었다. 그는 인류학적 용어를 정밀한 검토 없이 일부 도입함으로써 그의 친족유형 개념체계에는 '나(ego)'를 기준으로 한 친속(kindred)의 세 범주는 없어서(〈그림 2〉 참조) 친속을 기반으로 하는 고려시대 친족관계의 중요한 사실들을 제대로 파악할 수 없었다. 또한 단계(unilineal)란 부·모에서 자·녀로 이어지는 조합 중 남성에서 남성(부계), 여성에서 여성(모계)으로 이어지는 성별로 한정되는 조합인 바, '비단계(non-unilineal)'란 그 성별 한정이 없는 조합이고, 그것이 바로 cognatic(총계) = bilateral(양측적)이다. '비단계'는 긍정하면서, 후자는 부정하는 것은 논리적으로 합당하지 않다. 그는 이러한 용어를 깊이 검토

---

17) 최재석, 『한국가족제도사연구』, 일지사, 1983, 7면 참조.

한 것으로 보이지 않는다. 그는 정밀한 친족관계 개념·용어 체계를 외면함으로써 자신이 의거한 용어·개념이 불명료하고 모순을 갖게 되었다. 그러한 까닭에 그가 거듭 자신의 해석을 수정한 토지상속에 대한 연구에서 보듯이 사료 해석에서도 문제를 갖기도 하였다.[18]

　고려시대 친족제도 연구는 풍부한 객관적 사실들을 토대로 성립된, 논리적으로 가능한 모든 경우를 포괄한, 여섯 범주의 개념체계를 準據로 삼아야 한다. 그것을 준거로 한 연구는 1970년대 말 이래로 필자와 다른 연구자들에 의해 기존에 이용하지 않던 자료, 잘못 해석된 자료를 이용하여 부계가문과는 구조적으로 다른 양측적 친속제도와 그에 기반을 둔 사회상을 규명한 바 있다. 고려시대 상속제도, 전정연립제도, 음서제도, 노인봉양제도, 양자녀제도, 호적양식 및 분가제도, 상피제도, 사심관제도, 제왕제도, 가족구성, 가문구성, 촌수제도, 혼인제도, 주거지 선정의 혈연관계, 촌락의 혈연관계망, 정치적 집단 형성에 작용한 혈연, 혈연에 따른 유대관계 및 친목단체, 친족호칭 등에 해당하는 자료는 여섯 범주의 친족제도 유형 중 모두 양측적 친속(bilateral kindred) 개념에 합치되는 것을 보여준다.[19]

　고려시대 친족제도 연구에 도입된 개념체계의 경우는, 연구에 도입된 개념체계가 사실에 입각한 논리적 완결성이 어떤 지에 따라, 사료 이용의 폭이 달라지고 그 해석도 근본적으로 달라짐으로써 시대상의 파악도 근본적으로 달라지는 것을 보여주는 좋은 예이다.

---

18) 이에 대해서는 노명호, 앞의 1989 논문 참조.

19) 필자는 이와 관련하여 지금까지 10여 편의 논문을 발표한 바 있다. 관련 연구논저들을 여러 편 발표한 연구자들로는 우선 이종서의 『고려·조선의 친족용어와 혈연의식 −친족관계의 정형과 변동』, 신구문화사, 2009 외 관련 다수의 논문들이 있다. 권순형의 『고려의 혼인제와 여성의 삶』, 혜안, 2006 외 여러 편의 논문이 있다. 그리고 채웅석의 「고려중기 외척의 위상과 정치적 역할」, 『한국중세사연구』 38, 한국중세사학회, 2014 외 여러 논문이 있다.

## 3. 연구대상 당시의 핵심적 개념체계와 사료: 토풍·화풍의 경우

고려시대 당시의 핵심적 개념체계는 당시의 시대상을 이해하는 데 중요한 의미를 갖지만, 시간적 격절이 큰 만큼 현대의 문물과 달라 쉽게 접근하기 어려운 면이 있었다. 그 때문에 중요한 개념이지만 그 이해에 근본적 문제를 갖게 되는 경우가 있었다.

그 좋은 예의 한 가지는 앞에서도 언급했듯이 고려시대의 황제제도에 대한 서술 방침과 관련된 直書와 改書의 일련의 개념 파악에서도 볼 수 있는데, 그것은 사료비판과 관련한 앞서의 논고에서 자세히 검토한 바 있다. 이 논고에서는 다른 중요한 한 가지 예로 국풍(토풍)-당풍(화풍), 개념체계를 검토하기로 한다. 다음 태조유훈과 최승로의 건의, 두 자료는 그 개념을 이해하기 위해 대단히 많이 인용된 자료이다.


[태조유훈의 제四조] 우리 東方이 옛 부터 唐風을 동경하여, 文物禮樂은 모두 그 제도를 좇는데(悉遵其制), 지역이 다르고 人性이 각기 다르므로 반드시 같을 필요는 없다. 契丹은 禽獸之國이라 風俗이 다르며 언어 또한 다르니 衣冠制度를 삼가하여 본받지 말라.[20]


[최승로 시무28조의 제11조] 華夏의 제도는 준수하지 않을 수 없으나, 四方의 습속이 각기 지역에 따라 다르니 모두 변화시키기는 어려워 보입니다. 그 禮樂詩書의 가르침과 君臣父子의 道는 마땅히 중화를 본 받아 비루함을 혁파할 것이요, 그 나머지 車馬 衣服의 제도는 土風에 의거하여 호사함과 검소함의 중용을 취하게 할 것이니 반드시 같을 필요는 없겠습니다.[21]


---

20) 『고려사』 권2, 世家 2 태조 26년 4월.
21) 『고려사』 권93, 列傳 6, 「崔承老傳」.

태조의 유훈에서 文物禮樂은 정치·경제·사회 영역의 문화와 협의의 문화 영역을 아우르는 광의의 문화에 해당하는 것이다. 그 문물예악은 크게 두 영역으로 나뉜다. 하나는 오래전부터 동방의 지배층이 따르려 해 온 唐風, 즉 중국의 선진문화이다. 나머지 하나는 중국과 지역이 다르고 人性이 다른 동방의 문화, 즉 최승로의 글에 보이는 土風이다. 태조는 비록 부정적으로 낮게 평가하였지만 거란도 나름의 문화를 갖는 존재로 보았으며, 고려에 작게나마 그 문물이 들어오는 것을 경계하였다. 태조 유훈은 '문물예악' 전반에 걸쳐 당풍의 좋은 점을 받아들이되, 동방의 실정과 인성에 맞게 토풍의 좋은 것도 살리라는 문화정책의 원론적인 방향제시이다.

최승로의 시무28조에서 '화하의 제도'는 태조의 유훈에 보이는 당풍에 해당하는 것이다. 최승로는 태조가 언급한 동방의 예악문물인 토풍은 비루하다고 보았다. 그 때문에 당풍으로 가능하면 모두 바꾸어야 하니, 경제적으로 바꾸기 어려운 '거마의복'만 토풍에 의거하자는 것이다. 그가 말한 당풍의 '禮樂詩書의 가르침과 君臣父子의 道'는 '문물예악'에서 '거마의복' 문화를 제외한 나머지 전부를 지칭하는 것이다.

학계의 대다수 연구자들은 위의 태조와 최승로의 국풍과 당풍에 대한 정책적 방향을 같은 것으로 이해하여 왔다.[22] 그러한 이해에 따르면, 고려 태조가 추구한 토풍은 최승로와 마찬가지로 '거마의복'에 한정한 것이고, '거마의복'을 제외한 토풍의 '문물예악'은 비루한 상태의 보잘것 없는 것이어서, 문화의 나머지 모든 영역에 해당하는 禮樂詩書의 가르

---

22) 학계에 통설로 자리잡아 광범하게 퍼져 있는 이해를 그 일부 논저만을 나열하는 하는 것은 무의미할 것이다. 최근에 구산우는 태조와 최승로의 국풍·화풍에 대한 정책이 근본적으로 다른 것이라는 필자의 이해에 동의하는 견해를 발표하였다(「고려시기 제도와 정책의 수용과 배제-성종대 화풍과 토풍의 공존과 갈등을 중심으로」, 『한국중세사연구』 42, 한국중세사학회, 2015). 이 논문에서 그는 성종대 화풍 추구정책을 비판한 李知白이 복구를 건의한 대표적인 토풍으로 연등회, 팔관회, 仙郞 등을 거론한 것을 주목하였다.

침과 君臣父子의 道는 당풍(화풍)을 따른 것이 된다. 즉, 토풍은 전반적으로 비루한 상태로 보잘것없어서, 고려초의 정책에서 '거마의복' 외에는 살릴 만한 것이 없었다는 것이 된다. 토풍의 개념은 극히 축소된 반면, 당풍은 대단히 확대된 것이다.

토풍의 개념이 이 처럼 축소된 것이 통설이 된 상태에서는 토풍에 대한 자료가 제대로 검토될 수 없고, 심화된 연구가 나올 수 없었다. 연구와 역사이해가 그러하니, 개설서의 고려의 문화에 대한 서술은 당풍에 해당하는 유교문화와 불교문화로 채워지고, 토풍에 해당하는 서술은 미미하여 보잘것없게 되었다. 고려시대의 유교문화나 불교문화도 국제적 일반성과 함께 나름 문화적 개성을 가졌지만, 고려시대 문화에서 가장 풍부한 개성을 포함한 토풍이 제대로 파악할 수 없게 되고 말았다.

태조와 최승로의 토풍과 당풍에 대한 정책방향은 과연 같은 것이었을까? 기존 연구들이 양자를 같다고 보게 된 것은 우선 시무의 제11조와 태조가 원론적인 문화정책방향을 언급한 훈요의 제4조만을 비교하는 것에 국한한 때문이다.

훈요 제4조는 당풍의 좋은 점을 받아들이되, 동방의 실정과 인성에 맞게 토풍의 좋은 것도 살리라는 문화정책의 원론적인 방향제시를 했지만, 추구할 화풍이나 토풍의 구체적인 내용에 대해서는 언급하지 않았다. 이에 비하여 시무 제11조는 훈요 제4조와 문화정책의 원론적 방향은 같게 언급하는 한편, 살릴 토풍은 '거마의복'만으로 제시하였으며, 토풍의 나머지는 비루하여 모두 화풍으로 바꾸어야 한다고 하였다. 뒤에서 보겠지만, 시무 제11조는 훈요 제4조의 원론적 방향을 가져온 것으로 판단되며, 그 부분에서는 양자가 같다고 할 수 있다. 그러나 시무 제11조의 토풍은 '비루하고' '거마의복'만 취할 것이 있다는 주장은 훈요 제4조의 어디에서도 보이지 않는다. 이러한 확인되지 않는 부분이 있는데도 양자가 같다고 속단한 기존의 통설적 이해는 논리적 비약이다.

토풍은 거마의복에만 한정한다는 부분에서도 양자가 같다는 기존의 통설적 이해는 증거가 없을 뿐 아니라, 그것이 잘못되었다는 증거가 발견된다. 우선 양자의 문장에 보이는 토풍과 당풍에 대한 태도에서 양자 사이에 큰 간격이 나타난다. 훈요는 '당풍'이라는 가치중립적 용어를 사용하고, 토풍과 관련된 표현에서도 지역과 인성이 다른 데서 오는 차이라 했을 뿐 특별히 비하하거나 높이는 표현이 없다. 반면에 시무는 '화하의 제도'라는 떠받들어 숭상하는 용어를 사용하고, 토풍은 '비루하다'고 비하하여 배척하였다.

또한 기존의 통설적 이해가 주목하지 않은 자료를 비교하면, 토풍·당풍에 대한 양자의 태도가 구체적 사안을 놓고 근본적으로 다른 지향을 하고 있는 것을 확인할 수 있다. 훈요 제6조와 시무 제13조를 비교해 보기로 하자.

[태조유훈의 제6조] 朕이 지극히 원하는 바는 燃燈과 八關에 있다. 연등은 부처를 섬기는 것이고, 팔관은 天靈과 5嶽, 명산, 대천, 龍神을 섬기는 것이다. 후세에 간신이 가감을 건의하는 것을 절대로 금지하라. 나 또한 처음에 會日이 국가 忌日과 겹치지 않게 하여 임금과 신하가 함께 즐길 것을 마음에 맹세하였으니, 마땅히 경건하게 따라서 거행하도록 하라.

[시무28조의 제13조] 우리나라는 봄에 燃燈會를 설행하고 겨울에 八關會를 개최하는데, 많은 사람들을 징발해 노역이 대단히 번거로우니, 바라옵건대 대폭 줄여 백성이 힘을 펴게 해 주십시오. 또 갖가지 偶人을 만드느라 비용이 매우 많이 드는데도 한번 사용한 뒤 부수어 버리니, 비평할 바도 못됩니다. 또한 우인은 凶禮가 아니면 사용하지 않으니, 西朝의 사신이 일찍이 와서 보고 상서롭지 못하다고 하면서 얼굴을 가리고 지나간 일도 있습니다. 바라건대 지금부터는 그것을 사용하지 말게 하십시오.

위 훈요 제6조에서 보면, 연등회와 팔관회에 대해 함부로 증감을 시도하는 신하를 '간신'이라고까지 지칭하며, 그대로 시행하라고 간곡하게 당부하고 있다. 이 태조의 지시는 토풍 중에 살려 나갈 문화요소가 존재하는 범위가 '거마의복'의 범위에 국한된 것이 아니며, 토속 제례 즉 '예악'의 범위를 아우르는 것임을 직접 보여준다.

시무 제11조에서는 '예악'에 관련된 토풍은 비루한 혁파의 대상으로 언급되었듯이, 제13조에서도 팔관회 등의 우인을 사용하는 의례는 중국 사신이 상서롭지 못하다고 하고 얼굴을 가리고 지나간 것을 근거로 제시하며 철저히 부정하고 있다. 고려의 토속제례의 의례과정을 이질적인 중국제례의 의례과정에 의거하여 일방적으로 바라보고 평가하고 있다. 최승로 등 화이론자들이 새로이 도입한 중국식 제례를 위해 원구나 사직 등의 조성이나 제례에도 적지 않은 비용과 노역 징발이 있었을 터인데, 팔관회 등에 드는 비용과 백성의 동원만을 문제 삼고 있다. 그 결과 연등회와 팔관회는 폐지되기에 이른다.

기존의 통설과 달리, 최승로의 시무28조와 태조의 유훈의 국풍과 당풍에 대한 정책방향은 같은 것이 아니라 근본적으로 다른 것이었다. 그것을 개념도로 나타내면 〈그림 3〉과 같다.

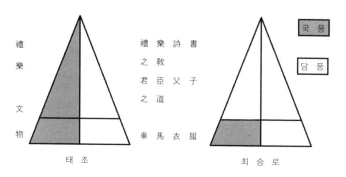

〈그림 3〉 태조와 최승로의 국풍·당풍 추구 비교

태조유훈과 최승로의 시무의 문화정책 방향은 이처럼 근본적으로 다른 것인데, 최승로가 태조 유훈의 원론적 정책방향을 따르고 있는 것처럼 보이게 된 것은 어떻게 된 것일까? 이 문제를 이해하기 위해서는 태조유훈이 전해 오던 상황과 최승로의 미묘한 수사법을 이해할 필요가 있다.

태조의 유훈은 조정 신료들에게 내려진 것이 아니라, 태조가 내전으로 박술희를 불러 후대의 임금들에게 전하라는 당부와 함께 내려진 것이다.[23] 그것이 조정 신료들에게 널리 공개된 것은 현종 즉위과정의 정치적 혼란으로 태조유훈이 현종에게 제대로 전승되지 못한 상태에서 거란침입으로 분실 위기를 넘긴 뒤 되찾는 과정에서의 일이고, 그 전에는 왕실 내부에서만 후대의 왕들에게 전해졌다.[24] 국왕위의 승계와 함께 태조유훈을 성종도 전승 받았음에 틀림없다. 그리고 그가 전적으로 신임하던 최승로와 정책을 의론하는 과정에서 유훈의 내용을 거론할 수밖에 없고, 최승로도 시무책을 만들며 태조유훈의 내용을 의식하지 않을 수 없었을 것이다.

노회한 정치가인 최승로는 "사방의 습속이 각기 지역에 따라 다르니 모두 변화시키기는 어려워 보입니다."라고 태조유훈의 원론적인 내용만을 가져옴으로써 자신의 건의가 유훈과 다른 것이 유훈을 알고 있는 성종에게 두드러지게 나타나지 않도록 만드는 효과를 거두고 있다.[25] 아직

---

23) 『고려사』 권2, 세가 2, 태조26년 계묘(943).

24) 今西龍은 태조의 훈요를 위작이라 하였고(「高麗太祖訓要十條に就きて」, 『東洋學報』 8-3, 1918), 근래에도 그 설을 따른 글들이 발표되고 있다. 이에 대해서는 위작설의 오류를 여러 가지 면에서 지적한 이병도의 연구가 있다(「태조 십훈요에 대한 신고찰과 거기에 나타난 지리 도참」, 『개정판 고려시대의 연구』, 1980). 특히 태조유훈이 본래는 '일반 신민에게 내린 것이 아니고, 오직 은근하게 후사왕을 위하여 지은' 것이라는 유훈의 특성에 대한 지적은 중요하다. 최승로의 시무28조의 이 조항은 태조유훈이 현종대 거란침입 후 위작되었다는 설을 부정하는 자료이기도 하다.

25) 노명호, 「고려시대의 다원적 천하관과 해동천자」, 『한국사연구』 105, 한국사연구회, 1999; 노명호, 「고려태조 왕건의 동상: 황제제도·고구려문화전통의 형상화」, 지식산업

태조유훈이 일반 조정 신료들에게는 공개되지 않은 때이어서, 그가 공식적으로 유훈을 언급하기는 어려웠을 것이다. 그것이 공개되어 있지 않은 것은 태조유훈의 다른 조항과도 근본적으로 다른 정책 방향을 최승로가 추진하는 데 유리한 것이기도 하였다. 하지만 그가 성종을 설득하기 위해서는 태조유훈과의 차이를 정면으로 노출시켜 제기하기보다는 우회적으로 표현할 수밖에 없었던 것이다.

우회적 표현은 유훈의 다른 조항의 내용을 근본적으로 혁파하는 데도 적용되었다. 화이론자이자 화풍론자인 최승로는 성종 원년에 시무28조를 임금에게 바쳤고, 대부분 실행되었다. 그 결과 태조가 유훈에서 변경도 금지하며 존속을 강력히 강조했던 제전인 팔관회와 연등회의 개최를 성종 6년에 정지한다 하여 사실상 폐지하였다. 팔관회와 연등회는 이미 성종 6년 전부터 제대로 개최되지 않았던 것으로 보이며 대신 당풍인 社稷·籍田·圓丘 제도를 도입하였다. 그러나 그는 팔관회와 연등회의 폐지를 정면으로 거론하지 않고, 두 제전이 많은 사람들을 징발하여 노역이 심히 번거롭다는 폐단을 지적하고, 일회 사용 偶人을 많이 만들기 위해 비용은 많이 드는데 유교적 예법에 맞지 않고, 중국사신이 와서 보고 상서롭지 못하다고 한 것을 들어, 우인의 사용을 금지하자고 하였다. 그리고 그 결과는 우인의 사용 금지에 그치지 않고 팔관회와 연등회의 사실상의 폐지인 동시에 중국 제례의 도입이었다. 급진적인 화풍도입은 생활문화에까지 확대되어 고려사회의 친족제도와는 전혀 맞지 않는 중국의 친족제도이자 상례인 五服制度가 도입되는 데까지 이르렀다.

태조가 언급한 동방의 예악문물에 해당하는 토풍은 전시대로부터 전래하는 문화이다. 고려시대의 東明信仰은 국가적 제례나 민간신앙으로도 위치하였고, 왕건동상 양식에도 영향을 주고 있는바, 그 기원은 고대

---

사, 2012, 162~165면.

로부터 내려오는 것이었다. 토풍의 개념과 관련하여, 뒤에 李知白이 華風(=당풍)을 추구한 최승로 등에 의해 혁파된 然燈·八關·仙郎 등을 다시 행하고 他方異法을 행하지 말 것을 건의 한 것이 주목된다.[26] 이 자료에 의하면, 연등·팔관·선랑은 토풍을 구성하는 요소이다.

토풍은 선랑처럼 토속으로 기원하여 발달한 문화요소도 내포하고, 연등·팔관에서 나타나는 토속문화와 불교문화처럼 외래문화 중에서 오랜 기간에 걸쳐 토착사회에 뿌리를 내리고 토속문화와 습합된 문화요소들도 내포한다.[27] 물론 토풍을 구성하는 요소들은 대단히 광범하였다.

지배층과 피지배층 모두에 걸쳐 사회의 기본 구성원리를 이루고 개인의 삶의 公私에 걸친 큰 부분에 작용한 양측적 친속제도도 토속적 기원에 의한 중요 구성 요소였다. 양측적 친속제도의 중심 원리인 '寸數'제도는 동아시아에서 고려에만 있는 제도였다. 언어를 비롯한 각종 생활문화, 민간 예술 등이 토풍에 해당하였다. 유교윤리와도 구별되는 사회적으로 중요한 작용을 하는 토속적 孝와 같은 토속 윤리도 그것에 해당한다.[28] 토풍은 고려국가의 최상층에도 분포하였으니, 고려왕조에서 가장 신성시된 핵심 제례문화에도 중요 구성요소가 되었다. 광종 2년(951)경에 高句麗系 土俗祭禮法의 조각상 양식으로 제작된 高麗 太祖 王建 銅像은, 고려 말까지 開京의 奉恩寺 太祖眞殿에 봉안되어, 王朝의 最高 神聖 상징물로서 國家的 祭禮의 대상이었다.[29]

---

26) 『고려사』 권94, 列傳 7, 徐熙傳. 구산우, 앞의 2015 논문 참조.

27) 팔관회 및 연등회에 대해서는 다음과 같은 최근의 연구성과들도 참고된다. 안지원, 『고려의 국가불교 의례와 문화』, 서울대출판부, 2011, 제1장 및 제2장; 정순일, 「고려 팔관회의 의례문화 연구」, 원광대 박사학위논문, 2014; 한정수, 「고려 태조대 팔관회 설행과 그 의미」, 『대동문화연구』 86, 성균관대 대동문화연구원, 2014; 채상식, 「고려시기 연등회의 운영과 추이」, 『한국민족문화』 54, 부산대 한국민족문화연구소, 2015.

28) Ro, Myoungho, The Makeup of Koryŏ Aristocratic Families: Bilateral Kindred, *Korean Studies* vol41, Univ. of Hawaii Pressm, 2017.

29) 노명호, 『고려태조 왕건의 동상─황제제도·고구려문화전통의 형상화』, 지식산업사, 2012,

왕건동상은 고려의 토풍문화의 대표적인 예이다. 동상은 1992년에 출토되었지만, 동상에 대한 관련 기록은『고려사』나『조선왕조실록』고려말 조선초 지방문헌, 금석문 등에 상당한 양이 존재한다. 토풍문화에 대한 개념이 극도로 축소되어 있던 속에서 그러한 자료들이 주목되기는 어려웠다. 그 결과 1992년에 동상이 현릉의 공사 중에 출토되고 나서, 여러 해 동안 '청동불상', '冥府十王像', '현릉의 부장품'이라고 하였다. 제대로 된 개념이 형성되어 있지 않으면, 사료가 있어도 제대로 활용될 수 없고, 제대로 이해될 수도 없는 또 하나의 좋은 예라고 하겠다.

## 4. 맺음말

이상으로 근현대에 새로이 이루어진 고려시대 연구에서 사실 파악에 중요한 바탕이 되었던 개념체계 문제를 검토하였다. 그 중에서도 이 글에서 중점을 둔 것은 사관이나 이론에 입각한 개념체계와 달리, 연구자의 주관의 영향에서 멀리 벗어나 있는 개념체계에 대한 것이었다. 그러한 개념체계로 주목한 것은 ㈎객관적 사실에 입각한 개념체계와 ㈏연구대상 당시의 핵심적 개념체계, 두 가지였다.

그 검토 방식으로는 추상적인 논지전개를 피하고, 실제 연구에 밀착된 검토를 위하여, 연구에 도입된 두 가지에 해당하는 구체적인 개념체계의 사례를 분석하였다. ㈎객관적 사실에 입각한 개념체계의 경우는 인류학적 연구로 수립된 친족제도 유형의 개념체계를 검토하였고, ㈏연구대상 당시의 핵심적 개념체계의 경우는 고려 당시에 문화정책 방향의 현안으로 논쟁의 중심에 있었던 '토풍'·'당풍'의 개념체계를 검토하였다.

검토한 두 가지 개념체계의 사례는 ㈎와 ㈏로 서로 다른 종류였지만,

---

106~128면.

그 개념체계가 사료 이용 및 해석, 사실 파악에 미친 영향에서 동일한 경향이 나타났다. 그것을 종합하여 요약하면, 다음과 같다.

(ㄱ) 검증에 충분한 객관적인 사실들에 근거한 논리적으로 합당한 개념체계에 입각할 때에 사료의 해석 및 이용이 제대로 되고, 사실 파악도 제대로 될 수 있다.

(ㄴ) 연구에 바탕이 된 개념체계가 일부라도 사실과 다르게 설정되거나 일부 사실들에만 입각하여 범위가 좁게 설정되면, 연구 대상이 되는 사실들 가운데 그 개념체계의 범위를 벗어나 파악될 없는 사실들이 존재하는 범위인 개념체계의 사각지대가 생겼다.

(ㄷ) 개념체계의 사각지대에 들어가는 사실들에 대한 사료는 연구자들이 제대로 해석할 수 없고, 또한 주목하지 못하고 지나쳐버려 방치되었다. 그것은 개념의 사각지대가 대단히 커서 관련 범위도 넓고 사료가 적지 않은 경우에도 마찬가지였다.

(ㄹ) 개념체계의 사각지대에서 비롯된 사실 파악의 상태를 보면, 연구자는 그에게 형성되어 있는 개념체계가 그의 사고의 폭을 제한하는 속에 그 범위에 들어가는 사실만을 파악하는 경향이 대단히 강하였다. 다시 말하면 그 범위 밖의 사실들은 사실상 파악하지 못하였다. 더 큰 문제는 연구자가 자신의 사실 인식이 오류를 내포한 개념체계에 제약되고 있다는 것을 자각하기 어렵다는 것이다. 이것은 본고에서 검토한 (가), (나)와 관련된 개념체계 가운데 근현대 연구가 시작된 이래 지금까지 통설화된 오류를 내포한 개념체계를 받아들인 수많은 연구자들의 연구가 오류를 반복하여 재생산하고 있는 것에서 ― 필자 역시 그 개념체계의 문제점을 발견하지 못했을 때의 사실 파악은 마찬가지였다 ― 나타나는 사실이다.

(ㅁ) 사료를 이용할 수 없어 방치한 것이 발견되거나, 사료 속의 근본적으로 서로 다른 사실들을 구분하지 못하거나, 사료의 해석이 되지 않

아 사실을 추출할 수 없는 상태가 발견된다면, 연구자가 가지고 있는 개념체계를 근본적으로 점검해보아야 한다.

# 同一한 史實,
# 相異한 記錄

## ― 秦 始皇帝 死亡과 胡亥 繼位 기사를 中心으로

김경호(성균관대 동아시아학술원 교수)

## 1. 서론

司馬遷이 편찬한『사기』는 중국고대사를 이해하기 위한 가장 대표적인 역사서로서 傳說時代인 黃帝에서 사마천 當代인 漢 武帝시기까지의 '1紀 3大變'의 인식하에서 서술된 通史이자 현대사이다.[1] 서술된 시기는 神話의 시대에서 人間의 시대, 周에서 춘추전국시기, 그리고 秦漢 통일왕조의 성립으로 구분할 수 있으며 이에 대해「本紀」,「世家」,「表」,「序」,「列傳」등의 5개 부분으로 구성되어 있다.[2]『사기』의 서술은 五帝시대에서 秦始皇帝 시대까지는 通史의 형식을 띤 유일한 기록이며 진시황제의 사망 이후 발생한 반란부터 項羽와 劉邦의 시대를 거쳐 漢 武帝까지의 서술은『漢書』에 서술된 내용과 상당 부분이 일치하고 있다. 이러한 까닭에 종래 진한사 연구는『사기』와 더불어『한서』의 내용을 중심으로 한 연구가 대부분이었다. 그러나 사마천이『史記』를 편찬할 때 한 왕조의 도서를 이용했다던지 혹은 일부 선행 자료들을 취사선택하여 한 왕조의 공덕을 기리고자 편집하였다는 점은 그 한계로 지적할 수 있다. 이런 까닭에『사기』의 편찬과정에서 現傳하는 문헌을 제외하면 어떤 자료를 선택하여 저술했는지 그 구체적인 자료나 상세한 편집방법 등은 불명한 실정이었기 때문에 고

---

1)『史記』(中華書局標點本, 1959, 이하 인용한 모든 正史는 동일함) 권27,「天官書」, 1344면, "夫天運, 三十歲一小變, 百年中變, 五百載大變; 三大變一紀, 三紀而大備, 此其大數也. 爲國者必貴三五. 上下各千歲, 然后天人之際續備.";伊藤德男,『史記十表に見る司馬遷の歷史觀』, 平河出版社, 1994 참조.

2) 佐藤武敏,『司馬遷の硏究』, 제7장「『史記』の編纂過程」・附編 제2장「『史記』の內容上の特色」, 汲古書院, 1997; 李成珪 編譯,『史記-中國古代社會의 形成』, 史記解說 제4장「構成과 敍述의 特色」, 서울대출판부, 1987, 57~68면 등을 참조.

대 중국사회의 실체에 다가서는 것은 일정한 한계가 있었다.

그러나 최근 발굴 정리된 戰國 및 秦漢時期 出土文獻資料에 대한 연구는 종래 『사기』를 비롯한 문헌자료를 중심으로 한 연구의 한계를 극복하고 고대 중국사회의 면모를 한층 더 이해할 수 있게 되었다.[3] 출토자료가 秦代 연구에 본격적으로 이용되기 이전에는 『史記』 「秦本紀」와 「秦始皇本紀」 등과 같은 문헌자료의 관련 기사를 중심으로 전개되었다.[4] 「秦本紀」에서는 진의 선조는 顓頊帝의 후예라는 기술을 시작으로 선조의 공덕에 대한 기술과 戰國時期인 獻公 11년 周 太史인 儋이 진의 통일을 예언한 기사를[5] 중심으로 진시황제의 즉위까지를 서술하고 있다. 그리고 사마천은 秦의 통일과 멸망 과정에 대해 『史記』 권5 「秦本紀」 말미에서 다음과 같이 서술하였다.

① (장양왕 3년) 5월 병오일, 장양왕이 죽고 그의 아들 정이 즉위하니 그가 진시황제이다. 진왕 정은 즉위 26년에 처음으로 천하를 통일하여 36군을 설치하였으며 시호를 시황제라고 하였다. 시황제는 51세에 사망하고 아들 호해가 즉위하니 2세 황제이다. 3년, 제후들이 진에 반란을 일으키니 조고가 2세 황제를 시해하고 자영을 세웠다. 자영이 즉위한지 한 달여 지나 제후가 그를 죽이고 진을 멸망시켰다. 이러한 내

---

3) 藤田勝久, 『史記戰國史料の研究』, 제1편 제1장 「『史記』と中國出土書籍」, 東京大學出版會, 1997; 藤田勝久, 「簡牘・帛書の發見と『史記』研究」, 『愛媛大學法文學部論集』 人文科學編 12, 2002→『史記秦漢史の研究』 序章, 2015, 3~70면에서 재인용. 아울러 睡虎地秦簡, 龍崗秦簡 등 秦代 출토문헌자료의 도판 및 석문과 주석에 대해서는 陳偉 主編, 『秦簡牘合集(壹)-(肆)』, 武漢大學出版社, 2014 및 陳偉 主編, 『秦簡牘合集 釋文注釋修訂本(壹)-(肆)』, 武漢大學出版社, 2016을 참고.

4) 藤田勝久, 앞의 1997 책, 제2편 제1장 「『史記』秦本紀の史料的考察」. 이와 관련하여 『史記』의 성격과 관련한 專著로는 佐藤武敏, 『司馬遷の研究』(汲古書院, 1997) 附編 「『史記』はどういう書物か」 등을 참조.

5) 『史記』 권5, 「秦本紀」, 173면, "秦之先, 帝顓頊之苗裔孫曰女脩."; 201면, "(獻公)十一年, 周太史儋見獻公曰: '周故與秦國合而別, 別五百歲復合, 合七十歲而霸王出.'"

용은 「진시황본기」에 기록되어 있다[(莊襄王 三年) 五月丙午, 莊襄王卒秦, 子政立, 是爲秦始皇帝. 秦王政立二十六年, 初幷天下爲三十六郡, 號爲始皇帝. 始皇帝五十一年而崩, 子胡亥立, 是爲二世皇帝. 三年, 諸侯並起叛秦, 趙高殺二世, 立子嬰. 子嬰立月餘, 諸侯誅之, 遂滅秦. 其語在始皇本紀中].[6]

즉 「秦本紀」에서는 秦王 政의 즉위까지만 서술하였고 즉위 후부터 26년 만에 통일에 이르는 과정과 시황제의 죽음 그리고 2세 황제 胡亥의 재위 3년 및 子嬰이 즉위한 후에 제국의 멸망 과정에 대한 자세한 내용은 「秦始皇本紀」에서 서술하고 있다. 사마천은 「秦本紀」의 서술에 이어서 「秦始皇本紀」에서는 嬴政이 진왕으로 즉위한 이후 동방 6국과의 전쟁에서 승리한 시기, 전쟁에서 승리한 이후 황제로 즉위하였지만 불과 12년 만에 불의의 죽음을 맞이하기까지의 황제 치세 기간, 그리고 2세 황제 호해와 자영의 즉위와 멸망에 이르는 3대 15년간에 걸쳐서 진 제국이 붕괴하여 가는 과정을 묘사하였다. 따라서 중국역사상 최초의 통일제국 진의 역사를 언급할 때 가장 신뢰할 만한 기사는 「진시황본기」라고 할 수 있다. 이러한 까닭에 진 제국의 성립과 시황제에 대한 이해는 『사기』를 중심으로 이해되었다.[7]

그러나 「진시황본기」의 서술은 황제의 치적과 大事 중심으로 구성되어 있으며[8] 더욱이 『史記』 권130 「太史公自序」의 기사를 보면, 사마천

6) 『史記』 권5, 「秦本紀」, 220~221면.

7) 林劍鳴, 『秦史稿』, 上海人民出版社, 1981 및 林劍鳴, 『秦國發展史』, 陝西人民出版社, 1981 참고.

8) 「秦始皇本紀」에 대한 연구는 栗原朋信, 『秦漢史の研究』, 「史記の秦始皇本紀に關する二・三の研究」, 吉川弘文館, 1960, 1~122면; 鶴間和幸, 序論 「秦帝國の形成と地域-始皇帝の虛像を超えて」, 『秦帝國の形成と地域』, 汲古書院, 2013 및 「司馬遷の時代と始皇帝-秦始皇本紀編纂の歷史的背景」, 『東洋學報』 77-1·2, 1995; 李開元, 「解構 《史記·秦始皇本紀》-兼論3+N的歷史知識構成」, 『史學集刊』 4, 吉林大學, 2012 등을 참고.

은『사기』집필의 연대를 黃帝에서 자신이 생존하고 있는 漢 武帝 시기까지임을 명확히 밝히고 있다.[9] 즉「본기」의 서술은 바로 이 과정을 연대기적으로 집필하는 내용의 한 부분인 것이다. 따라서「진시황본기」에 서술된 진시황의 모습은 사후 백 년 이상 지난 후에 사마천이 기록한 시황제의 모습이기 때문에 시황제의 실상과는 일정한 거리가 있다. 더욱이 부친 司馬談이『春秋』의 기사가 獲麟의 내용으로 끝난 이래로 400여 년 이상 제후가 상쟁하여 사관의 기록이 방기되었다고 사마천에게 유언으로 전하고 있다.[10] 또한 후에 사마천은 壺遂에게 무제의 성덕을 기록해야 한다고 서술하고 있다.[11] 이러한 정황을 고려한다면 전한 무제 치세 하의 사마천은 무제라는 황제와 그 시대를 설명하기 위해서『사기』를 저술했다고 보아도 좋을 것이다.[12] 따라서「진시황본기」의 서술은 시황제의 묘사를 빌어 당대 최고의 권력자인 漢 武帝에 대해 서술하는 목적이었다고 할 수 있다. 이런 까닭에 시황제를 정확하게 이해하기 위해서는『사기』에 묘사되어 있는 시황제 관련 기술에 대한 확인과 검증이 필요하다. 더욱이『사기』서술은 遺傳하는 사료를 취사선택하여 완성하였다는 점은『사기』의 서술을 더욱 비판적으로 해석해야 하는 것이다. 특히「진시황본기」의 경우, 紀年·系譜·통일 시기의 論義 기사, 진왕 평가와 관련한 傳承 기사가 중심이 된 통일 이전의 기사와 巡幸·祭司儀禮·陵墓에 관한 정보를 얻을 수 있는 통일 이후의 자료들로 구성되어 있다. 그렇지만「진시황본기」에는 행정과 법률, 재판, 재정 계통의 자료들은

---

9)『史記』권130,「太史公自序」, 3321면, "太史公曰: 余述歷黃帝以來至太初而訖, 百三十篇."

10)『史記』권130,「太史公自序」, 3295면, "自獲麟以來四百有餘歲, 而諸侯相兼, 史記放絶."

11)『史記』권130,「太史公自序」, 3300면, "主上明聖而德不布聞, 有司之過也. 且余嘗掌其官, 廢明聖盛德不載, 滅功臣世家賢大夫之業不述, 墮先人所言, 罪莫大焉."

12) 逯耀東,『抑郁與超越司馬遷與漢武帝時代』, 三聯書店, 2008.

거의 반영하고 있지 않은데 공교롭게도 이러한 자료의 대부분은 출토문헌자료에서 확인되고 있다. 그 까닭은 아마도 「태사공자서」에서 "태사공은 천관을 담당하고 있기 때문에 민을 다스리지 않는다"[13]라는 기사처럼 사마천은 천문과 제사나 의례 등을 담당하는 관리였기 때문에 법률 등과 같은 자료의 선택은 소홀히 했을 가능성도 부정할 수는 없을 것이다. 따라서 법률, 재판, 재정 등이 주요 성격인 출토자료에 의해서 전국 및 진대의 전반적인 역사적 내용을 규명할 수 있다면 사마천이 이용한 자료는 물론이고 취사선택한 자료의 특징도 알 수 있을 것이다.[14]

출토자료의 기사들은 시황제와 동 시대의 자료라는 점에서 주목할 필요가 있으며 「진시황본기」는 물론이고 『사기』에 기록된 내용 외에도 다양한 내용을 전하고 있다. 따라서 시황제 시대를 연구하는 데 지하로부터의 전해오는 출토자료의 메시지에 귀 기울일 필요가 있다. 秦國의 역사와 관련한 대표적인 고고발굴은 始皇帝陵園과 兵馬俑坑이며 또 다른 발견은 湖北省 雲夢縣에서 발견된 睡虎地秦簡이다.[15] 이 두 발굴은 진국의 군사력과 법률통치의 실제상을 보여주는 자료이다. 이외에도 里耶秦簡, 嶽麓書院藏秦簡, 北京大學藏西漢竹書, 北京大學藏秦簡 등의 자료는 진국의 문서행정이나 법률제도 등의 실상을 이해하는 데에 매우 귀중한 출토자료이다.[16]

---

13) 『史記』 권130, 「太史公自序」, 3293면, "太史公旣掌天官, 不治民."

14) 藤田勝久, 『史記戰國列傳の硏究』, 汲古書院, 2011, 24~25면.

15) 睡虎地秦墓竹簡整理小組, 『睡虎地秦墓竹簡』(이하, 『睡虎地秦簡』으로 칭함), 文物出版社, 1990.

16) 湖南省文物考古硏究所 編著, 『里耶秦簡(壹)』, 文物出版社, 2012; 里耶秦簡博物館·出土文獻與中國古代文明硏究協同創新中心·中國人民大學中心 編著, 『里耶秦簡博物館藏秦簡』, 中西書局, 2016; 朱漢民·陳松長 主編, 『嶽麓書院藏秦簡(壹)-(肆)』, 上海辭書出版社, 2010, 2011, 2013, 2015; 北京大學出土文獻硏究所 編, 『北京大學藏西漢竹書(壹)-(伍)』, 上海古籍出版社, 2015, 2012, 2015, 2015, 2014; 北京大學出土文獻硏究所, 「北京大學藏秦簡牘槪述」, 『文物』 6, 文物出版社, 2012 등이 대표적이다.

이러한 출토자료 가운데 『사기』 「진시황본기」의 내용과는 다른 시황제의 기사가 기록된 자료가 최근 발견되었다. 이 자료는 지금까지는 전혀 알려지지 않은 전체 52매의 죽간으로 漢初에 작성된 「趙正書」라는 표제가 서사된 자료이다.[17] 또한 湖南省 益陽市 옛 우물에서 출토된 이른바 「秦二世元年文書」의 내용 역시 始皇帝의 遺詔와 관련한 「진시황본기」와 다른 내용을 전해주고 있다.[18] 그렇다면 지금까지 중국고대사 연구에서 특별히 의심하지 않고 받아들여졌던 『사기』의 내용 외에 다른 기록들은 어떻게 수용해야 하는 것일까? 더욱이 시황제와 관련한 기사에 대한 史實은 무엇일까? 적어도 시황제 관련 기사에 대한 재검토가 필요한 시점이다. 이러한 문제를 분석하기 위하여 서술의 편의상 먼저 주요 대비 사료인 「진시황본기」와 「조정서」의 구성에 대해서 살펴보기로 한다.

## 2. 『史記』 「秦始皇本紀」의 구성과 서술

秦國의 형성과 발전은 대체로 3단계의 과정으로 설명할 수 있다.[19] 제1단계는 춘추시대에서 孝公까지로서 西垂(漢代 隴西郡 西縣 부근)에서 德公시기 雍城으로 천도한 다음 孝公시기 咸陽으로 도읍을 정한 시기

---

17) 北京大學藏西漢竹書의 초기 정리 상황에 대해서는 北京大學出土文獻硏究所 工作簡報, 「北京大學藏西漢竹書入藏以來工作紀要」(總第1期), 2009.10, 1~8면; 「北京大學收藏珍貴西漢竹書」, 『光明日報』, 2009.11.06 등을 참조.

18) 湖南省文物考古硏究所·益陽市文物處, 「湖南益陽兔子山遺址九號井發掘簡報」, 『文物』 5, 文物出版社, 2016; 張春龍·張興國, 「湖南益陽兔子山遺址九號井出土簡牘槪述」, 『國學學刊』 4, 中國人民大學, 2015; 孫家洲, 「兔子山遺址出土《秦二世元年文書》與《史記》紀事抵牾解釋」, 『湖南大學學報(社會科學版)』 29-3, 中國湖南大學, 2015 등을 참조.

19) 王國維, 「秦都邑考」, 『觀堂集林』, 中華書局, 1959, 532면에 의하면 첫째 서주시기 농서이서 지역으로 진의 본국(西垂·犬邱), 둘째 周室東遷으로 진이 岐山 서쪽 지역을 점령한 시기(汧渭之會·平陽·雍), 셋째 전국 이후 진이 동방을 공략한 이후(涇陽·櫟陽·咸陽)와 같이 세 차례 도읍을 옮기었고 도읍의 이동에 따라 國勢가 발전하였음을 알 수 있다고 언급하였다.

이다. 특히 효공 시기에는 2차에 걸친 商鞅의 變法을 통해 추진된 부국강병의 정책과 시행된 제도는 진국이 6국을 통일할 수 있는 기반을 제공하였다. 제2단계는 孝公에서 秦王 政이 즉위한 시기까지이다. 이 시기는 진의 제도와 군현제도 및 법령을 점령지에 확대 적용한 시기로서 南郡에서 발견된 『睡虎地秦簡』의 관련 법률 조항들이 좋은 예이다. 3단계는 진왕 정 26년(B.C.221)에 6국을 멸망시키고 천하를 통일한 시기로서 진의 제도를 점령한 제후국에 관철시키고 이를 확인하기 위하여 5차례의 순행을 시행한 시기이다.[20]

이와 같은 『사기』 「진시황본기」는 진국의 형성과 발전과정에서 진시황이 통일은 어떻게 달성하였으며 또한 15년이라는 짧은 기간에 멸망해 가는 과정에 대해 상세하게 기록하고 있다. 「진시황본기」의 구성은 대체로 4개의 독립된 서술 부분으로 이루어져 있다.

---

20) 「진시황본기」 26년조에 기록된 통일 정책과 莊襄王을 太上皇으로 추존하는 詔令이 상기한 『里耶秦簡(壹)』(2012), 「第八層簡牘」, 8-461簡(原簡 8-455) 「秦始皇詔令木牘」, 32~33면과 중앙관청의 御史大夫를 통해서 황제의 制書를 지방에 전달하는 내용을 기록한 8-159簡의 내용을 통해서도 확인할 수 있다(同書, 19~20면). 아울러 8-461簡 「秦始皇詔令木牘」에 대해서는 張春龍·龍京沙, 「湘西里耶秦簡8-455號」; 胡平生, 「里耶秦簡八─四五五號木方性質芻議」(두 논문 모두 『簡帛』 4, 上海古籍出版社, 2009에 수록)를 참조.

21) 王洲明·徐超 校注, 「過秦論 上·中·下」, 『賈誼集校注』, 人民文學出版社, 1996, 1~22면. 이에 대해 「秦始皇本紀」에 인용되어 있는 「過秦論」은 하편이 제일 앞에, 상편이 중간, 중편이 제일 마지막에 배치되어 있다. 또한 「陳涉世家」 마지막 부분에 「과진론」 상편이 인용되어 있어 혼란감을 주고 있다. 『史記』에 인용된 「過秦論」에 대해서는 佐藤武敏, 「『史記』に見える過秦論」, 『中國古代史研究』 7, 研文出版, 1997, 89~104면 참조. 佐藤氏에의하면 「秦始皇本紀」에 인용된 「과진론」은 전편이 아니며 인용된 처음 부분은 「과진론」의 하편에 해당한다고 언급하였다.

〈표 1〉『史記』「秦始皇本紀」 구성

| | 구분 | 해당 기사 |
|---|---|---|
| ㉮ | 司馬遷의 著述 부분 | 秦始皇帝者, 秦莊襄王子也 ~ 始皇自以爲功過五帝, 地廣三王, 而羞與之侔, 善哉乎賈生推言之也！ |
| ㉯ | 賈誼「過秦論」[21] | 秦并兼諸侯山東三十餘郡 ~ 貴爲天子, 富有天下, 身不免於戮殺者, 正傾非也. 是二世之過也. |
| ㉰ | 別本秦世系 | 襄公立, 享國十二年 ~ 右秦襄公至二世, 六百一十歲. |
| ㉱ | 班固의 「秦始皇本紀」 評 | 孝明皇帝十七年十月十五日乙丑 ~ 吾讀秦紀, 至於子嬰車裂趙高, 未嘗不健其決, 憐其志. 嬰死生之義備矣. |

〈표 1〉-㉮ 사마천의 저술 부분은 「진시황본기」 구성의 가장 많은 비중을 차지하고 있다. 사마천이 「진시황본기」를 편찬할 때 사용한 주요 사료는 編年記事史料, 王侯世系史料, 詔令奏事와 石刻史料, 歷史故事 등이다.[22] 편년기사사료를 인용하여 편찬할 경우에는 『史記』「六國年表」 서문에 언급된 기사처럼 『秦紀』의 자료에 근거하고 『춘추』를 계승하여 周元王에서 秦 2세 황제인 胡亥까지의 大事를 표로 작성한 것이다.[23] 비록 『秦記』의 내용은 전해지지 않지만 編年大事記 형식으로 秦國의 중대한 國事 등을 기록했을 것이다. 따라서 『진기』의 서술 체계를 근거로 작성한 『史記』의 10表는 물론이고 「진본기」와 「진시황본기」의 紀年記事는 유사한 형식을 취하고 있음을 알 수 있다. 그런데 〈표 1〉-㉰ 「別本秦世系」[24]는 「진시황본기」 서술의 또 다른 특징으로서 「진시황본기」의 서술

---

22) 李開元, 앞의 2012 논문, 51~52면.

23) 『史記』 권15, 「六國年表」, 686~687면, "秦既得意, 燒天下詩書, 諸侯史記尤甚, 爲其有所刺譏也. 詩·書所以復見者, 多藏人家, 而史記獨藏周室, 以故滅. 惜哉, 惜哉獨! 有秦記, 又不載日月, 其文略不具 …… 余於是因秦記, 踵春秋之後, 起周元王, 表六國時事, 訖二世, 凡二百七十年, 著諸所聞興壞之端. 後有君子, 以覽觀焉."

24) 李開元, 앞의 2012 논문, 55면에 의하면 사마천이 사용한 기본 자료는 『진기』이고, 「진시황본기」 후반부에 첨부되어 있는 秦 世系는 사마천이 사용한 적이 없는 佚文世系 자료이지만 그 신뢰도는 높다고 평가하면서 이를 「別本秦世系」라 명명하고 있다. 본 고에서는 이 자료의 명칭은 이에 따른다.

에는 동일한 역사 사건에 대해 두 종류의 王侯世系 관련 자료를 사용하고 있고 있음을 알 수 있다. 하나는 상기한 「육국연표」와 같은 각국 왕후의 세계를 종합한 자료이고, 또 다른 자료는 一國의 王侯世系만을 기록한 「진시황본기」 후면에 기술되어 있는 이른바 「別本秦世系」이다. 즉 「진시황본기」 후반부에 기록되어 있는 秦世系는 「六國年表」·「秦本紀」·「秦始皇本紀」를 작성할 때 근거한 『秦紀』가 아닌 다른 계통의 자료일 가능성도 있다.[25] 따라서 〈표 1〉-㉮ 사마천이 저술한 부분과 〈표 1〉-㉰의 「別本秦世系」에 기록된 사실이 동일한 사실임에도 달리 기록되어 있다. 예를 들면, 진시황의 출생과 사망과 관련한 기사이다. 서술의 편의상 표로 정리하면 다음과 같다.

〈표 2〉 「진시황본기」에 보이는 진시황 출생 및 사망 관련 기사

|  | 〈표 1〉-㉮ 사마천 저술 부분 | 〈표 1〉-㉰의 「別本秦世系」 |
|---|---|---|
| 출생 | 秦始皇帝者, 秦莊襄王子也. 莊襄王爲秦質子於趙, 見呂不韋姬, 悅而取之, 生始皇. 以秦昭王四十八年 正月生於邯鄲. 及生, 名爲政, 姓趙氏. 年十三歲, 莊襄王死, 政代立爲秦王. | 莊襄王享國三年. 葬茝陽. 生始皇帝. 呂不韋相 |
| 사망 | (37년) 七月丙寅, 始皇崩於沙丘平臺 …… 行從直 道至咸陽, 發喪. 太子胡亥襲位, 爲二世皇帝. 九月, 葬始皇酈山 | 始皇享國三十七年. 葬酈邑. 生二世皇帝. 始皇生十三年而立. |

상기 〈표 2〉의 두 기사 내용은 형식상으로는 秦의 世系 자료와 유사하지만, 내용상으로 보면 차이가 있음을 알 수 있다. 서술의 차이는 출생 관련 기사에서 확인할 수 있다. 〈표 1〉-㉮에서는 시황제가 장양왕의 아들로서 趙國의 質子였을 때 呂不韋의 여자를 부인으로 맞이하여

---

25) 藤田勝久, 『史記戰國史料の研究』, 제2편 제1장 「『史記』 秦本紀の史料的考察」, 東京大學 出版會, 1997, 228~235면.

출생한 자식이 '趙政'이라는 내용을 상세하게 서술하고 있다. 그러나 〈표 1〉–㉯에서는 출생 관련 아무런 서술 없이 단지 장양왕 사후 출생했다는 사실과 여불위가 재상이었음을 기록하여 여불위의 존재를 밝히고 있다. 더욱이 진시황 출생 관련기사는 상기 인용 기사 외에 권85 「呂不韋列傳」에서는 아래와 같이 기록되어 있다.

② 여불위는 한단의 많은 첩들 가운데 미인이고 춤을 잘 추는 여인을 얻어 함께 살았는데 그 첩이 임신을 한 것을 알았다. 자초는 여불위와 술을 마시다가 첩을 보고 반하여 일어나 축수를 빌면서 그녀를 요구하였다. …… 첩은 임신한 사실을 숨기고 만삭이 되어 아들 정을 낳았다. 자초는 마침내 첩을 부인으로 삼았다(呂不韋取邯鄲諸姬絶好善舞者與居, 知有身. 子楚從不韋飮, 見而說之, 因起爲壽, 請之. …… 姬自匿有身, 至大期時, 生子政. 子楚遂立姬爲夫人.).[26]

즉 상기한 〈표 1〉–㉮ 출생 부분의 서술과 「여불위열전」에서는 父 莊襄王이 趙나라의 질자였고 여불위의 첩인 趙姬가 '임신'한 것을 숨기고 장양왕의 부인이 되어 출생한 자식이 "趙政"이라고 기록하여 진왕의 출생에 대한 호의적인 태도를 보이고 있지 않음을 알 수 있다. 반면에 〈표 1〉–㉯에서는 시황제의 출생과 능묘에 대해서만 간략하게 서술하고 있다. 이와 같이 진시황제의 출생과 관련하여 〈표 1〉–㉮와 ㉯의 서술 차이는 진시황 출생에 관한 다수의 故事 史料가 전해져 내려오고 있는 가운데 사마천은 관련 기록을 취사선택하여 『사기』의 각 구성부분에 맞게 서술하였음을 추측할 수 있다.

이러한 사실은 『史記』 「孫子列傳」의 기사를 통해서도 확인할 수 있다. 「손자열전」의 주요 내용 가운데 하나는 孫武가 吳王 闔廬 앞에서 女

---

26) 『史記』 권85, 「呂不韋列傳」, 2508면.

官을 훈련시키는 故事이다. 그런데 이 고사는 전한 무제시기 山東省 銀雀山 2호 漢墓에서 출토된 竹簡『孫子兵法』「見吳王」에서도 확인할 수 있다.[27] 이 묘에서 출토된 죽간 「見吳王」은 묘주가 文帝시기부터 사용한 것으로 추정되어[28]『사기』보다 앞선 기록일 뿐만 아니라 그 내용도『사기』「손자열전」보다 많기 때문에 사마천이 「손자열전」을 작성할 때에 발췌하여 이용한 자료임을 알 수 있다. 이 같은 서술은『사기』저술시, 문제 12년(B.C.168)으로 추정되는 馬王堆3號漢墓에서 출토된『戰國縱橫家書』의 구성에서도 확인할 수 있다.[29]『전국종횡가서』는 총 27편으로 구성되어 있는데, 이 가운데『사기』 8편,『전국책』 10편이 공통적인 내용이다.[30] 즉 사마천이『사기』의 관련 내용을 작성할 때 선행하는『戰國縱橫家書』의 관련 기사를『사기』저술 시에 이용했음을 알 수 있다.

반면에『史記』권66「伍子胥列傳」의 서술은 상기한 竹簡『孫子兵法』「見吳王」과『戰國縱橫家書』의 서술과는 달리 사마천이 관련 자료를 이용하지 않은 경우이다. 「오자서열전」의 구성은『左傳』과 공통된 紀年을 기본으로 하면서『國語』·『呂氏春秋』·『淮南子』·『越絶書』·『戰國策』·『新序』·『說苑』 등의 다양한 관련 자료를 인용하여 편집한 것으로 보인다. 이러한 문헌들은 傳世文獻으로서 사마천이 이용한 텍스트와 어느 부분까지가 공통된 내용인가를 명확하게 비교하는 것은 쉽지 않다. 이와 관련하여『史記』권66「伍子胥列傳」의 서술과 관련된 기사의 내용을 검토하여 보자.

---

27) 銀雀山漢墓竹簡整理小組,『銀雀山漢墓竹簡』,「釋文・註釋」, 文物出版社, 1985, 190-233簡, 34~37면. 또 墓의 연대에 대해서는 山東省博物館・臨沂文物組,「山東臨沂西漢墓發現《孫子兵法》和《孫臏兵法》等竹簡的簡報」,『文物』 2, 文物出版社, 1974, 18~20면.

28) 銀雀山漢墓竹簡整理小組, 앞의 1985 책, 5면.

29) 馬王堆漢墓帛書整理小組 編,『戰國縱橫家書』, 文物出版社, 1976.

30)『史記』가『戰國縱橫家書』와 공통적으로 관련 있는 내용은 魏世家・趙世家・韓世家・田敬仲完世家・穰侯列傳과 蘇秦列傳의 일부 내용이다.

③ 자서는 과거에는 공이 많았지만 지금 살육당하게 된 것은 (그의) 지략이 쇠했기 때문이 아니다(子(胥)前多(功), 後(戮)死, 非其智(衰)也.).[31]

④ 오자서가 먼저 공적을 많이 세웠지만 후에 죽음을 당한 것은 (그의) 지략이 쇠해졌기 때문이 아니다. 먼저 합려를 만났고 나중에 부차를 만났기 때문이다(伍子胥前功多, 後戮死, 非知有益衰也. 前遇闔廬, 後遇夫差也.).[32]

위의 ③기사는 전국시기 郭店1號 楚墓에서 출토된『郭店楚墓竹簡』「窮達以時」의 내용이고[33] ④기사는『說苑』의 기사로서 ③·④ 모두 오자서의 평가와 관련한 내용이다. 물론『사기』「오자서열전」의 전반부는 오자서가 楚國을 공략한 기사와 후반부는 越과의 공방과 관련한 사실들을 기술하고 있다. 따라서 전국시기 무렵에는 오자서의 죽음을 포함한 평가를 볼 수 있지만, 이와 같은 내용을『사기』에서는 확인할 수 없다. 이러한 오자서 평가와 관련 기술은 漢初 張家山漢簡『蓋廬』의 기술에서 확인할 수 있다.[34] 주요 내용은 吳王 闔廬와 伍子胥와의 대화 형식으로 治國과 用兵 관련 내용 외에도 兵家와 陰陽家의 색채를 강하게 드러내고 있다. 즉 오자서를 兵法家로 평가하고 있다.[35] 그러나「伍子胥列傳」에서는『蓋廬』의 주요 내용인 兵法이나 治國을 논의한 기사는 찾아볼 수 없다.[36] 따

---

31) 荊門市博物館,『郭店楚墓竹簡』釋文「窮達以時」, 文物出版社, 1998, 145면.

32) 劉向 著, 楊以滢 校,『說苑』(叢書集成初編) 권17「雜言篇」, 中華書局, 1985, 168면; 韓嬰 著, 周廷寀 校注,『韓氏外傳』(叢書集成初編) 권7, 89면, "伍子胥前功多, 後戮死, 非知有盛衰也. 前遇闔廬, 後遇夫差也."라 하여 동일한 문구가 보인다.

33) 淺野裕一,『古代思想史と郭店楚簡』제3장「『窮達以時』の『天人の分』について」, 汲古書院, 2005, 67~90면.

34) 張家山二四七號漢墓竹簡整理小組,『張家山漢墓竹簡』(이하,『張家山漢簡』), 文物出版社, 2001; 邵鴻,『張家山漢簡《蓋廬》研究』, 文物出版社, 2007.

35) 邵鴻, 앞의 2007 책, 19면.

36)『張家山漢墓竹簡』,「蓋廬」, 275면, "蓋廬問申胥曰: 凡有天下, 何毀何擧, 何上何下? 治國之道, 何愼何守? 使民之方, 何短何長? 盾(循)天之則, 何去何服? 行地之德, 何范何極?

라서『蓋廬』에 보이는 오자서의 인물상은『사기』에서 이용하지 않은 자료이지만 한대 오자서 평가의 일면을 알 수 있는 내용이기도 하다.

사마천이『사기』를 저술할 때 관련 자료, 특히 출토자료와의 관계를 살펴보면 해당 자료의 인용여부를 명확하게 알 수 있다.『사기』와 공통적인 내용인 銀雀山 竹簡『孫子』나 馬王堆帛書『戰國縱橫家書』와 같은 출토자료들은 한대에 쓰여진 텍스트에 속한다. 반면에『郭店楚墓竹簡』「窮達以時」와 상기한 伍子胥 관련 기사뿐만 아니라『사기』「五帝本紀」에서「周本紀」까지, 그리고「河渠書」의 내용과 관련 있는 上海博物館藏楚簡「容成氏」에 전하는 내용은 전국시대부터 한대까지의 내용을 기록한 자료들이다.[37] 특히「容成氏」의 내용 가운데 舜이 禹를 司工에 임명하여 九州 지역으로 구획된 중국 전역의 治水를 명한 내용에 주목해야 한다.[38] 이 내용은 종래『尙書』「禹貢篇」등에서 묘사된 禹의 治水 관련이 있다. 그런데「용성씨」에서는「우공편」의 서술과는 달리 산악이나 토지 정황(田賦, 特産物, 交通 등)에 대해서는 일체 언급이 없다. 더구나 九州說에 대해서도 전세문헌에 보이는 구주의 명칭과 내용이 일치하는 것이 거의 없으며(〈표 3〉 참조),『尙書』등의 전세문헌에서 볼 수 없는 就中과 漢水 이남 지역의 치수를 강조한 기사는 楚를 특별한 영역으로 정하려 한 의도로서 해석할 수 있다.

---

用兵之極何服? 申胥曰: 凡有天下, 無道則毀, 有道則擧, 行義則上, 廢義則下. 治民之道, 食爲大蕖, 刑罰爲末, 德正(政)爲首. ……."의 기사 내용처럼 政治는 治國의 근본이고 道義의 유무는 국가 흥망의 관건으로 治民의 道는 衣食의 풍족함과 德政을 가장 중시하고 있음을 알 수 있다.

37) 馬承源 主編,『上海博物館藏楚竹書(二)』,「容成氏」, 上海古籍出版社, 2002, 도판 91~146면, 석문주석 247~293면.

38) 馬承源 主編, 앞의 2002 책, 도판 115~120면, 제23호간−제28호간 상단("北爲名浴五百").

〈표 3〉『尚書』·『史記』·『容成氏』에 보이는 九州名

| 문헌명 | 九州의 명칭 | | | | | | | | | 출전 |
|---|---|---|---|---|---|---|---|---|---|---|
| 尚書 | 冀州 | 兗州 | 青州 | 徐州 | 揚州 | 荊州 | 豫州 | 梁州 | 雍州 | 禹貢篇 |
| 史記 | 冀州 | 沇州 | 青州 | 徐州 | 揚州 | 荊州 | 豫州 | 梁州 | 雍州 | 夏本紀 |
| 容成氏 | 夾州 | 淆州 | 競州 | 筥州 | 䢵州 | 勸州 | 鄔州 | 敘州 | 虖州 | 上海博楚簡 |

이러한 「용성씨」의 기사는 『사기』 「하본기」나 「하거서」 등과는 다른 계통의 자료임을 보여주는 것이다.[39] 즉 전국시기 초간 「용성씨」에 기록된 제왕의 전설은 사마천이 『사기』를 작성할 때에는 반영하지 않은 텍스트였지만, 진한시기보다 이전시기에 『尚書』와 같은 경서류가 아닌 다른 계통의 자료가 존재했음을 보여주는 것이다. 이와 같이 『사기』는 다양한 관련 자료에 대한 사마천의 취사선택에 의해 편찬된 史書일 뿐 아니라 전국시대 이래로 전해 내려오는 故事자료 역시 『사기』 편찬 시 중요한 사료의 來源이 되었던 것으로 보인다.[40] 고사 자료들은 전한 말 劉向의 정리에 의하여 『戰國策』·『新序』·『說苑』 등의 서적으로 정리되었다. 따라서 이러한 고사 자료들은 유향보다 사마천이 먼저 보았을 것이며 『사기』 편찬 시에도 적극적으로 이용되었을 것이다.

故事자료가 「진시황본기」에 이용된 대표적인 내용은 齊人 茅焦가 秦王 政에게 咸陽宮 밖에 있던 母親을 迎接하라는 기사(⑤)와 진시황 35년의 기사인 阿房宮의 건설과 坑儒사건 (⑥) 등이다. 그런데 이 두 기사는 모두 『說苑』에 보이고 있으니 관련 기사의 始終 부분만을 摘要하면

---

39) 淺野裕一, 『竹簡が語る古代中國思想(一)－上博楚簡硏究』, 「『容成氏』における禪讓と放伐」, 汲古書院, 2005, 3~34면; 陳偉, 『新出楚簡硏讀』, 제4장 「上博竹書硏讀(一)」, 武漢大學出版社, 2010, 154~164면 참고.

40) 李零, 『簡帛古書與學術原流』 第六講 「簡帛古書的體例與分類」, 三聯書店, 2004, 204면에서 諸子書는 "借古喩今" 할 때에 寓言의 형식을 갖추고 있음을 지적하면서 그 예로서 『韓非子』 「內儲說」·「外儲說」은 모두 "語"類의 故事로서 변론과 유세를 행하는 資本으로서 일종의 "資料庫"라고 칭한다.

아래와 같다.

⑤ 진시황제의 어머니인 태후는 근신함이 없었다. 郎官 嫪毒를 총애하여 長信侯로 임명하였다. …… 황태후는 蘁陽宮으로 옮겨가 있도록 하였다. …… 茅焦를 仲父로 삼고 上卿의 벼슬을 내렸다. 황제는 또 즉시 수레를 준비시켰는데 그것이 千乘萬騎나 되었다. 그리고는 그 수레의 왼쪽 자리를 비워둔 채 스스로 부양궁까지 가서 태후를 영접하여 함양으로 돌아왔다(秦始皇帝太后不謹, 幸郎嫪毒, 封以爲長信侯 …… 取皇太后遷之 於蘁陽宮 …… 乃立焦爲仲父, 爵之上卿, 皇帝立駕, 千乘萬騎, 空左方自行迎太后蘁陽宮, 歸於咸陽.).[41]

⑥ 아방궁은 동서 길이가 5백 보, 남북 길이가 50장으로 그 위에는 1만 명이 앉을 수 있었고 그 아래에는 5장 길이의 깃발을 세울 수 있었다 …… 이에 어사에게 유생들의 비방을 고하도록 하였다. 유생들이 상호 범법자로 고발한 자가 460여 인이나 되었는데 (시황제는 이들을) 모두 묻어 죽여 버렸다(作前殿阿房東西五百步, 南北五十丈, 上可以坐萬人, 下可建五丈旗 …… 乃使御史悉上諸生, 諸生傳相告, 犯法者四百六十餘人, 皆坑之.).[42]

고사 자료는 대체로 전국시기 이래로 游士들이 편찬한 유세자료이며 연대가 명기되어 있지 않고 내용도 역사적 진실과 허구가 혼재되어 있는 경우가 비교적 많다.[43] 따라서 紀年과 諸子類와 같은 자료에 비하면 자료의 신뢰성에 대한 엄정한 검토를 필요로 한다. 「진시황본기」의 서술과 관련 있는 고사 자료 가운데 최근 북경대학에서 수집 정리한 전한시기의

---

41) 『說苑』 권9, 「正諫」, 85~86면.

42) 『說苑』 권20, 「反質」, 203~204면.

43) 李開元의 분석에 의하면 "荊軻刺秦王", "鴻門宴", "陔下之戰" 등의 고사는 『史記』의 서사 중에서 口述傳承된 중요한 사료라고 한다(「論《史記》敍事中的口述傳承－司馬遷與樊他廣和楊敞」, 『周秦漢唐文化硏究』 4, 三秦出版社, 2006, 71~79면). 반면에 「秦始皇本紀」에 기술된 "焚書坑儒"의 기사에 대해서는 사실이 아닌 위조된 기사라고 한다(「焚書坑儒的眞僞虛實－半桩僞造的歷史疑案」, 『史學集刊』 6, 吉林大學, 2010, 36~47면).

竹書「趙正書」의 내용이 공개되었다.[44] 정리자에 따르면 이 자료는 전한 초기의 자료로서 동방 6국 귀족의 후손들이 편찬하였을 것이라고 한다. 더욱이 주목되는 것은 진시황의 죽음과 관련한 기술이 『사기』의 그것과 배치되는 내용이 보이고 있다는 점이다. 그렇다면 새로이 발견된 진시황 죽음과 관련한 기사는 사마천이 『사기』를 편찬할 때 취사선택하지 않은 자료로서 또 다른 사실을 보여주고 있는 것인지 아니면 허구적 기사인지에 대해서는 다음 장에서 서술하고자 한다.


## 3. 『史記』에 기록된 始皇帝의 죽음

「진시황본기」의 내용 가운데 사마천의 저술 부분인 〈표 1〉-①의 기사를 다시 세분하면 출생에서 시황 26년까지 제후국을 합병하는 과정, 시황 26년에서 37년 사망할 때까지 시기, 그리고 호해 즉위와 이후 진 제국의 멸망시기이다. 제후국을 합병하는 과정은 「진본기」의 내용과 결합되어 진은 선조의 공덕에 의해서 융성하게 되었고 천명에 의해서 周를 계승하였음을 언급하고 있다. 그런데 시황 26년 통일 이후 37년 사망에 이르는 시기의 서술 내용은 진의 융성을 평가하던 이전 시기의 내용과는 달리 쇠퇴와 멸망 과정 및 시황제에 대한 부정적인 서술이 강조되고 있다. 이러한 서술은 통일 이후 6년간 지속되던 '평화'의 시대를[45] 대신한

---

44) 北京大學出土文獻研究所 編, 『北京大學藏西漢竹書(參)』, 上海古籍出版社, 2015; 趙化成, 「北大藏西漢竹書《趙正書》簡說」, 『文物』 6, 文物出版社, 2011; 姚磊, 「北大藏漢簡《趙正書》釋文補正」, 『古籍整理研究學刊』 2016-1; 工藤卓司, 「北京大學藏西漢竹書『趙正書』における「秦」敍述」, 『中國研究文集』 果號(總63號), 2017, 188~212면 참조. 특히 工藤卓司(2017)는 『조정서』에 묘사된 구도는 무제의 죽음을 전후한 상황과 어린 소제의 즉위와 매우 비슷하다고 인식하여 昭帝期의 상황을 배경으로 편찬하였을 것이라는 견해를 제출하였다.

45) 『史記』 권6, 「秦始皇本紀」, 251면, "三十年, 無事."라는 기록은 통일 이후의 안정된 진국의 상황을 반영하고 있다.

북방의 흉노와의 전쟁 개시와 圖讖에 빠져 神이 되고자 하는 무한한 욕망을 표방한 제4차 巡幸인 시황 32년(B.C.215)부터 보이기 시작하니 관련 기사를 摘要하면 아래와 같다.

⑦ 韓終·侯公·石生을 시켜 신선들의 死之藥을 구하게 하였다. …… 시황은 燕人 盧生이 바다에서 돌아와 귀신의 예언이라며 「秦을 망하게 할 자는 胡」라는 예언서를 바쳤다. 이에 시황은 장군 蒙恬을 시켜 30만의 군대를 이끌고 북으로 胡族을 공격하여 황하 이남의 땅을 점거하였다(因使韓終 · 侯公 · 石生求仙人不死之藥. …… 燕人盧生使入海還, 以鬼神事, 因奏錄圖書曰: "亡秦者胡也." 始皇乃使將軍蒙恬發兵三十萬人北擊胡, 略取河南地.).[46]

이러한 전쟁 관련 기사는 33년과 34년에 연이어 기록되어 있으며, 34년에는 이른바 '焚書' 사건과 35년에는 아방궁의 건설과 자신을 '眞人'으로 자칭함은 물론이고 460여 인의 諸生들을 땅속에 묻는 이른바 '坑儒'의 사건을 기록하고 있다. 아울러 사마천은 특히 35년의 기사에서 진시황에 대해서 "모든 사람들은 죄를 두려워하여 녹봉만을 받으려 하지 아무도 충성하는 사람이 없다(天下畏罪持祿, 莫敢盡忠. 258면)", "황제는 (자신의) 잘못을 지적하는 신하가 없으니 나날이 교만해지고 신하들은 (황제를) 기만하면서 아무도 감히 충성을 다하는 사람이 없다(上不聞過而日驕, 下懾伏謾欺以取容. 258면)." 등과 같은 비판적인 내용을 서술하고 있다.

더욱이 사망과 멸망에 대해 전조를 보여준 시황제 36년의 기사는 이러한 상황을 매우 잘 묘사하고 있다. 시황 36년의 주요 기사는 天體의 異變과 隕石의 낙하인데 떨어진 운석에 "시황제가 죽은 후 제국은 분열될 것이다(始皇帝死而地分. 259면)."라고 새겨져 있었기 때문에 주변에 살면서

---

46) 『史記』 권6, 「秦始皇本紀」, 252면.

운석을 주은 사람들을 모두 죽이고 그 돌을 태워 버렸다고 서술되어 있다. 시황 36년의 이러한 서술은 시황제의 폭거와 부덕에 하늘(天)이 호응한 것을 의미하는 것으로 법령을 어긴 자를 모두 함양에 매장했고 長子 扶蘇가 諫言을 하자 蒙恬이 있는 上郡 지역으로 내쫓은 35년의 기사[47]와 일맥상통하는 내용으로 모두 시황제의 폭정을 보여주는 기사이다. 이와 같이 사마천은 시황제에 대해서 선조의 공덕을 계승하여 통일의 위업을 달성하였다고 서술을 하면서도 28년 이후부터는 제국의 쇠망과 관련하여 시황제의 부정적 측면을 강조하는 서술을 하였다. 이러한 서술은 진제국이 왜 멸망했는가를 설명하기 위해서 아마도 시황제의 폭정과 순행 도중의 사망에 따른 호해의 황제 즉위 그리고 이를 둘러싼 음모가 통일에서 쇠망, 그리고 멸망에 이르는 주요 요인이라 파악했기 때문이다.

시황제는 즉위 37년에 자신도 알지 못했을 죽음을 맞이하게 된다. 마지막이 되는 다섯 번째 순행을 시작하였는데 출발 날자는 10월 癸丑日이다. 周家臺 30號 秦墓에서 출토된 시황 37년의 曆譜에 의하면 계축일은 10월 3일을 말한다.[48] 네 번째 순행을 마치고 5년이 지난 후의 상

---

47) 『史記』 권6, 「秦始皇本紀」, 258면, "始皇長子扶蘇諫曰: '天下初定, 遠方黔首未集, 諸生皆誦法孔子, 今上皆重法繩之, 臣恐天下不安. 唯上察之.' 始皇怒, 使扶蘇北監蒙恬於上郡."

48) 湖北省荊州市周梁玉橋遺址博物館, 『關沮秦漢墓簡牘』, 「周家臺30號秦墓簡牘」, 中華書局, 2001; 程鵬萬, 「周家臺秦墓所出秦始皇三十六·三十七年譜簡的重新編聯」, 『史學集刊』 3, 吉林大學, 2006; 王貴元, 「周家臺秦墓簡牘釋讀補正」, 『考古』 2, 2009, 考古雜誌社; 李忠林, 「周家臺秦簡曆譜系年與秦時期曆法」, 『歷史研究』 6, 2010, 中國社會科學雜誌社 등을 참조. 한편 黃一農, 「周家臺30號秦墓曆譜新探」, 『文物』 10, 文物出版社, 2002, 86면에서 第80~91號 曆譜는 古顓頊曆으로 추산하면 진시황 37년이 아닌 진왕 정 11년의 月朔干支와 일치한다고 보았다. 그러나 李忠林은 朱漢民·陳松長 主編, 『嶽麓書院藏秦簡(參)』, 上海辭書出版社, 2013에 보이는 月朔干支에 근거하여 黃一農의 견해를 부정하고 있다. 뿐만 아니라 朱漢民·陳松長 主編, 앞의 2013 책, 『嶽麓書院藏秦簡(一)』 「質日」에 보이는 내용은 「周家臺30號秦墓簡牘」과 내용과 형식이 동일함을 볼 때 필자 역시 이에 동의한다.

황이다. 순행에는 丞相 李斯와 中車府令 趙高, 그리고 胡亥 등이 수행하였다. 시황제는 平原津에 도착하자 발병하였으며 병세가 더욱 위중하여 장자인 扶蘇에게 "發喪하면 함양으로 돌아와 장례에 참석하라(與喪會咸陽而葬)."하라는 遺詔를 내리고 7월 丙寅日(21일)에 沙丘 平臺에서 사망하였다.[49] 그런데 周家臺秦墓에서 출토된 曆譜에는 37년 7월에는 병인일이 없고 6월 20일과 8월 21일에 있음을 볼 때[50] 시황제가 사망한 날짜에 대한 사마천의 단순한 오류인지 아니면 36년 기사인 "금년에 조룡이 죽을 것이다(今年祖龍死, 259면)." 즉 "조룡은 인간의 우두머리(祖龍者, 人之先也, 259면)."라는 서술 부분에서부터 시작하는 죽음의 전조와 연계된 작위적 서술인지는 분명치 않다. 만약 이러한 기록이 사마천의 사료의 취사에 따른 작위에 의해서 만들어진 것이라면 그는 어떤 문헌의 내용을 취사선택한 것일까? 물론 현재로서는 이러한 추론에 대한 확증은 없지만 결코 그 개연성 또한 부정할 수 없다. 만약 사마천의 의도하에 역보에 보이지 않는 7월 병인일이라고 기록하였다면 아마도 「진시황본기」 전체의 서술 내용을 통하여 통일부터 죽음에 의한 제국의 붕괴라는 서사를 시간의 흐름에서 보다 선명하게 부각하려고 했을 것이다. 여하튼 36년 "今年祖龍死"이라는 사실을 보고받은 진시황은 심적으로 상당히 동요했을 것이다. 이러한 내용의 사실여부와 관계없이 그 이듬해 마지막 순행 도중에 사망했다는 것은 여전히 의문이 남는다.

시황제의 죽음과 관련한 『사기』의 기사를 1) 37년(B.C.210) 제5회 巡幸, 2) 沙丘平臺에서의 사망, 3) 始皇帝의 咸陽 歸還, 4) 胡亥의 2世 皇帝 즉위로 구분하면 아래의 〈표 4〉와 같이 정리할 수 있다.

---

49)『史記』권6, 「秦始皇本紀」, 264면, "上病益甚, 乃爲璽書賜公子扶蘇曰: '與喪會咸陽而葬.' 書已封, 在中車府令趙高, 行符璽事所, 未授使者. 七月丙寅, 始皇崩於沙丘平臺."

50) 湖北省荊州市周梁玉橋遺址博物館, 앞의 2001 책, 99~10면; 徐錫祺 著, 『西周(共和)至西漢曆譜』, 北京科學技術出版社, 1997, 1264면.

〈표 4〉 진시황제 죽음과 관련한 『史記』의 기사

1) 37년(B.C.210) 제5회 巡幸

| 출전 | 관련기사 |
|------|---------|
| 秦始皇本紀 | 三十七年十月癸丑, 始皇出游. 左丞相斯從, 右丞相去疾守. 少子胡亥愛慕請從, 上許之. …… 至平原津而病. 始皇惡言死, 羣臣莫敢言死事. 上病益甚, 乃爲璽書賜公子扶蘇曰: '與喪會咸陽而葬.' 書已封, 在中車府令趙高行符璽事所, 未授使者 |
| 李斯列傳 | 始皇三十七年十月, 行出游會稽, 並海上, 北抵琅邪. 丞相斯·中車府令趙高兼行符璽令事, 皆從. 始皇有二十餘子, 長子扶蘇以數直諫上, 上使監兵上郡, 蒙恬爲將. 少子胡亥愛, 請從, 上許之. 餘子莫從 |
| 蒙恬列傳 | 始皇三十七年冬, 行出游會稽, 並海上, 北走琅邪. 道病, 使蒙毅還禱山川, 未反 |

2) 沙丘平臺에서의 死亡과 詔書의 僞造

| 출전 | 관련기사 |
|------|---------|
| 진시황본기 | 七月丙寅, 始皇崩於沙丘平臺. …… 趙高故嘗敎胡亥書及獄律令法事, 胡亥私幸之. 高乃與公子胡亥·丞相斯陰謀破去始皇所封書賜公子扶蘇者, 而更詐爲丞相斯受始皇遺詔沙丘, 立子胡亥爲太子. 更爲書賜公子扶蘇·蒙恬, 數以罪, (其)賜死. 語具在李斯傳中. |
| 이사열전 | 其年七月, 始皇帝至沙丘, 病甚, 令趙高爲書賜公子扶蘇曰: '以兵屬蒙恬, 與喪會咸陽而葬.' 書已封, 未授使者, 始皇崩, 書及璽皆在趙高所, 獨子胡亥·丞相李斯·趙高及幸宦者五六人知始皇崩, 餘羣臣皆莫知也. 李斯以爲上在外崩, 無眞太子, 故祕之. 置始皇居轀輬車中, 百官奏事上食如故, 宦者輒從轀輬車中可諸奏事. 於是乃相與謀, 詐爲受始皇詔丞相, 立子胡亥爲太子. 更爲書賜長子扶蘇曰: '朕巡天下, 禱祠名山諸神以延壽命. 今扶蘇與將軍蒙恬將師數十萬以屯邊, 十有餘年矣, 不能進而前, 士卒多秏, 無尺寸之功, 乃反數上書直言誹謗我所爲, 以不得罷歸爲太子, 日夜怨望. 扶蘇爲人子不孝, 其賜劍以自裁! 將軍恬與扶蘇居外, 不匡正, 宜知其謀. 爲人臣不忠, 其賜死, 以兵屬裨將王離.' 封其書以皇帝璽, 遣胡亥客奉書賜扶蘇於上郡 …… 使者至, 發書, 扶蘇泣, 入內舍, 欲自殺. …… 即自殺 |
| 몽염열전 | 始皇至沙丘崩, 祕之, 羣臣莫知. 是時丞相李斯·公子胡亥·中車府令趙高常從. 高雅得幸於胡亥, 欲立之, 又怨蒙毅法治之而不爲己也. 因有賊心, 迺與丞相李斯·公子胡亥陰謀, 立胡亥爲太子. 太子已立, 遣使者以罪賜公子扶蘇·蒙恬死. |

3) 始皇帝의 咸陽 歸還

| 출전 | 관련기사 |
|------|---------|
| 진시황본기 | 行, 遂從井陘抵九原 …… 行從直道至咸陽, 發喪. |
| 이사열전 | 使者還報, 胡亥·斯·高大喜. 至咸陽, 發喪 |
| 몽염열전 | 扶蘇已死, 蒙恬疑而復請之. 使者以蒙恬屬吏, 更置. 胡亥以李斯舍人爲護軍. 使者還報, 胡亥已聞扶蘇死, 即欲釋蒙恬. 喪至咸陽 |

4) 胡亥의 卽位

| 출전 | 관련기사 |
|------|----------|
| 진시황본기 | 太子胡亥襲位, 爲二世皇帝. |
| 이사열전 | 至咸陽, 發喪, 太子立爲二世皇帝. 以趙高爲郎中令, 常侍中用事. |
| 몽염열전 | 喪至咸陽, 已葬, 太子立爲二世皇帝. |

(밑줄과 진한표시; 인용자에 의함)


먼저 1) 37년(B.C.210) 제5회 순행과 관련하여 살펴보면 「진시황본기」에서만 平原津에서 발병한 사실을 언급하고 있을 뿐 다른 두 기사에서는 이에 대한 언급이 없다. 아울러 순행을 시작한 날을 「진시황본기」에서는 10월 癸丑日(3일)이라고 정확하게 서술하고 있는 것에 비해서 「이사열전」은 "十月", 「몽염열전」은 "겨울(冬)"이라 서술하였다. 이러한 서술의 차이는 아마도 본기의 서술이 정확한 시간적 추이에 따른 서술 형식이었기 때문일 것이다. 2) 沙丘에서의 죽음과 조서의 위조와 관련한 내용은 세 기사 모두 沙丘平臺에서 사망한 것으로 기록하였다. 그러나 사망일자와 관련한 기술 역시 「진시황본기」는 "七月 丙寅"이라고 정확하게 언급하고 있는 것에 비해 「李斯列傳」에서는 "七月", 「蒙恬列傳」에서는 구체적인 날자를 언급하고 있지 않다. 이러한 서술의 차이는 순행의 시작 일자와 마찬가지로 「진시황본기」가 정확한 시간적 추이를 밝히고 있기 때문이다.

詔書의 僞造는 趙高의 주도하에 李斯와 胡亥가 함께 모의해서 호해를 태자로 삼은 내용과 公子 扶蘇와 蒙恬에게 죽음을 내린 두 개의 내용이다. 이 두 개의 내용은 모두 조고가 주도한 것이며 조고의 주장대로 호해가 황제로 즉위하게 된 사실은 진 제국의 비정통성을 보여주는 것이고 이러한 내용이 제국의 멸망과 밀접한 관련이 있음을 시사하고 있다. 따라서 「진시황본기」와 「몽염열전」에서는 조고가 주도한 승상 이사와 호해와의 모의를 "陰謀"라고 표현하여 그 부정적 의미를 강조하고 있다. 이에 반하여 「이사열전」에서는 "相與謀"라고 하여 호해가 태자의 지위에 오르는 과정이 3인의 논의에 의한 것으로 기술하여 이사의 입장에서는 정당한 과정임을 서술하고 있다. 이러한 서술의 차이는 사마천의 관점은 '扶蘇–蒙毅–蒙恬'으로 연결되는 대의명분을 강조하였지만 역사적 현실에서는 패배한 입장에 대해 정당성을 부여하고 있기 때문이다. 3) 시황제의 함양 귀환에 대해서는 「진시황본기」의 기사에서만 井陘에서 九原에 이르러 直道를 이용하여 함양에 이르는 경로를 언급하고 있을 뿐 다른 두 기사에서는 단지 함양에 이른 사실만을 언급하고 있다. 4) 호해의 즉위와 관련해서 「진시황본기」와 「몽염열전」은 호해가 2세 황제로 즉위한 객관적 사실만을 기록하고 있는데에 반해 「이사열전」에서는 조고가 권력의 중추적 역할을 맡은 사실을 기록하였다. 이와 같이 진시황의 죽음을 둘러싸고 『사기』에서는 약간의 서술 차이는 있을지언정 대체로 동일한 상황을 기록하고 호해와 조고 그리고 이사의 정당하지 못한 측면을 강조하여 서술하고 있다.


## 4. 始皇帝 죽음과 胡亥 繼位의 또 다른 기록

종래까지 진시황의 죽음과 관련해서는 앞 장에서 언급한 『사기』 「진시황본기」의 내용이 중요한 기록이었다. 그런데 최근 『사기』의 내용과는 전혀 다른 새로운 사료가 공개되었다. 北京大學 所藏 漢簡 가운데 진시황 관련 내용을 기록한 「趙正書」이다.[51] 정리자에 따르면 「趙正書」의 편찬연대는 무제 후기보다는 조금 앞서며 전한 초기일 가능성도

---

51) 姚磊, 「北大藏漢簡《趙正書》中的秦始皇形象」, 『歷史教學問題』 1, 2017, 48~53면에서는 『史記』에서 보여주는 진시황의 권위, 전제 등과 같은 모습이 아닌 죽음을 앞두고 눈물을 흘리는 보통인간으로서의 모습을 보여주고 있다고 한다.

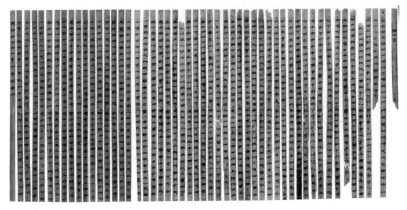

《趙正書》. (北京大學出土文獻研究所 編,『北京大學藏西漢竹書(參)』,
上海古籍出版社, 2015, 151~157면.)

존재한다고 한다.[52]

따라서 사마천이『사기』를 편찬한 시기가 무제 후기임을 고려한다면
「조정서」는『사기』보다 편찬 시기가 앞선 문헌이다. 또한 현존 52매의
죽간 가운데 정리간 46매와 殘簡 4매(缺字가 많은 2매 제외)는 비교적 양
호한 상태로서 유실된 죽간은 보이지 않는다.[53] 이러한「조정서」의 전편
에 걸쳐서 작자는 '秦王'·'趙政'과 '胡亥'라고 칭하지『사기』에서 보이는
'秦始皇'과 '秦二世皇帝'와 같은 '皇帝'라는 표현을 결코 사용하지 않고
있다. 이러한 서술로서 볼 때 작자는 한초에 진의 정통성을 인정하지 않
는 士人 중의 하나였을 것이다.[54]

---

52) 趙化成, 앞의 2011 논문, 66면.

53) 北京大學出土文獻研究所 編,『北京大學藏西漢竹書(參)』, 앞의 2015 책, 187면. 그러나
조화성, 앞의 2011 논문, 64면에서는 현존 51간, 정리 후 50간이라고 보고한 것으로 보아
정리 과정에서 간의 총 매수에 약간의 변동이 발생하였음을 짐작할 수 있다.

54)『漢書』권42,「張蒼傳」, 2908면, "漢興二十餘年, 天下初定, 公卿皆軍吏. 蒼爲計相時, 緒
正律曆. 以高祖十月始至霸上, 故因秦時本十月爲歲首, 不革. 推五德之運, 以爲漢當水德
之時, 上黑如故. 吹律調樂, 入之音聲, 及以比定律令. 若百工, 天下作程品. 至於爲丞相,
卒就之. 故漢家言律曆者本張蒼."

「조정서」는 서술의 특징상, '이야기(言)'를 기록한 것이 중심된 내용이고 '事'를 기록한 것은 보조적 성격의 서술로서 "事語"類 의 문헌에 속한다.[55] 내용상으로 보면 雜記에 해당하여 "小說家"로 분류할 수 있다.[56] 비록 班固나 劉向·劉歆 등은 소설가에 대해서 "九流之外"의 第10家로서 높게 평가하고 있지 않지만 참고할 내용이 있음을 인정하고 있다.[57] 더욱이『史記』의 저술 내용 가운데에는 "吾適故大梁之墟, 墟中人曰"[58], "吾如淮陰, 淮陰人爲余言"[59], "吾適豊沛, 問其遺老"[60] 등과 같은 각 편의 마지막 서술인 "太史公曰"의 서술처럼 閭里의 이야기를『사기』저술의 자료로서 채택하고 있음을 알 수 있다. 따라서『사기』의 기사 가운데 「조정서」의 내용과 유사한 부분이 있는 것은 사마천이『사기』를 편찬하는 과정에서 매우 자연스러운 현상일 것이다.

전체 52매 분량「조정서」의 주요 내용은 시황제가 5차 순행 도중에 사망한 기사부터 2세 황제 호해가 즉위하여 여러 公子와 大臣을 살해하고 진 제국을 멸망시켜가는 과정에서 始皇帝, 李斯, 胡亥, 子嬰의 여러 언행이 대화의 형식으로 기술한 문헌이다. 이 가운데 진시황제의 죽음과 관련한 기사가 보이는데『사기』「진시황본기」와 서술의 차이가 있다. 우선「조정서」의 관련 기사를 정리하면 다음과 같다.

---

55) 張政烺, 「《春秋事語》解題」, 『文物』1, 1977, 36~39면; 章學誠, 『文史通義』, "古人不著書, 古人未嘗離事而言理."

56) 陳侃理, 「『史記』與『趙正書』－歷史記憶的戰爭」, 『中國史學』26, 日本中國史學會, 2016, 28면.

57) 『漢書』권30, 「藝文志」, 1745~1746면, "小說家者流, 蓋出於稗官街談巷語, 道聽塗說者之所造也. 孔子曰: '雖小道, 必有可觀者焉, 致遠恐泥, 是以君子弗爲也. …… 諸子十家, 其可觀者九家而已.'"

58) 『史記』권44, 「魏世家」, 1864면.

59) 『史記』권92, 「淮陰侯列傳」, 2629면.

60) 『史記』권95, 「樊酈滕灌列傳」, 2673면.

a) • 옛날에 秦王 趙正이 천하를 巡幸하고, 돌아오는 도중에 柏人縣에 이르러 발병하였다. 병이 危重해지자 서글픈 기색으로 눈물을 흘리고 깊은 탄식을 하며 주위의 (신하들에게) 말하기를, 天命(壽命)을 바꿀 수 없는가? 내가 이처럼 병이 든 적이 없었는데, 슬프도다 ……."라고 하였다(• 昔者, 秦王趙正 出斿(遊)天下, 環(還)至白(柏)人而病, 病薦(篤), [ ](喟)然流涕, 長大(太)息謂左右曰: "天命不可變于(乎)? 吾未嘗病如此, 悲也……"). [第1-2簡]

b) 趙正이 눈물을 흘리면서 이사에게 "내가 자네를 의심한 것이 아니다. 그대는 나의 충신이네. 세워야할 것[繼位]을 논의하라."고 하였다. 丞相 臣 李斯와 御史 臣 馮去疾이 죽음을 무릅쓰고 머리를 조아리며 말하였다. "지금 길이 먼데 詔書를 내려 결정하게 하시면 臣은 大臣들이 모의를 꾸밀까 염려됩니다. 아들 胡亥를 세워 後繼者를 대신하게 하십시오." 왕이 "裁可한다."라고 하였다. 왕이 죽은 뒤 胡亥가 즉위하자 곧바로 형 扶蘇와 中尉 蒙恬을 죽였다(趙正流涕而謂斯曰: "吾非疑子也, 子, 吾忠臣也. 其 (議)所立." 丞相斯 · 御史臣去疾昧死頓首言曰: "今道遠而詔期宭(群)臣, 恐大臣之有謀, 請立子胡亥爲代後." 王曰: "可." 王死而胡亥立, 即殺其兄夫(扶)胥(蘇) · 中尉恬.). [第15-16簡]

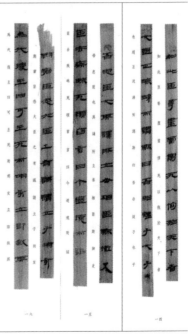

c) 진왕 호해가 듣지 않고 마침내 자신의 뜻대로 행하여 승상 이사를 죽이고 조고를 세워 승상과 어사의 일을 행하게 하였다. 그해가 끝나기도 전에 과연 (조고가) 호해를 죽였다. 장군 章邯 들어와 나라를 평정하고 조고를 죽였다. 다음과 같이 말한다. "호해는 이른바 간언을 듣지 않은 자이다. 즉위한지 4년 만에 자신은 죽고 나라를 망하게 하였다."(秦王胡亥弗聽, 遂行其意, 殺丞相斯, 立高, 使行丞相·御史之事, 未能冬(終)其年, 而果殺胡亥, **將軍張(章)邯入夷其國, 殺高.** 曰: 胡亥, 所謂不聽開(諫)者也, 立四年而身死國亡.). [제48~50簡]

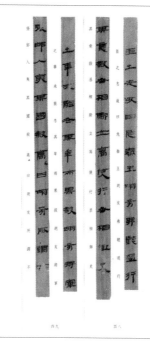

(진한표시; 인용자에 의함)《趙正書》, 앞의 2015 책, 151면, 152~153면, 157면

상기한「조정서」(a)·(b)의 기록은 〈표 4-1·2〉의『사기』기사와 각각 상응하는 내용이다. 그리고「조정서(c)」의 기사는『사기』「진시황본기」와「이사열전」의 2세 2년과 3년의 기사인 趙高가 李斯와 胡亥를 처형하고 子嬰이 조고를 살해한 내용과 대응하는 기사이다. 따라서 두 기사의 가장 커다란 서술의 차이를 정리하면 먼저 〈표 4-1·2〉의『사기』「진시황본기」에는 시황제가 平原津에서 발병해서 沙丘 平臺에서 사망한 것으로 기록되어 있지만「조정서(a)」에는 柏人에서 발병하여 상태가 심해져 사망했지만 장소에 대해서는 언급하고 있지 않다. 또한「조정서(b)」의 기사는 2세 호해의 황제 즉위는「진시황본기」의 기사처럼 長子인 扶蘇에게 내린 조서의 위조와 그에 따른 부소의 죽음에 의한 것이 아니라 5차 순행에 동행한 丞相 李斯와 御史大夫 馮去疾이 진언하여 시황제가 이

를 승인하였다는 것이다. 그리고 「조정서(c)」에 의하면 호해가 이사를 살해하고 조고는 호해를 살해했으며, 章邯이 조고를 살해하였다고 서술되어 있다. 즉 「조정서」의 기록은 「진시황본기」의 내용과 많은 차이가 있음을 알 수 있다.

이와 같이 「조정서」의 시황제 사망 전 기사나 "故復召丞相斯曰"와 같은 始皇帝와 李斯의 대화는 『사기』에서는 볼 수 없는 기술이다.[61] 따라서 「조정서」에서 전하고 있는 내용은 『사기』와는 다른 서사가 있었음을 추측할 수 있다. 이러한 서사의 차이는 한대에서는 진시황의 죽음을 둘러싼 다양한 문헌이 존재했고 사마천은 그 중의 하나를 선택하여 편집한 것으로 볼 수 있다. 즉 지금까지 중국고대사 연구의 주요한 문헌인 『사기』의 사료적 내용과 성격에 대해서는 진지한 검토가 필요한 것이다. 이러한 서술의 차이와 관련하여 주의 깊게 파악해야 할 내용은 「조정서(b)」의 기사이다.

〈표 4-2〉의 서술에 의하면 시황제의 5차 순행 시에 長子 扶蘇와 少子 胡亥의 동정을 살펴보면 부소는 몽염을 감시하라는 명분으로 서북변경으로 쫓겨났고 호해는 시황제의 총애로서 함께 5차 순행에 동행하였다. 그런데 「진시황본기」에서 시황제가 臨終 때에 부소에게 내린 조서의 "與喪會咸陽而葬" 내용은 시황제가 제위를 장자인 부소에게 제위를 계승하고자 한 의향이 있음을 암시한 것으로 해석할 수 있다. 이에 반해 「조정서(b)」의 기사는 臨終 무렵에 李斯가 "議所立", "請立子胡亥爲代後"이라 진언하

---

61) 北京大學出土文獻硏究所 編, 『北京大學藏西漢竹書(參)』, 앞의 2015 책, 第3-8簡, 189～190면, "而告之日: '吾自視天命, 年五十歲而死. 吾行年十四而立, 立卅七歲矣, 吾當以今[歲]死, 而不智(知)其月日, 故出斿(遊)天下, 欲以變氣易命, 不可于(乎)? 今病蔫(篤), 幾死矣. 其亟日夜揄[輸], 趣(趨)至甘泉之置, 毋須後者. 吾謹 (微)密之, 毋令群臣智(知)病.' 病即大甚, 而不能前, 故復召丞相斯曰: 吾霸王之 (壽)足矣, 不奈吾子之孤弱何. …… 其後不勝大臣之分(紛)爭, 爭侵主. 吾聞之. 牛馬鬭(鬪)而蚊(蚊)宝(虻)死其下; 大臣爭, 齋(齊)民古(苦). 吾衣(哀)令(憐)吾子之孤弱, 及吾蒙容之民, 死且不忘. 其議所立"(밑줄 인용자)

여 이에 대해 진시황은 "허락한다(可)"라고 대답하여 호해의 계위가 진시황이 임종 전에 논의에 의해서 결정한 것으로 호해의 황제 즉위는 정당한 절차에 따른 것이지 음모에 의하여 정해진 것이 아님을 기술하고 있다. 그러나 「진시황본기」의 기사에 의하면 부소는 仁愛賢明하지만 진시황과는 政見이 맞지 않았으며 호해는 昏庸殘虐하여 제위를 계승하기에는 부적합한 인물로 묘사되고 있다. 따라서 이러한 모순된 내용의 기사는 秦의 멸망과 漢 건국의 역사과정의 해석과 관련된 중요한 내용이다.

2013년 湖南省 益陽縣 兎子山 유적의 9호 우물에서 1매의 木牘이 출토되었는데 이 목독은 秦 二世 元年 10月 甲午日에 반포한 조서로서 그 내용은 다음과 같다.

湖南省 益陽縣 兎子山 9호 우물《秦二世元年十月甲午詔書》木牘. (張自成 主編, 『文物』, 文物出版社, 2016.5, 40면.)

⑧ 천하는 시황제를 잃어 모두 너무 두렵고 깊은 슬픔에 빠져 있다. 짐이 유조를

받들어 종묘(시황제 관련)의 일과 기록을 분명하게 하여 매우 훌륭한 통치와 공적을 갖추게 하였고 율령은 마땅히 개정을 마치었다. 원년 백성들과 함께 새로이 시작하고 자 하여 유죄를 폐지하고 법령은 이미 모두 하달하였다. 짐은 스스로 천하를 위무하고 관리와 백성들은 모두 일에 종사하니 요역과 부세를 나누어 백성에게 주고 세세한 항목으로 현리를 가혹하게 심문하지 마라. 즉시 반포하라(天下失始皇帝, 皆遽恐悲哀甚. 朕奉遺詔, 今宗廟吏及著以明至治大功德者具矣, 律令當除定者畢矣. 元年, 與黔首更始, 盡爲解除流罪, 今皆已下矣. 朕將自撫天下,(正)吏·黔首, 已(以)分縣授黔首, 毋以細物苛劾縣吏. 亟布.).(J9①1)[62]

이 조서는 호해가 황제에 즉위한 후 반포된 조서이다. 주요 내용은 '朕奉遺詔'의 의미에서 알 수 있듯이 호해의 繼位 정당성을 강조하고 있으며, 元年에 새로운 정치의 주요 방침을 공포한 것이다. 즉 천하의 관리와 백성들을 慰撫하여 惠政을 시행한다는 내용이다.[63] 따라서 조서의 내용은 「조정서」의 내용과 상통하며, 이러한 기록에 근거하면 시황제가 임종 직전에 호해를 제위의 계승자로 결정하였을 개연성은 매우 높다.[64] 그렇다면 『사기』에서는 호해의 즉위를 이사와 조고의 음모에 의해 즉위하였다고 기술한 까닭은 무엇인가?

이와 관련하여 상기한 2세 조서가 발견된 곳과 인근 지역인 湖南省

---

62) 이에 대한 여러 해석이 존재한다. 본고에서는 陳偉, 「《秦二世元年十月甲午詔書》通譯」, 『江漢考古』148, 湖北省文物考古研究所, 2017, 124~126면을 참고하였다. 이외에도 孫家洲, 앞의 2015 논문, 18~20면; 張春龍·張興國, 앞의 2015 논문, 6~7면; 吳方基·吳昊, 「釋秦二世胡亥"奉詔登基"的官府報告」, 簡帛網, 武漢大學 簡帛研究中心, http://www.bsm.org.cn/show_article.php?id= 2025 등을 참조.

63) 孫家洲, 앞의 2015 논문, 18면; 아울러 秦 2世 時期의 슈文도 발견되어 胡亥가 비록 3년의 짧은 치세이지만 황제의 진의 통치를 수행했음을 알 수 있다(陳松長, 「岳麓秦簡中的兩條秦二世時期令文」, 『文物』9, 文物出版社, 2015, 88~92면).

64) 馬瑞鴻, 「秦二世胡亥繼位說考辨」, 『文化學刊』7, 2017, 231~234면에서는 『사기』와 『趙正書』 그리고 《秦二世元年十月甲午詔書》등의 자료를 종합적으로 분석하면 호해는 진시황의 법정계승인이라는 점은 더욱 역사적 사실에 부합한다고 주장한다.

長沙市 馬王堆 漢墓에서 발견된「五星占」에서는 秦二世의 紀年은 보이지 않고 단지 "張楚"라고 표기했으며 "시황제"의 기년을 그대로 사용하여 멸망 후에는 바로 "漢元年"으로 표기하고 있어 호해의 계승을 부정하고 있음을 추측할 수 있다.[65]

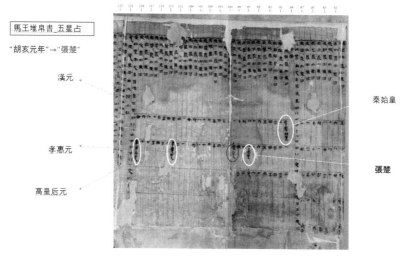

《馬王堆帛書 五星占》. (裘錫圭 主編,『長沙馬王堆漢墓簡帛集成(參)』, 中華書局, 2014, 180~181면.)

또한 陳勝이 기병하기 전에 吳廣과 상의하는 중에 호해의 繼位는 정통성이 결여되었음을 언급하고 있다.[66] 이러한 호해 계위에 대한 부정적 서술은 한초 시기의 기사인『史記』「叔孫通傳」의 내용에서도 확인할 수 있다.

⑨한 12년 고조는 조왕 여의로 태자를 교체하려하자 숙손통은 황제에게 간하였

---

65) 裘錫圭 主編,『長沙馬王堆漢墓簡帛集成』1, 中華書局, 2014, 179면.
66)『史記』권48,「陳涉世家」, 1950면, "吾聞二世少子也, 不當立, 當立者乃公子扶蘇."

다. "옛날에 진헌공은 총애하던 여희 때문에 태자를 폐위하고 해제를 태자로 삼았다. 이 때문에 晉나라는 수십 년 동안 혼란스러웠고 천하의 웃음거리가 되었다. 秦나라는 일찍이 부소를 태자로 정하지 않았기 때문에 조고가 황제의 영을 사칭하여 호해를 태자로 세울 수 있었습니다. 이 때문에 스스로 선조의 제사가 끊어지게 하였으니 이것은 폐하께서 친히 보신 일입니다(漢十二年, 高祖欲以趙王如意易太子. 叔孫通諫上曰: "昔者晉獻公以驪姬之故廢太子, 立奚齊, 晉國亂者數十年, 爲天下笑. 秦以不蚤定扶蘇, 令趙高得以詐立胡亥, 自使滅祀, 此陛下所親見.).[67]

숙손통은 태자를 함부로 바꿔서는 안 된다고 간언하면서 秦의 경우, 일찍 부소를 태자로 정하지 않았기 때문에 조고가 황제의 명을 사칭하여 호해를 태자로 세웠지만 이러한 결정은 스스로 滅國을 초래하였다는 사실에서 嫡子 폐위의 부당함을 언급한 것이다. 유방과 숙손통의 대화는 두 사람 모두 호해의 즉위는 시황제의 결정에 의한 것이 아니라 조고의 "詐立"에 의한 것임을 반영한 것이다.

진말 한초 시기의 문헌기사와 출토자료의 내용에 의하면 호해의 계위에 대해서 非正統으로 인식하고 있음을 알 수 있다. 이러한 인식은 아마도 당시 시대적 배경에 기인한 역사적 사실에 대한 해석에 기초하였을 것이다. 陳勝과 같은 反秦感情은 "胡亥不當立"의 이유가 되었을 것이다. 또한 한초의 문헌이나 출토자료의 내용들이 진의 정통을 부정한 새로운 왕조의 창업 계승을 강조한 것은 매우 자연스러운 현상이었다. 이러한 진말·한초의 배경하에서 『사기』의 저술이 사마담 사마천 두 부자에 의해서 저술된 것이다. 『사기』는 '成一家之言'의 역사서이며 그 서술의 목적이 漢의 盛德을 찬양하기 위한 것이었다. 따라서 진의 부정과 한의 정통성 그리고 漢朝 황제의 盛德을 강조한 사마천의 역사서술은

---

67) 『史記』 권99, 「叔孫通傳」, 2724~2725면.

시황제 사후 '胡亥—李斯—趙高'로 이어지는 「조정서」에 반영된 정치적으로는 권력을 장악한 '勝者의 非正統'의 역사가 아닌 '扶蘇—蒙毅—蒙恬'으로 계승된 정치적으로는 권력에서 밀려난 '敗者의 正統'의 역사가 漢朝로 계승되는 인식의 반영인 것이다. 이런 까닭에 시황제가 임종시 호해를 계승자로서 지정한 「조정서」의 기록 역시 진의 정통성을 부정한 『사기』와 동일한 입장일지라도 「조정서」와 같은 유사 성격의 서술은 周의 정통을 계승하는 漢의 건국이라는 시대적 상황 변화에 따라 자연스럽게 사라져 간 것이다.

## 5. 「趙正書」 기사의 史實 一致 여부

시황제 죽음과 관련하여 『사기』 「진시황본기」와는 상이한 기사의 내용이 적혀 있는 「조정서」 기사는 과연 역사적 사실을 반영하고 있는 것일까? 이 문제를 검토하기 전에 Ⅲ장의 서술에서도 언급하였지만, 『사기』의 기록은 매우 정확하였음을 알 수 있다. 예를 들면, 孝文王의 즉위와 사망 시간이 불과 3일이라고 기록하고 있는데[68] 『睡號地秦簡』에는 "孝文王元年, 立即死"[69]라고 기록되어 있어 『사기』 기술의 신뢰성을 부여할 수 있다. 그렇다면 「조정서」의 관련 기사 역시 史實에 근거한 작성 내용인가? 이와 관련하여 먼저 진시황의 5차 순행에 동행한 인물들과 관련한 기사를 검토하여 보자. 「조정서」의 기록에 의하면 진시황의 5차 순행에 동행한 중심 인물은 丞相 李斯, 御史大夫 馮去疾, 郎中令 趙高 등이다. 『사기』의 관련 기사와 비교하면 이사와 조고의 동행은 분명하지만 馮去疾은 그

---

68) 『史記』 권5, 「秦本紀」, 219면, "孝文王元年, 赦罪人, 修先王功臣, 襃厚親戚, 弛苑囿. 孝文王除喪, 十月己亥卽位, 三日辛丑卒, 子莊襄王立."
69) 『睡號地秦簡』, 「編年記」 6면.

기록에 차이가 보인다.

⑩ 37년 10월 계축일 시황제가 巡遊에 나섰다. 좌승상 이사가 따랐으며 우승상 풍거질은 (宮을) 지켰다(三十七年十月癸丑, 始皇出遊. 左丞相斯從, 右丞相去疾守.).[70]

⑪ 丞相 李斯와 御史 馮去疾이 죽음을 무릅쓰고 머리를 조아리며 말하였다(丞相斯 · 御史臣去疾昧死頓首言曰.).[71]

⑩의 「진시황본기」의 기사에 의하면 馮去疾은 右丞相의 官職에 있으면서 시황제가 出遊할 때에 동행하지 않고 宮城을 지키고 있었다. 이에 반해 ⑪의 「조정서」에는 御史大夫의 관직에 있으면서 出遊에 동행하고 있다.[72] 즉 37년 시황제 出遊 時에 馮去疾과 관련한 두 기사의 서술은 전혀 상반된 내용을 보이고 있다. 이 모순된 기사의 진위를 판명하기 위하여 「진시황본기」 二世元年의 관련 기사 중 2世 皇帝와 趙高의 대화 내용을 소개하면 아래와 같다. 서술의 편의상 관련기사 전문을 소개한다.

⑫ 2세는 趙高와 논의하였다. "朕은 나이가 어리고 즉위한 지 얼마 되지 않아 백성들이 따르지 않는다. 先帝께서는 군현을 순행하시어 강함을 보이시어 해내를 복속케 하였습니다. 지금 편안하게 지내어 순행을 하지 않는다면 약한 모습을 보이는 것이니 천하를 신하로서 기를 수 없습니다." 그 해 봄, 2세는 동쪽의 군현을 순행하였는데 이사가 수행하였다. 碣石에 이른 후에 해안을 따라 남쪽으로 회계에 이르렀다. (가는 곳마다) 시황제가 세운 비석에 모두 (명문을) 새기고 그 측면에 수행한 대신들의 이름을 기록하여 선제가 이룬 功業과 盛德을 현창하였다. 즉 (다음과 같이 명문에 새기었다.) 황

---

70) 『史記』 권6, 「秦始皇本紀」, 260면.

71) 北京大學出土文獻研究所 編, 앞의 2015 책, 190면.

72) 王子今, 「論《趙正書》言"秦王""出遊天下"」, 『魯東大學學報』(哲學社會科學版) 33-2, 2016.

제께서 말씀하셨다. "이 돌과 명문은 시황제께서 새기신 것이다. 지금 (내가) 황위를 계승하였으나 이 명문에 시황제라고 칭하지 않고 있으니 세월이 오래되면 후세의 황제가 세운 것으로 (잘못) 알게 되어 (시황제께서) 이룬 공업과 성덕을 기리는 것이 아니다." 丞相 李斯·馮去疾, 御史大夫 德은 죽음을 무릅쓰고 진언합니다. "폐하의 詔書를 이 돌에 새겨 모든 것을 명백히 하시기를 신들은 죽음을 무릅쓰고 청합니다." 황제가 허락하였다. 요동까지 순행한 후 돌아왔다(二世與趙高謀曰: "朕年少, 初卽位, 黔首未集附. 先帝巡行郡縣, 以示彊, 威服海內. 今晏然不巡行, 卽見弱, 毋以臣畜天下." 春, 二世東行郡縣, 李斯從. 到碣石, 並海, 南至會稽, 而盡刻始皇所立刻石, 石旁著大臣從者名, 以章先帝成功盛德焉. 皇帝曰: "金石刻盡始皇帝所爲也. 今襲號而金石刻辭不稱始皇帝, 其於久遠也如後嗣爲之者, 不稱成功盛德." 丞相臣斯, 臣去疾, 御史大夫臣德昧死言: "臣請具刻詔書刻石, 因明白矣. 臣昧死請." 制曰: "可" 遂至遼東而還.).[73] (밑줄과 진한 표시; 인용자에 의함)

```
1행 : 臣斯臣去疾御史大臣
2행 : 昧死言
3행 : 臣請具刻詔書金石刻因明白
4행 : 矣臣昧死請
```

⑫의 기사는 시황제의 마지막 순행을 마친 다음 해 2세 황제가 즉위한 직후의 일이다. 위의 가사에 의하면 풍거질의 관직은 승상임을 알 수가 있다. 더욱이 이러한 내용은 刻石한 기사임을 고려한다면 위의 기사가 각석되어 있는 「泰山石刻」 碑文의 내용과 대조하여 보면 보다 분명히 알 수 있다.[74] 비문은 4행으로 내용은 다음과 같

---

73)『史記』 권6,「秦始皇本紀」, 266면.
74) 비문의 공백 표시는 필자가 하였다. 「태산석각」 비문 사진은 최은철, 『서예명비감상』, 서예문인화, 2009, 14면 참조.

다.(右에서 左로, 1-4행)

　⑫의 기사 하단부의 밑줄 부분("丞相臣斯 …… 臣昧死請)과 「泰山石刻」 비문의 내용을 비교하여 보면 그 기사 내용이 일치함을 알 수 있다. 따라서 ⑩과 ⑪의 기사와 ⑫의 기사가 비록 1년이라는 시간적인 차이가 보일지라도 풍거질의 관직은 (우)승상이었을 가능성이 매우 높다. 왜냐하면 ⑫의 「진시황본기」의 기사와 「태산각석」 비문 기록을 보면 馮去疾의 이름 다음에 御史大夫가 나오기 때문이다. 즉 馮去疾이 御史大夫가 아니라는 사실이다. 따라서 御史大夫는 德이라는 사람일 가능성이 크다. 그렇다면 바로 전 해인 진시황 37년에 馮去疾의 관직은 右丞相일 가능성이 높아졌다는 사실이다. 더욱이 진시황 죽음과 관련된 주요 인물들의 관직의 연원을 조사하여 보면 다음과 같다.

〈표 5〉 「사기」 「진본기」·「진시황본기」에 보이는 주요 관직표

| | 右丞相 | 左丞相 | 御史大夫 | 廷尉 | 出典(秦始皇本紀) |
|---|---|---|---|---|---|
| 武王 2年 | 甘茂 | 樗里疾 | | | 二年, 初置丞相, 樗里疾·甘茂爲左右丞相(秦本紀) |
| 秦始皇 26 | | 王綰 | 馮劫 | 廷尉斯 | 丞相綰, 御史大夫劫, 廷尉斯 等皆曰 |
| 27 | | | | | |
| 28 | 隗林 | 王綰 | | | 列侯武城侯王離·列侯通武侯王賁·倫侯建成侯趙亥·倫侯昌武侯成·倫侯武信侯馮毋擇·丞相隗林·丞相王綰·卿李斯·卿王戊·五大夫趙嬰·五大夫楊樛從, 與議於海上. |
| 29 | | | | | |
| 30 | | | | | |
| 31 | | | | | |
| 32 | | | | | |
| 33 | | | | | |
| 34 | | 丞相李斯 | | | 三十四年, 適治獄吏不直者, 築長城及南越地. 始皇置酒咸陽宮, 博士七十人前爲壽. 始皇下其議. 丞相李斯曰. |
| 35 | | | | | |

| | | | | |
|---|---|---|---|---|
| 36 | | | | |
| 37 | 去疾<br>(처음보임) | 李斯 | | 三十七年十月癸丑, 始皇出游, 左丞相斯從, 右丞相去疾守. 少子胡亥愛慕請從, 上許之. |
| 2세<br>원년 | 去疾 | 李斯 | 御史大夫<br>臣德 | 春. 丞相臣斯·臣去疾·御史大夫臣德昧死言: "臣請具刻詔書刻石, 因明白矣. 臣昧死請." 制曰: "可." 遂至遼東而還. |
| 2 | 右丞相<br>去疾 | 左丞相<br>斯 | | 二年冬, 於是二世常居禁中, 與高決諸事. 其後公卿希得朝見, 盜賊益多, 而關中卒發東擊盜者毋已. 右丞相去疾·左丞相斯·將軍馮劫進諫曰: 下去疾·斯·劫吏, 案責他罪. |
| 3 | | 趙高 | | 三年, 冬, 趙高爲丞相, 竟案李斯殺之. |

〈표 5〉에 따르면, 진시황에 통일의 위업을 달성하는 과정에서 중요한 역할을 수행한 인물들을 확인할 수 있다. 진시황 26년 통일 시에는 丞相 王綰, 御史大夫 馮劫, 廷尉 李斯가 중심적 역할을 수행했음을 알 수 있다. 통일 이후의 시기에서 이사는 진시황 33년에 승상으로 승진하고 있으며, 풍거질은 진시황 37년에 右丞相의 관직으로 처음으로 보인다. 더욱이 2세 황제 즉위 이후에는 계속해서 우승상의 관직을 역임하였고 어사대부는 德이라는 인물이 임용되었음을 보다 명확히 알 수 있다. 따라서 「조정서」의 기사 내용은 사실과는 다름을 알 수 있다. 그렇다면 진시황 통일에서 가장 측근에서 보좌한 인물인 趙高와 관련한 기사를 검토해보면 「조정서」 기사의 진위성이 보다 분명히 판명될 것이다. 이와 관련한 아래의 기사를 검토하여 보자.

⑬ 趙高는 조씨 집안의 먼 일족이다. 조고 형제 몇 사람은 모두 隱官으로 길러졌으며 그의 어머니는 형을 받고 처형되었기 때문에 대대로 비천한 신분이었다. 진왕은 조고가 역량이 뛰어나고 형법에 능통하다는 말을 듣고 中車府令에 임용하였다. 조고는 공자 호해를 사적으로 섬겨 그에게 獄事를 판결하는 법을 가르쳤다. 조고가 큰 죄를 범한 일이 있었을 때, 진왕은 蒙毅에게 명하여 그를 법대로 다스리게 하였다. 몽

의는 감히 법을 왜곡할 수 없어 그 죄가 사형에 해당한 것으로 판결, 그의 官籍을 삭제하였다. (그러나) 황제는 조고가 일을 기민하게 잘 처리한다고 하여 그를 사면시켜 다시 官爵을 회복시켰다(趙高者, 諸趙疏遠屬也. 趙高昆弟數人, 皆生隱宮[75], 其母被刑僇, 世世卑賤. 秦王聞高彊力, 通於獄法, 擧以爲中車府令. 高旣私事公子胡亥, 喻之決獄. 高有大罪, 秦王令蒙毅法治之. 毅不敢阿法, 當高罪死, 除其宦籍. 帝以高之敦於事也, 赦之, 復其官爵.).[76]

⑭ 2세 황제 원년, (황제의) 나이는 21세였다. 趙高는 郎中令이 되어 나라의 일을 맡았다(二世皇帝元年, 年二十一. 趙高爲郎中令, 任用事.).[77]

⑮ 왕이 죽고 호해가 卽位하자 (호해가) 형 扶蘇와 中尉 蒙恬을 살해하였다. 죄인을 대대적으로 사면하여 臣 趙高를 사면하여 郎中令으로 임명하였다(王死而胡亥立, 卽殺其兄夫(扶)胥(蘇)·中尉恬. 大 (赦)罪人, 而免隸臣高以爲郎中令.).[78]


위의 기사에 의거하면 우선 ⑬의 "사면시켜 다시 官爵을 회복(赦之, 復其官爵)"한 기사는 ⑭와 ⑮에 보이는 "郎中令"으로 임명된 것과 조응하는 것으로 볼 수 있다. 그런데 문제는 「조정서」의 기사인 ⑮에 보이는 "隸臣 趙高를 사면하여 郎中令으로 임명하였다(免隸臣高以爲郎中令)."의 진위여부이다. ⑬에 의하면 조고는 隱官의 신분임을 알 수 있다. 은관은 진한 법령에 의하면 工隸臣 자신 또는 타인의 斬首의 功으로 공예신에서 면제된 자는 工으로 삼고 다만 육형을 받아 신체가 불완전한 자는 隱官으로서 工役에 종사하는 경우[79]나 庶人以上·司寇·隸臣妾이 城旦舂·鬼薪

75) 최근 발표 정리된 『張家山漢簡』 「二年律令」과 「里耶秦簡」에 나오는 진한시대 隱官의 의미를 검토하여 보면 "隱宮"의 의미는 종래 宮刑을 받은 자라고 해석하였지만, "隱官(남의 눈에 드러나지 않는 곳에서 일하는 자의 신분명)"의 誤記로 보는 것이 타당하다. 이에 대해서는 윤재석 역, 『수호지진묘죽간역주』, 소명출판, 2010, 190~191면을 참조.

76) 『史記』 권88, 「蒙恬列傳」, 2566면.

77) 『史記』 권6, 「秦始皇本紀」, 266면.

78) 北京大學出土文獻硏究所 編, 앞의 2015 책, 190면.

79) 『睡號地秦簡』, 「秦律十八種·軍爵」, 55면, "工隸臣斬首及人爲斬首以免者, 皆令爲工. 其

白粲의 죄 이상을 범하지 않았는데 관리의 고의 또는 실수로 인해 육형을 받았을 때 비록 누명을 벗더라도 신체가 불완전하기 때문에 隱官이 된다.[80] 이처럼 隱官은 庶人과 함께 사면조치를 통해서 형성되는 신분으로[81] 輸送과 같은 요역 동원자로 징발되었고[82] 국가로부터 50畝의 토지와 1/2宅을 지급받는 등[83] 유작자 및 일반 평민과 마찬가지로 국가의 田宅 수여 대상자였고 그 자식은 士伍의 신분을 얻을 수 있었다.[84] 따라서 ⑬과 ⑭의 기사에서 볼 수 있듯이 中車府令에 임명되고 郎中令의 官爵에 이를 수 있는 개연성은 부정할 수 없다. 그런데 조고의 신분이 '隸臣'일 경우에는 郎中令의 관직에 오를 개연성은 거의 없다. 이와 관련하여 아래의 법령 조문을 검토하여 보자.

⑯ 爵二級을 반납하고 臣妾이 된 친부모 한 사람을 면하게 하거나 臣이 참수하여 公士가 되었는데, 공사의 작을 반납하고 현재 隸妾 신분인 자신의 처 한 명을 속면하고자 하는 경우는 이를 허락하고 예첩 신분을 면하고 서인이 되게 한다(欲歸爵二級以免親父母爲隸臣妾者一人, 及隸臣斬首爲公士, 謁歸公士而免故妻隸妾一人者, 許之, 免以爲庶人.).[85]

---

不完者, 以爲隱官工"

80)『張家山漢簡』,「二年律令」, 124簡, 150면, "庶人以上, 司寇, 隸臣妾無城旦舂, 鬼薪白粲罪以上, 而吏故爲不直及失刑之, 皆以爲隱官"

81) 任仲爀,「秦漢律의 庶人」,『中國古中世史研究』22, 中國古中世史學會, 2009, 227~229면.

82) 湖南省考古文物研究所 編著,『里耶發掘報告』, 岳麓書社, 2006, 193면, 8⑯6簡 "今洞庭兵輸內史及巴·南郡·蒼梧, 輸甲兵當傳者多節傳之. 必先悉行乘城卒·隸臣妾·城旦舂·鬼薪·白粲·居貲·贖責(債)·司寇, 隱官, 踐更縣者."

83)『張家山漢簡』,「二年律令·戶律」, 176면, "司寇·隱官各五十畝. 司寇隱官半宅. 欲爲戶者, 許之."

84) 秦漢時代 士伍의 신분과 성격에 대해서는 任仲爀,「秦漢律의 耐刑－士伍로의 수렴 시스템과 관련하여」,『中國古中世史研究』19, 중국고중세사학회, 2008; 林炳德,「秦·漢時代의 士伍와 庶人」,『中國古中世史研究』20, 중국고중세사학회, 2008 등을 참조.

85)『睡號地秦簡』,「秦律十八種·軍爵」, 55면.

⑰ 盜鑄錢한 자 및 이를 도와준 死罪의 자를 체포한 자에게 爵一級을 준다. 그가 작위로서 죄인을 면제하고자 한다면 허락한다. 1인을 체포했다면 死罪1인을 면제해주고 城旦舂·鬼薪白粲은 2인을 면제해주고 隸臣妾·收人·司空은 3인을 면제하여 庶人으로 삼는다(捕盜鑄錢及佐者死罪一人, 予爵一級. 其欲以免除罪人者, 許之. 捕一人, 免除死罪一人, 若城旦舂·鬼薪白粲二人, 隸臣妾·收人·司空三人以爲庶人.).[86]

위의 두 조항만을 보더라도 隸臣妾 등의 노비와 죄인이 사면된 신분은 庶人임을 보여주는 진한시기의 법률규정이다. 따라서 ⑮이 기사인 예신 신분인 조고가 사면되어 낭중령이 되었다는 기사는 당시 법률규정과는 모순되는 내용이다. 이러한 기사는 아마도 「조정서」의 편자가 신분이 비천한 조고가 낭중령이 되었다는 사실에 근거하여 신분의 비천함을 강조하여 예신으로 상정하고 저술하였을 것이다. 만약 이와 같다면 「조정서」의 서술은 사실에 근거하였지만 편자의 의도가 일정 정도 반영된 허구적 내용이 기재되었다고 볼 수 있다.


## 6. 맺음말

새롭게 발견된 「조정서」에는 『사기』의 내용과 다른 진왕 조정의 고사가 52매의 죽간에 약 1500자로 기재돼 있다. 「조정서」에서 시황제는 통일 이후도 진왕으로 불려져 황제로서 인정받지 못하였다. 또한 이 책이 그려내는 시황제의 죽음과 관련하여 진왕은 柏人 지역에서 병에 걸렸다고 기록되어 있어 『사기』에서 언급한 平原津에서 병을 얻었다는 기술과는 다르다. 『사기』에는 시황제가 죽은 직후 沙丘에서 胡亥·趙高·李斯 세 사람이 음모하여 장남 扶蘇에게 후계를 맡긴 진시황의 遺詔를 위조

---

86) 『張家山漢簡』, 「二年律令 · 錢律」, 160면.

하여 호해가 계위하도록 하였다고 기술되어 있다. 그런데 「조정서」에는 시황제 하에서 호해를 후계자로 추대하려는 회의가 열려 시황제도 이에 동의했다고 하여 『사기』의 서술과 명확한 차이를 보이고 있다. 특히 2013년 호남성 益陽市 9호 우물에서 발견된 秦代의 竹簡에 의하면 즉위한 지 얼마 되지 않은 이세 황제가 "天下失始皇帝, 皆遽恐悲哀甚. 朕奉遺詔."라고 하여 아버지가 사망한 후의 결의를 서술하고 있음을 알 수 있다. 이와 같이 진시황의 죽음과 관련하여 『사기』와 상이한 내용인 「조정서」의 기록을 분석한 결과, 전한 초킹 진시황 사망 사건을 기술하거나 口傳하는 다양한 판본의 정보가 존재하였고, 이에 대한 편찬자마다의 취사선택 기준에 따라 이 사건의 기록 내용은 상이할 수밖에 없었을 것이다.

「조정서」가 무제 만년에 편찬된 『사기』보다도 이른 무제 전기의 책이라면 사마천도 이 책의 존재는 알고 있었을 가능성은 높다. 다만 사마천은 '호해 후계의 고사'를 다루지 않고, '부소 후계의 고사'를 택한 것이 된다. 시황제와 관련된 고사는 수많이 전해지고 있어 사마천도 선택을 할 수밖에 없었다. 『사기』에 이설을 병존시키는 경우도 있는 반면, 이설을 배제하는 경우도 있었다. 시황제의 후계를 둘러싸고는 장자 부소와 막내 호해를 각각 지지하는 세력의 대립도 있었을 것으로 생각한다. 전자가 몽염·蒙毅의 일족, 후자는 이사와 조고 등이었다. 『사기』의 스토리는 전자인 '정치상' 패자의 입장에서 쓰여졌을 것이다.

「조정서」가 유행하였던 시기나 『사기』의 편찬과정을 돌이켜본다면 『사기』 저술을 위해 依據하였거나 抄錄한 많은 자료들 중에는 「조정서」와 같이 진에 대해 부정적 인식을 갖고 서술된 서적들이 존재했을 것이다. 따라서 「조정서」의 발견은 전한시기에는 『秦記』외의 秦의 역사와 관련한 다양한 서적들이 존재하였음을 방증하는 것이다. 『사기』의 내용과는 다른 「조정서」의 발견은 『사기』 편찬 시, 관련 자료의 취사선택 사실을 보여주는 좋은 사례이며 이를 종합 정리하여 漢帝國의 '大一統' 배경하에서 諸子百家의 雜語를 정돈한 '一家'의 학문이라고 사마천 스스로가 언급한 것이다.[87] 그렇지만 「조정서」의 편찬 역시 '以史爲鑑'에 있고 진시황과 관련한 기사뿐만 아니라 진대 역사에 대한 모든 사실이 명백하게 밝혀지지 않은 상황하에서 쉽게 그 기사의 내용을 부정할 수는 없을지도 모른다. 왜냐하면 「조정서」 죽간의 발견에 의해 시황제 죽음을 둘러싼 『사기』의 기술 외에 또 다른 기록이 존재하였음은 분명한 사실이기 때문이다. 이러한 사실은 아마도 한의 건국 이후 진에 대한 부정과 한의 정통성 확립이라는 '시대적 요청'에 의해 작성되었을지도 모르기 때문이다. 이와 같이 史實에 대한 다양한 기록이 새로이 발견되고 해석되는한, 이들 자료들이 내포한 역사적 의미를 최대한 펼쳐내는 것이 새로운 역사상을 만들어가는 과정이라면 우리들은 2천 년 전 '地下'로부터 들려오는 또 다른 출토자료 기록이 진시황제의 죽음에 대한 명확한 기록을 전할 것이라는 기대감에서 이에 대한 주의를 게을리 할 수 없을 것이다.

---

87) 『史記』 권130, 「太史公自序」, 3319~3320면, "成一家之言, 厥協六經異傳, 整齊百家雜語."

# 조선후기 호적 연구의
# 현재와 향후 과제

권기중(한성대 역사문화학부 조교수)

## 1. 왜 호적 연구인가

戶籍은 중국을 비롯한 동아시아 각국에서 고대부터 근대에 이르기까지 작성된 인구 조사 문서로서 戶를 기본단위로 하여 작성하였다. 우리나라도 고대부터 근대에 이르기까지 국가 통치를 위한 기본 장부로서 호적을 작성하였다. 조선시대에는 호의 대표자(主戶=戶主)를 중심으로 호내 구성원의 관계를 설정하는 호적 기재양식을 제도화하였는데, 이는 『經國大典』 「禮典」 '戶口式'을 통해 확인할 수 있다.[1] 이 규정에 따르면 주호 가족을 비롯하여 노비와 고공 같은 예속인을 호의 구성원으로 인정하고 있다.

戶籍大帳은 지방행정 단위별로 '戶'를 단위로 파악하여 成冊한 장부이다. 호적대장은 3년을 단위로 하여 군현별로 3부가 작성되었는데, 각각 해당 군현, 감영, 중앙에 비치되어 호구정책의 기초자료로 활용되었다. 이러한 호적대장에는 개인의 신상은 물론 주호와의 관계를 보여주는 職役, 戶內位相, 성명, 연령, 본적, 四祖(=부, 조, 증조, 외조) 등을 비롯하여 해당 지역 주민들의 이동, 사망 등과 관련된 수많은 정보가 담겨 있다. 이 정보들은 호적대장이 조선시대사 연구에 처음 이용된 1930년대 이후 지금까지 연구자 개인의 관심분야에 따라, 혹은 연구자 개인의 관점이나 연구방법에 따라, 혹은 각 시대의 연구 분위기나 연구 환경에 따라 다양하게 이용되고 있다.

---

1) 『經國大典』, 「禮典」 戶口式, "戶某部某坊第幾里住 某職姓名年甲本貫四祖 妻某氏年甲本貫四祖 率居子女某某年甲 奴婢雇工某某年甲."

호적대장을 이용한 연구 경향을 편의상 3시기로 구분하여 살펴본다면, 첫 번째 시기인 1980년대 이전까지는 조선사회 정체성론을 대표하는 시까다 히로시의 일련의 연구에 대해 내재적 발전론을 앞세운 한국 학계의 전면적 대응이라는 양상으로 전개되었다. 두 진영은 비록 연구시각에 있어서는 판이하게 달랐으나 조선후기 신분제가 양반 인구수의 격증으로 인해 해체국면에 들어간다는 점에서는 동일한 시각을 가지고 있었다.

두 번째 시기인 1980~1990년대에는 단성, 언양 지역에 보관되어 있던 새로운 호적대장의 발굴과 영인 등으로 인해 호적대장의 연구가 본격화된 시기였다고 할 수 있다. 이 시기의 연구 경향은 크게 3분하여 살펴볼 수 있다. 첫 번째 연구 경향은 70년대까지의 통설인 신분변동론을 재확인하기 위한 다양한 연구 성과들이 주류를 이루는 가운데 이에 대해 신분의 지속성을 지적하는 논문들이 나타나기 시작했다. 두 번째 연구 경향은 호적대장의 기초 단위라 할 수 있는 '戶'의 성격 등 호적대장 자체를 검토한 연구의 등장이다. 이른바 '主戶–挾戶論'의 등장이다. 이전까지 호적대장은 신분사와 가족사 등에 국한하여 활용되었으나, 이 연구를 통해 국가의 대민지배가 어떤 방식으로 이루어졌는지 살펴볼 수 있는 계기가 마련되었다. 세 번째 연구 경향은 사회학, 인류학 분야에서 호적대장을 인구사와 가족사 자료로 활용하는 연구가 나타나기 시작하였다. 더불어 생활사를 재구성하는 자료로서, 혹은 서양사학계의 미시사의 연구 경향에 영향을 받은 연구 성과들이 나오기 시작했다.[2] 이는 호적대장이 신분변동론이라는 하나의 틀에 갇혀있지 않고 그 활용분야가 매우 다양해졌음을 보여주고 있다.

세 번째 시기는 2000년대 이후 대동문화연구원의 호적대장 연구팀에

---

2) 노영구, 「朝鮮後期 戶籍大帳 研究現況과 電算化의 一例」, 『大東文化研究』 39, 성균관대 대동문화연구원, 2001.

의해『慶尙道丹城縣戶籍大帳』(이하『단성호적』)이 전산화된 이후 시기라 할 수 있다.[3] 호적대장은 아주 방대한 자료로서『慶尙道大丘府戶籍大帳』(이하『대구호적』)의 1/4규모에 불과한『단성호적』만 하더라도 17~19세기까지 25~30만 명에 가까운 인물들의 다양한 정보를 담고 있다. 이로 인해 전산화 이전의 연구자들은 호적대장 전체를 효율적으로 활용하기에는 상당한 무리가 따랐다. 호적대장의 전산화는 자료에 대한 접근성을 획기적으로 높여줌으로써 연구 성과의 질적 변화를 기대하게 하였다. 전산화는 그 이전에는 시도하기가 지난했던 다양한 작업들을 가능하게 해주었다. 호적대장의 호는 어떻게 만들어지는가, 호적대장에는 모두 戶口가 기재되는가, 호적대장의 직역 기재 양상은 어떠한가 등의 문제였다.[4] 호적대장 연구팀이 제기한 문제는 호적대장에 기재된 내용이 당시 사회현실을 그대로 반영한다고 선험적으로 인정한 상태에서 신분 변동이나 인구 현상, 가족 제도, 노비소유, 도망 노비 등의 다양한 문제들을 설명하는 것이 타당한가의 문제로 귀결되었다.[5]

이같이 호적대장 연구팀은 호적대장과 관련된 연구를 새롭게 시작할 필요성이 있음을 주장했으나, 기존 학계의 반응은 냉담했다. 해방 이후 한국 학계의 최대 관심사는 근대사회로의 이행이 조선 사회 내부의 힘에 의해 달성될 수 있었는가의 문제였다. 이에 대해 조선후기 신분사 연구자들은 호적대장을 주자료로 활용하여 조선 사회에 내재된 민중의 힘에 의해 신분

---

3) 호적대장은 교육부의 재원으로 한국학중앙연구원의 지원을 받아 성균관대와 울산대에서 전산화가 이루어지고 있다.『단성호적』은 성균관대 대동문화연구원에서 이미 전산화가 완료되었으며,『대구호적』과『울산호적』은 현재 각각 성균관대와 울산대에서 전산화가 진행 중에 있다.
4) 이에 관한 연구는 호적대장 연구팀의 호적대장 연구팀,『단성 호적대장 연구』대동문화연구원, 2003에서 자세히 살펴볼 수 있다.
5) 권내현,「조선 후기 호적, 호구의 성격과 새로운 쟁점」,『한국사연구』135, 한국사연구회, 2006, 280면.

제가 극적으로 변동된다는 신분변동론이라는 담론으로 학계에 화답하였다. 호적대장 연구팀은 학계가 지금껏 이루어놓은 연구 성과에 강한 의문을 제기한 것이다. 이외에도 2000년대 이후 호적 연구는 여러 각도에서 기존 연구에 대해 비판적 접근을 하고 있다. 본 글에서는 이와 관련된 몇 가지의 쟁점을 중심으로 향후 호적 연구의 방향을 제시해 보고자 한다.

## 2. 신분변동론과 호적 연구

호적의 기재 내용 가운데 호적 연구자들이 가장 먼저 주목한 것은 성명 앞에 기재된 직역이었다. 그 이유는 직역의 분포와 변동을 통해 조선후기 신분제 변동의 전모를 밝힐 수 있다고 믿었기 때문이다. 이는 직역이 가진 신분제적 계층성과 관련하여 생각할 때 원칙적으로 타당한 듯했다. 하지만 직역과 신분을 같은 개념으로 파악했기 때문에 논리적 모순과 한계에 부딪칠 수밖에 없었다. 왜냐하면 국가가 개인에게 노동력을 징발하기 위해 부과한 국가적 신분개념이라고 할 수 있는 호적상의 직역과 사회통념상 인정되는 사회적 신분(=양반, 중인, 상민, 노비)은 반드시 일치하지 않기 때문이다.[6]

호적대장의 직역과 신분을 동일한 개념에서 파악한 것은 일본인 학자 시카타 히로시로부터 비롯되었다.[7] 그는 『대구호적』의 분석을 통해 "양반호의 격증, 상민호의 격감, 노비호의 소멸"이라는 연구 결과를 발표하였다. 그는 이러한 연구 결과를 조선 정부의 사회적 통제의 결함과 단순한

---

6) 송양섭, 「조선후기 신분·직역 연구와 '직역체제'의 인식」, 『조선시대사학보』 34, 조선시대사학회, 2005, 128~129면 참조.

7) 四方博, 「李朝人口に關する一研究」, 『朝鮮社會法制史研究』, 京城帝國大學校法學會論集 9, 1937; 「李朝人口に關する身分階級別的觀察」, 『朝鮮經濟の研究』 3, 京城帝國大學校法學會論集 10, 1938.

사회문란상으로 파악하였다.

이에 대한 한국 학계의 대응은 1960년대에 와서 본격화되었다. 1960
년대 초반부터 식민사관 특히 정체성론 극복을 위한 새로운 한국사연구
의 움직임이 전개되었다. 내재적발전론이라는 담론은 그 과정 속에서 탄
생했는데, 신분변동론이 대표적 담론 중 하나였다.[8] 김용섭은 호적상에
보이는 신분제의 변화양상을 신분제의 문란이 아니라 하층민의 경제적
성장이라는 관점에서 재해석하였으며, 정석종은 여기서 더 나아가 하층
민의 신분해방운동이라는 측면에서 해석하기도 하였다.[9] 이는 현재까지
도 조선후기 신분제의 변화상을 바라보는 대표적인 견해로서 양반층의
증가, 평·천민층의 감소 또는 소멸이라는 현상에 기초한 신분 변동의
해체 혹은 붕괴를 그 내용으로 하고 있다. 이들은 시카타 히로시의 연구
방법 및 통계를 받아들이면서도 해석은 달리했던 것이다. 이러한 신분
변동론은 이준구 등 많은 연구자들에 의한 수정 보완되면서 호적을 통한
신분연구에 있어서 대세로 굳어졌다고 할 수 있다.[10] 이는 조선후기 사
회가 정체된 것이 아니라 스스로의 힘으로 봉건사회를 해체하고 자본주
의 사회로의 이행 과정을 겪고 있었다는 것을 내용으로 한다는 점에서
호적연구의 최대 성과로 인정되기도 한다.[11]

그런데 신분변동론에 관해서 다른 견해를 제시하는 학자 그룹도 있다.

---

8) 金俊亨, 「朝鮮後期 身分制·鄕村秩序의 硏究現況과 「국사」敎科書의 內容分析」, 『歷史敎
    育』 39, 歷史敎育硏究會, 1986; 鄭杜熙, 「조선후기 호적연구의 현황과 과제」, 『한국사연
    구』 101, 한국사연구회, 1998.
9) 金容燮, 「朝鮮後期에 있어서의 身分制의 動搖와 農地所有」, 『史學硏究』 15, 한국사학회,
    1963; 鄭奭鐘, 「朝鮮後期 社會身分制의 崩壞-蔚山府戸籍臺帳을 中心으로」, 『대동문화연
    구』 9, 성균관대 대동문화연구원, 1974.
10) 정진영, 향촌사회에서 본 조선후기 신분과 신분변화, 『역사와 현실』 48, 한국역사연구
    회, 2003.
11) 심재우, 「조선후기 사회변동과 호적대장 연구의 과제」, 『역사와 현실』 62, 한국역사연구
    회, 2006, 234면 참조.

이 가운데 송준호는 신분의 지속성에 초점을 맞춰 일반민이 양반신분을 획득하는 것은 불가능하다는 점을 역설하였으며,[12] Susan Shin, Edward W Wagner 등도 일반민의 신분 상승에 회의적인 입장을 견지하고 있다.[13] 특히 1980년대 후반 이영훈의 '주호-협호론'에 의해 신분변동론은 그 실증성이 의심되었다. 그는 노비제의 소멸은 협호인 노비의 자립화를 의미하기 때문에 이를 단순히 봉건제의 해체과정으로 볼 수 없다는 것이다.[14]

신분변동론에 관한 본격적인 재검토는 『단성호적』의 전산화와 깊은 연관을 가지고 있다. 기존의 연구에서는 자료의 방대함 때문에 주호의 직역만을 대상으로 신분변동을 연구하였으나, 전산화는 호내에 기재된 가족구성원뿐만 아니라 노비 등도 연구 범위에 넣을 수 있게 하였다. 『단성호적』에는 17~19세기에 걸쳐 25~30만에 가까운 인구가 기재되어 있는데, 주호는 그 중 20% 내외에 불과하다. 이뿐만 아니라 전산화는 수작업으로는 도저히 불가능한 인구의 性比, 戶摠과 口摠의 시기별 추이, 인구의 출입 양상 등에 대한 통계를 용이하게 하였다. 이러한 전산화의 성과를 이용한 연구 성과 중 신분 변동론과 관련된 것들을 살펴보면 다음과 같다.

먼저, 양반에게 부과되었던 직역인 幼學과 관련된 성과이다. 유학은 19세기 이후 폭발적인 증가현상을 보임에 따라 기존 연구에서는 조선후기 신분 변동의 지표로 이해되어왔다. 『단성호적』에서도 18세기 후반 유학을 거의 배출하지 못했던 촌락이나 가계에서 다수의 유학 직역자들이 나타나기 시작했고, 19세기 중후반에는 신분과 직역의 불일치 현상

---

12) 宋俊浩, 「朝鮮의 兩班制를 어떻게 理解할 것인가」, 『朝鮮社會史研究』, 일조각, 1987.

13) Susan Shin, 「17세기 金化地域의 社會構造」, 『朝鮮身分史研究』 법문사, 1987; Edward W Wagner, 「17세기 朝鮮의 社會階層—1663년의 서울 北部戶籍을 중심으로」, 『朝鮮身分史研究』, 법문사, 1987.

14) 李榮薰, 『朝鮮後期社會經濟史』, 한길사, 1988, 416~417면 참조.

의 심화로 폭발적인 증가현상을 보인다.[15] 유학의 증가라는 현상은 기존의 연구와 동일하지만, 그 함의는 다르다. 18세기에서 19세기 초까지 단성현의 군역자 총수와 유학 수를 비교해 본 결과 군역자 총수는 대체로 고정되어 있을 때에도 유학 수는 지속적으로 증가했다는 사실이 밝혀졌기 때문이다. 뿐만 아니라 19세기 신분변동을 상징하는 평천민의 직역을 가진 가계가 점진적으로 상위직역을 획득함으로서 '신분을 상승시켜 가는' 경우는 예외적인 현상에 불과하다는 사실도 확인되었다.[16] 이는 유학의 증가가 기존의 해석처럼 상민호가 신분상승이나 모칭을 통한 군역 면제의 결과가 아니라는 것을 의미한다. 호적대장의 직역변동(혹은 신분변동)은 군현 단위의 군역자원이 확보된 상황 속에서만 가능했던 것이다.

다음으로 중인층으로 분류되는 향리의 신분변동에 관해 살펴보자. 향리층은 호적대장을 실제로 작성하던 자들이었기 때문에 누구보다도 쉽게 신분변동이 가능한 자들이었다. 하지만 『단성호적』에 기재된 향리층 가운데 양반직역을 획득한 자는 극히 소수에 지나지 않았으며, 그들의 후손은 다시 향리 직역자로 기재되기도 하였다.[17] 조선후기 향리조직에 편입한 假吏層 역시 다른 지역 출신의 향리이거나 일반민들이 富를 축적하여 새롭게 향리층으로 성장했을 거라는 기존의 추론과는 달리 대부분 향리의 婢妾子孫이거나 姻戚이었음이 밝혀지기도 하였다.[18]

기존 논의에서 당연시했던 노비층의 소멸도 재검토되었다. 『단성호적』에

---

15) 심재우, 「조선후기 단성현 법물야면 유학호의 분포와 성격」, 『역사와 현실』 41, 한국역사연구회, 2001.

16) 송양섭, 「18·19세기 단성현의 군역 파악과 운영–『단성호적대장』을 중심으로」, 『대동문화연구』 40, 성균관대 대동문화연구원, 2002; 송양섭, 「19세기 幼學層의 증가양상」, 『역사와 현실』 55, 한국역사연구회, 2005.

17) 권기중, 「조선후기 단성현의 향역분포와 계승양상」, 『역사와 현실』 41, 한국역사연구회, 2001.

18) 권기중, 「18세기 丹城縣 假吏層의 階層構造」, 『史林』 20, 수선사학회, 2003.

는 노비가 주호인 호는 18세기부터 감소하기 시작하여 19세기에는 거의 자취를 감추지만, 상전호에 등재된 노비 인구는 사정이 달랐다.『단성호적』에 기재된 노비 수는 17세기까지 전체 인구의 과반수를 차지하다가 17세기 말부터 감소하기 시작하여 19세기 초에는 전체 인구의 20% 미만으로 하락하였다가 19세기 중반에는 다시 25%로 증가한다.[19] 대구의 邑治지역인 동상면의 경우는 19세기 중반이 되면, 노비 수가 18세기, 19세기 초반에 비해 두 배 이상 증가하였다.[20] 이러한 노비의 증가는 18세기 이후부터 노비제가 급속히 해체된다는 일반적 이해와 상치되는 현상이다.

이러한 노비층의 증가에 대해 시카타 히로시는 타지에 거주하는 노비가 상전호로 편입되거나, 국가의 수탈 또는 흉년으로 인해 일가가 분산하여 양반가의 노비로 투탁한 인구가 늘었다고 보고 있다.[21] 이영훈은 독립 '주호'의 노비를 主家의 솔노비로 등록하는 호적 작성 방식상의 변화가 있었을 가능성을 제시하였다.[22] 전경목은 노비가 도망 등으로 없어지기도 하지만, 自賣 등으로 강고히 유지된다는 것을 고문서를 통해 증명하기도 하였다.[23]

반면 19세기 중반 이후 호적대장에 나타나는 노비 증가의 원인을 奴名出布, 戶名과 연관시켜 해석하기도 한다. 당시 양반들은 토지나 노비의 매매에 있어 자신들의 명의로 매매 문건을 작성하는 것이 아니라 호내의 노비 이름으로 매매를 성사시키고 있었다. 즉 양반호는 매매나 부세 부담을 호명으로 대신하고 있었다. 호포 부담 역시 호내의 奴가 대신 부담하는 형태로 의제화한 것이다. 이런 이유로 19세기 중후반에는

---

19) 김건태,「朝鮮後期 私奴婢 파악방식」,『역사학보』181, 역사학회, 2004.
20) 권기중,「호적대장을 통해 본 조선후기 노비층의 증감현상─대구부 동상면을 중심으로」, 『대동문화연구』91, 성균관대 대동문화연구원, 2015.
21) 四方博, 앞의 1938 논문 참조.
22) 李榮薰,「한국사에 있어서 奴婢制의 추이와 성격」, 역사학회,『노비·농노·노예─隸屬民의 比較史』, 일조각, 1998, 417면 참조.
23) 전경목, 조선 후기 자매의 원인과 양태」,『전북사학』43, 전북사학회, 2013.

유학의 증가와 함께 허구의 노비 1구를 소유한 유학호가 압도적으로 많이 나타난다는 것이다.[24] 이같이 19세기 중반 이후 노비의 증가에 대한 이해는 상반되는 것이 현실이다. 이에 대해서는 마지막 장에서 다시 논의하기로 한다.


### 3. '호'에 대한 이해

주지하다시피 호적대장은 호를 단위로 하여 인구를 파악하는 기재양식을 취하고 있다. 따라서 호적대장의 호 구성방식과 작성원칙에 대한 이해는 호적연구에 있어서 대단히 중요한 문제이다. 왜냐하면 호의 성격을 어떻게 이해하느냐에 따라 연구시각이나 방법론에서 많은 차이가 생겨날 수밖에 없기 때문이다. 현재 이러한 호의 구성 방식에 대해서는 크게 두 가지 서로 다른 관점이 있다. 자연호설과 편제호설이 그것이다.[25]

이 가운데 자연호설은 이해되기 쉽고 간단명료함으로 오랜 기간 다방면의 연구자들에게 폭넓은 지지를 받았다. 왜냐하면 얼핏 보기에 호적대장의 호내 구성원은 주호 부부와 그들의 자녀, 그리고 노비, 고공 등의 예속인으로 구성되어 있기 때문에 당시 가족을 구성하고 살던 그대로의 모습을 반영하고 있는 것으로 보이기 때문이다. 이런 이유로 기존의 연구자 가운데 다수는 호적대장의 호를 당시 실제 가족의 모습을 있는 그대로 반영한 것으로 이해했다.

반면 편제호설을 주장하는 연구자들은 호적대장의 호를 자연 상태의 호를 일정하게 편제하여 그 일부만을 파악한 것으로 본다. 편제호설은

---

24) 김건태, 「戸名을 통해 본 19세기 職役과 率下奴婢」, 『한국사연구』 144, 한국사연구회, 2009; 宋亮燮, 「19세기 幼學戸의 구조와 성격-『丹城戸籍大帳』을 중심으로」, 『대동문화연구』 47, 성균관대 대동문화연구원, 2004.
25) 후술하겠지만 편제호설내에서도 편제의 방식에 대해서는 서로 다른 다양한 견해가 있다.

編制와 編戶라는 용어가 가지는 의미 때문에 "만들어진 것", 혹은 "인위적인 조작" 정도로 여전히 오해의 소지를 가지고 있다. 하지만 편제호설을 주장하는 그 누구도 편제호의 호가 인위적으로 조작되었거나 없는 것을 작위적으로 만들었다고 생각하지 않는다. 관련하여 호의 편제과정에 대해 주목할 만한 논문을 작성한 정진영과 이영훈의 견해를 살펴보자.

정진영은 호적대장의 호 편제 과정을 다음과 같이 설명하고 있다. "호의 편제란 국가가 현실의 자연가를 있는 그대로가 아니라 일단 『경국대전』의 호구식에 의해 파악하여(이를 법제호라고 하자) 다시 3가 혹은 4·5·6가를 하나의 호로 편제하여 파악함을 의미한다. 그리고 이렇게 편제하여 파악한 호를 호적에 등재할 때 대부분의 경우에는 편제된 4·5·6가 중에서 하나의 법제호만을 등재한다. 이러한 점에서 편제된 호도 대부분 자연호의 형태로 나타난다"[26]는 것이다. 이런 이유로 비록 호적상에 자연호의 모습으로 나타나더라도 그 실제의 구조에서는 편제호라는 것이다. 또한 정진영은 호가 편제되었다는 입장에서는 이영훈과 입장을 같이 하면서도 편제의 내용에 대해서는 그와 견해를 달리하고 있다.[27] 즉 "주호란 호적에 등재된 원호의 장으로서 편제된 호의 대표자며 국역을 대답해야 하는 1차적인 책임자이다. 호적 호의 경제적 기반도 상농층만이 아니라 소·빈농층도 존재하며, 호적에 등재되지 않은 호의 경우에도 다수의 富實戶가 존재한다는 사실을 확인할 수 있다. 이러한 사실은 자연가를 편제하는 과정에서 경제력이 열악한 호가 등재되기도 하고, 경제력을 갖

---

26) 정진영, 「조선후기 호적 '호'의 새로운 이해와 그 전망」, 『대동문화연구』 42, 성균관대 대동문화연구원, 2003, 139~141면.

27) 이영훈 역시 호가 편제되었다는 사실에는 동의하고 있다. "조선국가의 戶口把握은 있는 그대로의 自然戶를 대상으로 함이 아니라, 그 과정에서 자연스러이 위와 같은(→'주호'는 호적에 기재되고 협호는 누적되는─필자) 편제적 형태를 결과하고 있었다."라는 언급에서 확인할 수 있다(李榮薰, 앞의 1988 책, 272면 참조).

춘 호가 누호로 존재하기도 하였음을 의미한다."[28]고 하였다. 경제력이 열악한 호가 등재되는 이유 중 하나는 각 군현에 배정된 役總(=직역 총수)의 배정과 관련된 문제일 것이다. 이와 더불어 성리학적 민본이데올로기의 이상을 실현하기 위해 가난한 환과고독호도 일정한 비율로 호적대장에 기재되었을 것이다.[29]

이에 대해 이영훈은 정진영의 편제호설을 비판하는 장문의 반론을 제기하였다. 이영훈은 먼저 호가 네 단계(자연가-〉법제호-〉편호-〉원호)를 걸쳐 편제된다는 정진영의 논리를 증명할 만한 실증이 조금도 제시되지 않았다는 점, 국역을 담당하기 위해 원호로 초정된 자연가와 동일 편호 안에 있는 나머지 자연가 사이의 관계가 애매하다는 점 등을 지적하며 정진영의 호 편제방식에 문제를 제기하였다.

아울러 오래전부터 제기된 편호설[30]에서 보완되어야 할 의문들, 즉 여러 자연가가 하나의 호로 편제될 경우, 그들 상호간의 관계는 어떠한가? 어느 자연가가 국역을 담당하는 주체로 선정되는가? 등의 문제를 해결하기 위한 대안으로 주호-협호론을 제기했음을 주장하고 있다. 그것은 호구 조사에 임하여 아무런 인연이 없는 자연가 몇 개를 하나의 호로 묶는 인위적인 편제가 아니라, 호구조사를 계기로 자연가 몇 개가 신분관계라든가 혈연관계라든가 투탁·보호관계라든가 등의 사회적 인연을 매개로 자연스럽게 편제 형태를 취한 결과를 말한다. 원래 이 같은 취지와 내용이었기에 이영훈은 주호-협호론이 전통적인 편제호설을 부정하였다기보다 편제의 계기와 실태를 명확히 함으로써 편제호설 그 자체를 오

---

28) 정진영, 앞의 2003 논문, 147면.

29) 김경란, 「『丹城戶籍大帳』의 女戶 편제방식과 의미」, 『한국사연구』 126, 한국사연구회, 2004, 172~173면.

30) 金錫亨, 「李朝初期 國役編成의 基底」, 『진단학보』 14, 진단학회, 1941; 李樹健, 「朝鮮初期 戶口研究」, 『영남대학교논문집』(인문과학편) 5, 1971.

히려 발전시키고 계승한 측면이 있다고 자평하였다.[31] 이같이 호의 편제 방식에 있어서 위의 두 사람은 견해를 달리하고 있지만, 호적의 호가 현실의 모든 가호를 있는 그대로 보여주는 것이 아니며, 일정한 원리에 의거하여 일부의 호만이 등재되었다는 사실은 분명해 보인다.

반면, 여전히 전통적인 자연호설을 옹호하는 연구자들이 있다는 점도 주지의 사실이다. 이들은 호구의 누락은 "현실에서의 다양한 사정에 따라 얼마든지 일어날 수 있는 것"이며, 하나의 호를 여러 개로 나누거나 여러 호를 하나의 호로 합치는 현상은 단지 '폐단'으로 이해하기도 하였다.[32] 이러한 견해에 대해 편제호설을 지지하는 연구자들은 호적대장의 호가 비록 자연호의 형태는 띠고 있지만, 시기에 따른 남녀 성비의 불균형, 비정상적인 연령분포, 외부 환경의 변화와 상관없이 조선후기 전시기에 걸쳐 일정한 수준을 유지한 호당 구수 등 당시 실제 살았던 가족의 모습을 있는 그대로 보여주지는 못하고 있다고 주장한다. 그 이유는 호적에 기재된 인구는 실제 인구가 아니라 부세 수취를 둘러싼 중앙과 지방사회의 길항관계 속에서 생겨난 산물이었기 때문이라는 것이다.

그런데 사실 호구의 누락이나 부자연스러운 인구 현상은 편제의 가능성을 보여주는 것이지 그 자체로서 편제를 단정하기에는 불충분한 측면이 있으며, 더구나 편제의 내용까지 확인하기는 어렵다. 따라서 편제호설을 강화하기 위해서는 편제의 가능성만이 아니라 그것의 직접적인 흔적을 찾아낼 필요가 있다.[33] 이러한 의미에서 호적대장의 호가 일정한 단계를 거쳐 편제되었음을 보여 주는 다산의 언급은 시사하는 바가 크다.

---

31) 李榮薰, 「朝鮮時代의 主戶-挾戶關係 再論」, 『고문서연구』 25, 한국고문서학회, 2004.

32) 정지영, 「17·18세기 丹城戶籍에 기재된 戶의 성격」, 『경제사학』 32, 경제사학회, 2002.

33) 권내현, 앞의 2006 논문, 286면 참조.

고을의 大戶가 총 2천호이며, 中戶가 총 4천호이며, 小戶가 총 8천호인데, 京司에 磨勘한 그 고을의 호적 총수(지난 式年의 것)가 본래 4천호에 불과하다면, 침기표에 나타난 호적의 實數로써 그 마감된 原額에 나누어 배당토록 할 것이다. 이에 매 大戶 하나와 小戶 둘을 가지고서 1호를 삼으며, 또한 中戶 둘과 소호 둘을 가지고서 1호를 삼는다면 京司에 마감할 것이 꼭 4천 호가 될 것이다.[34]

다산이 언급한 호의 편제를 호적대장에서 확인하기는 쉽지 않지만 전혀 불가능한 것은 아니다. 이미 많은 연구자들이 호 편제의 증거를 확인하고 있다. 권내현은 제주 대정현 사계리와 한원리의 호적중초를 통해 편제의 양상을 밝히고 있으며,[35] 김건태는 안동 천전리의 호적중초에서 여러 자연가가 호적상에서 하나의 호를 구성하는 예를 확인하고 있다.[36]

호적대장은 호적 작성의 과정이 아니라 결과를 보여주는 자료이기 때문에 호적대장의 호 가운데 어느 정도의 호가 자연 상태의 호(–유년층 등 가족 구성원이 모두 기재되지 않은–)인지, 편제된 호인지는 알 수 없다. 하지만 호적대장의 호가 아무리 자연 상태의 호를 기본으로 하고 있다고 하더라도, 국가에서 배정한 호총에 의해 자연호 중 일부 혹은 다수는 合戶나 分戶, 관행적인 漏戶·漏口의 방식으로 편제되었다는 것은 명확한 사실로 보인다.

## 4. 전망과 과제

최근의 호적연구는 호의 성격이나 신분변동론을 재검토하는 차원을

34) 茶山硏究會 譯註, 「戶典六條 戶籍」, 『譯註 牧民心書』, 창작과 비평사, 1981.

35) 권내현, 「朝鮮後期 戶籍의 作成過程에 대한 分析」, 『대동문화연구』 39, 성균관대 대동문화연구원, 2001.

36) 김건태, 「戶口出入을 통해 본 18세기 戶籍大帳의 編制方式」, 『대동문화연구』 42, 성균관대 대동문화연구원, 2003.

넘어서서 인구사나 가족제도, 생활사, 여성사 분야까지 범위를 확대하고 있다는 점은 매우 고무적인 현상이라 할 수 있다. 우리 선조들의 혼인 연령을 다룬 논문이나, 동성마을의 형성과 양자의 문제를 다룬 논문 그리고 성관의 형성과 친족집단의 발생 등을 다룬 논문들은 호적 연구가 지향해야 할 하나의 연구 방향을 제시해주고 있다.[37] 이외에도 본 글에서는 지면관계상 소개하지 못했으나, 호적을 이용한 의미 있는 논문들이 수 없이 많이 발표되었고, 현재에도 연구가 진행 중에 있다. 그런데 이러한 방대한 연구 성과들에 제출되었음에도 불구하고 여전히 해결되지 못한 기본적인 문제들이 남아 있다. 몇 가지만 살펴보자.

## 1) "양반호의 격증, 상민호의 감소, 노비호의 소멸"이라는 기본 전제 가 타당한가

시카타 히로시, 김용섭, 정석종 이래로 현재에 이르기까지 위의 전제는 당연시되었다. 이는 시카타 히로시의 연구가 그 시작이었음은 앞서 설명한 바와 같다. 다음의 표를 통해 좀 더 살펴보자.

〈표 1〉 대구 邑治지역과 농촌지역의 계층별 호 점유율[38]

|  | 1732 |  | 1786 |  | 1855 |  |
|---|---|---|---|---|---|---|
|  | 농촌 | 읍치 | 농촌 | 읍치 | 농촌 | 읍치 |
| 양반호 | 15.3 | 4.1 | 34.7 | 7.4 | 65.5 | 10.9 |
| 상민호 | 56.3 | 55.2 | 59.9 | 81.4 | 32.8 | 82.9 |
| 노비호 | 28.4 | 40.7 | 5.4 | 11.2 | 1.7 | 6.2 |
| 전체호 | 100 | 100 | 100 | 100 | 100 | 100 |

---

37) 『호적』(손병규, 휴머니스트, 2007)과 『한국 역사인구학연구의 가능성』(손병규 외 지음, 성균관대출판부, 2016)은 이와 관련된 자세한 정보를 제공하고 있다.

38) 대구 농촌지역의 인구 통계는 四方博, 앞의 1938 논문, 391면을 참조하여 재구성하였으며, 도시지역은 권기중, 「18~19세기 감영소재지의 인구구성과 향리층의 존재양상－경상도

위의 〈표 1〉를 보면 시카타 히로시가 분석한 농촌지역과 관아가 소재한 읍치지역의 계층별 호의 변동양상이 다르다는 것을 확인할 수 있다. 우리가 현재 당연하다고 생각하는 신분 변동의 기본 전제는 농촌지역을 대상으로 한 것이지 읍치지역과는 무관함을 알 수 있다. 유학으로 대표되는 양반호의 격증에 의한 신분 변동 문제는 이러한 읍치지역의 현황도 포함시켜서 살펴보아야 할 것이다. 행정의 중심지였던 읍치지역에서는 유학층이 그리 증가하지 않았던 것이다. 유학층의 격증으로 신분제가 해체되었다는 전제는 최소한 읍치지역에는 해당되지 않는다. 이러한 차이가 왜 발생하게 되는지 추정은 가능하나[39] 정확히 왜 그러한지는 해명되었다고는 할 수 없다. 이러한 의문이 정당하다면 19세기 중·후반의 흔히 率奴婢라 칭해지는 戶內奴婢의 증가문제도 다시 재음미해볼 필요가 있다.

## 2) 왜 19세기 중·후반 솔노비가 증가하는가

지역에 따라 19세기 중·후반의 솔노비의 증감문제에는 차이가 있지만, 적어도 대구와 단성 지역에 있어서는 19세기 중·후반에 솔노비는 증가하고 있었다. 시까타 히로시에 의하면, 대구에서의 노비인구는 1690년에 43.15%에서 1789년에 15.9%로 감소했지만, 1858년에는 다시 31.3%로 증가하였다. 이에 대해 그는 농민층의 一家 分散과 奴婢化가 증대하였다고 이해하고 있다. 정석종 역시 시기에 차이가 있으나, 노비층이 19세기 후반까지 다수가 남아 있었음을 『울산호적』을 통해 확인하고 있다.[40] 이러한 19세기 중·후반의 노비 증가문제에 대한 최근의 의미 있는

---

대구부 동상면을 중심으로」, 『대동문화연구』 71, 성균관대 대동문화연구원, 2010, 50면을 참조하여 재구성함.

39) 농촌지역은 19세기 이후 점점 직역이 단순해져서 유학 등의 소수의 직역이 존속하지만, 읍치지역은 행정이나 군무와 관련된 직역이 여전히 다양하게 분포하고 있다.

40) 李榮薰, 앞의 1998 논문, 416~417면 참조.

해석은 유학층의 증가문제와 결부시켜 이해한 논문이다. 송양섭은 유학층은 대대로 奴名으로 부세를 납부하였는데, 유학층의 급격한 증가는 허수의 노비를 증가시키는 결과를 가져왔다는 것이다. 즉 19세기 솔노비의 증가는 유학층의 부세 납부문제와 결부된 것으로 실제의 노비 증가와는 별다른 관련이 없다는 것이다. 실제 단성현 법물야면에서는 유학층과 노비층의 증가가 연동하고 있었다.[41]

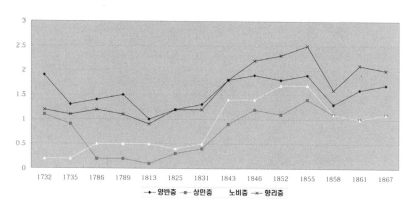

〈그림 1〉 대구부 동상면의 계층별 호당 노비 수의 현황[42]

그럼에도 불구하고 이 문제가 해결되었다고는 볼 수 없다. 위의 〈그림 1〉에서 보는 바와 같이 대구부의 감영소재지였던 동상면의 경우는 유학층으로 대표되는 양반층 외에도 향리층, 상민층, 노비층 조차도 19세기 중·후반에 가면 노비를 호내에 소유하고 있는 것으로 기재하고 있기 때문이다. 유학층이 허수의 노비를 호내에 기재하는 현상만으로 솔노비수의 증가를 충분히 설명했다고 할 수는 없을 듯하다.

그렇다 하여 이러한 현상이 시카타 히로시가 주장하는 바와 같이 사

---

41) 송양섭, 앞의 2002 논문 참조.
42) 권기중, 앞의 2015 논문, 17면의 〈그림 4〉를 재인용함.

회 혼란으로 인한 노비의 고용인화한 실제 인구였음을 의미하지는 않는
다. 노비제는 호적의 기재여부와 상관없이 해체되는 장기추세에 있었음
은 주지의 사실이기 때문이다. 이러한 노비의 존재가 호적대장에 지속적
으로 확인되는 이유가 무엇일까. 여전히 미해명의 문제이나, 이들 노비
의 증가와 호적기재상에 있어서 이들에 대한 표기방식이 연동한다는 것
은 흥미롭다. 아래 〈그림 2〉는 그러한 사실을 보여주고 있다.

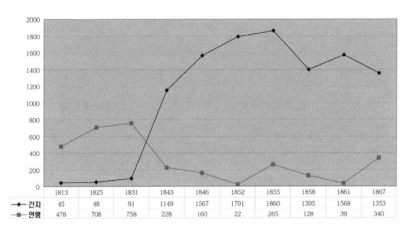

| | 1813 | 1825 | 1831 | 1843 | 1846 | 1852 | 1855 | 1858 | 1861 | 1867 |
|---|---|---|---|---|---|---|---|---|---|---|
| ◆ 간지 | 45 | 48 | 91 | 1149 | 1567 | 1791 | 1860 | 1395 | 1568 | 1353 |
| ■ 연령 | 478 | 708 | 758 | 228 | 160 | 22 | 265 | 128 | 39 | 340 |

〈그림 2〉 연령 기재 방식의 변화로 본 19세기 노비 수의 시기별 추이 (단위: 명)[43]

비고 : '간지'는 戊申生 등과 같이 나이가 간지만으로 표기되고 정확한 나이가 기재되지
않은 경우를 말하며, '연령'은 貳十參歲 등과 같이 정확한 나이가 기재된 경우를
말함

위의 〈그림 2〉를 통해 흥미로운 사실 하나를 발견할 수 있다. 1831년
이전에는 연령으로 기재된 인구가 절대 다수였다가 1843년 이후에는 간
지로만 표기되는 노비 수가 절대 다수를 차지한다는 것이다. 19세기 중
반 이후에 와서 노비 수는 폭발적으로 늘어났지만 이들 노비들은 이전
과 다른 방식으로 호적대장에 기재되고 있었던 것이다. 호적대장 기재

---

43) 권기중, 앞의 2015 논문, 27면의 〈그림 13〉을 재인용함.

방식의 변화와 노비 수의 증가가 밀접한 관련을 맺고 있음은 확인할 수
있다. 이 시기를 전후로 『대구호적』에는 외거노비나 도망노비가 더 이상
기재되지 않는다. 하지만 이들 간지로만 기재된 노비가 현실상으로 실
재하는 노비인지 가상의 노비인지는 여전히 해명되었다고 할 수 없다.

## 3) 호적대장의 호와 戸政과는 어느 정도 밀접한 관련성이 있을까

주지하다시피 호에는 국가의 농민지배와 관련하여 여러 형태와 차원
이 있다. 田制 내지 結稅의 수취 대상으로서는 田戸 혹은 結戸가 있고,
군역 차정과 관련해서는 軍戸가 있었고, 환곡의 조적 단위로서는 還戸가
있었다.[44] 따라서 각각의 호가 어떤 방식으로 구성되었는지 그 호를 대
상으로 어떤 방식으로 부세를 수취했는지 세밀히 살펴볼 필요가 있다는
것은 세삼 강조할 필요가 없다. 문제는 이 글에서 다루고 있는 호적대장
의 호와 전호·결호·군호·환호는 호정(=호를 단위로 하는 부세수취)이란 문
제에 있어 어느 정도의 연관성이 있느냐의 문제이다.

다산은 "호적이란 것은 모든 賦와 徭의 근원이다. 호적이 균평한 후
에라야 부역이 균평해질 것이다."[45]라 하여 호정에 있어서 호적대장이
필수적인 장부임을 분명히 하고 있다. 그런데 조선후기 부세수취는 대
동법과 균역법의 실시로 인해 부세의 상당부분은 토지로 집중되고 있었
다. 공물 역시 호를 단위로 한다고 하나, 이때 호는 '팔결작호'의 호로서
호적대장의 호와는 다르다.[46]

다산이 언급한 "모든 부와 요의 근원"이라는 말에 너무 집착하여 호
적대장의 호를 잘못 이해하고 있는 것은 아닐까. 그렇다고 호적대장이

---

44) 李榮薰, 앞의 2004 논문 참조.

45) 茶山研究會 譯註, 「戸典六條 戸籍」, 『譯註 牧民心書』, 창작과 비평사, 1981.

46) 이성임, 「16세기 양반 사족의 貢納制 참여 방식─李文健의 『默齋日記』를 중심으로」, 『사
학연구』 105, 한국사학회, 2012.

부세와 완전히 무관한 것도 아니다. 19세기 후반 영해부에서는 戶籍色이 뇌물을 받고 마을별 호구수를 마음대로 줄여줬다는 문제로 지역을 대표하는 사족집단을 중심으로 등소운동이 벌어져 지역사회 전체에 엄청한 파장을 불러오고 있다.[47] 이는 호적대장의 호가 여전히 부세와 관련하여 민감한 문제였음을 여실히 보여주고 있다. 다산이 말하는 "모든 부와 요의 근원"이란 결국 토지로 일원화된 세금이나 전호, 공납호 등을 제외하고 호적대장의 '호와 관련된' 모든 세금을 의미하는 것이 아닐까. 그리고 그것은 지역에 따라 전호·결호·군호·환호와 착종된 형태로 나타났을 가능성이 매우 높았을 것이다. 이와 관련하여 최근 필자를 비롯한 호적 연구자들이 언급하고 이는 호정 및 호정운영이란 것이 구체적으로 무엇을 의미하는지에 관해서는 명확한 답변을 제시하지 못하고 있는 것이 사실이다. 또한 국가가 각 군현에 배정했다는 호총·구총이 중앙정부에서 어떤 방식에 의해 결정되었는지에 대해서도 여전히 미해명의 상태이다. 향후의 주요 과제임이 분명하다.

이상에서 살펴본 바와 같이 전산화 이후 호적 연구는 수많은 연구 성과가 생산해 내고 있으나, 다른 한편으로는 보면 여전히 학계의 전면적인 호응을 받기에는 부족한 측면이 많은 것도 사실이다. 호적대장을 이용한 연구가 국내외의 학계로부터 유의미하다는 것을 증명하기 위해서는 이를 이용한 연구가 호적대장을 위한 연구가 아니라 조선후기 사회를 재구성하는 데 견인차가 될 수 있음을 증명해내야 한다. 이러한 점에서 편호방식의 구체적 과정을 보여주는 것과 같은 쉽게 해결할 수 없는 문제는 여전히 염두에 두되, 해결 가능한 연구부터 집중할 필요가 있다.

호적대장의 신분변동 문제를 되짚어볼 수 있는 직역과 계층에 관한

---

47) 송양섭, 「1888년 영해부 호구분쟁에 나타난 戶政運營의 일단–호적색 윤일찬의 '捧賂減戶'에 대한 마을민의 등소 사례」, 『조선시대사학보』 82, 조선시대사학회, 2017.

연구, 향촌의 지배 세력으로서의 양반과 향리 등에 관한 연구, 향촌 사회의 친족공동체 문제, 여성과 관련된 문제 등은 새로운 연구시각과 분석 방법의 개발을 통해 얼마든지 새로운 연구 성과를 생산해 낼 수 있는 주제들이다. 여러 문제들을 가지고 있지만 여전히 호적대장과 같이 장기간에 걸쳐 전체 계층을 망라하는 자료는 찾아보기 힘든 것이 사실이다. 이러한 점에서 새로운 문제의식과 연구 방법의 다양화를 통한 호적 연구는 이제 시작이라고 할 수 있다. 조선후기를 바라보는 시각의 다양화는 이미 전산화된 호적자료에 대한 활용을 더욱 높일 것이다. 호적대장은 조선후기 사회의 모습을 재현하는 데 있어서는 매우 유효한 자료임이 틀림없다. 중요한 것은 호적대장이 보여주는 사회가 아니라 실제 조선후기 사회를 재구성하는 문제이기 때문이다.

# 디지털 경전주석학의 모색

— 한국경학자료시스템을 중심으로

이영호(성균관대 동아시아학술원 교수)
함영대(성균관대 동아시아학술원 연구교수)

## 1. 서론

유학의 근간인 경학은 동아시아의 사상과 문화뿐 아니라, 정치와 경제에 이르기까지 그 기본 원리를 제공한 학문이다. 때문에 한국을 비롯한 동아시아의 유학자들은 그들의 사상과 이념을 투영시킨 경학저술을 많이 남겼다. 이러한 경학 저술에 대하여 중국과 일본에서는 일찍부터 목록의 정리에서 자료의 회집에 이르기까지 다양한 연구의 전통을 구축해왔다.

중국의 경우,『十三經注疏』,『四書五經大全』,『四庫全書·經部』,『皇淸經解』,『續皇淸經解』,『通志堂經解』와 20세기에 들어와 臺灣의 嚴靈峰에 의해 회집된『無求備齋集成』등을 들 수 있다. 이상의 중국 경전 集成書들은 최근『사고전서』가 DB화되고『십삼경주소』의 표점본이 발간됨으로 인해 경전주석정리의 진일보를 이룩하기도 했다.

한편 일본에서는 20세기에 들어와서야 자국의 경전주석에 대한 목록화와 회집을 이루었다. 대표적으로 조선 역사가이자 갑골학의 대가이면서 경학자였던 林泰輔(1854~1922)는『日本經解總目錄』을 작성하였다. 그리고 關儀一郎은 1923년에 일본 에도시대 경학자들의 四書 주석을 회집한『日本名家四書註釋全書』를 출판하였다. 이 전서는 원본을 활자화하고 나서 표점을 찍고 해제와 저자의 전기를 싣고 있다는 점에서, 경전주석정리의 모범적인 예라고 평가할 수 있다.[1]

이에 비해 한국에서는 조선 중기 무렵 金烋(1597~1638)에 의해 經解

---

1) 이에 대한 자세한 보고는 이영호,「『한국경학자료집성』의 자료적 특징과 그 보완 및 연구의 방향」,『대동문화연구』 49, 성균관대 대동문화연구원, 2005, 89~123면 참조.

목록이 만들어졌고, 權尙夏, 柳健休, 李海翼, 徐錫華 등에 의해서도 단편적으로 조선경학자들의 경설이 회집되었다.[2] 그러나 이는 당대에도 그리 알려지지 않았고, 현대에 들어와서도 주목받지 못하였다. 근대 이후 1980년대에 이르기까지 조선의 경학저술들은 주로 목록 형식으로 그 제목만이 회집되곤 하였다. 대표적인 목록집으로 大韓帝國時期에 출판된 『增補文獻備考』(「藝文考·儒家類」), 大韓帝國 때 京城駐箚 朝鮮公使通譯官으로 來韓한 일본인 前間公作이 작성한 『古鮮冊譜』, 尹南漢 교수가 輯錄한 『雜著記說類記事索引』(經解散文目錄)을 들 수 있다.

이러한 상황 속에서 성균관대학교 대동문화연구원에서는 1988년에 시작하여 1998년에 걸쳐 조선조에 이루어졌던 한국경학자료를 회집하여 『韓國經學資料集成』이라는 명칭으로 출간하였다. 조선시대 406명 경학자의 1,234종의 저술을 145책의 규모로 회집해 놓은 『한국경학자료집성』은 한국 경전주석서 회집에 있어서 거대한 역사였다. 이 『집성』을 보면, 조선시대 경학자료 중 단행본과 문집내의 경학주석서들을 會集하고 나서 해제를 수록했다. 이러한 『한국경학자료집성』의 발간으로 한국의 경학저술들은 어느 정도 集成이 되었다고 할 수 있으며, 또한 한국경학에 대한 체계적 연구의 기초가 마련되었다고 평가할 수 있다. 때문에 『한국경학자료집성』은 국내외적으로 상당한 인지도를 획득하였다. 특히 국내적으로는 이 총서의 가치를 인정받아 정부의 지원으로 2004년부터 단계적으로 DB화를 진행하여, 현재 한국경학자료시스템(http://koco.skku.edu/) 이라는 명칭으로 공개하고 있다.[3]

본고에서는 성균관대학교 대동문화연구원에서 완간한 『한국경학자

---

2) 조선 경학자들의 회집의 상황에 대해서는 이영호, 「해제」, 『경설유편』, 한국국학진흥원, 2017, 23~46면 참조.

3) 이영호, 「한국유학자료의 회집과 전산화」, 『동방한문학』 41, 동방한문학회, 2009, 301~323면 참조.

료집성』과 그 DB화의 성과인 한국경학자료시스템을 검토하고, 이어서 한국의 경학자료를 DB화한 또 다른 사이트를 살펴보고자 한다. 이러한 검토를 마친 후, 한국의 경학자료 DB를 활용한 경학연구의 새로운 지평을 사례를 들어 고찰해 보기로 하겠다. 한국의 경학자료 DB 구축과 이를 활용한 경학연구의 새로운 지평을 아울러 '디지털 경전주석학'이라 명명하기로 하겠다.[4] 그리고 마지막으로 한국 경학자료의 DB화에 있어 보완될 점을 한국경학자료시스템을 중심으로 고찰해 보기로 하겠다. 한국 경학자료의 DB화는 아직 보완할 여지가 많은 상황이지만 동시에 경학연구의 새로운 방법론을 개척하는 데도 적지 않게 기여할 수 있는 가능성을 가지고 있기에, 본 연구는 이러한 가능성을 탐지하는 시발점에 서 있다고 할 것이다.

## 2. 『한국경학자료집성』과 한국경학자료시스템

성균관대학교 대동문화연구원에서는 한국의 경학자료에 대한 정리의 필요성을 절감하고, 1988년부터 1998년에 걸쳐 150여 명의 전문가와 50여 명의 실무진을 참여시켜 한국의 경학자료를 발굴하여 수집했다. 그렇게 수집된 방대한 자료를 『대학』 8책, 『중용』 9책, 『논어』 17책, 『맹자』 14책, 『서경』 22책, 『시경』 16책, 『역경』 37책, 『예기』 10책, 『춘추』 12책 등 전 145책 규모로 정리해서 해제를 붙여 출간하고, 『한국경학자료집성』이라 명명하였다.

---

4) 이 논문을 접한 김수경 박사의 논평에 의하면, "디지털시대의 인문학을 '인문학자료의 디지털화(정보화·전산화)' 단계와 '디지털 인문학' 단계로 구분하고 있는 입장에 의거한다면, 이 연구는 자료를 적극적이고 효율적으로 활용한 연구사례에 해당한다 하겠습니다." 라고 하였다.("디지털인문학: 경학자료시스템"에 대한 논평문」, 「한국 고전학의 새로운 모색」, 성균관대 대동문화연구원 개원60주년 기념학술회의 발표논문집, 2018, 473~477면) 매우 적실한 지적이라 할 것이다.

이렇게 한국의 경학자료를 정리하였지만, 이 방대한 자료를 용이하게 이용할 수 있는 색인조차 마련하지 못하였다. 이런 까닭에 일반인은 물론 연구자들조차도 쉽게 활용하는 데 어려운 점이 없지 않았다. 이에 성균관대학교 동아시아학술원에서는 한국전산원에서 전담하는 '지식정보자원관리사업'의 일환으로 '한국경학자료 DB구축사업'을 진행하여, 오랜 기간에 걸쳐 수집·정리된 한국의 경학자료를 전문적이고 체계적으로 디지털화하여 방대한 분량의 경학자료에 대한 이용확대를 도모하고자 했다. 이 같은 과정을 거쳐 구축된 한국경학자료시스템(http://koco.skku.edu/)은 다양한 방식의 검색을 통해 한국의 경학자료에 대한 접근을 용이하게 하고 있다.

1. 분류별 검색: 『집성』 내 해당 경학자료의 전체 서지가 보이고, 최종 단계의 정보는 서명, 출전, 저자, 편명, 장명, 경문, 한국학자들의 주석으로 구성되어 있으며, 원문이미지를 함께 볼 수 있다.

2. 주석별 검색: 각 경서 아래의 장 또는 편을 클릭하면, 그 장의 전체서지가 화면에 보인다. 이 중 해당 장(편)을 클릭하면 이 장에 대한 한국경학가들의 전체주석에 대한 서지를 차례대로 볼 수 있다.

3. 저자별 검색: 가나다 순으로 분류되어 있으며, 저자의 이름을 클릭하면 해당 저자의 경전 주석을 일목요연하게 볼 수 있다.

4. 서명별 검색: 가나다 순으로 분류되어 있으며, 서명을 클릭하면 해당 서명에 속해있는 경전 주석서를 경전별로 볼 수 있다.

5. 경전원문: 경의 원문과 이에 대한 주자(주자학파)의 주석을 동시에 보거나 검색할 수 있으며, 동시에 한국경학자료와 링크되어 있어서 한국경학자들의 주석을 볼 수 있다. 먼저 경학자료시스템의 '메인화면'과 '경학자료열람'에서 제공하고 있는 다양한 검색 기능을 확인해 본다.[5]

위의 한국경학자료시스템의 검색기능을 보면, 경전의 종류에 따른 분류별 검색, 저자의 성명에 따른 저자별 검색, 주석서의 서명에 따른 서명별 검색 외에 주석을 일괄적으로 볼 수 있는 주석별 검색이 있다. 주석별 검색은 특정 경문에 대한 한국경학자들의 주석을 한 번에 볼 수 있는 검색기능으로, 이는 한국 경전주석서들의 대부분이 주자의 편장구분에 의거하여 분장이 가능하기 때문에 만들 수 있었던 검색기능이다. 『孟子』「盡心 上」1장을 예로 들어 살펴보기로 하자.

『孟子』「盡心 上」1장의 경문인 "孟子曰, 盡其心者, 知其性也, 知其性則知天矣. 存其心, 養其性, 所以事天也. 夭壽不貳, 修身以俟之, 所以立命也."에 대한 한국 경학자들의 주석을 보고자 할 경우, 한국경학자료시스템(http://koco.skku.edu/)에서, 분류별, 저자별, 서명별 검색에서도 가능하다. 한국경학자료시스템에서는 텍스트를 구현하는 최종단위를 경전의 장으로 했기 때문이다. 그러나 위의 세 종류의 검색은 모두 『孟子』「盡心 上」1장에 대한 하나의 주석만을 보여주기 때문에, 다른 경학자 혹은 다른 『맹자』주석서의 『孟子』「盡心 上」1장에 대한 주석을 보려고 한다면 계속 재검색을 해야만 한다. 재검색을 한다 하더라도 검

---

5) 위의 검색 기능에 관한 자세한 소개는 이영호, 앞의 2009 논문 참조.

색의 과정에서 누락되는 주석을 피할 수 없을 것이다.

그런데 주석별 검색에서는 한 번의 검색으로 조선 경학자들의『孟子』「盡心 上」1장에 대한 주석 전체를 볼 수 있는데, 총 68종의 주석들이 검색된다. 이때 보여지는 총 68종의 주석은 두 가지 형태로 구현된다. 첫째는 경전주석서별 구현으로,『孟子』「盡心 上」1장에 대한 주석이 들어있는 주석서를 시대별로 정렬해 놓은 것이다. 여기에서는 검색자가 보고 싶은 주석서 또는 주석가를 찾아 클릭하면, 해당 경문에 대한 주석이 구현된다.

두 번째는 화면 우측 상단에 있는 '全體註釋보기' 기능이다. 이 '전체주석보기' 항목을 클릭하면,『孟子』「盡心 上」1장에 대한 조선경학자들의 주석 68종 전체가 일시에 화면에 구현된다.

한국경학자료시스템의 주석별 검색은 국내외의 한국학과 동양학을 연구하는 학자들이 조선 경학자들의 경전의 대한 견해를 동시에 비교하면서 볼 수 있는 편리성을 제공해준다. 때문에 이러한 주석별 검색은 그 검색의 편리성의 측면에서 보자면, 진일보한 검색기능이라고 평가할 수 있다. 특히 주석별 검색에서는 한 구절의 경문에 대한 한국 경학가들의 전체의견을 일목요연하게 볼 수 있다는 점에서, 일찍이 중국과 일본에서도 시도된 적이 없는 매우 획기적인 검색방법이다. 그러므로 본 사이트는 한국학 연구자들에게 한국의 경학자료를 다양한 측면에서 손쉽게 활용할 수 있도록 제공함으로써 한국학 연구수준의 제고를 기대할 수 있다. 또한 해외의 한국학 연구자들에게도 이 자료에 대한 적극적 활용기회를 제공함으로써 국가적 차원에서 한국학을 바로 알릴 수 있는 좋은 기회가 될 것을 기대한다.

한편 한국경학자료시스템에서는 조선 경학자들의 경전주석의 원문의 구현뿐 아니라, 대중과의 소통을 위하여 〈국역경학자료〉를 따로 마련하였다. 여기에서는 〈한국경학정선〉, 〈세계유교경전〉, 〈한글유교경전〉이라는 분류가 있고, 〈한국경학정선〉에는 李滉(1501~1570)의『論語釋義』전편의 번역과 박문호(1846~1918)의『論語集註詳說』일부의 번역이 올라 있고, 〈세계유교경전〉에는 李贄(1527~ 1602)의『論語評』전편과 james legge(1815~1897)의『CONFUCIAN ANALECT』가운데 1편「學而篇」에서 11편「先進篇」까지 등재되어 있다. 앞으로 이 부분이 활성화 된다면, 이 사이트는 전문가와 대중이 상호 이용할 수 있는 장점을 지니게 될 것이다.


### 3. 그 외의 디지털 경학자료

한편 성균관대 동아시아학술원에서는 경학자료시스템 이외에 디지털 경학연구의 또 다른 면모를 지닌 韓國朱子學用語System(http://jjh.skku.edu/)을 구축하였다.

新儒學이라고도 불리는 朱子學은 동아시아 한자, 유교 문화권에서 절대적 비중을 차지하는 유학사조이다. 중국, 한국, 일본에서 주자학은 사상사에서뿐 아니라 정치사, 경제사, 사회사에도 큰 영향을 미쳤기 때문이다. 이러한 주자학의 원천은 바로 주자가 남긴 글이다. 주자는 매우 다양하면서 질적으로 수준 높은 글들을 남겼는데, 주로 그의 문집과 경전 주석서에 그 정수가 담겨 있다. 그리고 주자가 당시 제자들과 문답한 내용을 담은 語類에도 주자학의 핵심 내용들이 포함되어 있다. 그러므로 주자가 남긴 글의 정수는『朱子文集』,『朱子語類』, 朱子經學 등 세 영역에서 확인할 수 있다. 주자학 연구에 있어서 주자가 남긴 이 세 영역의 문헌을 읽는 것이 필수적인 것은 바로 이 때문이다. 그런데 이 세 영역의 주자의 문헌에 대한 용어 풀이 사전은 일찍이 한국의 주자학자인 李恒老, 李宜哲, 李滉 등에 의하여 저술되었다. 이들의 저술은 조선의 주자학이 수백 년에 걸쳐 축적해 온 주자 문헌에 대한 주석과 용어 해설을 집대성한 성과이다.

이러한 조선 주자학의 학문적 성과를 국내외 학계와 두루 공유하고

자, 성균관대학교 동아시아학술원에서는 이들이 남긴 저술들을 '주자문집용어', '주자어류용어', '주자경학용어' 등으로 분류하고서, 그 원문을 전산화하여 학계에 제공하기로 하고 성균관대학교 인문한국 사업단의 지원으로『주자대전차의집보』의 전산화를 2008년부터 시행하였다. 이후 李宜哲(1703~1778)의『朱子語類考文解義』(42권 10책), 李滉의『四書三經釋義』를 비롯한 조선의 주자학 관련 언해서의 DB작업을 완료하여, 현재 韓國朱子學用語System(http://jjh.skku.edu/)이라는 명칭으로 전산화 된 내용을 학계에 제공하고 있다. 이 중 '주자경학용어'는 바로 조선의 주자학적 경학의 정수를 DB로 구축한 것이다.

| 주자문집용어 | 주자어류용어 | 주자경학용어 |

이상 화면에서 보듯이 세 종류의 사전을 전산화하여 학계에 제공함으로써, 궁극적으로 동아시아 주자학의 보다 더 치밀하고 고차원적인 연구의 장을 마련하는 데 기여할 것으로 기대한다.

기실『주차집보』등 자료의 큰 의의는 바로 그 현재성에 있다. 주자학은 전근대 동아시아 삼국의 중심을 이루고 있는 학문임에도 불구하고 『주자대전』과 『주자어류』의 방대함과 난해함으로 인하여 그 주석서는 현재까지 『주차집보』와 『주자어류고문해의』를 제외하고는 찾아볼 수가 없다. 때문에 오늘날 주자학의 원전을 통해 주자학을 탐구하고자 하는 학자들에게 있어 이 사이트의 가치는 그 현재성을 지닌다고 할 것이다.

그 밖에도 디지털 경학자료를 활용할 수 있는 것에는 한국학중앙연구원에서 구축한 한국학진흥사업 성과포털(http://waks.aks.ac.kr/dir/bizHome)에 반영된 다양한 전집의 정본화 작업의 성과들이다. 주로 한국주역대전 DB, 성호전서 정본 DB, 정본 여유당전서 DB 등이 여기에 해당된다.


## 1) 한국주역대전 DB
(http://waks.aks.ac.kr/rsh/dir/rdir.aspx?rshID= AKS-2012-EAZ-2101)

한국대전 보기

위의 화면에서 보듯이 한국주역대전 DB는 '중국대전 보기'와 '한국대전 보기' 등의 방식을 통해 중국과 한국의『주역』관련 주석을 시대별로 일목요연하게 보여주고 있어 주목된다. 그 내용을 보면, 한국경학료시스템과 한국주자학용어시스템에서는 여력의 부족으로 인해 시행하지 못했던 표점과 번역을 동시에 제시하고 있어 이후 경학자료의 전산화가 가야할 방향을 제시하고 있다는 점에서 주목할 필요가 있다.

## 2) 성호전서 정본 DB
(http://waks.aks.ac.kr/rsh/?rshID=AKS-2011-EBZ-2103)

## 정본 여유당전서 DB
(http://waks.aks.ac.kr/rsh/?rshID=AKS-2009-JA-2001)

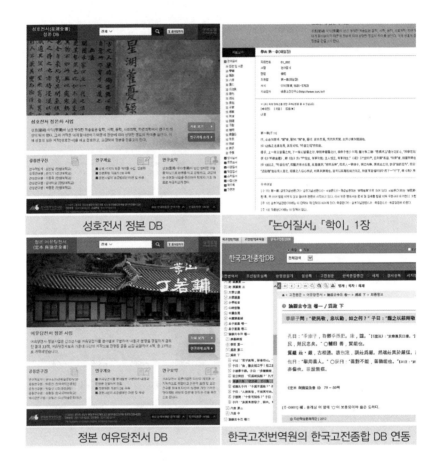

성호전서 정본 DB　　　　　　『논어질서』「학이」1장

정본 여유당전서 DB　　　한국고전번역원의 한국고전종합 DB 연동

성호전서 정본화 DB는 제1차 정본화 사업의 대상으로 성호의『질
서』와 기타 독립 저작들인『四七新編』,『禮說類編』,『藿憂錄』,『百諺
解』,『觀物編』을 선정하여 작업을 진행하되 특히『질서』의 정본화에 역
점을 둔 사업결과이다. 교감, 교열, 표점 연구를 통한 성호 저작 정본의
확정을 목표로 다양한 필사본 이본의 교감과 검토를 거쳐 정본화 결과물

을 제출했다. 특히 이 사업팀은 '디지털 정본성호전서' 구축을 기획하여 異本을 모두 이미지화하여 연구자가 확인할 수 있는 시스템 구축을 추진했는데 이는 디지털 경학 연구의 소중한 자산이 될 것으로 생각한다.

한편 정본 여유당전서 DB는 『여유당전서』 정본사업의 결과물을 DB화한 것이다. 『여유당전서』 정본사업은 다산의 저작을 서지학적으로 종합하여 정리하고 전문적 표점 및 교감연구를 토대로 다산의 원전에 가장 가까운 '현대화된 비판적 정본'을 만드는 것을 목적으로 진행되어 총 37책의 『정본 여유당전서』를 제시했다. 한국학계의 다산학 중진들이 망라되어 작업에 참여함으로써 그 역량을 집결한 것이다. 또한 다산 관련 필사본·친필·유묵·간찰 등의 자료를 종합적으로 정리하고 새로운 자료도 추가적으로 발굴 조사하여 신발굴자료집을 만들었다. 이와 함께 이들 자료를 바탕으로 신조선사본의 출간 배경 및 필사본 전승에 관한 연구를 수행하였으며, 교감기를 정리하였다. 뿐만 아니라 확정된 표준 범례안을 마련하고, 『여유당전서』 출판을 위한 편집체제에 대해 심도 있는 논의를 진행하였다.

『정본 여유당전서』 사업의 성공적인 마무리는 다산학연구의 저본이 될 뿐만 아니라, 향후 우리나라 고전문헌을 정리하고 현대화하는 인문학술 사업에서 중요한 이정표가 될 것으로 생각된다. 또한 정본사업의 진행과정을 객관적으로 이해할 수 있도록 편찬과정을 설명함으로써 앞으로 이와 유사한 정본사업이나 교감사업의 표준을 마련할 수 있을 것으로 기대된다.[6]

특히 한국고전번역원에 해당 자료를 연동하여 여러 연구자들의 활용을 좋게 한 것은 향후 이러한 정본화 사업의 성과를 공유하는 방면에서

---

[6] 이 외에도 『율곡전서』를 비롯 다양한 정본사업의 결과물들에 제시되어 있는데, 그 역시 경학 자료가 포함되어 있는 것은 디지털 경학연구의 중요한 연구 자료로 활용될 수 있겠다. 여기서는 우선 경학의 비중이 높은 자료만을 제시했다.

좋은 시사점을 줄 수 있을 것으로 생각된다.

## 4. 디지털 경학자료의 연구방법론

이렇게 구축된 한국경학자료시스템을 활용하여 경학연구에서는 어떠한 작업을 시도할 수 있을까? 조선 중·후기『맹자』주석서의 주석 분포도는 조선 맹자학의 경향성을 대변한다. 곧 조선시대 학자들이『맹자』텍스트 가운데 어떠한 곳에 주석을 했는가를 파악하여 주석의 분포도를 작성하고, 그 변화의 추이를 분석하면 그러한 관심이 가지는 학술적 의미를 고찰할 수 있을 것이다.[7]

『맹자』텍스트에는 '性善'이나 '四端'으로 대표되는 심성론에 대한 문제의식은 물론, 王道政治論, 放伐論, 井田論 등의 정치경제론을 비롯하여 華夷論, 義利論 등 사회문화론에 이르는 폭넓은 주제의식을 담고있다. 그러므로 '『맹자』의 어느 장절에 주석했는가'라는 점은 바로『맹자』텍스트를 바라보는 주석자의 관심을 단적으로 드러내는 것이다. 맹자의 심성론에 깊은 관심을 가진 학자들은 무엇보다도 浩然章이나 四端章과 같은 심성론을 다룬 장절에 주석하고, 정치경제론에 많은 관심을 가진 학자들은 放伐章과 井田章에서 적극적으로 자신의 의견을 개진한다. 실제로 浩然章의 경우 하곡 정제두는 무려 8차례에 걸쳐 그 의미를 분석했다. 양명학의 입장에서 주자학을 비판하려는 교두보를 호연장에 대한 주석을 통해 확보하려고 했던 것이다. 성호 이익과 다산 정약용은 井田章에 대해 그 의미를 거듭 분석했고, 巍巖 李柬은 尤庵 宋時烈의 浩然章에 대한 문제의식을 계승했다. 곧 특정한 장절에 대한 주석은 그

---

7) 이와 관련한 좀 더 자세한 논의는 함영대, 「조선후기 맹자학 연구를 위한 시론—시각과 연구방법론을 중심으로」, 『동양한문학연구』 35, 동양한문학회, 2012, 417~440면 참조.

자체만으로도 학자나 학파의 관심사를 파악하는 직접적인 자료가 된다.

그러므로 현재까지 파악된 조선 학자들의 『맹자』 주석서 전체를 장절로 구분하고, 이것을 바탕으로 시대순에 따라 '주석분포도'를 작성하는 것은 매우 의미있는 학술적 작업이 될 수 있을 것이다. '주석분포도'는 바로 조선 학자들의 『맹자』 텍스트에 대한 해석적 관심을 파악하는 가장 일차적이고 객관적인 자료로 유용하게 활용될 여지가 있다.

『맹자』의 거의 전편을 주석한 포저 조익과 성호 이익의 경우, 포저는 『맹자천설』에서 주자학적 견해에 기초하여 자신의 의견을 제시한 반면, 성호는 『孟子疾書』에서 정치·경제론의 장절에서 특히 중요한 언급을 많이 남겼다. 60% 정도를 주석한 다산의 『孟子要義』는 군신관계에 대한 주석은 자제하고, 심성·수양론에 해당하는 장절에 집중적으로 자신의 견해를 제시했다. 정치경제론에 대한 주석 역시 아주 없지는 않으나 상대적으로 비중이 작았고, 그 발언의 수위는 매우 조심스러웠다. 주석자의 당시 저술 상황이 주석서에 반영된 결과였다.

이러한 현상은 조선의 맹자학을 이해하는 중요한 표지이다. 『맹자』 주석에 대한 분포도 작성은 바로 그 작업의 고증적 기초를 다지는 첫걸음이 될 수 있다. 『맹자』의 전편에 대하여 주석하지 않고 그 일부만을 주석한 '箚記'나 '問對'의 형식을 띠는 주석서 역시 해당 시기 『맹자』 텍스트의 특정한 화제에 대한 관심을 반영하는 간과할 수 없는 자료이다.

16세기에서 19세기까지 조선의 『맹자』 주석서에 나타나는 주석의 분포도는 조선 후기 학자들이 『맹자』를 이해하는 관심의 변화를 보여주는 객관적인 지표이다. 그것은 다시 중국과 일본의 주석과 비교할 수 있는 객관적인 자료를 획득하는 것이다. 이것은 주자와의 거리 확보에 골몰하던 이전의 조선 경학에 대한 연구방법론을 전환하는 하나의 돌파구가 될 수 있을 것이다. '조선맹자학'의 구체적인 면모는 이러한 고증적이고 객관적인 자료를 확보하는 과정을 통해 동아시아 경학에서 점차 그 내실 있는 연구 대상으로서의 의미를 확보할 수 있을 것이다.

이러한 문제의식은 다음과 같이 조선『맹자』 텍스트의 전체장(260장)을 가로축으로 수십 명이 저술한 조선의『맹자』 주석서를 세로축으로 하여, 각 주석서에서 주석한 해당 장절을 '●'표시하여 아래와 같은 하나의 거대한 조선『맹자』 주석 분포도를 작성할 수 있다. 우선 맹자학의 주석서가 처음 제출되는 조선 중기의 경우는 다음과 같은 표를 얻을 수 있다.

예) 조선 중기『맹자』 해석의 주석 분포도 (부분)

| 學者 | 著作 | 「梁惠王上」(7) | | | | | | | ... | 「公孫丑上」(9) | | | | | | | | | ... |
|---|---|---|---|---|---|---|---|---|---|---|---|---|---|---|---|---|---|---|---|
| | | 1 | 2 | 3 | 4 | 5 | 6 | 7 | | 1 | 2 | 3 | 4 | 5 | 6 | 7 | 8 | 9 | |
| 李滉 | 孟子釋義 | ● | ● | ● | ● | ● | ● | ● | | ● | ● | ● | ● | | ● | ● | ● | | |
| 李德弘 | 孟子質疑 | | | | | | | | | | ● | | | | | ● | | | | |
| 金長生 | 經書辨疑-孟子 | ● | | | ● | | ● | | | ● | ● | | | | ● | | | | |
| 權得己 | 僭疑-孟子 | ● | | ● | | | ● | | | ● | ● | | ● | ● | ● | ● | ● | ● | |
| 趙潋 | 孟子淺說 | ● | ● | ● | | | ● | ● | | ● | ● | ● | ● | ● | ● | ● | ● | | |

이를 실제 16~17세기의 조선 맹자학의 경향성을 파악하는 방식으로 접근할 수 있다. 『한국경학자료집성』 자료 가운데 시기적으로 16~17세기에 해당하는 15여 종의 경전 주석을 이러한 방식으로 파악할 수 있다.

이러한 시도는 '주자와의 거리'라는 종래의 조선 경학에 대한 연구 논점에서 탈피하여 조선 학자들의 관심사에서부터 조선 경학의 한 특징적인 국면을 파악해 보려는 의도에서 비롯된 것이다. 조선 학자들의 경학적 관심사에서부터 논점을 포착하여 경학 연구의 시대별 경향성을 규명하려는 것이다. 이러한 연구방법의 적용은 조선 경학의 개성적인 특징을 찾는 데 도움을 줄 수 있을 것이며, 다른 한편으로는 조선 경학 연구의 전체적인 면모를 좀 더 객관적으로 파악하는 데 기여할 수 있을 것이다.[8] 동아시아 경학의 한 부분을 구성하고 있는 조선 경학의 개성적인 면모 역시 이러한 전체에 대한 고증적 고찰을 통해 좀 더 선명하게 포착될 수 있을 것이다.

## 1) 16~17세기 조선 학자들의 『맹자』 주석 분포도 (부분)

| 學者 | 著作 | 「梁惠王上」(7) 1 2 3 4 5 6 7 | 「梁惠王下」(16) 1 2 3 4 5 6 7 8 9 10 11 12 13 14 15 16 | 「公孫丑上」(9) 1 2 3 4 5 6 7 8 9 | 「公孫丑下」(14) 1 2 3 4 5 6 7 8 9 10 11 12 13 14 |
|---|---|---|---|---|---|
| 李滉 | 孟子釋義 | • • • • • • • | • • • • • • • • | • • • • • | • • • • • • • |
| 李珥 | 孟子釋義 | • • • • • • • | • • • • • • • • • • • • • • • • | • • • • • • • | • • • • • • • • • • • • • • |
| 李德弘 | 孟子質疑 | | | • • | |
| 金長生 | 經書辨疑-孟子 | • • • | • | • • • | |
| 權得己 | 僭疑-孟子 | • • | • • • • • • | • | |
| 趙瀷 | 孟子淺說 | • • | • | • • | |
| 權愭 | 經筵講義 | | | | |
| 李惟泰 | 四書答問-孟子 | • • • • | | | |
| 宋時烈 | 孟子或問精義通考 | • • • • | • • • • • • • • • • • • • | • • • • • • • | • • • • • • • |
| 吳益升 | 雜錄-孟子 | • • | | | |
| 洪汝河 | 讀書劄記-孟子 | • • • | • • | • • • | |
| 房明燴 | 疑-孟子 | | | • | |
| 朴世堂 | 思辨錄-孟子 | • • • • • • | • • • • • • | • • • • • • | • • • • • |
| 金榦 | 劄記-孟子 | • • • • • • | • • • • • • • • • | • • • • • • | • • • • • • |
| 林泳 | 讀書劄記-孟子 | • • | • | • | • • • |
| 15명 | 15종 | | | | |

## 2) 18~19세기 주석분포표를 통해 본 전체상

한편 2세기에 걸친 주석 분포의 변화상을 더 충분한 자료로 더욱 극적으로 보여주는 것은 18~19세기 주석분포표에 의해 작성된 표를 분석

[8] 이 점에 대한 문제의식과 연구 방법으로서의 가능성에 대해서는 함영대, 앞의 2012 논문 참조.

하여 획득한 결과이다. 이에 대한 연구성과[9]는 이미 제출되어 있는데 그 결과를 참고하여 파악한 결과는 다음과 같다. 18세기 조선 학자들의『맹자』해석에서 특히 주목할 것은 철저하게 심성 수양과 왕도정치의 소의 경전으로『맹자』를 활용하고 있다는 것이다. 빈도수를 종합하여 보면 가장 높은 빈도를 차지하고 있는 것은 浩然之氣章(「공손추 상」2장)인데 분석대상 33명 가운데 무려 30명의 학자가 이 논점에 대해 자신의 견해를 제시했다. 이것은 18세기 학자들에게 이 논점이 거의 일상화된 학문의 화두였음을 확인시켜준다. 한편 호연지기장에 이어 높은 빈도수를 차지하는 장절을 표로 제시하면 다음과 같다.

| 순위 | 1 | 2 | 3 | 4 | 5 | 6 | 7 |
|---|---|---|---|---|---|---|---|
| 18세기 (33명) | 공손추상2 (30) | 양혜왕상1 (20) | 양혜왕상7 (19) | 고자상3 (18) | 진심상1 (18) | 공손추상6 (18) | 등문공상3 (18) |
| 19세기 (30명) | 공손추상2 (23) | 진심상1 (21) | 양혜왕상1 (19) | 양혜왕상7 (17) | 공손추상1 (14) | 등문공상3 (14) | 등문공하9 (14) 고자상6 (14) |

　　위에서 확인할 수 있는 것처럼 「호연지기장」을 이어 높은 빈도로 주석이 작성된 장은 王道政治와 관련한 장이다. 義利之辨과 與民同樂을 설파한 「양혜왕 상」 1장과 7장, 백성들에게 恒産이 있어야 함을 말하는 「등문공 상」 3장 등이 그것이다. 이러한 현상은 民本主義를 강조하는 유교 국가의 일면으로 이해된다. 개별 특징에 대한 세심한 검토는 각 장절에 대한 분석을 통해 이루어져야 하지만 전체적인 성격을 파악하는 데는 이러한 주석의 분포라는 전체상에 대한 분석이 필수 불가결하다.

　　18~19세기의 경우 주요한 관심사는 「공손추 상」 6장이나 「진심 상」

---

9) 이에 대한 실증적인 탐색은 함영대, 「18~19세기 조선 맹자학의 주석서와 그 작자」, 『한국한문학연구』 53, 한국한문학회, 2014, 423~453면 참조.

1장 등 四端과 心性, 知性 등 심성의 본질과 그 수양에 대한 것이었으며, 그에 대한 내용을 집중적으로 다룬 「고자 상」 8장과 「진심」편의 몇몇 주요한 장절은 서로 연관된 점이 많지 않음에도 불구하고 상당히 깊은 관심 속에서 검토되었다. 주요한 문헌인 『주자언론동이고』와 條對의 항목, 『경사강의』에서도 이 항목은 집중 검토되었다. 이것은 18~19세기 맹자학의 저류를 관통하는 핵심 문제의식이었던 것이다.

한편 이러한 전체상의 파악은 『맹자』의 주석서와 그 작자에 대한 또 다른 관심을 견인한다.

### ① 18~19세기 『맹자』 주석서의 성격

| 시기 \ 주석서의 성격 | 논설 | 조대 (경연) | 독서차기 | 강설 | 집설증주 | 문답 | 기타 |
| --- | --- | --- | --- | --- | --- | --- | --- |
| 18세기 | 12 | 7 | 5 | 3 | 2 | 2 | 1 |
| 19세기 | 11 | 5 | 2 | 3 | 3 | 4 | 2 |

18세기의 조대는 정조와 깊은 관련이 있고, 19세의 조대는 정조와 고종, 또는 성균관의 문대와 관련이 있다. 군주의 관심이 학문적 연구방법과 그 결과물의 성과를 견인한 셈이다. 그 외에 문답체 주석이 확대되는 것은 지방 강학의 성장과 무관하지 않다.

### ② 18~19세기 『맹자』 주석자의 분량

| 주석항목 분량 | 70% 이상 | 50% 이상 | 30% 이상 | 10% 이상 | 10% 미만 |
| --- | --- | --- | --- | --- | --- |
| 18세기 | 5 | 0 | 4 | 7 | 17 |
| 19세기 | 2 | 4 | 1 | 8 | 16 |

위에서 확인할 수 있는 바와 같이 맹자학의 경우 전반적으로 주석의 양이 하락하는 국면을 보이는데 이는 전체적인 경전주석자의 수준의 하락과 무관하지 않다. 이는 17세기에 이르러 경전 전체에 대한 주석이 증

거하고 있는 것과는 변별되는 점이다.

한편 18세기에 비해 19세기의 주석자는 전국적인 분포를 가지는데 이는 경전에 대한 연구가 지방화 되는 것이다. 이는 경전 연구의 전국적인 확장이 아니다. 오히려 그 반대인데 더 이상 경전에 대한 지식이 국정의 핵심 관직을 확보할 수 있는 시대가 아니었기 때문에 향촌에 은거하면서 학문에 침잠한 결과로 파악된다. 그 주석자의 일생에 대한 검토를 통해 이는 분명하게 파악할 수 있다.

### ③ 18~19세기 『맹자』 주석자의 당맥

| 당맥 | 노론 | 남인 | 소론 | 미상 |
|------|------|------|------|------|
| 18세기 | 19 | 5 | 미상 | 9 |
| 19세기 | 11 | 9 | 4 | 7 |

18~19세기 『맹자』 주석자를 통해 확연하게 파악할 수 있는 당맥의 변화상은 노론학자의 감소와 남인학자들의 성장으로 요약할 수 있다. 스승의 반열에 있는 학자들의 제자들을 살펴 두 시대를 비교하면 18세기에는 송시열(1), 권상하(4), 김창협(2), 이재(2), 김원행(5), 민우수(1), 윤봉구(1) 등 노론계 학자들의 제자배출이 확연하다. 거의 대부분을 노론계 사승을 가진 학자들이 차지했다. 남인계 학자는 성호 이익(2)만이 외롭게 그 제자그룹을 둘 뿐이다. 이것은 18세기 경학 연구의 학맥이 전반적으로 노론에 의해 장악되었다는 것을 의미한다.

이렇게 전체상을 파악함으로 인해 조선 맹자학의 경향성에 대한 이해는 더욱 심화될 수 있는데, 이것은 한두 종의 해석에 대한 깊이 있는 접근으로는 불가능하고 오직 이렇게 전체적인 흐름을 거시적으로 파악할 때에 확인할 수 있는 것이다. 경학자료시스템의 주석별 검색을 비롯하여 전체에 대한 정보를 집적한 전산화의 성과가 연구에 활용될 여지는 매우 무궁하다고 할 수 있겠다.

## 4. 남는 문제

『한국경학자료집성』의 간행은 동아시아에서 중국과 일본에 비해 그 회집의 역사가 일천했던 한국 경학 자료의 규모와 위상을 확인한 학술적 진전이다. 한국유학의 저력을 구체적인 자료로 입증할 수 있는 문헌적 근거를 마련한 것이기 때문이다. 이를 효과적인 방식으로 전산화한 한국경학자료시스템은 中日에는 이제까지 없었던 주석별 검색이라는 방식을 전산화 과정에 도입함으로써 경학 자료를 활용한 연구에 획기적인 전환을 가져왔다. 또한 이를 조선의 경학적 특색을 잘 보여주는 주자학 문헌 방면으로 발전시킨 한국주자학용어시스템은 동아시아에서 '주자학 문헌연구'의 주요한 참고서목으로 활용될 가능성을 농후하게 가지고 있다. 이렇게 전산화된 경학 자료들은 이후 경학연구의 새로운 방법론 모색에 적지 않은 도움을 줄 것으로 기대된다.

그러나 현재까지 구축된 경학 자료를 경학연구에 좀 더 효과적으로 활용하기 위해서는 다음의 몇 가지 사안에 대한 충실한 보완이 요구된다.

우선 여전히 전산화의 대상이 되는 원전자료에 대한 보완이다.『韓國經學資料集成·補遺』(目錄)의 제시(부록 참고)에서도 알 수 있듯 초기에『한국경학자료집성』의 자료를 수집하는 과정에서 전문가의 부족과 여건이 구비되지 못한 다양한 이유들로 인해 경학자료 자체가 완비되지 못하였다. 이들 원천자료에 대한 수습과 정리의 보완은 두말 할 나위 없는 중요한 과제이다.

한국학중앙연구원에서 진행 중인 한국학성과포털에서 집성하여 서비스 중인『정본 성호전서』와『정본 여유당전서』사업은 이러한 디지털 경전주석 연구에서 정본사업의 성과를 부분적으로 드러낸 것이다. 특히 광범위한 문집자료의 DB를 집적하고 있는 한국고전번역원의 한국고전종합DB와 연동시킨『정본여유당전서』의 경우 이후 진행될『정본퇴계집』이나 이미 집성된『정본율곡전집』,『정본성호전서』의 활용에 대한 하나의 시사점을 제공한다고 할 수 있겠다.

다음으로 확보된 경학 자료를 단순히 선본으로 교체하는 데서 그칠 것이 아니라 이본대조를 통한 교감작업을 수행하여 정본으로 확정하고, 이를 다시 표점하는 작업을 수행할 필요가 있다. 한국에서 간행된『한국경학자료집성』의 자료는 중국에서 진행하고 있는『國際儒藏』편찬 작업의 주요한 모본이 되었음이 분명하다. 우리의 자료가 중국의 유경 경전화 작업에 활용된 경우라고 추측되는데, 그 과정에서 충분한 정본화 작업을 거치지 않았기에 표준이 되기에는 어렵다고 판단된다. 그러므로『한국경학자료집성』이 이러한 정본화 과정을 거친다면 중국이 출간한『국제유장』의 성과를 상회하는 의미있는 작업을 수행할 수 있을 것으로 생각된다. 그러한 성과를 이끌어 내기 위해서는『한국경학자료집성』을 제작할 당시에 전문가의 부족 내지 형편의 미흡으로 미처 수습하지 못했던 자료들을 다시 세심하게 수습하여 보완할 필요가 있을 것이다. 부록으로 제시하는『한국경학자료집성·보유』리스트는 그 작업에 얼마간의 도움을 줄 수 있을 것이다.

아울러 한 가지 더 강조할 것이 있다. 경학연구는 근대 이전 동아시아에서는 학술연구의 근간이었지만 현재는 문사철의 구석진 일부로, 전문 연구자들만이 탐구하는 전문 학술영역으로 남겨져 있다. 고전에 대한 전문적인 연구의 필요는 재론할 필요가 없는 것이지만 이러한 고전자료의 대중화를 위한 노력은 간과되어서는 안 될 것이다. 한국경학자료시스템에서 최초 기획하였고 위에서도 얼마간 거론하였지만 일반 대중과의 소통을 위해서는 다양한 원전자료의 국역본을 제시할 필요가 있을 것이다. 이 부분이 충실하게 보완된다면 한국경학자료시스템의 활용성은 더욱 확장될 수 있을 것이다.

[부록] 『韓國經學資料集成·補遺』(目錄)

| | 종류 | 글자수 | 책수 |
|---|---|---|---|
| 대학 | 60종 | 975,267 | 5 |
| 중용 | 40종 | 828,630 | 4 |
| 논어 | 25종 | 637,666 | 3 |
| 맹자 | 14종 | 269,756 | 2 |
| 시경 | 14종 | 604,926 | 2 |
| 서경 | 25종 | 642,902 | 3 |
| 주역 | 13종 | 413,391 | 2 |
| 예기 | 5종 | 101,768 | 1 |
| 춘추 | 5종 | 469,328 | 2 |
| 계 | 201종 | 4,943,634자 | 24책 |

〈大學〉〈1책〉

| 1 | 李 滉(1501~1570) | 大學釋義 | 四書釋義 | 5,000 |
|---|---|---|---|---|
| 3 | 李 珥(1536~1584) | 大學釋義 | 四書釋義 | 5,000 |
| 4 | 李 珥(1536~1584) | 大學小註圈評 | 四書釋義 | 5,000 |
| 5 | 金長生(1548~1631) | 經書辨疑-大學 | 沙溪全書 | 12,000 |
| 6 | 權得己(1570~1622) | 與朴仁之格物論辨說 | 晚悔集 | 16,060 |
| 7 | 趙 翼(1579~1655) | 大學困得 | 浦渚先生遺書 | 31,920 |
| 8 | 崔有海(1588~1641) | 大學舊本考異 | 首陽世稿·嘿守堂集 | 13,728 |
| 9 | 崔有海(1588~1641) | 論大學考義 | 首陽世稿·嘿守堂集 | 8,736 |
| 10 | 李端相(1628~1669) | 格物說 | 靜觀齋續集 | 16,000 |
| 11 | 韓汝愈(1642~1709) | 題晦齋先生改正大學後 | 遯翁集 | 3,300 |
| 12 | 韓汝愈(1642~1709) | 題大學補遺後 | 遯翁集 | 660 |
| 13 | 韓汝愈(1642~1709) | 題盧蘇齋大學補遺跋後 | 遯翁集 | 1,100 |
| 14 | 鄭齊斗(1649~1736) | 大學說 | 霞谷集 | 16,320 |
| 15 | 李衡祥(1653~1733) | 瓶窩全書-大學 | 瓶窩全書 | 43,400 |

〈2책〉

| 16 | 李衡祥(1653~1733) | 瓶窩講義-大學 | 瓶窩全書 | 33,792 |
|---|---|---|---|---|
| 17 | 李衡祥(1653~1733) | 四書訓蒙-大學 | 瓶窩全書 | 16,640 |
| 18 | 朴泰漢(1664~1697) | 書格物往復書後 | 朴正字遺稿 | 2,600 |
| 19 | 朴泰漢(1664~1697) | 格物說 | 朴正字遺稿 | 2,000 |
| 20 | 朴泰漢(1664~1697) | 格物說呈龜川李丈 | 朴正字遺稿 | 1,000 |
| 21 | 朴泰漢(1664~1697) | 格物說後錄 | 朴正字遺稿 | 1,600 |
| 22 | 李萬敷(1664~1732) | 四書講目-大學 | 四書講目 | 10,080 |

| 23 | 李 縡(1680~1746) | 泉上講說−大學 | 泉上講說 | 14,960 |
|---|---|---|---|---|
| 24 | 李 縡(1680~1746) | 大學講說 | 陶庵講說 | 15,960 |
| 25 | 尹鳳九(1681~1767) | 竹林書院儒生大學講說答問 | 屛溪集 | 20,000 |
| 26 | 韓元震(1682~1751) | 四書講義−大學 | 四書講義 | 7,560 |
| 27 | 韓元震(1682~1751) | 朱子言論同異攷−大學 | 朱子言論同異攷 卷二 | 4,000 |
| 28 | 韓元震(1682~1751) | 大學講說 | 南塘講說 | 20,160 |
| 29 | 李秉休(1710~1776) | 大學心解 | 近畿實學淵源諸賢集 | 12,240 |
| 30 | 徐命膺(1716~1787) | 大學直旨 | 保晚齋叢書 | 12,800 |
| 31 | 鄭赫臣(1719~1793) | 大學經義一得錄 | 性堂集 | 10,400 |
| 32 | 李宗洙(1722~1797) | 讀書箚錄−大學 | 后山文集 | 3,600 |

〈3책〉

| 33 | 柳長源(1724~1796) | 四書纂註增補−大學 | 四書纂註增補 | 22,264 |
|---|---|---|---|---|
| 34 | 魏伯珪(1727~1798) | 讀書箚義−大學 | 存齋集 | 16,000 |
| 35 | 金濟黙(1746~1809) | 東儒經說−大學 | 東儒經說 | 38,400 |
| 36 | 尹行恁(1762~1801) | 薪湖隨筆−大學 | 碩齋別稿 | 11,760 |
| 37 | 趙得永(1762~1824) | 講說−大學 | 日谷稿 | 19,000 |
| 38 | 洪直弼(1776~1852) | 梅山先生經禮說−大學 | 梅山先生經禮說 | 9,000 |
| 39 | 柳致明(1777~1861) | 讀書瑣語−大學 | 定齋集 | 13,200 |
| 40 | 南履穆(1792~1858) | 三官隨錄−大學 | 三官隨錄 | 27,900 |
| 41 | 李源祚(1792~1871) | 大學講義 | 凝窩續集 | 10,080 |
| 42 | 奇正鎭(1798~1876) | 答問類編−大學 | 蘆沙集 | 12,000 |
| 43 | 經筵廳(純祖年間) | 大學講義 | 講義 | 29,500 |

〈4책〉

| 44 | 鄭道休(1807~1877) | 大學講義 | 眉山文集 | 6,200 |
|---|---|---|---|---|
| 45 | 李震相(1818~1886) | 大學箚義 | 寒洲全書, 求志錄 | 32,000 |
| 46 | 崔世鶴(1822~1899) | 大學疑義問答 | 惺巖文集 | 11,600 |
| 47 | 宋秉珣(1839~1912) | 大學補疑 | 庸學補疑 | 33,440 |
| 48 | 李海翼(1847~1925) | 經義類輯−大學 | 延李文庫 | 39,936 |
| 49 | 金澤榮(1850~1927) | 古本大學私箋 | 개인소장 | 6,000 |
| 50 | 金澤榮(1850~1927) | 古本大學章句 | 개인소장 | 6,000 |
| 51 | 金載璐(1850~1928) | 大學疑辨 | 白愚集 | 30,400 |
| 52 | 徐錫華(1860~1924) | 經說類編−大學 | 經說類編 | 38,000 |

〈5책〉

| 53 | 任公烈(1869~1933) | 大學問答 | 欽齋集 | 9,216 |
|---|---|---|---|---|

| 54 | 南昌熙(1870~1945) | 大學抄疑 | 夷川集 | 0,000 |
| 55 | 任泰柱(1881~1944) | 大學箚疑 | 誠齋文集讀書隨錄 | 18,980 |
| 56 | 李觀求(1885~1953) | 新大學 | 新大學 | 49,440 |
| 57 | 金 榥(1896~1978) | 大學私繹 | 重齋集 | 18,944 |
| 58 | 金文熙(? ~ ?) | 學庸要義輯錄－大學 | 學庸要義輯錄 | 53,600 |
| 59 | 薛泰熙(? ~ ?) | 大學新講義 | 大學新講義 | 19,200 |
| 60 | 尹光心(? ~ ?) | 大學自讀 | 剩書 | 10,800 |

〈中庸〉〈1책〉

| 1 | 李 滉(1501~1570) | 中庸釋義 | 四書釋義 | 4,400 |
| 2 | 李 滉(1501~1570) | 中庸小註圈評 | 四書釋義 | 4,400 |
| 3 | 李 珥(1536~1584) | 中庸釋義 | 四書釋義 | 4,400 |
| 4 | 李 珥(1536~1584) | 中庸小註圈評 | 四書釋義 | 4,400 |
| 5 | 金長生(1548~1631) | 經書辨疑－中庸 | 沙溪全書 | 20,000 |
| 6 | 趙 翼(1579~1655) | 中庸私覽 | 개인소장 | 6,000 |
| 7 | 趙 翼(1579~1655) | 中庸困得 | 浦渚先生遺書 | 13,600 |
| 8 | 崔有海(1588~1641) | 中庸講學記 | 首陽世稿·嘿守堂集 | 1,872 |
| 9 | 權尙夏(1641~1721) | 三書輯疑－中庸 | 三書輯疑 | 28,600 |
| 10 | 韓汝愈(1642~1709) | 中庸脈絡圖 | 遁翁集 | 5,500 |
| 11 | 李衡祥(1653~1733) | 瓶窩講義－中庸 | 瓶窩全書 | 12,800 |
| 12 | 權 榘(1672-1749) | 中庸就正錄 | 屛谷集 | 7,986 |
| 13 | 李 縡(1680~1746) | 中庸講說 | 陶庵講說 | 25,200 |
| 14 | 韓元震(1682~1751) | 中庸講說 | 南塘講說 | 17,280 |
| 15 | 韓元震(1682~1751) | 朱子言論同異攷－中庸 | 朱子言論同異攷 卷三 | 7,000 |
| 16 | 韓元震(1682~1751) | 四書講義－中庸 | 四書講義 | 8,460 |
| 17 | 徐命膺(1716~1787) | 中庸經緯 | 保晚齋叢書 | 16,000 |
| 18 | 李宗洙(1722~1797) | 率性之謂道說 | 后山文集 | 2,880 |

〈2책〉

| 19 | 柳長源(1724~1796) | 四書纂註增補－中庸 | 四書纂註增補 | 145,728 |
| 20 | 魏伯珪(1727~1798) | 中庸箚義－中庸 | 存齋集 | 18,000 |
| 21 | 尹行恁(1762~1801) | 薪湖隨筆－中庸 | 碩齋別稿 | 12,000 |
| 22 | 洪直弼(1776~1852) | 梅山先生經禮說－中庸 | 梅山先生經禮說 | 10,400 |
| 23 | 柳致明(1777~1861) | 讀書瑣語－中庸 | 定齋集 | 8,000 |

〈3책〉

| 24 | 李源祚(1792~1871) | 中庸講義 | 凝窩續集 | 18,480 |

| 25 | 奇正鎭(1798~1876) | 答問類編-中庸 | 蘆沙集 | 8,000 |
|---|---|---|---|---|
| 26 | 李震相(1818~1886) | 中庸箚義 | 寒洲全書, 求志錄 | 35,200 |
| 27 | 趙顯翼(1826~1902) | 殿試中庸策 | 竹軒集 | 4,600 |
| 28 | 趙顯翼(1826~1902) | 庸學管見-中庸 | 竹軒集 | 3,200 |
| 29 | 崔昌洛(1832~1886) | 庸學妄議-中庸 | 南厓文集 | 6,000 |
| 30 | 宋秉珣(1839~1912) | 中庸補疑 | 庸學補疑 | 40,920 |
| 31 | 李海翼(1847~1925) | 經義類輯-中庸 | 延李文庫 | 48,672 |
| 32 | 金載璐(1850~1928) | 中庸疑辨 | 白愚集 | 40,000 |

〈4책〉

| 33 | 徐錫華(1860~1924) | 經說類編-中庸 | 經說類編 | 58,000 |
|---|---|---|---|---|
| 34 | 任公烈(1869~1933) | 中庸問答 | 欽齋集 | 9,216 |
| 35 | 南昌熙(1870~1945) | 中庸抄疑 | 夷川集 | 10,000 |
| 36 | 李炳憲(1870~1946) | 中庸說 | 李炳憲全集 | 13,416 |
| 37 | 任泰柱(1881~1944) | 中庸箚疑 | 誠齋文集讀書隨錄 | 27,300 |
| 38 | 金 榥(1896~1978) | 中庸追繹 | 重齋集 | 30,720 |
| 39 | 金文熙(? ~ ?) | 中庸要義輯錄-中庸 | 學庸要義輯錄 | 48,800 |
| 40 | 未 詳(? ~ ?) | 中庸箚記 | 中庸箚記 | 41,200 |

〈論語〉〈1책〉

| 1 | 權得己(1570~1622) | 論語僭義-論語 | 晩悔集 | 47,080 |
|---|---|---|---|---|
| 2 | 趙 翼(1579~1655) | 論語淺說 | 浦渚先生遺集 | 98,400 |
| 3 | 宋時烈(1607~1689) | 退溪四書質疑疑義-論語 | 宋子大全 | 6,000 |
| 4 | 朴世采(1631~1695) | 退溪四書質疑疑義-論語 | 南溪集 | 11,600 |
| 5 | 權尙夏(1641~1721) | 三書輯疑-論語 | 三書輯疑 | 44,660 |
| 6 | 金 幹(1646~1732) | 箚記-論語 | 厚齋集 | 16,150 |

〈2책〉

| 7 | 金昌協(1651~1708) | 論語說 | 農巖集 | 11,424 |
|---|---|---|---|---|
| 8 | 李衡祥(1653~1733) | 瓶窩講義-論語 | 瓶窩全書 | 28,000 |
| 9 | 李萬敷(1664~1732) | 四書講目-論語 | 四書講目 | 20,736 |
| 10 | 李 縡(1680~1746) | 論語講說 | 陶庵講說 | 78,540 |
| 11 | 韓元震(1682~1751) | 四書講義-論語 | 四書講義 | 32,400 |
| 12 | 韓元震(1682~1751) | 朱子言論同異攷-論語 | 朱子言論同異攷 卷三 | 7,140 |
| 13 | 李宗洙(1722~1797) | 讀書箚錄-論語 | 后山文集 | 3,600 |
| 14 | 金正黙(1739~1799) | 經書辨答補遺-論語 | 過齋遺稿 | 15,486 |

〈3책〉

| 15 | 洪直弼(1776~1852) | 梅山先生經禮說-論語 | 梅山先生經禮說 | 10,800 |
|---|---|---|---|---|
| 16 | 柳致明(1777~1861) | 讀書瑣語-論語 | 定齋集 | 4,000 |
| 17 | 南履穆(1792~1858) | 三官隨錄-論語 | 三官隨錄 | 19,350 |
| 18 | 經筵廳(純祖年間) | 論語講義 | 講義 | 32,500 |
| 19 | 邊相轍(1818~1886) | 四書疑義-論語 | 鳳棲遺稿 | 6,292 |
| 20 | 李震相(1818~1886) | 論語箚義 | 寒洲全書, 求志錄 | 25,600 |
| 21 | 文成鎬(1844~?) | 博士試經義問對-論語 | 奎齋實記 | 10,340 |
| 22 | 李海翼(1847~1925) | 經義類輯-論語 | 延李文庫 | 32,448 |
| 23 | 徐錫華(1860~1924) | 經說類編-論語 | 經說類編 | 36,000 |
| 24 | 金 榥(1896~1978) | 論語存疑 | 重齋集 | 30,720 |
| 25 | 尹光心(? ~ ?) | 論語說略 | 剩書 | 8,400 |

〈孟子〉〈1책〉

| 1 | 權 杠(1567~1626) | 孟子書就正錄 | 方潭文集 | 12,800 |
|---|---|---|---|---|
| 2 | 宋時烈(1607~1689) | 浩然章質疑 | 宋子大全 | 5,400 |
| 3 | 洪 耆見(1634~ ?) | 經書疑誤講解-孟子 | 經書疑誤講解 | 9,460 |
| 4 | 權尙夏(1641~1721) | 三書輯疑-孟子 | 三書輯疑 | 12,800 |
| 5 | 李萬敷(1664~1732) | 四書講目-孟子 | 四書講目 | 17,280 |
| 6 | 韓元震(1682~1751) | 四書講義-孟子 | 四書講義 | 19,080 |
| 7 | 田 愚(1841~1924) | 讀孟子 | 臼山先生四書講說 | 23,400 |
| 8 | 李海翼(1847~1925) | 經義類輯-孟子 | 延李文庫 | 19,968 |
| 9 | 洪直弼(1776~1852) | 梅山先生經禮說-孟子 | 梅山先生經禮說 | 6,000 |
| 10 | 柳致明(1777~1861) | 讀書瑣語-孟子 | 定齋集 | 6,000 |

〈2책〉

| 11 | 經筵廳(純祖 年間) | 孟子講義 | 講義 | 70,000 |
|---|---|---|---|---|
| 12 | 徐錫華(1860~1924) | 經說類編-孟子 | 經說類編 | 22,000 |
| 13 | 金 榥(1896~1978) | 孟子附演 | 重齋集 | 32,768 |
| 14 | 尹光心(? ~ ?) | 孟子說略 | 剩書 | 12,800 |

〈詩經〉〈1책〉

| 1 | 俞 棨(1607~1664) | 讀詩瑣說 | 市南集 | 9,000 |
|---|---|---|---|---|
| 2 | 李衡祥(1653~1733) | 瓶窩講義-毛詩 | 瓶窩全書 | 61,600 |
| 3 | 朴獻可(1713~1772) | 詩傳講說 | 活孝齋集 | 8,360 |
| 4 | 徐命膺(1716~1787) | 詩樂妙契 | 保晚齋叢書 | 37,200 |
| 5 | 南公轍(1760~1840) | 詩童子問 | 金陵集 | 11,600 |
| 6 | 南公轍(1760~1840) | 詩論 | 金陵集 | 800 |

| 7 | 尹行恁(1762~1801) | 薪湖隨筆―毛詩 | 碩齋別稿 | 27,300 |

〈2책〉

| 8 | 經筵廳(純祖 年間) | 詩傳講義 | 講義 | 90,000 |
| 9 | 李震相(1818~1886) | 詩傳箚義 | 寒洲全書, 求志錄 | 8,000 |
| 10 | 李象秀(1820~1882) | 讀詩隨筆 | 峿堂集 | 3,400 |
| 11 | 李海翼(1847~1925) | 經義類輯―詩經 | 延李文庫 | 19,668 |
| 12 | 李炳憲(1870~1946) | 詩經附注三家說考 | 李炳憲全集 | 251,328 |
| 13 | 金 榥(1896~1978) | 詩經餘義 | 重齋集 | 36,352 |
| 14 | 朴章鉉(1908~1940) | 讀詩隨記 | 中山全書 | 40,320 |

〈書經〉 〈1책〉

| 1 | 俞 棨(1607~1664) | 讀書瑣說 | 市南集 | 17,640 |
| 2 | 李文載(1615~1689) | 碁三百註解 | 石洞遺稿 | 5,000 |
| 3 | 李文載(1615~1689) | 璿璣玉衡註解 | 石洞遺稿 | 20,000 |
| 4 | 韓汝愈(1642~1709) | 經義解釋―書經 | 遯翁別集 | 10,000 |
| 5 | 鄭齊斗(1649~1736) | 碁三百說 | 霞谷外集 | 24,000 |
| 6 | 吳光運(1689~1745) | 經說―書經 | 藥山漫稿 | 6,200 |
| 7 | 金奎五(1729~1791) | 讀書記疑 | 最窩集 | 10,000 |
| 8 | 黃胤錫(1729~1791) | 釋碁三百註·碁三百總解 | 理藪新編 | 12,180 |
| 9 | 尹行恁(1762~1801) | 薪湖隨筆―尙書 | 碩齋別稿 | 25,620 |
| 10 | 成 灝(1764~1834) | 經義―書經 | 悔齋集 | 23,814 |
| 11 | 洪直弼(1776~1852) | 梅山先生經禮說―書傳 | 梅山先生經禮說 | 6,400 |
| 12 | 朴慶家(1779~1841) | 舜典璿璣玉衡章解並圖 | 鶴陽集 | 3,400 |
| 13 | 朴慶家(1779~1841) | 堯典碁三百章解並圖 | 鶴陽集 | 2,000 |
| 14 | 李鍾祥(1799~1870) | 碁註算法 | 定軒文集 | 7,000 |
| 15 | 李鍾祥(1799~1870) | 蔡傳訂疑 | 定軒文集 | 10,000 |

〈2책〉

| 16 | 經筵廳(純祖年間) | 書傳講義 | 講義 | 80,000 |
| 17 | 李震相(1818~1886) | 書傳箚義 | 寒洲全書, 求志錄 | 11,200 |
| 18 | 柳重教(1832~1893) | 三書衍義―書經 | 省齋文集 | 8,600 |
| 19 | 李桓翼(1855~1932) | 尙書講說 | 裕山集 | 63,900 |
| 20 | 李炳憲(1870~1946) | 尙書補義 | 李炳憲全集 | 8,000 |
| 22 | 李炳憲(1870~1946) | 書經 | 李炳憲全集 | 17,740 |

〈3책〉

| 21 | 李炳憲(1870~1946) | 書經傳注今文說考 | 李炳憲全集 | 167,040 |

| 23 | 金 榥(1896~1978) | 尙書舊讀 | 重齋集 | 55,808 |
| 24 | 朴章鉉(1908~1940) | 讀書隨記 | 中山全書 | 34,560 |
| 25 | 金弘任(? ~ ?) | 兩漢五經顒門譜一書 | 三圓觀散稿 | 12,800 |

〈周易〉〈1책〉

| 1 | 趙 翼(1579~1655) | 易象槪略 | 浦渚先生遺書 | 10,080 |
| 2 | 洪良浩(1724~1802) | 易象翼傳 | 耳溪集 | 23,400 |
| 3 | 成 灒(1764~1834) | 悔齋集-周易 | 悔齋集 | 44,550 |
| 4 | 洪直弼(1776~1852) | 梅山先生經禮說-周易 | 梅山先生經禮說 | 7,000 |
| 5 | 崔承謨(1857~1944) | 吉浦易說 | 吉浦集 | 115,875 |

〈2책〉

| 6 | 徐錫華(1860~1924) | 經說類編-周易 | 經說類編 | 20,000 |
| 7 | 李泰一(1860~1944) | 明菴先生周易會疑 | 明菴先生周易會疑 | 43,824 |
| 8 | 李炳憲(1870~1946) | 易說 | 李炳憲全集 | 11,232 |
| 9 | 李炳憲(1870~1946) | 易經 | 李炳憲全集 | 7,590 |
| 10 | 金 榥(1896~1978) | 周易小箚1 | 重齋集 | 31,744 |
| 11 | 金 榥(1896~1978) | 周易小箚2 | 重齋集 | 34,816 |
| 12 | 朴章鉉(1908~1940) | 周易或問 | 中山全書 | 17,280 |
| 13 | 韓德師(? ~ ?) | 易繫口訣 | 石隱遺稿 | 46,000 |

〈禮記〉〈1책〉

| 1 | 鄭經世(1563~1633) | 思問錄-禮記 | 愚伏別集 | 12,100 |
| 2 | 尹行恁(1762~1801) | 薪湖隨筆-禮記 | 碩齋別稿 | 23,600 |
| 3 | 李震相(1818~1886) | 禮記箚義 | 寒洲全書, 求志錄 | 20,800 |
| 4 | 李海翼(1847~1925) | 經義類輯-禮記 | 延李文庫 | 19,668 |
| 5 | 金 榥(1896~1978) | 禮記記疑 | 重齋集 | 25,600 |

〈春秋〉〈1책〉

| 1 | 李衡祥(1653~1733) | 瓶窩講義-春秋 | 瓶窩全書 | 24,800 |
| 2 | 尹行恁(1762~1801) | 薪湖隨筆-左傳 | 碩齋別稿 | 11,760 |
| 3 | 李震相(1829~1886) | 春秋翼傳 | 寒洲全書 | 140,800 |
| 4 | 李炳憲(1870~1946) | 春秋經筆削考 | 李炳憲全集 | 174,720 |
| 5 | 金 榥(1896~1978) | 春秋讖言 | 重齋集 | 117,248 |

# 3부

## 고전자료 새롭게 읽기

### I

# 18세기 歌集 編纂과 無名氏

권순회(한국교원대 국어교육학과 교수)

## 1. 문제 제기

'無名氏'는 성과 이름이 없는 사람이라는 의미이다. 가집에서 '무명씨'는 작자를 알 수 없거나 작자명이 유실된 작품들을 모아 놓은 二數大葉의 항목을 지칭한다. 18세기에 편찬된 가집에 주로 등장한다. 18세기 가집은 이삭대엽의 노랫말을 작자별로 분류해 수록하였다. 작자가 분명한 유명씨 작품들을 배치한 후 연이어 무명씨 작품을 수록하였다. 『靑丘永言』(金天澤 編)에서 처음으로 마련된 이 구도는 가집의 편제가 전면적으로 악곡 중심으로 재편되는 19세기 초까지 이어진다.

언뜻 보면 무명씨 항목은 작자를 알 수 없는 작품들을 분류하기 위해 임시로 마련된 장치로 인식하기 쉽다. 물론 그런 측면이 전혀 없는 것은 아니다. 가집에 따라 무명씨 항목을 '拾遺', '雜彙', '雜錄'이라고 라고 표기한 것이 그것이다. 하지만 수록 작품을 면밀하게 살펴보면 사정이 달라진다. 무명씨는 유명씨의 보조 항목이 아니라 가집의 특성에 따라 나름대로 내적 질서와 위상을 가지고 있다. 수록 작품들도 가집 편찬 당시 가곡 연행의 현장에서 널리 불리던 것들이다. 다만 작자를 잃었을 뿐이다. 오늘날도 그렇지만 노래가 실연될 때 청중들은 가수와 현장의 분위기에 집중한다. 노랫말을 누가 지었느냐는 부차적인 관심사이다. 尹善道(1587~1671)와 같은 유명한 사대부가 지은 노랫말일지라도 가곡의 연행 공간에서 작자명이 유실되는 경우가 허다했던 이유이다.

주지하는 바 18세기 가곡의 중심 악곡은 이삭대엽이다. 가집마다 편차가 있지만 이삭대엽 노랫말은 작자의 유무에 따라 유명씨와 무명씨 항목으로 나뉘어 편집되었다. 유명씨 부분에는 고려 말에서부터 가집 편찬 당시까지 작자가 알려진 작품들을 시간 순으로 배열하였다. 이는 가곡의 연원과 흐름을 분명하게 보여주는 장점이 있다. 하지만 시간 순으로 질서화 하는 것 이외에 편찬자의 개성을 드러낼 여지가 많지 않다. 일부 가감이 있을 뿐이다. 또 시간 축에 따라 수록 작자와 작품이 이미 고정되었기 때문에 당대 연행 공간에서 널리 불리고 있던 작자 불명의 노랫말들이 끼어들 여지도 거의 없다.

무명씨 항목이 설정된 이유가 바로 여기에 있다. 유명씨 작품을 통해 이전 가집의 고정된 틀을 수용하면서도 閭巷에서 인기를 끌던 노랫말이나 가집 편찬자, 혹은 동류집단의 개성을 담아낼 항목이 긴요했던 것이다. 무명씨로 분류된 작품이 당대에 연행되던 가곡의 노랫말 가운데 악곡과 잘 어울리고 연행 현장의 수요가 많은 것들인 이유이다. 때문에 가집 편찬자들이 무명씨 편집에 기울인 관심은 유명씨 부분 못지않다. 『청구영언』(김천택 편)을 보면 무명씨 항목을 처음으로 설정했을 뿐만 아니라 유명씨 부분과 대등하게 발문을 넣었다. 또 주제 분류를 단행하고 작품마다 54개의 주제어를 부여하였다.

그럼에도 우리는 늘 작자의 연대가 분명하게 드러나는 유명씨 부분과 시대적 특징이 명확하게 파악되는 악곡을 중심으로 가집을 이해해 왔다. 그러는 사이 18세기 가집에서 언제나 상당 부분을 점유하고 있던 무명씨 항목에 대해서는 전혀 관심을 기울이지 않았다. 무명씨를 유명씨의 보조 항목 정도로 인식했던 것이다. 여기에 『청구영언』(김천택 편)을 제외하고는 노랫말에 아무런 분류 정보가 없어 분석이 용이하지 않은 문제가 더해지면서 무명씨 항목은 오랜 기간 연구자들의 관심 영역 밖에 있었다.

이와 같은 상황에서 무명씨 항목이 새롭게 주목받기 시작한 것은 최근의 일이다. 김용철은 『청구영언』 무명씨의 내적 질서와 특성을 분석함으로써 그 위상을 새롭게 인식하는 결정적 계기를 마련하였다.[1] 이를 전환점으로 18세기 가집의 무명씨에 대한 연구 성과가 여럿 제출되었지만 그 대상은『청구영언』(김천택 편)에 집중되었다.[2] 이외에 개별 가집의 특성을 고찰하는 자리에서 무명씨에 대한 논의가[3] 산발적으로 이루어졌을 뿐 무명씨를 중심에 놓고 18세기 가집 편찬의 흐름을 탐색한 연구는 전혀 시도되지 않았다. 이에 본고에서 개별 가집 단위를 넘어 18세기 가집에서 무명씨 항목의 시기별 특성과 계보를 탐색하고자 하는 것이다. 18세기 가집 편찬자들이 유명씨 부분 못지않게 무명씨 항목의 편집에도 심혈을 기울였다면 분명 계보적 맥락이 있을 것으로 생각된다. 이를 통해 유명씨 중심으로 파악했던 기존의 가집 편찬의 구도를 재점검하는 계기를 마련하고자 한다.

## 2. 18세기 초,『청구영언』(김천택 편) 편찬과 무명씨

무명씨 항목은『청구영언』(김천택 편)에 처음 등장한다. 김천택은『청

---

1) 김용철,「『진청』「무씨명」의 분류체계와 시조사적 의의」,『고전문학연구』16, 한국고전문학회, 1999.

2) 남정희,「『진본 청구영언』무명씨에 대한 고찰」,『어문연구』3, 어문연구학회, 2007; 김창원,「조선시대 서울 양반의 거주지 공간개념과『진청』「무명씨」주제의 의미」,『한국시가연구』32, 한국시가학회, 2012; 이승준,「『진본 청구영언』무명씨 후반부 항목의 배열 체계와 그 의미-『진청』382-391을 대상으로」,『어문논총』70, 한국문학언어학회, 2016; 박연호,「『編歌의 측면에서 본『청구영언』(진본) 無名氏 연구-遊樂을 대상으로」,『한국고시가문화연구』39, 한국고시가문화학회, 2017.

3) 이상원,「조선후기 가집 연구의 새로운 시각-『海東歌謠』(朴氏本)을 대상으로」,『시조학논총』18, 한국시조학회, 2002; 이상원,「『海東風雅』의 성격과 無名氏 작품 배열 원리」,『한국문학연구』3, 고려대 민족문화연구원 한국문학연구소, 2002; 이상의 논문은 이상원,『조선후기 가집 연구』, 고려대 민족문화연구원, 2015에 재수록 됨; 강혜정,「尊經閣 소장『詩調』와 18세기 가집과의 친연성에 대하여」,『민족문화연구』75, 고려대 민족문화연구원, 2017.

구영언』(김천택 편)을 편찬하며 이삭대엽에 59명이 지은 노랫말 287수를 시대 순으로 수록한 후 연이어 무명씨 항목을 두고 104수를 주제별로 분류하여 배치하였다. 무명씨로 분류된 104수는 작자를 잃고 당대 가곡 연행 공간에서 널리 불리던 노랫말들이다. 물론 이 가운데는 오늘날 작자가 알려진 노랫말도 상당수 있다. 예컨대 윤선도는 유명씨 목록에는 등장하지 않지만 그의 작품이 무명씨에 2수가 수록되었다.[4] 이와 같이 유명한 사대부의 작품일지라도 연행을 거듭하면서 작자명이 유실되는 경우가 적지 않았던 것이다.

김천택이 유명씨와 대등하게 무명씨 작품을 별도의 항목으로 묶어 수록한 이유는 무엇일까? 김천택은 가곡 노랫말을 수집하기 위해 10여 년 동안 동분서주했던 것으로 확인된다.[5] 그는 이렇게 수집한 노랫말들을 손수 교정을 보고 작자를 고증하여 名公과 碩士 및 閭巷人, 妓女 등으로 분류하고 항목별로 시간 순에 따라 수록하였다. 또 작자를 알 수 없는 노랫말 104수는 별도로 무명씨 항목으로 묶어 이들과 나란히 배치하고 발문을 통해 수록 이유를 밝혔다.

무릇 이 무명씨로서 세대가 너무 멀어 그 성명을 알지 못하는 자들은 지금 다 상고할 수가 없다. 그래서 뒤에 기록해 두고 정통한 선비가 동참하여 자세히 밝히길 기다리노라.[6]

---

4) "우눈 거슨 버국이가 프른 거슨 버둘 숨가 / 漁村 두세 집이 닛 속에 날락들락 / 夕陽에 欲乃聲 돗거든 더욱 無心 ᄒ여라"〈강호 309〉
  "비 오눈 날 들에 가랴 사립 닷고 쇼 머겨라 / 마히 미양이랴 장기 연장 다스려라 / 쉬다가 개눈 놀 보와 수래 긴 밧 갈리라"〈전가 322〉

5) 권순회, 「김천택 편『청구영언』의 문헌 특성」, 『청구영언』 영인편, 국립한글박물관, 2017, 152면.

6) "凡此無名氏, 世遠代邈, 莫知其姓名者, 今皆不可攷. 因錄于后, 以待該洽之士, 傍參而曲證.", 김천택 편, 권순회·이상원·신경숙 주해, 『청구영언』 주해편, 국립한글박물관, 2017, 258면.

이상 발문의 표면에 드러난 무명씨 설정의 의도는 이들을 유명씨와 별도로 묶어 후대에 전승함으로써 인멸을 막기 위함이다. 이들은 "그 세대가 너무 멀어 그 성명을 상고할 수 없는 것들로 뒤에 기록해 두고 가곡의 노랫말에 정통한 선비가 동참하여 작자를 자세히 밝히길 기다리겠다."고 하였다. 하지만 김천택의 의도는 단지 이러한 데만 있지 않았다. 오히려 연행 공간에서 당대 사람들이 선호하던 이삭대엽 노랫말을 중심으로 일종의 가곡 앤솔러지를 구성하려 했던 것으로 판단된다.

김천택이 『청구영언』 편찬 과정에서 그 어떤 대목보다 무명씨 편집에 심혈을 기울인 이유가 바로 여기에 있다. 유명씨 부분은 이삭대엽의 중심축이지만 수집한 자료들을 재편집하는 과정에서 시간 순으로 질서화 하는 것 이외에 특별히 선별하지 않았다. 수집한 작품을 작자의 연대 순으로 최대한 실었다. 서발문까지 고스란히 수렴했다. 이에 비해 무명씨에는 당대를 대표하는 善歌者로서의 안목을 발휘하여 104수를 선별해서 수록했던 것이다. 비록 작자를 알 수 없지만 이들은 당대인들이 가장 선호하던 이삭대엽 노래들이었다. 이들을 54개 주제 영역에 따라 분류하고 작품마다 주제어를 부여해 수록하였다. 이뿐이 아니다. 유명씨 부분과 대등하게 발문까지 작성해서 첨부하였다.

김천택이 무명씨 편집에서 보여준 가장 특별한 관심은 바로 주제 분류를 단행하고 작품마다 주제어를 부여한 것이다. 주제 분류는 김천택에게 전혀 낯선 것이 아니었다. 『청구영언』(김천택 편) 편찬을 위해 수집했던 小歌集이나 歌帖 가운데는 주제어를 표기하지 않았을 뿐이지 간단한 내용 분류 형태를 취한 것들이 여럿 있었다. 김천택이 무명씨 주제 분류에 이들을 참조했음은 물론이다. 김천택 작품 30수가 무명씨와 유사한 주제 층위로 분류되었다는 점이 그 증거이다.[7] 하지만 김천택은 이들을

---

7) 이상원, 「『청구영언(진본)』 소재 김천택 시조의 내용 분류와 그 특징」, 『국학연구론총』 17,

참조하면서도 여항 가객으로서 자신의 경험과 시적 관심사를 보다 분명하게 주제 분류에 담아냈던 것이다.

54개 주제어를 살펴보면 '戀君', '江湖', '歎老' 등 우리에게 이미 낯익은 고시조의 전통적 주제들도 있지만, '嘲奔走', '周便', '兼致' 등 다소 생경한 주제들도 적지 않다. 이들을 오늘날 우리가 이해하는 주제 범주에 따라 몇 가지 층위로 다시 나누어 보면 다음과 같다.

① 戀君(294~297), 譴謫(298~300), 報效(301~302)

② 江湖(303~309), 山林(310~312), 閑寂(313~314), 野趣(315~319), 隱遯(320~321), 田家(322~325)

③ 守分(326~328), 放浪(329~332), 悶世(333~334), 消愁(335~336), 遊樂(337~338), 嘲奔走(339~340), 修身(341~343), 周便(344~345)

④ 惜春(346~347), 壅蔽(348~349), 歎老(350~353), 老壯(354~355), 戒日(356~357)

⑤ 戕害(358~360), 知止(361~362)

⑥ 懷古(363~364)

⑦ 閨情(365~369)

⑧ 兼致(370)

⑨ 大醉(371), 客至(372), 醉隱(373)

⑩ 中道而廢(374), 壯懷(375), 勇退(376), 羨古(377), 自售(378), 醉月(379), 380, 盈虧(381), 382, 命蹇(383), 不爭(384), 遠致(385)

⑪ 二妃(386), 懷王(387), 屈平(388), 項羽(389)

⑫ 松(390), 竹(391), 杜宇(392)

⑬ 太平(393) 戒心(394), 勞役(395), 忠孝(396), 待客(397)

---

택민국학연구원, 2016, 195면.

①은 모두 '戀君'과 관련된 주제들이다. ②는 오늘날 우리가 '江湖'로 포괄해서 이해하는 주제들이다. '江湖'에는 漁父의 흥취를 노래한 작품들만, '山林'에는 山水가 공간 배경으로 두드러지는 작품만 선별되었다. '野趣', '隱遯', '田家' 등은 田家時調의 핵심 주제 영역들이다.

③은 현실 문제에 대한 심적 태세, 혹은 처신으로 포괄할 수 있는 주제들이다. '守分'에 수록된 2수는 오늘날은 주로 ②의 영역으로 이해하지만 김천택은 현실 생활에서의 처신의 문제에 보다 주목했던 것으로 판단된다. 마찬가지로 '修身'에 수록된 2수도 윤리적 차원이 아니라 자신을 돌아보며 시비에 휘말리지 말 것을 경계하는 처신의 문제에 관심을 두고 이와 같이 분류한 것으로 보인다. '悶世'로 분류된 2수는 어찌할 수 없는 세상일에 대한 번민을 노래 한 곡조 흥얼거리며 해소하고 싶은 심경을 노래한 작품이다. '放浪'에 수록된 4수의 초점은 마음의 방황이다. 마음을 놓아 버리고 이렁저렁 지내며 현실의 번민을 덜어내고 싶은 심경을 노래했다. '消愁'와 '遊樂'에서는 술로 근심을 없애고자 하는 마음이 간취된다. '嘲奔走'에는 하나라도 더 얻기 위해 바쁘게 뛰어 다니는 세태를 백구와 솔개의 비유를 통해 조롱하고 있다. '周偏' 2수는 편당 짓지 않고 두루뭉술하게 처신하는 태도에 초점을 두고 있다.

④와 ⑥은 시간의 흐름과 무상감으로 묶을 수 있는 주제들이다. '歎老' 4수, '老壯' 2수, '戒日' 2수는 늙음에 대한 것들이다. '壅蔽'로 분류된 2수에 대해 우리는 구름이 해를 가리는 모티프를 정치적 상황을 우의한 것으로 해석하여 주로 연군의 정서를 토로한 것으로 이해해 왔다. 하지만 여기서는 꽉 막힌 현실에서 느끼는 답답함과 상실감에 초점을 맞추고 있다.

⑤에서는 먹고 먹히는 세태의 여러 단면들이 포착되었다. '戕害'에 수록된 359번 "간밤의 부던 보람에"는 『瓶窩歌曲集』에는 사육신 가운데 한 사람인 俞應孚의 작품으로 실려 있다. 주로 志節을 노래한 작품

으로 이해되었지만 여기서는 누군가에 의해 좌절할 수밖에 없는 상황을 노래한 것으로 분류되어 있다. '知止' 2수는 거미줄과 곤충의 관계를 통해 먹고 먹히는 험난한 세태에서 적당히 그칠 줄 아는 삶의 태도에 초점을 두었다.

⑦은 여성 정감이 토로된 작품들이다. 애정과 그리움이 주된 정서이다. ⑧ '兼致'는 편자의 의도가 잘 파악되지 않는 주제어이다. 여기에 수록된 "十年을 經營ᄒ여"는 전형적으로 강호에서의 자족감을 노래한 작품이다. 후대 가집의 무명씨에서는 모두 '江湖'에 포함하였다. ⑨는 모두 '醉樂'으로 포괄되는 주제들이다.

⑩에서는 공통적 특질이 명료하게 드러나지 않지만 ③과 같이 순탄하지 않은 삶의 여러 국면에서 좌절과 희망, 처신의 문제가 주된 관심사로 부각된다. '中道而廢'로 분류된 374번은 우리에게 익숙한 "泰山이 높다 ᄒ되"이다. 우리는 이 작품을 교훈적인 내용으로 이해하고 있지만 김천택은 그보다는 중도 포기에 주목했던 듯하다. '壯懷'로 분류된 375번 "十年 ᄀ온 칼이"는 장수의 기개를 노래한 작품으로 해석되지만 종장에서 장하게 품은 뜻을 펼칠 날이 오지 않는 아쉬움을 토로하는 것에 초점을 두고 이와 같이 분류한 듯하다. '勇退'로 분류된 376번 "天下 匕首劍을"은 오랑캐를 다 쓸어버린 후 강호로 물러나고픈 소망을 노래하고 있다. '羨古' 377번 "一生에 願ᄒ기를"은 태고적 태평성대를 부러워하는 내용이다. '自售' 378번 "靑山 自負松아"는 良工을 만나지 못한 자부송의 비유를 통해 세상에서 자신을 알아주는 이를 만나지 못한 처지를 노래한 작품이다. '盈虧' 381번 "ᄒ히도 나지 계면"은 낮에 해가 떴다 지고 밤에 달이 차고 기우는 상황의 비유를 통해 세상사도 이와 다르지 않다는 점에 초점을 두고 있다. '命蹇' 383번 "胸中에 머근 뜻을"은 순탄하지 않은 운명에 대한 아쉬움을 토로한 작품이다. 시절을 잘못만나 품었던 뜻을 이루지 못하고 남의 비웃음만 사는 처지를 한탄하는 내용이다.

⑪은 古事와 관련된 작품들이다. ⑫는 松, 竹, 杜鵑 등 주요 시적 소재를 주제어로 설정한 경우이다. ⑬은 앞에서 포괄하지 못했던 기타 주제 영역들이다.

이상에서 살펴본 바와 같이 『청구영언』(김천택 편) 무명씨의 주제 분류는 정연한 체계를 갖추는 데까지는 이르지 못했다. 294~369번까지 앞부분에는 주제 당 2~5수를 배열하여 분류의 틀을 갖추었지만, 370번 '兼致' 이하는 주제 당 한 수씩만 수록되어 분류의 경계가 모호한 측면도 없지 않다. 심지어 380번과 382번은 주제어 표기가 누락되어 있다. 주제 분류에 대한 김천택의 고민이 묻어나는 대목이다. 하지만 이들이 여항 공간에서 인기리에 불리던 가곡의 주요 레퍼토리였다는 점을 감안하면 보다 중요한 것은 체계의 정합성보다 분류에 드러난 시적 관심의 경향을 파악하는 일이다.

먼저 '江湖', '戀君'을 앞부분에 배치하여 면면히 이어지는 고시조의 전통적 주제들을 놓치지 않았다. 하지만 후반부로 가면서 집중적으로 등장하는 '放浪', '悶世', '消愁', ''嘲奔走', '周偏', '勇退', '命蹇', '不爭' 등의 주제는 인간관계와 처신의 문제와 관련된 것들이다. 이를 통해 주제 분류의 초점이 어디에 있는지 분명하게 드러난다. 김천택은 당대인들의 현실적 삶의 관심사에 초점을 두고 작품을 선별해서 무명씨 항목을 편집했던 것이다. 이들이 여항 공간에서 널리 불린 이유를 짐작할 수 있는 대목이다.

이렇게 마련된 무명씨 주제 분류는 典範이 되어 이후에 편찬된 가집으로 이어졌음은 물론이다. 『청구영언』(김천택 편)과 달리 후대 가집들에는 주제어 표기가 전혀 등장하지 않는다. 하지만 주제어 표기를 생략한 것일 뿐 작품 배열의 기본 틀은 『청구영언』(김천택 편)의 주제 분류 체계를 가져온 것이다. 세분되었던 주제들을 시적 관심에 따라 보다 큰 범주로 통합하여 작품 배열의 근간으로 삼고 여기에 새로운 작품을 추가하는 방식으로 무명씨 항목을 편집했던 것이다.

## 3. 18세기 중후반, 『청구영언』(김천택 편) 영향력과 무명씨의 변주 양상

18세기 중반 무렵부터 후반에 걸쳐 가집 편찬이 다양하게 펼쳐진다. 이에 따라 무명씨 항목도 다양한 양상을 띤다. 이 시기에 편찬된 가집 가운데 이삭대엽에 무명씨 항목을 둔 것은 『靑丘永言』(박순호본), 『詩調』(존경각본), 『詩歌』(박씨본), 『靑丘永言』(장서각본), 『永言』(이근배본), 『歌調別覽』, 『歌詞』(권순회본), 『海東歌謠』(박씨본), 『海東風雅』, 『靑丘永言』(홍씨본), 『東歌選』 등이다. 이 가운데 『시가』(박씨본)는 『가조별람』의 이본으로 수록 작품의 차이가 2수에 불과하고, 『가사』(권순회본)는 『가조별람』의 約本이다. 따라서 이두 가집은 선본인 『가조별람』으로 통합해서 논의하고자 한다.

이 시기 무명씨 항목에서 확인되는 주요 특성은 다음과 같다. 첫째, 무명씨 편집에 『청구영언』(김천택 편)의 영향력이 지속되는 가운데 가집에 따라 다양하게 변주된다. 『청구영언』(김천택 편) 무명씨에 수록되었던 노랫말의 상당수가 그대로 수용되고 있다. 대략 『청구영언』(김천택 편) 무명씨 수록 작품의 2/3에 해당하는 분량이다. 이뿐이 아니다. 『청구영언』(김천택 편)의 三數大葉 노랫말 가운데 일부를 가져오기도 하였다.

주제어를 표기하지 않았지만 『청구영언』(김천택 편) 무명씨의 주제 분류의 틀을 가져와 일부를 가감하고 재해석하며 작품 배열의 근간으로 활용하고 있다. 『청구영언』(김천택 편)에서 무명씨 시작 부분에 배치되었던 '江湖', '戀君' 등은 뒤로 옮기거나 규모가 축소된다. 반면에 당대인들의 현실적 관심이 집중된 인간관계, 혹은 처세와 관련된 주제들을 전면에 배치한다.

둘째, 『청구영언』(박순호본) 80수, 『시조』(존경각본) 99수, 『청구영언』(장서각본) 114수, 『영언』(이근배본) 160수, 『가조별람』 226수, 『청구영언』(홍씨본) 41수, 『해동풍아』 158수, 『해동가요』(박씨본) 38수 등 가집별로 무명씨 수록 작품의 편차가 크게 벌어진다. 이러한 현상은 『청구영언』(김편택 편)으로부터 이어지는 노랫말을 공통의 자산으로 수용하면서도 새로운 작품을 적극적으로 추가하여 변주한 결과이다. 새로 추가된 노랫말은 대부분 해당 가집에만 등장하는 신출작이거나 여항의 노래 가운데 편찬자의 기호가 반영된 작품들이다. 가집에 따라 수록 작품의 편차가 클 수밖에 없는 이유가 바로 여기에 있다.

이러한 특성에 유의하면서 개별 가집에 드러난 무명씨의 특성을 살펴보면 다음과 같다. 먼저 주목할 가집은 『청구영언』(박순호본)이다.[8] 『청구영언』(박순호본)은 『청구영언』(김천택 편)을 직접적으로 계승한 가집이다.[9] 무명씨 역시 이와 다르지 않다. 심지어 『청구영언』(김천택 편)의 무명씨 발문이 삼삭대엽 뒤에 그대로 수록된 것까지 같다. 『청구영언』(박순호본) 무명씨 80수 가운데 73수는 『청구영언』(김천택 편)의 무명씨 작품을 그대로 가져온 것이다. 몇 군데 차이가 있지만 수록 순서도 거의 일치한다. 다만 『청구영언』(김천택 편)의 294~294번에 배치되었던 '戀君' 관련 작품을 뒤로 이동시켜 '閨情'을 노래한 작품에 연이어 두었을 뿐이다. 18세기 초와 달리 '戀君' 관련 작품을 뒤로 돌려 '규정'과 연접해 배치하는 현상은 이 시기 다른 가집의 무명씨에서도 두루 포착되는 현상이다.

『청구영언』(김천택 편)에 수록되지 않은 7수 가운데 256번은 『청구영

---

8) 『청구영언』(박순호본)의 전반적 특성에 대해서는 다음 논문이 참조된다. 최현재, 「새 자료 『청구영언』의 특징과 의의」, 『한국언어문학』 80, 한국언어문학회, 2012. 2012년 최현재 선생을 통해 박순호 선생이 소장하고 있던 『청구영언』(박순호본)의 사본 일부를 열람한 바 있다. 이 자리를 빌어 박순호, 최현재 두 분 선생께 감사를 표한다.

9) 이상원, 「김천택 편 『청구영언』과 후대 가집의 관계」, 『청구영언』 영인편, 국립한글박물관, 2017, 163면.

언」(박순호본)에만 등장하는 신출작이다.[10] 263번 "간밤의 분 바람에", 281번 "줄식는 날아들고", 288번 "가더니 니즌 양후여", 289번 "섬겁코 놀라올손" 4수는 『청구영언』 삼삭대엽에도 수록되었던 것들이다. 이 밖에 274번 "늙거야 물러가쟈"는 『가조별람』, 287번 "東窓에 도든 달이"는 『가조별람』과 『청구영언』(장서각본) 무명씨에도 등장한다. 이처럼 『청구영언』(박순호본) 무명씨 항목은 『청구영언』(김천택 편)을 충실하게 계승하면서도 당대에 널리 불리던 무명씨 노랫말 7수를 새롭게 수용하여 개성을 드러냈다.

이 시기 무명씨의 또 하나의 흐름이 포착된다. 『시조』(존경각본), 청구영언』(장서각본), 『가조별람』, 『영언』(이근배본), 『청구영언』(홍씨본) 등이 그것이다. 이들을 살펴보면 몇 가지 공통점이 포착된다. 『청구영언』(홍씨본)을 제외하고 『청구영언』(김천택 편) 무명씨 작품 가운데 65수 내외를 수렴하고 있다는 점이다. 『시조』(존경각본)은 99수 중 67수, 『청구영언』(장서각본)은 114수 중 66수, 『영언』(이근배본)은 160수 중 71수, 『가조별람』은 226수 중 66수가 『청구영언』(김천택 편) 무명씨에 실려 있던 노랫말이다. 더욱이 이 네 가집에 공출하는 무명씨 작품도 53수나 된다. 이 뿐이 아니다. 무명씨 첫 작품이 『청구영언』(김천택 편) 무명씨 341번 '修身'에 수록되었던 "내히 죠타 후고"로 같고 노랫말의 배열 순서도 유사하다. 이러한 사실은 무엇을 말해주는가? 바로 이들의 무명씨 항목이 공통의 기반 위에 편집되었다는 것을 시사한다. 이점은 『청구영언』(김천택 편)의 '閭巷六人'에 수록된 朱義植 작품[11]이 네 가집에만 무명씨에 등재되어 있다는 사실에서 거듭 확인 된다. 이제 개별 가집에 대한 분석을 통해 이들

---

10) "구레버슨 말이 섬섯타 후건마는 / 綠草長堤에 예가 셔고 뎨가 셔니 / 잇글고 올리 업스니 그를 죠하 후노라"

11) "말하면 雜類라 후고 말 아니면 어리다 후니 / 貧寒을 눔이 웃고 富貴를 새오눈듸 / 아마도 이 하놀 아레 사롤 일이 어려왜라", 『청구영언』(김천택 편) 224번.

사이의 계보를 탐색하기로 한다.

성균관대학교 존경각에 소장된 『시조』는 최근에 학계에 보고된 가집이다.[12] 18세기 중반 무렵 『청구영언』(김천택 편)을 바탕으로 삼고 당대의 연창의 실질을 반영해서 편집한 가집으로 평가된다.[13] 『시조』(존경각본)의 무명씨에 드러난 특성도 이와 크게 다르지 않다. 『청구영언』(김천택 편)에서 수렴한 67수를 바탕으로 다음과 같이 재편집한 것이다. 우선 『청구영언』(김천택 편) 무명씨 가운데 5수는 작자를 밝혀 유명씨 항목으로 이동 시켰다.[14] 다음으로 『청구영언』(김천택 편) 삼삭대엽에도 수록되었던 6수를 추가했다. 244번(432[15]), 257번(406), 279번(441), 303번(418), 312번(441), 313번(443)이 그것이다. 이들은 앞뒤에 배치된 노랫말과 주제적으로 잘 어울리는 것들이다. 예컨대 244번(432)의[16] 경우 삼삭대엽 432번으로 수록되었던 작품인데 241~243번에 배치된 '修身'에 딱 부합한다. 284번으로 수록된 주의식의 작품도 이러한 맥락에서 포함된 것이다. 283번에는 『청구영언』(김천택 편) 무명씨에서 '知止'로 분류되었던 "小園 白花叢에"가, 285번에는 '壅蔽'로 분류되었던 "구름이 無心탄 말이"가 배치되어 있다. 주의식 작품은 閭巷人으로서 느끼는 신분적 갈등과 답답함을 토로한 것으로 전후 맥락에 잘 맞는다.

나머지 25수[17]는 『시조』(존경각본)에서 처음으로 등장하는 작품들이

---

12) 강혜정, 「신자료, 尊經閣 소장 44장본 『詩調』의 특성 및 편찬 시기 고찰」, 『한국시가연구』 42, 한국시가학회, 2017; 강혜정, 「尊經閣 소장 『詩調』와 18세기 가집과의 친연성에 대하여」, 『민족문화연구』 75, 고려대 민족문화연구원, 2017.

13) 이상원, 앞의 논문, 164면.

14) 295(戀君) → 22(朴彭年), 298(譴謫) → 176(宋時烈), 317(野趣) → 175(積城君), 340(嘲奔走) → 183(具志禎), 358(戕害) → 116(李陽元)

15) 괄호 안은 『청구영언』(김천택 편) 가번임.

16) "言忠信 行篤敬호고 酒色을 삼가호면 / 내 몸에 病 업고 놈 아니 무이ᄂᆞ니 / 行ᄒ고 餘力이 잇거든 學文조차 호리라"

17) 245번, 251번, 259번, 260번, 264번, 274번, 297번, 315번, 316번, 318번, 319번, 320번,

다. 특히 '閨情'으로 분류되는 작품에 연이어 315번에서 327번 사이에 애정을 노래한 작품을 12수나 추가한 점이 주목된다. 사대부 신분으로 추정되는 가집 편찬자가[18] 여항에서 불리던 애정 관련 작품을 집중적으로 수록한 것이 흥미롭다.

새로 등장한 25수 가운데 11수가 『청구영언』(장서각본), 『영언』(이근배본), 『가조별람』 무명씨에도 수록되어 있다. 259번, 260번, 264번, 321번, 324번, 325번, 331번, 332번 8수는 『청구영언』(장서각본), 『가조별람』, 『영언』(이근배본) 모두에 공출한다. 또 245번, 337번 2수는 『가조별람』, 333번은 『청구영언』(장서각본)에만 수록되었다. 이러한 사실은 『시조』(존경각본) 무명씨 항목이 『청구영언』(장서각본), 『가조별람』, 『영언』(이근배본) 무명씨와 밀접하다는 것을 시사한다.

이 가운데 『시조』(존경각본) 무명씨와 가장 밀접한 가집은 『청구영언』(장서각본)이다. 우선 무명씨에 수록된 노랫말의 규모를 보면 『시조』(존경각본) 99수, 『청구영언』(장서각본) 114수로 비슷한데 63수가 두 가집에 공출한다.

『청구영언』(장서각본)의 편제는 初中大葉에서 將進酒까지 전반부와 우조 초중대엽에서 무명씨까지 후반부로 대별된다. 이 두 부분은 성격이 다르다. 전반부는 18세기 중반 가집의 특성을 여실히 보여준다. 반면에 후반부는 악곡이 우조와 계면조로 나뉘어 배열되어 있는 점으로 미루어 19세기 초에 편집된 것으로 판단된다. 그러면 산출 시기가 다른 가집이 어떻게 같이 묶였을까? 현재로서는 이에 대한 단서는 찾을 수 없다. 다만 편찬 시기가 다른 두 종류의 가집을 저본으로 필사한 후 합철한 것으로 추론할 뿐이다. 필사 시기에 대해서는 다음 단서를 통해 추정이 가

---

321번, 322번, 323번, 324번, 325번, 326번, 327번, 328번, 331번, 332번, 333번, 334번, 337번

18) 강혜정, 「신자료, 尊經閣 소장 44장본 『詩調』의 특성 및 편찬 시기 고찰」, 『한국시가연구』 42, 한국시가학회, 2017, 187면.

능하다. 가집 끝에 배치된 무명씨에 추록된 442번이[19] 1776년 英祖의 崩御를 소재로 했다는 점을 고려하면 1776년 이후가 확실하다. 또 이면에 찍힌 목판본 時憲曆이 18세기 말에서 19세기까지 집중적으로 간행된 점, 표지에 기록된 "歲甲戌□□"의 간기를 고려할 때 최종적으로 필사한 시기는 1814년 전후로 판단된다.

『청구영언』(장서각본)에서 무명씨 항목은 두 군데 존재한다. 18세기 중반 가집의 특성이 드러나는 전반부 이삭대엽 유명씨의 '海東名妓' 항목 뒤에 '失名氏'라는 이름으로 8수가 수록되었다. 통상 무명씨가 배치되는 위치이다. 하지만 다른 가집과 견주어 보면 8수는 그 수가 너무 적어 온전한 형태라 할 수 없다. 또 이들은 『청구영언』(장서각본)에 처음 등장하거나 다른 가집의 삼삭대엽에 수록되어 있던 것으로 통상 편찬자의 취향에 따라 무명씨에 새롭게 추가되는 노랫말과 유사한 특징이 드러난다. 그렇다면 저본의 상황이 애초에 그러하기보다 필사 과정에서 상당수의 작품이 누락되었을 가능성이 더 높다.

또 하나의 무명씨는 가집의 끝부분에 위치한다. 우조와 계면조로 나누어 노랫말을 수록하고 그 뒤에 무명씨 항목을 두었다. 가곡 한바탕이 우조와 계면조로 분화되는 무렵부터 무명씨 항목이 점차 사라진다는 점을 고려하면 의아스러운 대목이 아닐 수 없다. 노랫말이 악곡적 좌표에 따라 분속되면서 더 이상 작자의 유무 여부는 중요하지 않았기 때문이다.

그렇다면 이 부분에 무명씨를 배치한 다른 이유가 있을 것이다. 우선이 대목이 가집의 끝부분이라는 점을 주목해 보면 필사 과정에서 누락된 작품을 추가로 필사해 두었을 가능성이 없지 않다. 요컨대 전반부 '失名氏' 항목을 필사할 때 상당수의 노랫말이 누락되었고 이를 가집 끝에 추

---

19) "卽位 五十三年인 제 明明聖德 ᄒ시더니 / 萬民을 바리시고 乘彼白雲 ᄒ시도다 / 至今에 蒼梧山色이 어졔런듯 ᄒ여라"

록했을 것으로 짐작된다. 무명씨 항목을 자세히 보면 304~417번까지 114수를 수록한 후 "追"라고 표기하고 이어서 418~453번까지 36수를 실었다. 그런데 이 부분에 수록된 노랫말을 살펴보면 앞에 수록된 114수와 다른 양상들이 포착된다. 일부에 작자 표기가 등장할 뿐만 아니라 蔓橫淸類, 樂時調로 불리던 것들도 보인다. 또『청구영언』(장서각)에 처음 등장하는 작품이 다수를 차지한다. 그렇다면 앞의 114수는 전반부를 필사할 때 앞의 '失名氏' 항목에서 빠진 것을 보충하고 차제에 필사자 자신과 주변 인물의 취향을 반영한 작품을 모아 418번 이하 36수를 추록한 것으로 판단된다. 이에 본고에서는 일단 무명씨 앞부분에 수록된 114수만을 논의의 대상으로 삼고자 한다.

『청구영언』(장서각본) 무명씨 114수는 304~385번과 386~417번 두 부분으로 대별해볼 수 있다. 304~385번은『청구영언』(김천택 편),『시조』(존경각본)과 공출하는 작품들이 다수를 차지한다. 그런데 주목되는 사실은 첫 작품부터『시조』(존경각본)과 배열 순서가 유사하다는 점이다. 또『시조』(존경각본)에서 작자를 밝혀 유명씨로 이동 배치했던 5수에 1수를 더해 6수를 유명씨 항목으로 이동시켰다.[20] 이러한 정황은 두 가집이 직접적인 영향 관계에 있음을 시사한다. 또한 주제어 표기는 없지만 이 대목은 다음과 같은 주제 층위에 따라 노랫말을 배열하고 있음이 포착된다.

304~307 修身, 308 守分, 309 放浪, 310 消愁, 311~316 遊, 317~332 江湖, 333~339 歎老, 340~342 戒害, 343~348 處身, 349~350 惜春, 351~352 客, 353~354 壯懷, 355 羨古, 356 自售, 357 嘲奔走, 358~359 命蹇, 360~361 潔身, 362~363 懷古, 364 戀君, 365~373 閨情, 374~377 古事, 378~379 志節,

---

20)『청구영언』(김천택 편) 무명씨 378번(취월),『시조』(존경각본) 무명씨 300번 → 78번(이덕형).

380~383 無常, 384 太平, 385 忠孝

이와 같이『청구영언』(김천택 편)의 무명씨를 바탕으로 삼으면서도 편찬자의 관심에 따라 일부 항목을 재조정해서 주제 분류의 층위를 유지하고 있다. 333번은[21]『청구영언』(김천택 편)에는 394번 '戒心'으로 분류되었으나 '歎老'로 재해석해서 수록 위치를 조정하였다. 읽어보면 오히려 '歎老'로 분류하는 것이 더 적당하다고 판단된다. 주제별 분류 가집인『槿花樂府』,『東歌選』에 모두 '歎老'로 분류되어 있다. 351~352번은『청구영언』(김천택 편) 372번 '客至', 397번 '待客'으로 나누어 수록했던 작품이다. 그런데 이들을 한데 모아 배치하였다. 이로써 벗을 기다리고, 벗이 오는 상황이 자연스럽게 연출된다. 이러한 양상은『시조』(존경각본)에서도 동일하게 포착된다. 다만『시조』(존경각본)에서는『청구영언』(장서각본)과 달리 '江湖'와 '古事' 관련 작품이 축소되어 있다. 이상의 논의를 통해 『청구영언』(김천택 편)에서『시조』(존경각본)로 이어지는 무명씨의 흐름이 다시『청구영언』(장서각본)으로 이어진다는 사실이 드러났다.

반면에『청구영언』(장서각본)에서 새롭게 추가된 32수(386~417번) 가운데 387~391번, 407번은『청구영언』(김천택 편) 삼삭대엽에도 수록되었던 것이다. 나머지는『청구영언』(장서각본)에 처음 등장하는 작품들이다.『청구영언』(장서각본) 편찬자의 관심과 개성을 드러낸 부분으로 당대의 노래를 이와 같이 무명씨에 포함했던 것이다.

이들의 주제 층위는 분명하게 드러나지 않는다. 한군데 연이어 배치된 것은 아니지만 '이별', '님기다림', '그리움' 등 '閨情'으로 포괄할 수 있는 작품이 8수, '遊樂'으로 구분되는 작품이 9수, '江湖'로 분류할 수

---

21) "마음아 너는 어이 미양에 져멋눈다 / 내 늙을 졔면 녠들 아니 늙을소냐 / 아마도 너 좃녀 둔니다가 눔 우일가 호노라"

있는 작품이 7수를 차지하고 있어 작품 선별의 방향은 가늠할 수 있다. 이 가운데 391~417번에 수록된 작품은 1805년에 편찬된『詩餘』(김씨본)의 무명씨 항목에 수록된 사실이 포착된다. 심지어 수록 순서까지 유사하다.『청구영언』(장서각본)과『시여』(김씨본) 무명씨의 상관성을 보여주는 대목이다.

이러한『청구영언』(장서각본) 무명씨와 친연성이 두드러지는 가집이『가조별람』이다.『가조별람』은 1750년 무렵에 편찬된 가집이다.[22] 무명씨에는 226수가 수록되었다. 가장 많은 무명씨 노랫말을 수록한 가집이다. 결론부터 제시하면『가조별람』의 무명씨는『청구영언』(장서각본)을 바탕으로 삼고 새로운 작품을 대거 추가하는 방향으로 편집된 것이다. 두 가집의 무명씨를 비교해 보면 노랫말 108수가 공출한다. 이들은 첫 작품부터 시작해서 수록 순서도 유사한 대목이 적지 않다. 심지어『청구영언』(장서각본)에서 새롭게 추가된 32수(386~417번)도 1수만 빼고『가조별람』에 모두 등장한다.『시조』(존경각본)에는 이들이 전혀 등장하지 않는다는 점을 고려해보면『가조별람』의 무명씨에『청구영언』(장서각본) 무명씨 작품이 전폭적으로 수렴되었음을 보여주는 대목이다.『청구영언』(장서각본) 무명씨 114수 가운데 단 6수만 제외되었을 뿐이다.

이로써『가조별람』무명씨의 특성이 분명하게 드러난다.『청구영언』(장서각본) 무명씨를 전폭적으로 수렴한 바탕위에서 새로운 작품을 대거 추가하는 방향으로 편집되었다. 추가된 노랫말이 무려 151수나 된다. 이 가운데『가조별람』에 처음으로 등장하는 노랫말은 84수이다. 이들은 355번 이후에 집중 배치되어 있는데 편찬자, 혹은 주변 지인들의 작품으로 판단된다.

---

22) 이상원,「『가조별람』의 문헌적 특성과『시가』(박씨본)과의 관계」,『조선후기 가집 연구』, 고려대 민족문화연구원, 2015, 50~52면.

이들은 여러 주제의 작품들이 뒤섞여 배열되어 있어 분류의 층위를 구분하기가 쉽지 않다. 주제 분류의 층위가 명료하지 않은 대신에 특정 詩句의 연상에 의해 작품을 배열한 곳은 여러 대목이 보인다. 예컨대 382~384번은[23] '瀟湘江'으로 연결된다. 이러한 양상은 편찬자가 주변 지인들이 짓거나 선호하던 노랫말을 최대한 무명씨에 담으려 한 결과로 해석된다. 때문에 가창에서 노랫말 기억에 필요한 최소한의 구분만 두었던 것이다. 새롭게 추가된 작품들이 주로 연행의 측면에 주목해서 선별되었음을 시사하는 대목이다. 『청구영언』(김천택 편)에는 만횡청류에 수록되었던 349번[24], 350번[25], 405번[26]도 이러한 맥락에서 여기에 포함된 것으로 판단된다.

『청구영언』(장서각본)과 관련하여 주목해야 할 또 하나의 가집이 바로 『영언』(이근배본)이다. 『영언』(이근배본)은 아직 학계에 보고되지 않은 새 자료이다. 현재 시조시인 李根培 선생이 소장하고 있다.[27] 필사본 2책(乾, 坤)에 총 572수가 수록된 가집이다. 각권 권말에 "己巳之歲林扉居士書于素隱窩中"이라고 필사기가 적혀 있다. 이를 통해 기사년에 임비거사라

---

23) "瀟湘江 細雨 中에 삿갓 신 긜 老人아 / 뷘 비 흘너져어 어드러로 向ᄒᆞᆫ다 / 太白이 飛
上天ᄒᆞ니 風月 실너 가노라"〈382〉
   "네 일홈 대라 ᄒᆞ니 斑竹인가 柴竹인가 / 瀟湘江 어듸 두고 내 알픠 와 넘노ᄂᆞᆫ다 / 淸風아
하 부지 마라 幽興계워 ᄒᆞ노라"〈383〉
   "瀟湘江 실음계온 디을 뉘라서 옴겨다가 / 나 자는 窓밧긔 외로히 심건ᄂᆞᆫ고 / 밤中만 구진
비 쇼릐예 좀 못 드러 ᄒᆞ노라"〈384〉
24) "人生 스른 수리 가거든 보고 온다 / 七十 고개 넘어 八十 드르러로 가거든 보고 왓니 /
가기ᄂᆞᆫ 가더라마ᄂᆞᆫ 少年 行樂이 어지론닷 ᄒᆞ여라"
25) "두고 가ᄂᆞᆫ 의 안과 보니고 인ᄂᆞᆫ 의 안과 / 두고 가ᄂᆞᆫ 이ᄂᆞᆫ 雪擁藍關에 馬不前 쁜이로다 /
보니고 잇ᄂᆞᆫ 의 안은 芳艸年年에 恨無窮인가 ᄒᆞ노라"
26) "東山 昨日雨에 老樹와 바둑 두고 / 艸堂 今夜月에 謫仙을 만나 酒一斗 詩百篇이라 / 來
日은 陌上 靑樓에 杜陵豪 邯鄲唱과 큰 못거지 ᄒᆞ리라"
27) 본인은 이근배 선생의 후의로 『영언』 원본을 직접 열람한 바 있다. 또 선생께서는 이 연구
를 위해 사본 한 부를 흔쾌히 제공해 주셨다. 이 자리를 빌어 이근배 선생께 감사를 표한다.

는 사람이 필사한 사실이 파악된다. 여기서 기사년은 1749년과 1809년을 상정할 수 있다. 그런데 유명씨 부분을 보면『海東歌謠』(주씨본)에 처음 등장하는 李鼎輔(1693~1766) 작품이 수록되어 있다. '閑散人' 항목에는 이전 가집에서 '年代欠考'로 분류했던 林晉, 李仲集, 朴明賢, 金應鼎, 許橿과 朴仁老(1561~1642), 여항 가객들의 작품을 수록하고 있는데 金天澤, 金壽長뿐만 아니라 金友奎, 朴熙瑞, 金兌錫, 文守彬, 金振泰, 金重說, 金黙壽 등『靑邱歌謠』에 수록된 여항 가객들의 작품이 보인다. 이들은 김수장과 동시대에 활동했던 인물들이다. 뿐만 아니라 樂時調 대신에 18세기 중후반 무렵에 파생된 '騷聳'이[28] '聳歌'라는 이름으로 등장한다. 이러한 사실로 미루어『영언』은 애초에 18세기 중반에서 후반으로 넘어가는 시기에 편찬되었고, 이를 저본으로 1809년에 현재의 상태로 재필사된 것으로 파악된다.

『영언』(이근배본)의 무명씨에는 160수가 수록되었다. 이 가운데 361~433번에서는『시조』(존경각본),『청구영언』(장서각본)과의 친연성이 두드러진다. 첫 작품이 모두 같고 작품 배열 순서까지 유사하다. 하지만 세부적으로 보면 일부 대목에서 편차가 포착된다. 337~341번까지는 '修身', '守分'으로 분류되는 작품들이 수록되었다. 342~347번까지는『청구영언』(김천택 편) 무명씨 '放浪', '悶世', '消愁'에 수록된 작품들이다. 348~354번은 '遊樂', 355~378번은 '江湖'로 묶을 수 있는 것들이다. 378번 "十年 經營ㅎ야"는『청구영언』(김천택 편)에서 '兼致'라는 주제어가 부여되었던 작품이다. 379~387번에는 '歎老', 388~393번에는 '戒害', '不爭', '知止', '周偏' 등 주로 삶에서 부닥치는 어려움이나 처신과 관련된 주제들을 모아 놓았다. 394~396번에는 '惜春', '戒日' 등 세월의 무상감과 관련된 작품이 수록되었고, 397~406번 사이에는 '羨古', '自售', '嘲奔走', '懷古' 등

---

28) 권순회,「신발굴 가집『歌辭』의 특성」,『한민족문화연구』55, 한민족문화학회, 64~75면.

삶의 여러 국면을 드러내는 이런저런 주제들이 섞여 있다. 407~425번에는 '閨情', 426~429번에는 二妃, 周公, 懷王, 屈平의 고사 관련 작품이 실려 있다. 432~433번에는 '太平'과 '忠孝' 등이 수록되었다.『시조』(존경각본),『청구영언』(장서각본)과 비교해 보면 '江湖'가 확대된 점이 주목된다. 24수나 수록되었다. 반면에 '戀君' 관련 작품이 거의 빠져 있는 점이 흥미롭다. 438번에 단 한 수만 수록되었을 뿐이다.『청구영언』(장서각본)에서는 '戀君'이 '閨情' 뒤로 옮겨져 배치된 바 있다.

434번 이후 63수 가운데 14수는『청구영언』(김천택 편)의 삼삭대엽에 수록되었던 것이다.『해동풍아』무명씨 21수,『가조별람』무명씨 16수,『청구영언』(장서각본) 무명씨 5수,『청구영언』(홍씨본) 무명씨에 9수가 공출한다. 여러 내용들이 뒤섞여 있어 주제적 질서도 뚜렷하지 않다. 심지어 457번 "부험고 섭거올슨"은 삼중대엽, 458번 "흐리누거 괴야시늘"은 北殿의 노랫말로 널리 알려져 있다.『청구영언』(장서각본),『가조별람』에서와 같이 편찬자나 주변 지인들이 짓거나 선호하던 노랫말을 추가했지만 별도로 주제 분류는 시도하지 않았고, 가창에 필요한 최소한의 구분만 두었던 것이다.

이상의 논의를 통해 우리는『영언』(이근배본) 무명씨가『시조』(존경각본)과『청구영언』(장서각본)으로 이어지는 무명씨의 흐름을 잇고 있다는 사실을 간파하였다. 그런데『영언』(이근배본) 무명씨가 18세기 후반에 편찬된『청구영언』(홍씨본) 무명씨와 매우 밀접한 단서들이 포착된다.『청구영언』(홍씨본)에는 '雜彙'라는 항목에 무명씨 노랫말이 49수가 수록되어 있다. 이 가운데 241~248번까지는 기녀들의 작품으로 무명씨에서 분리해야 할 대목이다. 이를 제외하면『청구영언』(홍씨본) 무명씨에는 41수가 수록된 셈이다.

이 41수 가운데『청구영언』(홍씨본)에만 단독 출현하는 287~288번을 제외한 39수는 다음과 같이『영언』(이근배본)과 수록 순서까지 완벽하게 일치한다.

| 영언<br>(이근배본) | 청구영언<br>(홍씨본) | 영언<br>(이근배본) | 청구영언<br>(홍씨본) | 영언<br>(이근배본) | 청구영언<br>(홍씨본) | 영언<br>(이근배본) | 청구영언<br>(홍씨본) |
|---|---|---|---|---|---|---|---|
| 341 | 249 | 363 | 260 | 403 | 271 | 462 | 282 |
| 342 | 250 | 373 | 261 | 408 | 272 | 466 | 283 |
| 343 | 251 | 375 | 262 | 409 | 273 | 468 | 284 |
| 344 | 252 | 376 | 263 | 415 | 274 | 489 | 285 |
| 347 | 253 | 377 | 264 | 416 | 275 | 492 | 286 |
| 348 | 254 | 378 | 265 | 417 | 276 | | 287 |
| 353 | 255 | 380 | 266 | 420 | 277 | | 288 |
| 355 | 256 | 386 | 267 | 442 | 278 | 494 | 289 |
| 358 | 257 | 387 | 268 | 435 | 279 | | |
| 361 | 258 | 390 | 269 | 436 | 280 | | |
| 362 | 259 | 393 | 270 | 461 | 281 | | |

　　그런데『영언』(이근배본)과『청구영언』(홍씨본)은 무명씨 부분만 일치하는 것이 아니다. 악곡 편제뿐만 아니라 유명씨 부분의 수록 작가도 대부분 일치한다. 기존 가집의 '麗末'에 해당하는 대목에 乙巴素, 薛聰, 成忠, 郭興(1058~1130), 姜邯贊(948~1031), 徐甄 등이 포함된 점도 같다. 특히 사대부 작자를 배열한 '本朝' 항목의 경우 李華鎭(1626~1696), 金盛最(1645~1713), 尹斗緒(1668~1715)가『청구영언』(홍씨본)에만 빠져 있을 뿐 작자 배열 순서까지 일치한다. 또 李之蘭(1331~1402)에서 시작해서 趙顯命(1690~1752)으로 끝나는 것도 같다. 또 작품 배열 순서도 일부 대목에 가감이 있을 뿐 대부분 일치한다. 이러한 사실은 이 두 가집이 같은 계열의 이본 관계임을 시사한다.

　　물론 차이도 적지 않다.『영언』(이근배본)에는『청구영언』(김천택 편)에 수록되었던 가집의 서문과 함께 권두에는 善歌者에 대한 소개, 各條體格, 五音과 四聲에 대한 설명, 中大葉, 後庭花, 數大葉의 특성 등이 제시되어 있는데, 이 가운데『靑丘永言序』는『청구영언』(홍씨본)에는 수록되어 있지 않다.

수록 작품수의 편차도 크다. 『영언』(이근배본) 572수, 『청구영언』(홍씨본) 310수로 차이가 무려 262수나 된다. 편차가 큰 대목은 '본조'에서는 鄭澈(1536~1593), 朗原君, 李鼎輔 작품이다. 정철 작품의 경우, 『청구영언』(홍씨본)에 수록된 10수(83~92번)가 『영언』(이근배본)에는 빠져 있다. 낭원군 작품은 『영언』(이근배본)에는 8수가 수록되었지만 『청구영언』(홍씨본)에는 단 3수만 등장한다. 이정보 작품은 『영언』(이근배본)에는 21수가 등장하는데 『청구영언』(홍씨본)에는 5수뿐이다. 『청구영언』(홍씨본) 편찬자가 유명한 사대부의 작품을 늘리고 다소 낯선 인물의 작품을 축소한 것이 아닌가 짐작된다.

기존 가집의 '연대결고'와 '여항인' 항목을 합친 '閑散人'에서는 그 차이가 보다 뚜렷하다. 『영언』(이근배본)에는 85수가 수록되었는데 『청구영언』(홍씨본)에는 27수만 보인다. 朴明賢, 朴熙瑞, 金兌錫, 文守彬, 金振泰, 金重說, 金黙壽가 등장하지 않고 여항 가객들의 작품이 대폭 축소되었다. 특히 김천택 작품은 『영언』(이근배본)에는 30수가 수록되었지만 『청구영언』(홍씨본)에는 단 3수만 등장한다. 기녀 작품을 제외한 무명씨의 경우 『영언』(이근배본) 160수, 『청구영언』(홍씨본) 41수로 편차가 119수나 된다. 만횡청류도 『영언』(이근배본) 39수, 『청구영언』(홍씨본) 14수로 편차가 적지 않다.

이상에서 사대부 작가보다는 '한산인', '무명씨', '만횡' 등에서 편차가 두드러진다는 사실이 주목된다. 이러한 사실은 『청구영언』(홍씨본)이 이삭대엽 사대부 작가를 중심으로 편집된 가집임을 시사한다. 사대부 작가가 등장하는 '본조' 부분을 거의 그대로 두고 '한산인'이하 부분을 대폭 축약했다. 이상의 사실을 고려하면 『영언』(이근배본)이 『청구영언』(홍씨본)보다 앞서 편찬되었을 가능성이 크다.

물론 그 반대의 가능성도 없지 않다. 『청구영언(홍씨본)을 바탕으로 작품을 추가하면서 「청구영언서」 등을 덧붙였을 가능성도 다분하다. 이에 대해서는 원본을 비교하면 보다 정확하게 판단할 수 있을 터이지만 『청구영언(홍씨본)은 소장자가 원본 공개를 꺼려 열람할 수 없는 상황이다.[29] 이에 정확한 판단은 일단 유보하고자 한다.

하지만 무명씨만 놓고 보면 『청구영언』(홍씨본)은 『영언』(이근배본)을 재편집했을 가능성이 높다. 39수는 『영언』(이근배본) 무명씨 160수 가운데 고르게 선별되었다. 주제별 균형을 고려했음은 물론이다. 249~255번에는 '守分', '放浪', '消愁', '悶世', '遊樂' 등 현실 문제에 대한 심적 태세에 관련된 작품들을 배치했다. 256~265번에는 '閑寂', '野趣', '田家', '江湖', '山林' 등 강호 생활과 관련된 주제들이 이어진다. 266~267번에는 '탄로'를 노래한 작품을 두었다. 268~271번에는 '知止', '潔身', '흑백논리' 등 주로 처신에 관한 주제들이 이어진다. 272~278번은 '閨情', 279~280번은 '戀君' 관련 작품들이다. 281~286번에는 다시 '江湖', 287~289번에도 다시 '閨情'을 노래한 작품을 수록했는데 이 가운데 287~288번을 제외한 7수는 『영언』(이근배본)에서 새롭게 추가된 노랫말에 들어 있던 것이다.

이상과 같이 주제 분류도 『영언』(이근배본)의 무명씨의 틀을 그대로 유지했다. 『시조』(존경각본), 『청구영언』(장서각본)과 집중적으로 공출하는 433번 이전뿐만 아니라 『영언』(이근배본)에서 새롭게 추가된 작품들이 집중적으로 배치된 434번 이후에서도 고르게 선별되었다. 뿐만 아니라 배열순서도 일치한다. 요컨대 『청구영언』(홍씨본)의 무명씨는 『영언』(이근배본)의 무명씨를 직접적으로 계승해서 편집된 것이라 할 수 있다.

이상의 논의를 통해 『청구영언』(김천택 편)에서 '『시조』(존경각본) → 『청

---

29) 본고에서는 심재완, 『역대시조전서』, 세종문화사, 1972에 수록된 작품과 『시조의 문헌적 연구』, 세종문화사, 1972의 문헌 해제를 기본 자료로 활용하였다.

구영언』(장서각본) → 『영언』(이근배본) → 『청구영언』(홍씨본)'으로 이어지는 18세기 중후반 무명씨 계보의 한 가닥이 분명하게 드러났다.

이외에도 무명씨와 관련하여 놓치지 말아야 할 가집이 『해동가요』(박씨본), 『해동풍아』, 『동가선』이다. 이들 역시 18세기 중후반 무명씨 편집의 다양한 양상을 보여준다는 점에서 소중하다.

『해동가요』(박씨본) 무명씨도 기본 틀은 『청구영언』(김천택 편)을 계승한 것이다. 38수 가운데 24수를 수렴하였다. 앞에서 살펴본 『시조』(존경각본), 『청구영언』(장서각본) 등 18세기 중반 가집과 비슷한 비율이다. 이외의 12수는 『청구영언』 삼삭대엽에서 2수, 낙시조에서 1수를 가져왔고 9수는 『해동가요』(박씨본)에 처음 등장하는 것들이다. 이들은 '閨情', '潔身', '遊樂'과 관련된 작품들이다. 366번은[30] 『해동가요』(박씨본)에만 유일하게 등장하는데 재필사 과정에서 추록된 작품으로 판단된다. 또 내용 분류에 따라 작품을 배열했는데[31] 『청구영언』(김천택 편) 무명씨의 분류 체계를 가져다가 자신들의 취향에 맞게 배열 층위를 조정한 것이다. 주로 처세나 심적 태세에 초점이 맞추어져 있다.[32] 이에 대해 이상원은 『해동가요』(박씨본)의 무명씨 항목이 대구의 韓維信 그룹의 시각이 반영된 것이고, 김수장이 1차본을 편집할 당시에는 무명씨를 고려하지 않았다고 파악했다.[33] 김수장이 『해동가요』를 편찬할 당시 무명씨를 고려하지 않았는지의 여부는 좀더 세밀한 논증이 필요할 터이지만 한유신 그룹

---

30) "一千株 심근 남기 다만 두리 香남기라 / 혼 남근 紫丹이오 또 혼 남근 沈香이라 / 沈香 이 紫丹을 만나 쩌날 뉘를 모른다"

31) 329~330 修身, 331~334 守分, 335~339 江湖, 340~345 慨世, 346~347 歎老, 348~349 閨情, 350~351 客, 352~354 潔身, 355~359 古事, 360~361 戀君, 362~363 遊樂, 364~365 勸誡, 366 閨情

32) 이상원, 「『해동가요』(박씨본) 연구의 새로운 시각」, 『조선후기 가집 연구』, 고려대 민족문화연구원, 2015, 141~156면.

33) 이상원, 앞의 논문, 156~158면.

이『해동가요』(박씨본) 무명씨를 편집했더라도 18세기 중후반 무명씨 편집 특성에서 크게 벗어나지는 않았던 것이다.

『해동풍아』는『해동가요』(일석본)으로 통칭되던 가집이다. 선학들이 이 가집이 김수장이 편찬한 원본에 가깝다고 보아『해동가요』(일석본)으로 규정한 바 있지만 이상원은『해동가요』와 분명히 구별되는 특성을 보여주는 가집으로 18세기 말 김수장과 전혀 다른 인물에 의해 편찬된 사실을 밝혔다. 그 근거로 김수장, 김천택과 관련된 내용을 모두 삭제했다는 점과 무명씨의 작품 배열 방식이 18세기 전중반 가집과 전혀 다른 점을 들었다.[34]

『해동풍아』무명씨에는 총 158수가 수록되었다. 이 가운데 61수는『청구영언』(김천택 편) 무명씨에 수록되었던 것이다. 이는 18세기 중후반에 등장한 가집들과 유사한 양상이다. 하지만 이들과 달리 일정한 주제적 질서를 찾기가 쉽지 않다. 18세기 중후반에 편집된 무명씨의 경우 새로운 작품이 추가되더라도 보다 큰 틀에서 주제 분류 체계가 작동하고 있다는 점을 감안할 때 다소 의아한 국면이 아닐 수 없다. 유명씨에 빠졌던 김천택 작품이 무명씨에 3수(355~356번, 358번)나 들어 있는 점도 특이하다. 그런데 흥미로운 점은 이러한 양상들이 19세기 초에 편집된 무명씨에서 두루 검출된다는 점이다. 그렇다면 우리는『해동풍아』무명씨의 위상을 어떻게 이해할 수 있을까? 이에 대한 판단은 가집 전체에 대한 면밀한 분석을 통해 이루어져야 할 것이지만 본고에서는 우선 대체적인 윤곽만 제시하고자 한다.

거칠게 추론하면『해동풍아』무명씨는 18세기 중후반『청구영언』(김천택 편) 무명씨에서 61수를 받아들이며 1차 편집이 이루어졌던 듯하다.

---

34) 이상원, 「『해동풍아』의 성격과 무명씨 배열 원리」,『조선후기 가집 연구』, 고려대 민족문화연구원, 2015, 161~168면.

김천택 작품이 무명씨에 포함되는 사례가 말해주듯 이후에 당대의 노래를 대거 수집하고 재편집을 거쳐 이와 같은 형태를 갖춘 것으로 짐작되는데 그 시기는 18세기 말로 추정된다. 2차 편집에서도 노랫말의 내용이나 주제를 고려하지 않은 것은 아니지만 그 관심은 대폭 감소한 것으로 판단된다. 때문에 작품을 대거 추가하면서도 별도의 분류 층위를 두지 않고 가창에 필요한 최소한의 구분만 두었던 것이다. 이상원이 파악한 동일어구나 문장, 소재, 이미지 등의 연상의 원리에 의해 작품이 배열된 양상이[35] 바로 그것이다. 이러한 연상의 원리는 문학에 대한 음악의 우위를 보여주는 것으로『가곡원류』등 19세기 가집에 전면적으로 나타나는 노랫말 배열 방식이라는 점은 시사하는 바가 크다. 이상의 특성을 고려하면『해동풍아』무명씨의 위상이 보다 분명해진다. 18세기 말 무명씨 편집의 과도기적 양상을 보여주는 사례라 할 것이다.

　『동가선』도 이러한 맥락에 위치하는 가집이다.『동가선』은 18세기 후반 여항인 白景炫(1732~?)이 편찬한 가집이다. 무명씨는 이삭대엽 기녀들 작품에 연이어 수록했는데 모두 24수이다. 또 무명씨에 연이어 편찬자 백경현의 작품 9수와 金鼎禹의 작품 16수를 실었다. 김정우의 작품 16수 가운데 15수는 다른 가집에도 수록된 것이어서 실제 그의 작품은 단 1수로 추정된다.

　24수 가운데 10수는『청구영언』(김천택 편) 무명씨에 수록된 것이다. 157번 "기러기 다 나라가고", 162번 "梧桐에 月上ᄒ고", 163번 "옷 버서 아히 쥬어" 3수는『동가선』에 처음 등장한다. 나머지 12수는『청구영언』(장서각본),『가조별람』,『해동풍아』무명씨에 수록되었던 것들이다. 이 가운데 143번 "ᄆᆞᆷ아 너는 어이"에는 "此歌崔沖所作云", 155번 "風波에 놀난 沙工"에는 "李參判彦記作云"이라는 부기가 붙어 있는데 155

---

35) 이상원, 앞의 논문, 171~181면.

번은 張晩(1566~1629)이 지은 것으로 널리 알려져 있다. 159번 "朝天路 지나거다"는 孝宗이 지은 것으로 유명하다. 163번 "옷 버셔 아히 쥬어"도 『해동가요』(주씨본) 이래 여러 가집에 김천택 작품으로 실려 있다.

『동가선』의 가장 큰 특징은 노랫말 끝에 '忠', '咏', '意' 등 약칭으로 주제어를 적어 놓은데 있다. 도합 30종에 이른다.[36] 작품마다 산발적으로 부여된 것으로 보아 정연한 틀을 염두에 두지는 않았던 것으로 파악된다. 주제 범주에 따라 노랫말을 수집한 것이 아니라 어느 정도 편집이 일단락된 후 작품 말미에 이와 같이 주제어를 표기했던 것이다.

이는 『청구영언』(김천택 편) 이래 무명씨에서 행해지던 주제 분류 방식을 가집 전체로 확대한 것으로 우리는 유사한 양상을 『古今歌曲』과 『槿花樂府』에서 확인할 수 있다. 『동가선』의 주제어 표기는 이러한 흐름의 마지막 흔적이라 할 수 있다. 가집 전체에 적용된 주제어 30종 가운데 불과 12종만이 무명씨에 쓰이고 있다. 또 주제어가 약칭으로 표기되었을 뿐만 같은 다음과 같이 주제어가 여기저기 산발적으로 부여되어 있다.

老 : 143, 144, 145, 158 / 述 : 146, 147, 154, 155 / 詠(咏) : 156, 157, 161, 162, 165 / 慨 : 148 / 隱 : 149 / 意 : 150 / 景 : 151, 152 / 思 : 153, 164 / 古 : 159 / 別 : 160 / 酒 : 163 / 春 : 166

이를 유사한 것끼리 통합하여 정리해 보면 '老'는 '歎老', '述'은 '修身'과 '守分', '詠(咏)'·'慨'·'隱'은 '遊樂' '意'와 '景'은 '江湖', '思'는 '閨情', '古'와 '別'은 '古事'와 관련된 작품들로 재분류할 수 있다. 이와 같이 '歎老', '修身', '守分', '遊樂', '江湖', '閨情', '古事' 등 큰 범주에서,

---

36) 忠, 詠(咏), 意, 慨, 橫, 述, 思, 老, 孝, 昇, 別, 豪, 景, 問, 壯, 懷古, 古, 嘆, 興比, 遣意, 樂時調, 蔓橫, 明, 問答, 隱, 隱逸, 將進酒, 帝, 酒, 春.

청구영언』(김천택 편) 이래의 무명씨에 대한 주제적 관심을 담아내고 있지만 그 규모는 대폭 줄었다. 또 분류의 경계도 많이 흐려진 상태이다.

이상에서 우리는『동가선』무명씨에서 18세기 중엽 무렵에 비해『청구영언』(김천택 편)의 영향력이 감소한 양상을 간파할 수 있다. 또 주제적 관심은 유지되지만 체계나 분류의 경계가 분명하지 않은 과도기적 양상도 포착된다.『해동풍아』와 같이 18세기 말 무명씨의 과도기적 편집 형태를 보여주는 또 하나의 사례라 할 것이다.

## 4. 19세기 초, 가집 체제의 전환과 무명씨

19세기 초에 가곡은 우조와 계면조 체제로 재편되고 여러 파생곡이 등장하면서 한바탕의 면모를 갖추기 시작한다. 가집의 편제도 전면적인 악곡 체제로 전환되어 모든 노랫말을 악곡에 따라 배열하면서 무명씨 항목도 점차 자취를 감춘다. 이에 따라 무명씨의 기능과 위상도 이전 시기와는 다른 양상을 띤다.

가장 먼저 주목되는 점은『청구영언』(가람본)처럼『청구영언』(김천택 편)을 충실하게 계승한 사례들도 있지만, 18세기 중후반에 비해『청구영언』(김천택 편)의 영향력은 현저히 약화된다는 사실이다. 이러한 양상은『청구영언』(김천택 편) 무명씨와의 노랫말 공출을 보면 확연하게 드러난다.『병와가곡집』은 234수 가운데 42수,『악부』(서울대본)은 137수 중 33수,『시여』(김씨본)은 221수 중 17수,『靑丘詠言』(가람본)은 113수 중 23수에 불과하다.『청구영언』(김천택 편) 무명씨를 65수 내외 수용했던 18세기 중후반과 비교해보면 그 수가 현저하게 줄었음이 담박에 드러난다.

그 원인은 무엇보다『청구영언』(김천택 편) 무명씨에 수록된 노랫말이 이제는 옛 노래로 인식되어 당대인들의 취향에 맞지 않았기 때문이다. 이들 가운데 상당수가 작자를 되찾아 유명씨 항목으로 이동한다.『청구영언』(김천택 편) 무명씨 가운데『병와가곡집』에서 작자의 이름을 회복하는 노랫말이 23수나 된다. 과거로부터 전승되던 작품을 일정 정도 고려했던 김천택과 달리 이 시기 가집 편찬자들은 당대인들의 취향과 악곡에 잘 부합하는 인기곡을 집중적으로 수집하여 무명씨에 실었던 것이다. 다음 자료는 이러한 양상을 잘 보여준다.

잡록. 이 여러 작품들은 모두 이름을 잃었다. 하지만 노랫말에 절주가 있고 악곡의 격조가 자못 헌걸차서 족히 세상의 正聲에 견줄 만하다. 까닭에 모아서 감상하고 읊조리는 사이에 감탄할 만한 것을 조목으로 열거하고 잡다하게 기록하여 후인이 계속 이어주길 기다린다.[37)]

『靑丘詠言』(가람본) 무명씨의 서문이다. 무명씨 항목의 명칭을 '雜錄'으로 붙였다. "노랫말에 절주가 있고 악곡의 격조가 자못 헌걸차서 족히 세상의 正聲에 견줄 만하다."고까지 하였다. 아울러 "감상하고 읊조리는 사이에 자연스레 감탄할 만하다."고 하여 무엇보다 수록한 노랫말들이 악곡과 잘 부합하는 것들이라는 점을 강조하고 있다. 이제 노랫말에 대한 관심의 초점은 내용이나 주제보다 최신의 악곡과 얼마나 잘 어울리는가에 있었다. 김천택이나 이정보 등 가곡 연행을 주도했던 인물들의 작품이 종종 무명씨에 포함되는 것도 이와 같은 이유이다,『병와가곡집』695번과 719번은 김천택, 792~795번은 이정보 작품이다. 당연히 당대의 감성에 뒤처지거나 옛 노래로 인식되던 작품들은 제외되었고,『청구영언』(김천택 편)의 영향력도 대폭 감소할 수밖에 없었던 것이다.

작자별로 작품을 배열하지 않으면서 유명씨와 무명씨의 경계가 흐려지

---

37) "雜錄. 此諸作, 皆失其名. 然而韻彙之切湊, 調格之頗蕩, 足可以耐世之正聲, 故裒輯賞詠間, 可歎者, 條列雜錄, 以待後人之繼述焉.",『靑丘詠言』(가람본).

는 양상도 나타난다. 栗糖大葉을 갖추어 우조와 계면조의 분화가 막 시작된 시기의 악곡 특성을 보여주는 『악부』(서울대본) 무명씨의 경우 동 시기에 편찬된 『병와가곡집』 무명씨와 50수, 유명씨 부분과 33수가 공출한다. 또 『병와가곡집』 무명씨 565번 "世上 富貴人들아"와 566번 "富貴를 뉘 마다 호며"는 『악부』(서울대본)에는 김우규의 작품으로 나와 있다. 동 시기의 가집이 같은 작품을 각기 유명씨와 무명씨에 달리 수록하고 있는 것이다. 『병와가곡집』 502번에 金裕器 작품으로 올라 있는 "景星出卿雲興 호니"는 초장 첫구절이 "天地 廣大 호고"로 바뀌어 무명씨 664번에 중복 수록되어 있다.

『青丘詠言』(가람본)에서도 유사한 양상이 다수 검출된다. "滄海에 낙시 너코"는 174번에는 김유기의 작품으로 나오지만 무명씨 301번에도 실려 있다. 『청구영언』(김천택 편) 무명씨 '野趣' 319번에 수록되었던 "집方席 내지 마라"는 무명씨 348번으로 등장하는데 165번에는 韓濩(1543~1605)의 작품으로 올라 있다. 무명씨 363번 "池塘에 비 뿌리고"는 166번에는 趙憲(1544~1592)이 지은 것으로 나온다. 또 "구룸이 無心타 말이"는 164번에는 李存吾(1341~1371)가 지은 것으로 나와 있고 무명씨 374번에도 수록되어 있다. 〈陶山十二曲〉言志 둘째 수 "煙霞로 집을 삼고"는 무명씨 389번에도 수록되어 있다.

그런데 여기서 눈여겨 보아야 할 점이 있다. 『병와가곡집』은 234수, 『악부』(서울대본) 137수, 『시여』(김씨본)은 221수, 『青丘詠言』(가람본)은 113수 등 이전 시기에 비해 무명씨 항목의 작품수가 오히려 증가했다는 점이다. 가집 체제의 전환으로 무명씨 항목이 점차 자취를 감추는 가운데 오히려 수록 작품수가 증가하는 이유는 무엇일까?

이미 언급한 바와 같이 가집 체제가 전면적인 악곡 중심으로 재편되면서 이삭대엽 노랫말을 작자 표기를 생략한 채 악곡별로 수록하기 시작했지만, 아직 우계면 체제는 온전하지 못했고, 頭擧, 中擧, 平擧 등 이삭대엽 파생곡들도 名目을 얻지 못한 상황이었다. 이러한 과도기에 이미 이삭대엽 노랫말로 확고하게 공인된 작품들 이외에, 연창 공간에 새롭게 부상한 상당수의 노랫말들의 악곡적 좌표는 유동적일 수밖에 없었다. 이에『興比賦』의 '各調音'과 같이 이들을 일시적으로 무명씨에 포함하며 작품수가 오히려 증가했던 것으로 판단된다.

이 시기 가집에서 무명씨 항목의 명칭이 18세기 이래 통용되던 '無名氏', '失名氏' 대신에 '雜錄', '拾遺', '雜彙' 등으로 쓰인 사례들이 포착되는 것도 이와 같은 맥락에서 이해된다.『청구영언』(김천택 편) 이래 무명씨 항목을 특징짓던 내용이나 주제 분류와 같은 고정된 체계는 이제 중요한 고려 사항이 아니었다. 다만 노랫말 기억에 용이한 동일어구나 문장, 소재, 이미지 등의 연상의 원리와 같은 가창에 필요한 요소들만 일부 적용되었을 뿐이다. 19세기 초에 편집된 무명씨 대부분에서 주제 층위가 선명하게 드러나지 않을 뿐만 아니라 계열 관계도 불분명한 이유가 바로 여기에 있었던 것이다.

이러한 와중에도 1805년에 필사된『청구영언』(가람본) 무명씨는『청구영언』(김천택 편)을 전폭적으로 계승한 것으로 확인된다.『청구영언』(김천택 편) 무명씨 104수 가운데 8수를 제외한 96수가 그대로『청구영언』(가람본)에 수용된다. 작품 배열 순서도 그대로 가져온다. 나머지 8수중 1수를 제외한 7수는 작자를 밝혀 유명씨 항목으로 이동 배치하였다. 이를 근간으로 당대 가곡 연행 공간에서 널리 불리던 30수가 새롭게 추가된다. 이로써 '『청구영언』(김천택 편) →『청구영언』(박순호본) →『청구영언』(가람본)'으로 이어지는 무명씨 계보의 한 줄기가 분명하게 드러났다. 이 계보는『청구영언』(김천택 편) 무명씨를 전폭적으로 수용하고 있다는 점에서 다른 유형과 구분된다.

『시여』(김씨본)도 1805년 필사된 가집이다. '拾遺'라는 이름으로 무명씨 작품이 무려 221수나 수록되었다. 하지만 뚜렷한 주제적 질서를 찾을 수 없다. 그런데 유심히 보면『가조별람』과 76수가 중출한다는 사실이 포착된다. 아울러『청구영언』(장서각본)과 41수가 공출하는데 이 가운데 331~356번 사이 수록된 작품은『청구영언』(장서각본) 391~417번과 배열 순서가 유사한 정황이 포착된다. 이러한 사실은『시여』(김씨본)이『청구영언』(장서각본) →『가조별람』으로 이어지는 계보적 맥락을 일부 계승하고 있다는 단서이다.

## 5. 결론

이상에서 18세기 가집의 무명씨의 특성을 고찰하고 계보적 맥락을 탐색했다. 논의 결과를 요약하면 다음과 같다.

무명씨는『청구영언』(김천택 편)에 처음 등장한다. 김천택은『청구영언』편찬 과정에서 무명씨 항목을 설정하고 당대 연행 공간에서 작가명을 잃고 널리 불리던 노랫말 104수를 54개의 주제로 분류하여 수록하였는데, 이는 이후 가집 편찬에서 무명씨 편집의 전범 역할을 하였다.

18세기 중후반『청구영언』(김천택 편)의 영향력이 지속되는 가운데 무명씨는 가집에 따라 다양하게 변주된다.『청구영언』(박순호본)은『청구영언』(김천택 편) 무명씨를 충실하게 계승한 것으로 판명되었다.『시조』(존경각본)의 무명씨는『청구영언』(김천택 편)의 흐름을 이으면서『청구영언』(장서각본) 무명씨로 연결된다. 최근에 학계에 소개된『시조(존경각본)』은『청구영언』(김천택 편)을 계승하고 있다는 사실만 밝혀졌을 뿐 후대 가집과의 관계는 분명하게 파악하지 못한 상황이었다.[38] 이제 무명씨를 통해 그 맥락이 분명하게 밝혀졌다.『시조』(존경각본) 무명씨를 이어받은『청구영언』(장서각본)은 다시 두 방향으로 분화된다. 하나의 흐름은『가조별람』으로 이어

---

38) 강혜정은『해동가요』(박씨본)과『청구영언』(장서각본)이『시조』(존경각본)의 영향을 받았을 것으로 추정하고 있다. 강혜정,「尊經閣 소장『詩調』와 18세기 가집과의 친연성에 대하여」,『민족문화연구』75, 고려대 민족문화연구원, 2017, 319~322면.

지고, 다른 한 줄기는『청구영언』(장서각본) →『영언』(이근배본) →『청구영언(홍씨본)으로 분화된다. 이외에『해동풍아』와『동가선』은 18세기 말 무명씨의 과도기적 편집 형태를 보여주는 사례로 주목된다.

19세기 초 가집이 전면적인 악곡 체제로 전환되면서 무명씨 항목도 점차 자취를 감춘다.『청구영언』(가람본)처럼『청구영언』(김천택 편) 무명씨를 전폭적으로 수용한 경우도 있지만, 악곡과 잘 부합하는 당대의 노랫말들이 주로 무명씨에 선별되면서 옛 노래들이 퇴조하고,『청구영언』(김천택 편)의 영향력은 현저하게 약화된다. 아울러 유명씨와 무명씨의 경계도 흐려지는 양상도 나타난다. 이런 가운데 오히려 작품수는 증가하는데, 작자 표기를 생략하며 악곡에 따라 노랫말을 수록하기 시작했지만 아직 악곡적 좌표가 정해지지 않은 노랫말들을 일시적으로 무명씨에 포함했기 때문이다. 이에 주제 분류와 같은 고정된 체계는 더 이상 무명씨 작품 배열의 중요한 고려 사항이 아니었다. 다만 가창에서 노랫말 기억에 용이한 연상의 원리 등이 일부 적용되었을 뿐이다. 이 시기에 편집된 무명씨 대부분이 주제 층위와 계열 관계가 분명하게 드러나지 않는 이유가 바로 여기에 있다. 다만『시여』(김씨본) 무명씨 일부 대목에서『청구영언』(장서각본),『가조별람』과의 연관이 포착될 뿐이다.

위의 내용을 항목별로 다시 정리하면 다음과 같다.

① 『청구영언』(김천택 편) → 『청구영언』(박순호본) → 『청구영언』(가람본)

② 『청구영언』(김천택 편) → 『시조』(존경각본) → 『청구영언』(장서각본)
　　→ 『가조별람』 → 『시여』(김씨본)　　　　　└ 『영언』(이근배본)
　　　　　　　　　　　　　　　　　　　　　↓
　　　　　　　　　　　　　　　　　『청구영언』(홍씨본)

③ 『청구영언』(김천택 편) → 『해동가요』(박씨본)

④ 『해동풍아』, 『동가선』

⑤『병와가곡집』,『악부』(서울대본),『靑丘詠言』(가람본)

　이상에서 18세기 가집 편찬에서 무명씨의 가장 중요한 흐름은 ②이라는 사실이 분명하게 드러난다. 이는 우리에게 시사하는 바가 적지 않다. 그 동안 우리는 18세기 가집 편찬의 구도를『청구영언』에서『해동가요』로 전승되는 맥락을 중심에 놓고 이해했다. 하지만 무명씨에서는『청구영언』(김천택 편)과 달리『해동가요』의 영향력은 미미한 것으로 확인되었다. ③에서『청구영언』(김천택 편)에서『해동가요』(박씨본)으로 이어지는 흐름은 포착되나 이후『해동가요』(박씨본) 무명씨를 이어가는 가집은 확인되지 않는다. 이상원은『청구영언』(장서각본)의 유명씨 부분의 특성을 논하는 자리에서[39] ②가 18세기 중엽『해동가요』와 다른 가집 전승의 맥락을 형성하고 있다고 제시한 바 있는데 무명씨를 통해 그 맥락이 보다 분명하게 드러났다.

---

39) 이상원,「18세기 가집 편찬과『청구영언』(장서각본)의 위상」,『조선후기 가집 연구』, 고려대 민족문화연구원, 2015, 35~44면.

# 신자료를 통해 본 18세기 白頭山 여행과 그 의미

## : 申光河를 중심으로

정우봉(고려대 국문학과 교수)

## 1. 들어가며

해발 2,744m. 우리나라에서 가장 높은 산. 중국과 국경을 맞대고 있는 민족의 靈山. 조선시대 때에 백두산에 오른 사람은 많지 않았고, 백두산에 오른 경험을 山水遊記로 남긴 사람은 더욱 적었다. 조선시대 백두산 산수유기 작품은 지금까지 대략 10여 편 정도 알려졌다. 이 논문에서는 그동안 학계에 알려지지 않았던 白頭山 산수유기 세 작품을 발굴 소개하는 한편, 震澤 申光河(1729-1796)의 신자료를 소개하고, 그가 남긴 백두산 산수유기의 특징적인 면모를 구명하고자 한다.

여기에서 소개하고자 하는 백두산 산수유기는 洪重一(1700-1776)이 1740년 백두산 등정의 체험을 기록한 『白頭山日記』와 奇人型 인물로 전국의 산천을 여행하였던 申光河가 1783년에 쓴 『遊白頭記』이다. 전자의 경우 1712년 백두산 정계비 설치 이후 백두산에 대한 관심이 높아지는 가운데 쓰여진 이른 시기의 작품이라는 점에서 주목되며, 후자의 경우 『震澤文集』 내 「北遊錄」과 「白頭錄」에 실린 한시를 위주로 연구가 진행되어 오던 것에서 벗어나 산문 형식으로 쓰여진 백두산 산수유기를 통해 보다 더 다양한 논의가 펼쳐질 수 있을 것으로 기대된다. 그리고 李圭景의 『오주연문장전산고』에 일부 인용되어 수록된 金肇彦(생몰년 미상)의 「白頭山記」 또한 학계에 널리 알려져 있지 않다.

이외에 또 하나 언급할 작품은 朴來謙(1780-1842)이 쓴 백두산 기행문이다. 이 글은 박래겸이 北評事로서 근무한 경험을 기록한 『北幕日

記』에 수록되어 있다.[1] 그는 북평사로 근무하면서 백두산 여행을 다녀 왔는데, 이 때의 경험을 일기 속에 서술해 두었다. 독립된 작품의 형태 는 아니고『북막일기』안에 수록되어 있지만, 한 편의 백두산기행문으 로 손색이 없다.

이들 신자료에 대한 새로운 조명을 통해 앞으로 백두산 및 북방 지역 에 관한 다각적인 연구, 백두산을 포함하여 조선시대 산수유기에 관한 연구 등이 보다 더 활성화되기를 기대한다.

## 2. 조선후기 白頭山 遊記의 신자료

그동안 알려진 白頭山 유기 작품은 대략 10여 편 정도이다. 이번에 申光河의『遊白頭記』, 洪重一의『白頭山日記』그리고 金肇彦의『白頭 山記』를 학계에 처음 소개하고자 한다. 이들 작품과 박래겸의『북막일 기』에 수록된 백두산 기행문까지 합치면 백두산 유기 작품이 총 14편에 이른다. (부록 1 참조)

申光河의『遊白頭記』에 대해서는 뒤에 더 자세하게 다루기로 하고, 우선 洪重一의『白頭山日記』를 소개하도록 한다.『白頭山日記』는 1책(15 장) 필사본으로, 작가가 밝혀지지 않은 채 현재 독립기념관에 소장되어 있다. 원래는 서지학자이며 독도박물관장을 지냈던 李鍾學(1927-2002) 선생이 기증한 책이다.『白頭山日記』의 존재에 대해서는 원소장자였던 이종학 선생이 1980년에『동아일보』를 통해 공개한 바가 있다. 표제에는 '白頭山日記'와 '西紀一七四〇年北營次長手記'라고 쓰인 종이가 붙여져 있다. 이 글씨는 현대에 쓰여진 것으로, 함경도 北營의 次長이 1740년

---

[1] 朴來謙이 쓴『北幕日記』에 대해서는 박영호의 연구 논문이 제출된 바 있으며, 최근에 한 글로 번역되어 소개되기도 하였다. 박영호, 「만오 박래겸의 북막일기 연구」,『동방한문학』 55, 동방한문학회, 2013 ; 박래겸,『북막일기』, 조남권 박동욱 역, 글항아리, 2016 참조.

에 작성된 것이라고 밝혀 놓았다. 본문 내에 '主將과 의기가 투합하여' 백두산 여행을 떠났다는 대목에 착안하여 아마도 소장자가 작가와 창작 연대를 추정하여 적어놓은 것으로 보인다.

작가가 따로이 표시되어 있지 않아서, 작품 내 관련 기록들을 토대로 작가를 洪重一로 추정하였다. 작품 서두에 다음과 같이 기록되어 있다.

> 경신년에 마침 北營의 막부에 있었을 때에 가을 바람이 일어나는 것을 만나니 이 마음(백두산을 여행하고자 하는 마음)이 꿈틀거리며 일어났다. 다행히 主將(함경도 병마 절도사)과 의기가 투합하여 마침내 7월 28일 병신일에 출발했다.[2]

작가는 丙申年에 北營의 幕府에 있었다고 하였으며, 主將 즉 함경도 兵馬節度使와 함께 7월 28일 丙申日에 백두산을 향해 길을 떠났다고 하였다. 여기서 庚申年은 1740년(영조 16)이다. 1740년은 7월 28일이 병신 일인 해이며, 1740년 7월 28일은 날짜의 간지가 丙申이다. 즉 작품의 창작연대가 1740년인 근거이다. 창작연대가 1740년인 이유의 또 다른 근거로 작품 중에 富寧府使로 재임중인 柳師賢이 등장하는 것을 들 수 있다.『승정원일기』영조 15년(1739) 2월 20일의 기록에 따르면, "柳師賢爲富寧府使"이라고 하였다. 柳師賢이 부령부사로 1739년에 임명되었기 때문에 작품 내 경신년은 1740년으로 확정해도 무방하다.

작가는 자신이 北營 幕府에 있었다고 하였고, 主將과 함께 백두산 여행을 했다고 하였다. 北營은 함경북도 鏡城에 설치된 軍營이며, 主將은 함경북도 병마절도사를 가리킨다. 그렇다면 작가는 이 시기 北營에 와 있던 虞候이거나 北評事로 짐작된다. 北營에는 함경북도 병마절도사가

---

2) 洪重一,『白頭山日記』, 독립기념관 소장본. 歲庚申適在北營幕府時, 遇秋風起, 此心不覺 奕奕萌動. 幸與主將意合, 遂於七月二十八日丙申發行.

있고, 그 아래로 虞侯가 있으며, 北評事는 그 다음의 지위이다. 관련 기록을 살펴보면, 당시 함경북도 병마절도사로 재직한 인물은 尹光莘이다. 그는 실제 백두산을 등정하였는데, 백두산 최고 봉우리를 '兵使峰'이라고 이름을 붙이게 한 인물이었다. 그리고 백두산 등정 때에 닭을 수백 마리 풀어놓아[3] 이후 이 닭들이 백두산 일대를 야생으로 지내는 것을 목격한 이야기가 후대 유람기에 보인다. 尹光莘은『鏡城誌』에 의거하면, 1739년 10월에 부임하였고, 1741년에 교체되었다.

함경북도 병마절도사 휘하에 있던 직책으로 虞侯와 北評事가 있는데, 虞侯는 병사가 없을 때 도내의 군사에 관한 모든 일을 다루는 것 이외에도 수시로 도내를 순행하면서 군사배치, 지방군 훈련, 군기의 정비 등을 살피고, 명령전달과 군량·군자의 관리를 담당하는 등의 막중한 임무를 맡고 있었다. 작품 내에 "虞侯柳以晉, 輸城丞金瑞亦會, 相與下馬, 坐談移咎."라는 대목이 보인다. 작가가 백두산으로 유람을 떠날 때에 부령 지역에서 虞侯 柳以晉을 만나서 이야기를 나누었다. 작품 내에 작가와 이야기를 나눈 虞侯 柳以晉은『백두산일기』의 작가가 될 수 없다. 그리고 虞侯는 관찰사가 겸임하는 兵使나 水使 밑에는 두지 않고 專任의 兵使와 水使 밑에만 1원씩 배치하였다.

따라서『白頭山日記』의 작가는 함경북도 경성의 북영에 와 있던 北評事로 추정된다. 北評事는 조선시대 함경도의 北營에 속한 정6품 무관 벼슬로서, 함경도 兵馬節度使의 보좌역을 맡았다. 원이름은 兵馬評事이고 약칭으로 北評事, 評事라고 부른다. 北評事는 虞侯와 더불어 각 도의 主將인 節度使의 幕僚로서 主將을 보필하였다. 즉 병마절도사 밑에서 文簿를 관장하고 軍資와 考課 및 開市 등에 관한 사무를 담당하였다.

그렇다면 1740년에 北營에 北評事로 부임한 사람은 누구인가?『鏡

---

3) 이에 대한 기록은 국립중앙도서관에 소장된『瑣編類抄』에 나온다.

城誌』를 참고하면, 1740년을 전후하여 북평사를 역임한 사람은 李錫杓, 洪重一, 李濟遠, 韓億增이다. 이 중에서 韓億增은 1741년에 북평사로 부임하였으며, 李濟遠은 1740년 7월 25일에 北評事로 임명을 받아 부임했다가 얼마 되지 않아 교체되어 돌아갔다. 『승정원일기』에 따르면 洪重一은 1739년 7월 28일 北評事에 임명되었으며, 1740년 8월 19일 교체되었다. 따라서 1740년 7월 北評事로 재임하고 있던 인물은 洪重一이다. 洪重一은 함경북도 병마절도사 윤광신과 함께 백두산 등정을 마치고 나서 얼마 있다가 바로 외직에서 교체되어 서울로 돌아왔다.[4]

한편 金肇彦이 쓴 『白頭山記』도 널리 알려져 있지 않은 듯하다. 朴琼이 쓴 『白頭山遊錄』에 다음과 같은 기록이 나온다.

행장을 꾸리려고 할 때에 종성 관아에서 金斯文(金肇彦을 가리킴)이 도착하였는데, 여기서 만나기로 약속하였기 때문이다. 다시 조금 기운이 났다. 데리고 온 급창 한 명이 예전에 종성부사(趙榮順을 가리킴)를 따라 백두산에 다녀왔으므로, 그에게서 자세히 사정을 알 수 있었다. 드디어 입산하기로 결정하였다. 이날의 날씨는 반쯤 개었다.[5]

위의 인용문을 통해 우리는 朴琼과 친구 사이인 金肇彦이 함경북도 종성 출신이며, 1764년 박종과 함께 백두산을 유람하였음을 알 수 있다. 같은 때에 함께 백두산에 올랐던 두 사람은 모두 여행기를 남겼으니, 朴琼의 『白頭山遊錄』과 金肇彦의 『白頭山記』가 그것이다. 박종의 작품에 대해서는 기왕에 널리 알려져 왔지만[6], 김조언의 『백두산기』에

---

4) 洪重一의 『백두산일기』에 대해서는 별도의 논문을 통해 자세하게 다루고자 한다.

5) 朴琼, 「白頭山遊錄」, 『鐺洲集』(국립중앙도서관 소장본) 권14. 方圖行李, 鍾城衙客金斯文適來到, 盖有期也. 更助一分氣力. 其急唱一人曾從趙鍾城入山者, 故又得聞其詳. 遂定入山計. 是日半晴.

6) 손혜리, 「당주 박종의 〈백두산유록〉 연구」, 『대동한문학』 26, 대동한문학회, 2007.

대해서는 그다지 잘 알려져 있지 않다. 김조언의 작품은 현재 전문을 확인하지는 못하였고, 그 일부만이 李圭景의『五洲衍文長箋散稿』에 인용되어 전한다.

## 3. 震澤 申光河 관련 신자료

그동안 震澤 申光河를 연구하는 주자료는 1975년에 영인본으로 간행한『崇文聯芳集』내의『震澤文集』이었다. 하지만 당시 영인본으로 보급된『진택문집』은 후손가에 전해오던 필사본을 그대로 찍은 것이 아니라 깨끗하게 다시 淨書하여 출간된 것이었다. 요컨대『진택문집』은 영인 출판을 위해 재필사된 것임에 유념할 필요가 있다.

申光河의 작품들이 이미 그 당시부터 제대로 수집 정리되지 않았다. 먼저 申光河의 甥姪인 尹持晦가 쓴『震澤文集』발문을 인용해 본다.

공이 지은 시와 문은 대단히 많지만 모아 놓은 것이 거의 없고 약간 있을 뿐이다. 아아! 애석하도다. 대개 공께서는 읊기는 좋아했지만 모으기를 좋아하지 않아서이다. --- 내가 공이 돌아가셨다는 소식을 듣고 달려가 곡을 하고 먼저 대로에게 남아 있는 공의 원고에 대해 여쭙자 대로는 이렇게 말했다. "슬프도다. 내가 모아보니 한 짐의 휴지였네. 종이가 오래 되어서 부푸러기가 일었으며, 부푸러기가 일어 글자가 뭉개졌으며, 글자가 뭉겨져 없어졌고 없어지지 않았으면 닳아 없어졌네. 시는 남아 있지만 제목이 없어진 경우도 있고 앞부분은 있지만 뒷부분이 떨어져 나간 경우도 있고, 위아래는 잘려 나갔지만 1, 2구는 근거할 만한 경우도 있었다. 눈을 밝게 뜨고 마음을 가라앉히고 깊이 생각하지 않으면 이해할 수 없네."[7]

---

7) 尹持晦,「跋」,『震澤文集』부록.

신광하의 문집이 생전에도 제대로 수습되지 못하여서 많이 흩어져 있었고, 원고 상태 또한 정리되어 있지 못하였다. 글자가 뭉개지고 제목도 없으며 일부분 떨어져 나간 것이 있는 등 텍스트로서의 불완전성을 지니고 있었다. 內從 李羽慶이 지은 祭文에서도 "군의 생전에 이미 십중팔구 유실되었다. 남아있는 것도 정서할 수 없고 오래된 것들은 순서가 없다. 혹은 한 번 지은 시를 두세 번 다시 쓴 것도 있고, 지우고 고쳐서 어지럽게 번진 것도 있으며, 시만 있고 제목이 없는 것도 있다"고 하였다.

현재 우리가 신광하의 문집으로 널리 활용하고 있는『진택문집』은 申光河의 甥姪인 尹持晦가 갖고 있던 필사본을 신광수 집안의 후손이 되는 申完植(1916–1995. 국편에서 근무) 선생이 다시 정서를 하여 필사한 것이다. 그리고 이가원 선생이 원고를 전체적으로 정리하고 해제를 작성하였다. 영인 출판하였을 때의 원필사본과 재필사하여 정서한 것 사이의 차이에 대해서 앞으로 더 연구가 필요하다.[8]

새로이 발굴한 백두산 유람기인『遊白頭山記』이외에 신광하의 또 다른 신자료들을 함께 들어본다. 먼저 소개할 것은『遊白頭山記』이다.

## 3.1『遊白頭山記』

遊白頭山記
申光河(朝鮮) 著
筆寫本
[刊寫地未詳] : [刊寫者未詳], [刊寫年未詳]
1冊: 無界. 行字數不定. 27.0 × 20.5 cm

---

8) 尹持晦가 갖고 있는 필사본의 존재와 행방에 대해 신광수가의 후손인 신홍순 씨를 통해 알아보았지만, 현재 어디에 있는지 확인하기 어렵다는 말을 들었다.

晉陽河氏 丹池宗中 所藏, 하순봉 영구위탁

경상대 문천각 소장


표제는 '遊白頭山記'로 되어 있는데, 그 안에는 신광하가 쓴 백두산
산수유기뿐만 아니라 백두산 관련 한시 작품, 신광하에게 써준 주변 문
인들의 작품, 그리고 잡다한 다른 시문까지 수록되어 있다. (부록 2 참조)
편자는 미상이다. 진양하씨 집안에서 기증한 것으로 미루어 보아, 이 집
안의 후손 중에서 누군가가 편찬하였을 가능성이 있다. 이와 관련하여
진양하씨 집안의 河達永이 쓴『池上世濟錄』내에『處士公遺稿』가 함
께 실려 있는데, 거기에 신광하의 백두산 유람기를 읽고 쓴 한시 작품이
확인된다.「觀白頭山錄感吟」라는 제목의 작품에서 "백년토록 동방의 申
進士 / 白頭錄 이후에 문장으로 이름났네(百世海東申進士 白頭遊後擅文章)
라고 하였다. 신광하의 백두산 산수유기가 유통되어 읽히고 있던 상황
을 알려주고 있다. 또한『유백두산기』의 편자가 진양하씨 집안과 관련
될 가능성이 있지 않을까 생각된다.

현재 경상대 도서관에 소장된『遊白頭山記』의 전체 내용을 개괄하
면 다음과 같다.


① 「祭白頭神文」:『震澤文集』 미수록. 문집 수록「祭白澤文」과 다른 작품.

② 「上樊巖書」:『震澤文集』 미수록

③ 「遊白頭記」: 백두산 기행 산문.『震澤文集』 미수록

④ 백두산 기행 한시 :『震澤文集』「白頭錄」소재 작품과 중복.

⑤ 李磺이 쓴 送序「遊白頭敍」

⑥ 李羽慶이 쓴 送序. 申光河의 內從

⑦ 蔡濟恭이 쓴 送序「送申文初遊白頭山序」. 1783년 端陽節에 작성.『樊巖
先生集』에「送震澤申文初遊白頭山序」라는 제목으로 수록.

⑧ 李獻慶이 쓴 장편고시 「白頭山歌送震澤申文初北遊」. 『艮翁文集』에 「白頭山歌 送震澤申文初北游」라는 제목으로 수록

⑨ 睦萬中이 쓴 7언절구 2수 「震澤申文初北行將白頭山書贈」. 『餘窩先生文集』에 「送申文初登白頭山」라는 제목으로 수록. 글자 출입 있음.

⑩ 崔烜이 쓴 7언절구 1수 「震澤遊白頭 行口呼贈之」. 자는 聖著.

⑪ 朴徹百이 쓴 7언절구 1수 「送申文初遊白頭山」.

⑫ 申渭相이 쓴 7언율시 3수 「送季父北遊」. 신광하의 從子

⑬ 申奭相이 쓴 장편고시 「奉獻季父登白頭山」. 申奭相의 文集 『대로유고』에 「奉獻季父震澤先生登白頭山」이라는 제목으로 수록.

⑭ 申光河가 쓴 한시 작품 수록. 「北關錄」 소재 작품.

⑮ 金昌翕의 「驪州梨湖」[9], 崔興璧의 「觀水亭記」, 작자 미상의 「鄕校移建表」, 尹行恁의 「健陵誌」, 정조 御製詩와 金鍾秀 등의 「諸賓賡歌」 수록.


『遊白頭山記』는 申光河의 백두산 여행과 관련된 詩文을 모아놓은 책자이다. 앞부분에는 신광하가 쓴 백두산 祭文이 먼저 실려 있고, 이어서 백두산 유람을 다녀오고 난 뒤에 번암 채제공에게 쓴 간찰 한 통이 수록되어 있다. 백두산 산신에게 올리는 제문은 『진택문집』에도 수록되어 있는데, 『유백두산기』에 실려 있는 것과는 다른 작품이다. 백두산 제문과 채제공에게 쓴 편지는 『진택문집』에 실려 있는 않은 자료이다.

이어서 일자별로 백두산 여행을 산문으로 적어놓은 「遊白頭記」가 실려 있다. 신광하는 1783년 8월 18일 鏡城을 출발하여 8월 25일 백두산 정상에 오른 다음 9월 3일 鏡城으로 다시 돌아왔다. 신광하가 쓴 「유백두기」는 백두산 산수유기로서, 문집에 미수록된 작품이다.

이와 관련해 취암문고본 『臥遊錄』(현재는 개인이 소장하고 있음)에 申

---

9) 金昌翕의 『三淵集』에 「驪江」이라는 제목으로 수록.

光河의 산수유기 작품 「白頭考」와 「北關行征錄」이 수록되어 있는 점이 주목된다.[10] 제목만 확인하고 실제 작품을 열람하지 못하였는데, 일단 제목만으로 보았을 때에 「白頭考」는 백두산을 여행하였을 때에 쓴 산수유기이며, 「北關行征錄」은 백두산을 여행하기 위해 들렀던 북관 지역을 다룬 산수유기로 추정된다. 앞으로 이들 두 자료를 열람하고 『遊白頭山記』 내에 수록된 「遊白頭記」와 대조하는 작업을 진행하고자 한다. 취암문고본 『臥遊錄』 수록 「白頭考」와 여기에 소개하는 「遊白頭記」는 제목이 다른데, 두 텍스트의 관계에 대해서는 추후 취암문고본 『臥遊錄』의 열람을 통해 자세하게 다루어져야 할 것이다. 이제 우리는 경상대 도서관에 소장된 『유백두산기』 내의 「유백두기」 자료를 통해 그동안 「백두록」에 수록된 한시작품만을 가지고 신광하의 백두산 여행을 다루었던 데에서 벗어나 보다 다채로운 논의가 가능해졌다. 「유백두기」의 내용에 대해서는 뒤에 구체적으로 논의하기로 한다.

「유백두기」 뒤에는 신광하가 백두산 여행 때에 쓴 한시 작품이 배치되어 있는데, 『진택문집』 「백두록」의 작품 일부가 수록되어 있다. 다만 작품의 배열 순서가 다르며, 일부 글자 출입도 눈에 띤다. 『진택문집』에는 시 형식이 다른 작품들이 같은 제목으로 묶여져 있는 경우가 있는데, 「유백두기」에는 시형식이 다른 작품들의 경우 별도로 분리되어 있다. 여기에 실려 있는 신광하의 한시작품들은 『진택문집』 내 작품들과 대비 교감하는 작업에서 유용하게 활용될 것이다.

그리고 신광하의 백두산 여행시에 송별하면서 써준 주변 문인과 인척의 작품이 배치되어 있다. 崔烜과 朴徹百의 작품은 그동안 알려지지 않은 자료이다. 이 뒷부분에는 신광하의 백두산 여행 관련 시문들을 모아서

---

10) 이종묵 교수로부터 취암문고본 『와유록』의 전체 목록을 얻을 수 있었다. 이 자리를 빌어 감사를 드린다. 현재 취암문고본 『와유록』은 개인소장으로 바뀌었다고 한다.

편집한 뒤에 별도로 여타 자료를 모아놓았다. 신광하가 북관지역을 여행할 때에 쓴 작품, 그리고 金昌翕의 한시, 崔興壁의 記文, 尹行恁의 「健陵誌」 등이 수록되어 있다.

## 3.2. 『四郡紀行』

申光河는 여행을 다니면서 많은 산수유기를 남겼다. 그 가운데 별도의 단행본 형태로 필사된 異本으로 주목할 또 하나의 자료가 『四郡紀行』이다. (부록 3 참조) 현재 단국대에 소장되어 있다. 앞서 살핀 『遊白頭山記』와 함께 신광하의 산수 유람 관련 작품이 필사본의 형태로 유통되어 읽히고 있었음을 알려준다.

四郡紀行

申光河 著

筆寫本

[刊寫地未詳]:[刊寫者未詳],[刊寫年未詳].

線裝1卷1冊(57張):無界, 9行20字;30.0 x 19.5 cm.

表題: 鞍馬紀

**단국대 율곡기념도서관 소장**

목록을 작성하면서 책의 제목을 '四郡紀行'으로 붙였지만, 실제 내용을 살펴보면 단양 등의 지역을 유람하고 쓴 「四郡紀行」과 금강산 유람을 기록한 「東遊錄」 등 두 편이 함께 묶여져 있다. 신광하의 산수유기를 모아놓은 것으로, 모두 『진택문집』에 실려 있는 자료이다. 그런데 단국대 소장 『사군기행』은 다음 몇 가지 점에서 우리의 주목을 끈다.

먼저 이 책에는 작품 군데군데 批點이 찍혀 있다. 지명이나 인상적인 대목에 비점을 표시하였다. 누가 하였는지는 현재 알 수 없는데, 이 책 뒤에 후지를 쓴 睦萬中일 가능성이 있다. 그리고『사군기행』은 영인본『震澤文集』수록 작품의 원본에 가까운 텍스트이다. 삭제하라는 뜻의 교정을 표시한 곳이 몇 군데에 보이는데, 실제『진택문집』에는 해당 부분이 빠져 있다. 그리고 글자 출입이 몇 군데에 보이는데,『진택문집』의 오류가 확인된다. 예컨대「사군기행」의「自丹陽邑歷三仙巖至舍人巖池五十里」부분에서 '望日可踰, 故以望名云'이라는 대목에 삭제의 표시를 하였다. '望日嶺'의 지명 유래를 설명한 대목인데,『진택문집』에는 이 대목이 빠져 있다. 그리고「自丹陽邑歷三仙巖至舍人巖池五十里」의 맨 마지막 부분이 '堪供一大噱'으로 끝나는데,『진택문집』에는 '堪供一代噱'으로 되어 있다. 또한 신광하와 친밀한 교분을 맺고 있던 여와 목만중이 이 책을 열람하였으며, 아울러 後識 형태의 글을 남겨 놓았다는 점에서도 중요한 의미를 갖는다.

우리 黨에서 유람하기를 좋아하기로 文初를 능가할 자가 없는데, 동방에 태어난 것이 안타까울 따름이다. 만약 중국에 있었다면 어찌 司馬子長보다 아래가 되겠는가? 내가 이를 수 있는 곳은 문초가 선후로 가지 않은 것이 없는데, 문초가 갈 수 있었던 곳을 나는 열에 한 둘도 가보지 못했다. --- 전년에 문초가 백두산에서 돌아와 나에게 말하길 "나는 말을 쉬게 하고 기운을 길러 1년 뒤에 다시 나가 서쪽 변방을 유람하고 돌아오겠다고 하였다. 자네가 글을 써서 북돋아주게"라고 하였다. 내가 듣고 장하게 여겼으며, 또한 필시 그렇게 할 수 있을 것임을 믿었다. --- 우연히 문초가 지은『鞍馬記』를 읽고 붓을 들어 책 끝에 적어 문초의 웃음거리로 제공한다.[11]

---

11) 睦萬中,「後識」,『四郡紀行』, 단국대 소장본. 吾黨以喜游, 無踰文初者, 但恨其生東國耳. 使處中國, 何遽出子長下哉? 凡吾所能至, 文初莫不先後之. 文初所能往, 吾未能十二三焉. 獨往歲渡浿江, 踰狄嶺, 夾鴨綠江, 直抵龍灣, 舟(氵+薩)川而歸. 光碧祥仙, 皆吾笻屐間物, 而留連信宿焉. 頗以是自驕而少折文初之辯. 前年文初從白頭還, 語余曰 : "吾將息馬力, 養吾氣. 一年以後復出, 遍游西塞而歸. 子其爲文張之." 余聞而壯之, 且信其必能爾也. 未幾選(?)部薦文初入官, 經歲於完府, 遷轉爲倉令, 方乾設於斗斛間. 西塞之游, 自此左矣.

睦萬中이 신광하가 쓴 산수유기(사군지역과 금강산)를 읽고 이 글을 쓴 것은 1787년이다. 신광하가 백두산을 다녀오자마자 西塞 지역을 여행할 생각에 가득 차 있었던 일화를 전해주고 있어 흥미롭다. 睦萬中은 이 글에서『鞍馬記』를 읽었다고 하였는데, 여기서 말하는『안마기』는 申夔相이「家狀」에서 말한『鞍馬錄』을 가리킨다.

다시 또 집을 떠나 금강산 여행을 떠났으니 이때에 간옹 이공이 회양의 수령의 수령이 되어 안내자가 되었다. 진택공이 九郡을 이미 두루 둘러보고 나서 회양에 이르러 10여 일을 머물며 이공과 함께 유쾌하게 이야기를 하며 문학은 논하고 이어서 서로 시를 지었으니 문집 속의 이른바 鞍馬錄이 바로 이것이다.[12]

단국대 도서관에 소장된『사군기행』의 목록상 제목은 첫장에 실려 있는 '사군기행'에서 따온 것인데, 실제 수록된 내용에 부합되고 또 표제에도 쓰여져 있는 것처럼 '鞍馬記'로 바꾸는 것이 좋을 듯하다.

### 3.3.『群芳掇英』

다음으로 申光洙의 신자료로 소개하는 것은『群芳掇英』이다. 서지사항은 다음과 같다.

群芳掇英

申光洙(朝鮮) [外]著

筆寫本

---

余可以長肴驕色於文初矣. 偶閱文初鞍馬記, 促筆書卷尾, 以資文初噴飯一笑

12) 申夔相,「家狀」,『震澤文集』. 卽又擺脫, 作金剛之行, 時艮翁李公, 出守淮陽, 爲東道主. 筇屐旣遍於九郡, 歷抵淮陽, 留十餘日, 與李公劇談論文, 繼以唱和, 卽集中所謂鞍馬錄者, 是已.

[刊寫地未詳] : [刊寫者未詳], [刊寫年未詳]

2卷2冊 : 四周無邊, 無界, 10行20字 註雙行, 無魚尾24.0 x 16.4 cm

乾의 表題 : 石北樂府, 震澤紀行

坤의 表題 : 霞全集, 大谷晚稿, 彝齋酬唱

楮紙

전남대 소장


『群芳掇英』은 申光洙, 申光河, 申緯, 李明逵 등의 시작품을 모아놓은 책자로서, 편자 미상이다. (부록 4 참조) 여기서 우리가 주목할 부분은 신광하의 한시 작품이다. 「震澤紀行」이라는 표제에서도 보듯이, 신광하의 한시 작품을 '紀行'이라는 주제에 맞추어 선별해 놓았다. 신광하의 작품 경우 내제에 「관북기행」이라고 되어 있는데, 관북지방을 거쳐 백두산을 유람할 때에 지은 작품들이 대부분이다.[13] 여기 수록된 한시작품은 『진택문집』과 대조한 결과 같은 작품이다. 다만 글자 출입이 많이 보이고, 제목에 차이가 나는 경우도 많다. 따라서 『진택문집』의 오류를 수정하고 교감작업을 하는 데에 유용하게 활용할 자료이다.

예컨대 「助述醬甕歌」는 함경도 지방을 여행하는 도중 강원도 평강에 있던 조술창에서 만난 한 노인의 이야기를 듣고 쓴 작품이다. 병자호란 때에 장독을 부수려던 청나라 군인을 활로 쏘아 격퇴시킨 이야기를 다루었다. 제목이 문집에는 「助述倉翁醬甕歌」로 되어있다. 「백두록」 소재 한시 작품의 경우에는 제목, 작품이 서로 맞지 않는 경우가 더 많이 보인다. 또 다른 실례로, 『진택문집』에는 「大紅丹」 제목에 수록된 작품이 이 책에는 「宿小紅丹灘」이라는 다른 제목으로 수록되어 있다. 특히

---

13) 일부 작품의 경우 그렇지 않은 작품이 있다. 「竹西樓夜讌贈諸妓」가 그 예이다. 이 작품이 수록된 제이본과 텍스트 문제에 대해서는 이은주, 「신광하 작 竹西樓夜讌贈諸妓의 존재양상 연구」, 『어문연구』 43, 어문연구회, 2015 참조.

백두산 여행 때에 지은 한시 작품의 경우 제목과 실제 작품이 서로 다른 것이 많다. 앞서 살핀『유백두산기』에 수록된 한시 작품의 경우에도 작품 제목과 실제 작품이『진택문집』과는 다른 사례가 많이 보였다.『진택문집』 텍스트의 문제점이나 오류를 바로잡는 데에 이들 자료들이 유용하게 활용될 필요가 있다.

### 3.4. 申光河 準戶口

신광하의 경제적 상황 등을 알려주는 申光河의 準戶口가 현재 토지박물관에 소장되어 있다. (부록 5 참조) 준호구는 신분 증명의 자료나 노비소유, 소송 등 제반 증명이 필요할 경우 개인적으로 관에 발급 신청을 하면 해당 관에서는 장적에 준하여 등급해주는 것으로 정의되고 있다. 그러나 조선 중기까지는 준호구에 대한 이러한 원칙이 관철되었지만 조선시대 중반을 넘어가면서 행정의 효율, 종잇값의 절약 등의 이유로 인하여 호구단자를 비롯한 준호구도 백성이 작성하여 제출토록 하는 사례가 많아졌다.

양반의 호구단자나 준호구는 많이 전하고 있지만, 우리가 잘 알고 있는 조선시대 문인의 준호구가 실제로 존재하는 경우는 그렇게 흔하지 않다. 그런 점에서 신광하의 준호구 자료는 흥미롭다. 더구나 이 자료에는 신광하의 노비 보유 현황에 대해 기록해 두고 있어서 더욱 주목을 요한다. 이 준호구는 乾隆 54年(1789)에 만들어진 호적대장을 근거로 해서 발급해 준 것이다. 신광하의 주소지는 韓山郡 제3 南下面 제11 活洞이었다. 신광하 거주 지역은 조선시대 지명으로는 韓山郡 南下面 活洞이며, 현재 지명은 충남 서천군 華陽面 活洞里이다. 活洞은 수문골, 은골, 崇文洞, 隱洞 등으로도 불리다가, 1914년 행정개혁 때에 오늘날 이름으로 바뀌었다.

이 준호구 자료에서 노비 보유현황이 특히 주목을 끈다. 남자 노비로는 日金(47세)과 勝男(33세), 그리고 여종으로 莫德(55세) 등 총 3명의 노비를 보유하고 있었다. 勝男과 莫德은 모자지간이었다. 세 명의 노비를 보유하고 있다는 점에서 신광하는 당시 기준으로 보아 하층 양반에 속한다고 보여진다.[14] 특히 중앙의 관료 생활까지 지냈던 신광하의 경우 이례적으로 노비의 보유 숫자가 적음을 알 수 있다. 신광하는 백두산 여행을 다녀온 다음다음해인 1785년에 처음을 벼슬길에 올라 廚院의 奉事와 義禁府 都事를 지냈다. 이후 승진하여 刑曹佐郎에 올랐다. 중앙 관료로 벼슬을 지냈던 신광하였지만, 실제 집안에서 보유한 노비의 숫자가 매우 적었다. 준호구에 누락되었을 가능성도 있겠지만, 현재로서는 신광하의 경제적 상황이 열악한 수준에 있었음을 객관적으로 입증하는 자료로 충분히 활용될 수 있을 것이다.

끝으로 신광하 관련 자료 가운데 몇 가지를 더 소개하면 다음과 같다. 국립중앙도서관에 소장된 『靑丘短曲』(洪良浩 作)에 申光河와 小瀛 洪聖幾의 발문이 수록되어 있다. 홍양호가 쓴 「靑丘短曲」과 「北塞雜謠」가 함께 수록되어 있는 이 책에 쓴 신광하의 발문을 통해 악부, 가요에 관한 인식을 엿볼 수 있다. (부록 6 참조) 그밖에도 문집에 미수록된 친필 간찰이 몇 통 전해지고 있는데, 『진택문집』에는 수록되어 있지 않은 신자료이다. (부록 7 참조) 편자미상의 『筆帖』(장서각 소장본)에 신광하의 한시 작품 「題蓮潭精舍」가 친필 글씨로 전한다. (부록 8 참조) 이들 친필 간찰과 한시 작품은 모두 영인본 『진택문집』에는 수록되지 않은 신자료이다.

---

14) 1690년 권대유 가에서 자녀들에게 전답과 노비를 분재하였는데, 전답 781두락이었고 노비가 100명이었다. 이에 대해서는 손병규, 「17,18세기 호적대장의 사노비 기재 실태 : 경상도 단성현 권대유가 노비를 중심으로」, 『고문서연구』 24, 한국고문서학회, 2004. 한편 寧海 재령이씨 집안은 16세기 경상도 영해에 살기 시작한 이애(1480~1561)의 후손으로, 노비 750여 명을 소유한 대부호였다.

## 4. 申光河의『遊白頭記』: 曠達과 始原의 공간

전국의 山河를 유람하고 돌아다녔던 신광하는 지난 10여 년의 꿈을 마침내 이루어 1783년 백두산에 올랐다. 그 이전까지 많은 산에 올랐던 것은 백두산에 오르기 위한 하나의 과정에 지나지 않았다.[15] 신광하의 백두산 여행과 관련해서는 그동안 여러 편의 논문이 제출된 바 있다.[16] 이들 기존의 연구 성과는 신광하의 한시 작품을 가지고 다루었다. 이 논문에서는 이들 기존 연구 성과를 바탕으로 하면서, 새로 발굴된 산수유기인「유백두기」에 나타난 백두산의 표상이 무엇인지, 그리고 백두산 여행의 의미를 문화론적 시각에서 접근해 보고자 한다.

신광하가 생각했던 백두산에 대한 형상이 무엇인지를 먼저 다루도록 한다. 결론적으로 먼저 지적한다면, 신광하에게 있어 백두산은 曠達과 始原의 공간으로 표상되었다. 신광하는 백두산과 다른 산과 비교하면서 그 형상을 부각시켰다. 신광하는 백두산 유기의 앞부분에서 백두산 여행 전에 유람했던 산들을 총평하면서 "가파른 것은 야윔에 단점이 있고, 웅대한 것은 살찜에 단점이 있으며, 기이한 것은 교묘함에 단점이 있고, 빼어난 것은 가냘픔에 단점이 있다."[17]고 하였다. 백두산 유람을 마친 후 신광하는 다음과 같이 백두산에 대해 총평을 하였다.

대개 이 산은 茂山 서쪽으로부터 삼백여리를 가서 꿈틀꿈틀 이어져 높고 가파른 형세가 없다. 오직 쌓인 바가 두텁고, 감싼 것이 드넓으며, 강과 하천, 들판과 습지, 구릉, 연못과 수풀, 커다란 짐승과 기이한 새, 숲속 나무와 신비한 풀 등이 있지 않은 것이 없다. 끝내 위로는 하늘에 닿고 아래로는 땅을 이고 있어 우뚝하니 동방의 산천

---

15) 그동안 신광하의 백두산 유람과 관련해서 많은 연구성과가 제출되었다. 이에 대해서는 구체적으로 적시하지 않고 참고문헌으로 대신한다.

16) 참고문헌에 제시되어 있는 안세현, 진재교, 손혜리, 김동준 등의 논문을 참조.

17) 申光河,『遊白頭山記』, 경상대 소장본. 峭者傷於瘦, 雄者傷於肥, 奇者傷於巧, 秀者傷於夾

의 祖宗으로 홀로 존재해 왔다. 天坪의 아득함, 長坡의 툭 트임, 三池의 그윽하고 오묘함, 綠雲의 곱고 빼어남 또한 천하에 없는 바이다. --- 지금 보니, 백두산의 體勢가 두텁고 넓으며, 모습이 웅장하고 씩씩하며, 기운이 신령하고 빼어나며 높고 힘차다. 南北의 甑山, 三台, 綠雲, 寶陀, 小白 등의 여러 산들도 모두 다 말쑥하고 수려하니 기이하다.[18]

　　신광하가 백두산의 형상으로 주목하는 것은 "體勢가 두텁고 넓으며, 모습이 웅장하고 씩씩하며, 기운이 신령하고 빼어나며 높고 힘차다."는 것이다. 백두산은 여타 산처럼 가파르고 뾰족하지 않다. 오히려 드넓게 펼쳐져서 그 아래 있는 것들을 모두 감싸 안고 있는 것이다. 실제로 백두산은 높이가 2,744m로 한반도에서 가장 높은 산이지만, 다른 나라의 훨씬 더 높은 산에 견줄 바는 아니다. 오히려 백두산은 그 넓이에서 주목된다. 『한국민족문화대백과사전』에 따르면, 백두산의 총면적은 약 8,000㎢에 달하여 전라북도의 면적과 거의 비슷하다. 그리고 백두산 동쪽 三池淵(둘레 2㎞, 깊이 3m)에서 神武城을 지나 圓池에 이르는 일대는 높이 1,500m에 반경 30㎞의 광대한 평탄면을 형성하고 있어 예로부터 千里千坪이라 일컬어져 왔다. 한편 1985년 7월 6일 동아일보 기사에는 북한이 백두산을 실측한 결과 총면적이 약 45,000㎢에 달하는 것으로 보고되었다. 이 면적은 남한의 절반 정도에 해당된다. 중국 쪽에서의 조사에서는 백두산의 총면적이 이보다 더 넓게 나와 있기도 하다.

　　신광하의 표현을 빌려 백두산은 "쌓인 바가 두텁고, 감싼 것이 드넓"

---

18) 申光河, 『遊白頭山記』, 경상대 소장본. 盖此山自茂山以西, 行三百餘里, 蜿蜒扶輿, 無嶄絕岌嶪之勢. 惟其所積者厚, 所包者廣, 江河原濕, 丘陵澤藪, 雄獸異鳥, 林木靈草, 無所不有, 終能上薄天漢, 下負地絡, 傑然爲東國山川之祖宗而獨存者也. 如天坪之縣邈, 長坡之開爽, 三池之幽妙, 綠雲之妍秀, 亦天下所無也. --- 今見其體厚博, 其形雄偉, 其氣靈秀高旺, 如南北甑山三台綠雲寶陀小白諸山, 亦皆脫灑秀麗, 可異也.

기 때문에, 강과 하천, 들판과 습지, 구릉, 연못과 수풀, 커다란 짐승과 기이한 새, 숲속 나무와 신비한 풀 등이 있지 않은 것이 없다. 이처럼 드넓고 광대하게 펼쳐져 완만하게 이어지던 산세가 하늘에 닿을 만큼 홀로 우뚝 서서 주변의 수많은 산들을 내려다 보고 있는 것이다. 광대무변의 드넓은 공간에 펼쳐진 백두산의 형상 속에서 신광하는 광달한 자유에의 추구를 지향하고자 하였다. 달리 말해 세속적 가치를 무화시키고 드넓은 시공간을 자유롭게 노니는 정신의 극치를 백두산 여행을 통해 실현하고자 하였다.

또 하나 백두산의 형상에서 신광하가 주목하는 것은 始原性이다. 동방 산천의 祖宗이라는 말에서 이미 그 시원성의 한 면모를 엿볼 수 있다. 백두산 정상에 올랐을 때에 신광하는 천년토록 녹지 않고 쌓여 있는 눈을 보면서 '太始雪'이라고 하면서 태고적 자연의 신비함을 간직한 곳으로 형상화한다.[19] 毛女에 관한 이야기를 서술한 대목도 이와 연결된다. 한시 작품 「毛女篇」에 수록된 것과 유사한 이야기는 생략하고, 한시 작품 「모녀편」에는 없는 내용을 들어본다.

두 여인이 죽지 않은 것은 또한 당연한 이치이다. 풀과 나무를 먹으며 세월을 보냈는데도 죽지 않고, 털이 나고 몸이 가벼워 굴 속에 거처하며 정욕이 모두 사라졌다. 세상에 오래도록 장수한 것이 또한 기이하지 않은가. 화산의 毛女 또한 이러한 부류일 것이니, 고금의 전기는 믿지 않을 수 없다. 안타깝도다, 저 사냥꾼은 天道를 해친 자이다.[20]

---

19) 申光河, 『遊白頭山記』, 경상대 소장본. 狂叫笑傲, 俯視澤中, 纖波不興, 東壁下未有隱隱者, 使從者聚石爲識, 徐從所緣塗下, 至南上角, 直西有大石峰, 崒兀亞於大角者, 又賈勇, 登其頂, 中空洞, 與水相通, 砰匒嚌砰也. 陰壁積雪, 廣可五六席, 視其際, 層疊各有界限, 盖知太始雪也. 徘徊顧望, 不覺日之冥也.

20) 申光河, 『遊白頭山記』, 경상대 소장본. 二女之得不死, 亦理也. 茹草食木, 歷時月不死, 毛成體輕, 深居穴處, 情欲俱盡. 其度世長年, 不亦異矣. 華山毛女, 亦此類也否. 古今傳

情欲이 모두 사라져서 오래도록 장수하였다는 표현이 주목된다. 사냥꾼이 사람들이 살고 있는 집으로 데려가 음식을 강제로 먹도록 하여 죽게 한 것을 두고, 신광하는 '天道를 해친 자'라고 하였다. 사회와 인간이 가하는 인위적인 조작과 욕심으로 인해 결국 한 명의 여인이 죽음으로 몰리게 된 점을 비판하였다. 도가사상에 바탕을 둔 이같은 신광하의 의식 속에는 백두산이 주는 신비감과 함께 그 始原으로서의 형상이 크게 작용하고 있었던 것으로 보인다.[21] 毛女 이야기의 주제 또한 流民의 피폐한 삶과 연결되어 해석되기도 하였지만, 天道, 自然과의 합일, 始原에의 추구 등의 맥락에서 재해석될 수 있다. 백두산은 드넓게 포용하고 감싸안는 존재이며, 백두대간으로 뻗어나간 우리나라 산천의 祖宗이다. 그리고 인간의 발길을 잘 허락하지 않는 태고의 신비를 간직한 공간이다.

이 점과 관련해 蔡濟恭이 신광하에게 준 送序의 내용이 주목된다. 채제공은 그 글에서 "나는 문초의 유람이 허명을 좋아하고 실득이 없을까 저어한다. 비록 그렇지만 문초는 문장을 업으로 하니, 本源을 찾고 궁구하지 않으면 그치지 않을 것이다. 이번 여행길에서 문초의 뜻을 알 수 있다."[22]고 하였다. '本源을 찾는다'는 의미가 앞서 살핀 始原性에의 추구와 연결되는 것으로 보인다. 그리고 여기서 말한 始原은 동방 산천의 조종으로서의 의미와 함께 만물을 만들어내는 모체로서의 의미를 함께 내포하고 있다. 인간세상의 욕심과 허위와 편견을 넘어서 인간본연의 自然으로 회귀하는 정신이라는 함의를 간직하고 있는 것이다.

여행은 비일상적인 이동이며, 시공간의 차이와 함께 정신과 의식에

---

紀, 不可不信也. 惜乎! 彼獵者, 賊天道者也.

21) 기존 연구에서는 대체로 「모녀편」에 대해서 조선후기 사회적 병폐와 모순의 하나였던 流民 문제와 관련하여 이해하였다.

22) 蔡濟恭, 「送震澤申文初遊白頭山序」, 『번암집』, 총간 236, 77면. 吾恐文初之遊慕虛名而無實得也. 雖然文初業文章, 不探本極源, 不止. 於是役, 可以知文初之志矣.

큰 변화를 가져온다. 여행은 일상으로부터 멀리 벗어나 낯선 세계로 떠나는 것이다. 그리고 전에 만나지 못했던 장소에서 새로운 사람을 만나고 넓은 세상을 경험하게 된다. 그러한 경험을 통해 세상을 이해하고 자신을 되돌아보는 시간을 갖게 된다.

여행을 기록으로 남긴 산수유기 작품은 문화학, 문화론의 관점에서 새롭게 해석 조명될 필요가 있다. 여행은 여행하는 주체가 자신의 주변에 존재하지 않는 것을 찾아, 낯선 곳으로 떠나는 '낯섦과의 체험'으로 정의된다. 낯선 것, 타자와의 접촉을 통해 타문화에 관한 체험, 타민족 타집단에 대한 체험이 드러나게 된다. 그리고 이 같은 타자와의 만남은 필연적으로 자아, 자기에 대한 이해와 성찰로 연결된다. 신광하의 「유백두기」에서 주목하고자 하는 것은 '경계인으로서의 정체성'이다.

이 점과 관련해 신광하는 백두산을 여행하는 도중 일반 민을 만나 그들의 절박한 삶의 호소를 듣게 되는 대목을 예로 들어본다.

길가 마을의 산속 사람들 남녀노소가 모두 30여 명이었는데, 서리를 맞아 아직 여물지 않은 곡식을 손에 들고 말을 에워싸고는 울면서 호소하였다. 내가 그들을 깨우치면서 말하기를 "나도 또한 民이다. 어떻게 너희들을 구제하겠는가?"라 하였다. "귀한 손께서 저희를 살려달라고 하는 게 아닙니다. 서울서 오셨으니 수령을 당연히 아실 것이고, 또 서울로 돌아가시면 부디 이러한 사실을 알게 해 주십시오. 그리고 백두산에 들어가지 마십시오. 비바람이 내려 저희들 남은 곡식을 상하게 하고 저희들 生麻를 문드러지게 했습니다."[23]

---

23) 申光河, 「遊白頭記」, 『遊白頭山記』, 경상대 소장본. 路傍村舍山民, 老少男女, 三十餘人, 手穀之隝霜未發者, 擁馬啼號. 余喻之曰, "吾亦一民也. 何以救汝?"曰非謂尊客活我. 客從京師來, 當知方伯, 且到京城, 幸以此聞知也. 且莫入白頭山, 恐有風雨, 傷我遺谷, 敗我生麻.

18, 19세기에 이르면 두만강 상류지역의 개간이 이루어져 무산부의 읍세가 성장하고 내륙에는 장진부가 세워지는 등 함경도 동북부 지역의 개발이 꾸준히 진행되었다. 아울러 함경도 서북쪽 압록강 중상류의 폐사군 지역에도 거주를 원하는 사람들이 늘고 개간하는 사례도 증가하였다.[24] 위에 인용된 장면에서 주목되는 것은 농사를 제대로 짓지 못한 현실을 하소연하는 백성들에게 작가인 신광하가 "나도 또한 民이다. 어떻게 너희들을 구제하겠는가?"라고 대답하는 부분이다. 당시 신광하는 아직 벼슬에 나가지 못한 채 실의의 나날을 보내고 있었으며, 경제적으로 매우 곤궁한 처지에 놓여 있었다. 조선시대 때에 '民'이라는 개념이 문맥에 따라 매우 폭넓은 함의를 가지고 있는데, 우리는 윗글에서 작가가 말하는 '나 또한 民이다'라는 발언에서 양반인 신광하가 느끼는 경계인으로서의 정체성을 확인할 수 있지 않을까 한다. 그렇기에 신광하는 백두산 여행 중에 보고 들었던 민의 생활상을 매우 자세하게 관찰하고 기록으로 남겼다. 이 점은 「백두록」에 수록된 한시 작품을 다룬 기존 연구에서도 이미 지적된 사항이다. 산문형식으로 쓰여진 「유백두기」에서 작가는 백두산 지역에서 개간을 하면서 힘겨운 삶을 살아가는 민들의 생활을 유심하게 관찰하고 있다.

또 하나 문화론적 접근과 관련하여 文化接變의 체험이 중요하다. 문화론의 측면에서 상이한 문화를 지닌 구성원, 집단 사이의 상호 소통을 밝히는 문화간 의사소통의 관점에서 산수유기는 유용하게 활용될 연구 대상이다. 산수유기는 '낯섦과의 체험'을 골간으로 하기 때문에, 타집단과 타민족의 문화 체험을 기본 요소로 한다. 특히 신광하의 백두산 산수유기는 여행 도중에서 본 풍광의 묘사에 치중하지 않고, 그 공간에 살아가는 북방민의 생활 현장에도 주목을 한다. 그들의 의식주, 사냥방법 등

---

24) 강석화, 『조선후기 함경도와 북방영토의식』, 경세원, 2000 참조.

에 대해 지나는 여정마다 기록으로 남겨 놓았다. 이 점에서 신광하의 「遊白頭記」는 서울로부터 멀리 떨어진 낯선 지역으로서의 북방민의 문화, 정서 등과의 접촉을 통해 새로운 체험을 하게 된다.

또 하나 백두산은 타민족인 청과 접경을 이루는 국경지대이기도 하다. 타국과의 경계에 놓인 백두산에서 신광하는 타민족과 직접적인 접촉을 통해 그들의 문화를 경험한 것은 아니지만, 백두산 북쪽으로 펼쳐진 광대한 들판을 바라보면서 청나라와의 관계에 관한 자신의 생각을 펼쳐 보이기도 하였다. 백두산은 우리 민족의 영토인 동시에, 오래 전부터 渤海, 契丹, 肅愼, 女眞이 활동하던 영역이기도 한 점을 들면서 지금은 천하를 차지한 청나라가 백두산을 발원으로 하였다는 점을 지적하였다. 그러면서 「遊白頭記」의 마지막을 "하늘이 낳은 것에는 참으로 夏와 夷를 제한하지 않는 것인가(天之所鍾毓者, 固不限夷夏也耶)라는 말로 매듭지었다. 화이의 차별을 전제로 한 전통적 화이관과 구분되는 것으로, 청나라 이민족에 관한 신광하의 의식의 일단을 엿보게 한다. 이 점에 관해서는 다른 자료와 함께 보다 자세한 검토를 요한다.


## 5. 마무리

조선시대 백두산 산수유기 작품은 지금까지 대략 10여편 정도 알려졌다. 그동안 학계에 알려지지 않았던 신자료 세 편을 새로이 발굴하였다. 우선 주목해야 할 작품은 震澤 申光河의 『遊白頭山記』이다. 이 작품은 奇人型 인물로 전국의 산천을 여행하였던 震澤 申光河(1729~1796)가 1783년에 쓴 것이다. 이 논문에서는 신광하 관련 신자료를 소개하고 새로 발굴한 『유백두산기』를 중심으로 작품에 투영된 백두산의 표상과 그 의미에 대해 집중적으로 살펴보고자 하였다. 『震澤文集』 내 「北遊錄」과 「白頭錄」에 실린 한시를 위주로 연구가 진행되어 오던 것에서 벗어나 산문 형식으로 쓰여진 백두산 산수유기를 통해 보다 더 다양한 논의가 펼쳐질 수 있을 것으로 기대된다. 앞으로 백두산 산수유기에 관한 신자료에 대한 새로운 조명을 통해 백두산 및 북방 지역에 관한 다각적인 연구, 백두산을 포함하여 조선시대 산수유기에 관한 연구 등이 보다 더 활성화되기를 기대한다.

신광하의 작품 이외에 또 하나 주목할 자료가 洪重一(1700-1776)의『白頭山日記』이다. 현재 독립기념관에 소장되어 있는 洪重一의『白頭山日記』는 1712년 백두산 정계비 설치 이후 백두산에 대한 관심이 높아지는 시대적 분위기 속에서 1740년에 창작된 것이다. 백두산 정계비 사건 이후 쓰여진 백두산 산수유기 중에서 가장 이른 시기의 작품이라는 점에서 백두산 정계비를 둘러싼 논란에 대해 작가가 어떻게 생각하고 있는지에 관한 인식의 추이를 살필 수 있는 자료이다. 이에 관한 자세한 분석은 후속 논문을 통해 보고하고자 한다. 한편 金肇彦이 쓴『白頭山記』또한 학계에 많이 알려져 있지 않은데, 이 자료는 李圭景의『五洲衍文長箋散稿』에 일부 인용되어 전한다. 이 외에 朴來謙이 北評事로 있을 때에 백두산을 여행하였는데, 그 내용이『北幕日記』내에 수록되어 있다. 한 편의 독립된 기행문으로서 손색이 없는 작품이다. 지금까지 알려지지 않았던 백두산 기행문이 더 많이 발굴되고 활발하게 연구되기를 기대한다.

부록 1 : 白頭山 遊記 목록[25]

| 작자 | 작품명 | 여행 시기 | 내용 |
|---|---|---|---|
| 金指南<br>(1654-1718) | 北征錄 | 1712.2.24.<br>- 6.3 | 작자는 白頭山 定界碑를 세울 때에 首譯이었음 |
| 朴權<br>(1658-1715) | 北征日記 | 1712.3.17.<br>- 7.13 | 작자는 白頭山 定界碑 세울 때에 接伴使였음 |
| 洪世泰<br>(1653-1725) | 白頭山記 | 1712.4.29.<br>- 5.12 | 金指南의 아들 金慶門의 구술을 토대로 기록한<br>것임 |
| 洪重一<br>(1700-1776) | 白頭山日記 | 1740.7.28.<br>- 8.13 | 작자는 함경북도 北評事였으며, 兵馬節度使 尹<br>光莘과 함께 갔음 |
| 李宜哲<br>(1703-1778) | 白頭山記 | 1751.5.24.<br>- 윤5.3 | 작자는 甲山府使로 재직중이었음 |
| 朴琮<br>(1735-1793) | 白頭山遊錄 | 1764.5.14.<br>- 6.2 | 작자는 함경북도 鏡城 출신임 |
| 金肇彦<br>(미상) | 白頭山記 | 1764 | 朴琮의 친구. 함경북도 종성 출신임 |
| 徐命膺<br>(1716-1787) | 遊白頭山記 | 1766.6.10.<br>-6.16 | 甲山 유배 중에 趙曮과 함께 여행 |
| 權必稱<br>(1721-1784) | 白頭錄 | 1775.5. | 작자는 함경남도 虞侯로 재직중이었음 |
| 申光河<br>(1729-1796) | 遊白頭記 | 1783.8.18.<br>- 9.3 | 조카의 鏡城判官 부임을 계기로 백두산 여행을<br>다녀왔음 |
| 徐淇修<br>(1771-1834) | 遊白頭山記 | 1809.5.11.<br>- 16 | 작자가 함경도 甲山에 유배되었을 때에 여행 |
| 朴來謙<br>(1780-1842) | 北幕日記[26] | 1827.8.24.<br>-9.2 | 北評事 때의 공무를 기록한 『北幕日記』 중의<br>일부 |
| 金禹軾<br>(미상) | 白頭山定界<br>碑 探訪錄<br>및 勘界遂行<br>日記 | 1883.4 | 백두산 정계비를 조사. 북한 간행 『백두산 고전<br>작품선집』에 수록 |

---

25) 작품은 백두산의 여행시기 순서로 배열하였음. 이 목록은 이현일 교수가 작성한 백두산
유기 목록을 참조하고, 새로 발견한 세 작품과 박래겸의 『북막일기』에 수록된 것을 보충하
여 작성한 것이다. 이현일, 「소재 서기수의 〈유백두산기〉 연구」, 「고전문학연구」 42, 한국
고전문학회, 2012 참조.

26) 朴來謙은 北評事로서 근무한 경험을 기록한 『北幕日記』에서 백두산 여행을 서술해 두었
다. 일기 내에 수록되어 있지만, 한 편의 백두산기행문으로 손색이 없다.

| 李重夏<br>(1846-1917) | 白頭山日記 | 1885.9 -<br>10.27 | 작자는 土門勘界使로 백두산 정계비와 두만강<br>발원처를 조사했음 |
|---|---|---|---|

부록 2 :『遊白頭山記』(경상대 소장본)

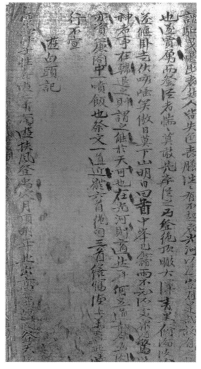

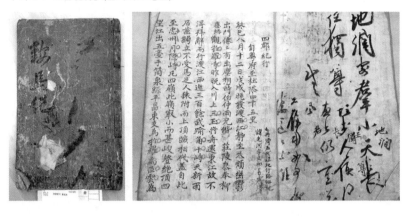

부록 4 : 『群芳掇英』 (전남대 소장본)

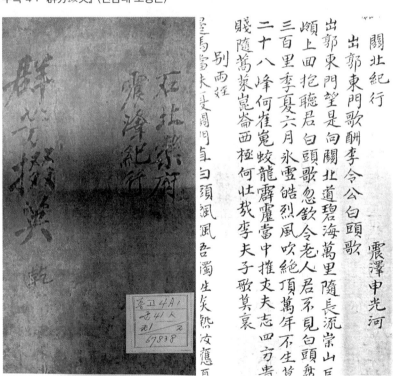

부록 5 : 申光河 準戶口
　　　　　(단국대 소장본)

부록 6 : 『靑丘短曲』에 수록된
　　　　　申光河의 발문
　　　　　(국립중앙도서관 소장본)

45

부록 7 : 신광하 친필 간찰 (대전충북 고문서검색시스템에서 열람 가능)

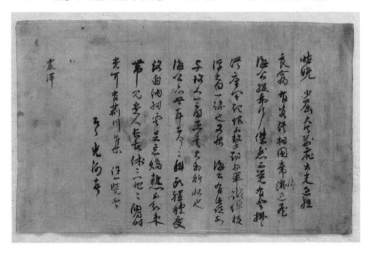

부록 8 : 『筆帖』에 수록된 신광하 친필 한시 (장서각 소장본)

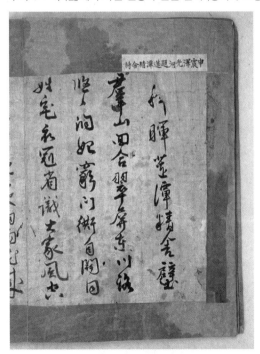

# 조선 漢文劇本의 筆寫體制와 장르 특성

이창숙(서울대 중문학과 교수)

## 1. 조선 한문희곡의 문제

조선시대에 창작된 한문 戱曲 즉 劇本[1]은 지금까지 3종이 발견되었다. 극본은 詩文이나 小說과는 매우 다른 체제로 구성되는 문장이다. 조선 한문 희곡 3종은 모두 중국 희곡의 체제를 차용하여 창작되었다. 따라서 조선 한문 극본의 체제는 중국 희곡의 체제대로 읽고 이해할 수 있지만 간단치 않은 문제를 안고 있다. 일찍이 金學主 선생이 『東廂記』의 曲牌 배열, 즉 套式에서 중국희곡의 체제를 제대로 지키지 못한 점을 지적하고 엄격한 평가를 내린 적이 있듯이[2] 조선 한문극본은 세부적으로는 중국희곡의 체제에 완전히 부합하지는 않는다.[3] 그러나 더 중요한 문제는 연극 그리고 희곡으로서 장르의 正體性에 있다.

### 1) 희곡의 체제

중국에서 演劇과 劇本(희곡)[4]의 등장은 비교적 후대의 일이다. 雜劇과 南戲 등 '戱曲'[5]의 극본은 그 완전한 모습이 명나라 이후 15세기 초중

---

1) 문학의 한 장르인 희곡과 연극의 대본을 말하는 극본은 엄밀한 의미에서는 같지 않지만 이 글에서는 동의어로 쓰기로 한다.

2) 金學主, 「讀『東廂記』」, 『아세아연구』 제8권 제2호, 서울: 고려대학교 아세아문화연구소, 1965.

3) 『東廂記』의 중국희곡적 체제에 대해서는 이창숙, 「다시 『동상기(東廂記)』를 읽고」, 『문헌과 해석』, 통권40호, 77-107쪽 참조.

4) 이 글에서 '희곡'은 중국 고유의 연극, 즉 元雜劇, 南戲, 傳奇 등을 가리키는 개념어로 사용하고, 희곡은 문학의 한 장르를 가리키는 개념어로 구분하여 쓰기로 한다.

5) 중국어 '戱曲'은 문학의 한 장르가 아니라 '演劇'의 동의어로 쓰인다. 따라서 극본을 의미하는 희곡을 그 일부로 포괄한다.

반에 나온 것으로 확인된다. 여기서 완전한 모습이란 읽어서도 그 내용을 온전히 이해할 수 있는 상태를 말한다. 중국의 '희곡'은 음악극으로서 唱·科[6]·白이 그 주요한 구성요소이며, 극본에는 이 세 가지가 모두 기록된다. 唱은 노래이며, 그 가사의 형식은 '曲'이다. 科는 극중인물의 등장과 퇴장, 극중의 동작으로서 극본에는 지시하는 地文으로 표기된다. 科를 지시하는 문장을 구체적으로 가리킬 때는 '科文'이라고 부르기로 한다. 白은 노래하지 않는 대사로서 극본에는 산문으로 나타난다. 백에는 운문인 詩와 詞도 자주 이용된다. 그런데 극본에서 이 세 가지 요소가 분명히 구분되지 않으면 극본으로서의 기능을 제대로 발휘할 수 없다. 즉 읽어서는 작품의 내용을 이해할 수 없는 불완전한 문장이 되어버린다.

그 예로서 극본은 아니지만 『宋書·樂志』에 실린 「巾舞歌」를 들 수 있다.[7] 「건무가」는 건무를 출 때 부른 노래의 가사와 춤사위를 지시하는 어휘가 섞여 있다. 춤사위를 지시하는 어휘는 후대 희곡의 科에 해당한다. 가사와 춤사위를 지시하는 地文이 뒤섞여 있어 句讀조차 끊을 수 없어 중국의 학계에서는 "천고의 수수께끼"로 불렸다. 20세기에 들어와 楊公驥(1921-1989) 선생이 극본의 체제에 착안하여 가사와 지문을 구분함으로써 해독의 실마리가 풀렸다.[8]

중국에서 희곡과 극본은 예술과 문학의 영역에서 아마 가장 늦게 성립한 양식이라고 보아도 좋다. 더구나 극본은 희곡이 성행한 다음에도

---

6) '科'는 원잡극에서 등장인물(배우)의 동작을 가리키는 용어이며, 南戲와 傳奇에서는 '介'라고 한다. 科와 介는 어원이 다르기는 하지만 동일한 개념이다. 중국희곡의 3요소로서 노래(가사), 연기(동작), 대사를 가리키는 용어로 일반적으로 '唱科白'을 쓴다. 科와 介에 관해서는 康保成, 「戏曲术语"科"."介"与北剧,南戏之仪式渊源」, 『文學遺産』, 2001年第2期 참조.

7) 《樂府詩集》 권54에도 실려 있다.

8) 馬世年, 〈二十世紀《公莫舞》研究回顾〉, 《古典文学知识》 2000年第06期 및 姚小鸥, 〈《公莫巾舞歌行》考〉, 《历史研究》1998年第6期 참조.

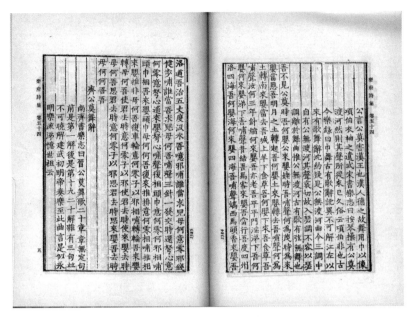

그림 1. 宋本『樂府詩集』권54「巾舞歌」

몇 백 년이 지나 그 완전한 체재를 갖추었다. 불완전하지만 중국에서 현존하는 가장 오랜 극본인『元刊雜劇三十種』에서는 창, 과, 백을 명확히 구분하여 표기하려는 의식이 보인다. 이후 후대의 刊本과 寫本에는 어떤 형태로든 창, 과, 백을 구분해 왔다. 이런 구분은 무엇보다 극본을 읽어서 향유하는 새로운 문화현상의 수요에 맞추기 위한 데서 나왔다고 할 수 있다.

극장에서 희곡을 왕성하게 상연하고 구경하던 원나라 때에는 극본이 그리 필요하지 않았다. 소설을 대본으로 읽어서 향유하는 문화현상은 원나라 말기 全相平話 5종의 출현으로 확인된다.[9] 소설이 서적으로 유통

---

9) 全相平話 5種은 원나라 때 建安 虞氏가 至治(1321~1323) 연간에 간행한 講史의 話本이다.『武王伐紂書』,『樂毅圖齊七國春秋後集』,『秦并六國平話』,『續前漢書平話』,『三國志平話』등 5종이며, 모두 일본의 內閣文庫 등 여러 도서관에 소장되어 있다가 20세기 초에 중국에 존재가 알려져 출판되었다.

되면서 명나라 중기 이후에는 희곡도 서재에 앉아서 열독하여 향유하는 방식이 새로운 문화현상으로 자리 잡았다. 소설 책자와 함께 희곡 극본은 상품으로서의 가치를 인정받았다. 명나라 萬曆 연간을 기점으로 희곡 극본의 대량 출간은 이 사실을 증명한다. 극본에서 창, 과, 백이 명확하게 구분되지 않으면 열독에 지장을 줄 수밖에 없다.

중국에서 현존 최고의 극본은 원나라 때 나온 『元刊雜劇三十種』이다. 여기에 실린 극본 30편은 曲辭는 온전하게 실렸으나 科白의 생략이 많아 읽어서는 그 내용을 제대로 알 수가 없다. 극장에서 연극을 구경하던 원나라 때에는 완전한 극본이 필요하지 않았기 때문에 생긴 현상으로 해석한다. 소설과 희곡을 讀本으로 읽어서 향유하는 문화현상은 원나라 말기에 발생하여 명나라 초중기를 거쳐 정착된다. 원말에 講史의 대본 全相平話 5종이 출간되었고, 명나라 초기에는 잡극 『金童玉女嬌紅記』와 『西廂記』가 唱科白을 다 갖춘 온전한 극본 형태로 출간되었다. 명나라 중기 이후에는 희곡을 서재에 앉아서 열독하여 향유하는 방식이 새로운 문화현상으로 정착되었다. 소설 책자와 함께 희곡 극본은 상품으로서의 가치를 인정받았으며, 萬曆 연간의 희곡 극본의 대량 출간은 이 사실을 증명한다.

16세기 초에 康海(1475-1540), 王九思(1468-1551), 李開先(1502-1568) 등 정통 문인들이 극본 창작에 참여하면서 중국에서 희곡의 대본 '희곡'은 문학양식으로도 독립하였다.[10] '희곡'은 만력 연간에 대량 간행되었다. 극본에서는 창, 과, 백이 명확하게 구분되지 않으면 열독에 지장을 줄 수밖에 없다. 刊本과 寫本을 막론하고 극본에서는 宮調名을 포함한 曲牌와 曲辭, 곡사 사이에 삽입된 白, 白과 科文을 구분하여 읽기에

---

10) 이창숙, 「明淸 文人의 戲曲 認識」, 『中語中文學』 第29輯, 韓國中語中文學會, 2001.12. 391-411 쪽 참조.

불편이 없는 체제를 이룩하였다. 구분의 방법으로서 黑文과 白文, 글자의 大小와 粗細, 괄호를 동원하였다. 따라서 창, 과, 백을 정연하게 구분한 판본은 문학과 인쇄의 양식 발전에서 새로운 체제 하나를 구축하였다. 이런 체제는 내용상 불완전했던『元刊雜劇三十種』에서부터 이미 시작되었으며, 明代의 다양한 刊本과 寫本에서 여러 가지 형식으로 확립되었다. 아래 그림 1, 2, 3에서 창, 과, 백을 형태상 구분하고자 한 의식을 확인할 수 있다.

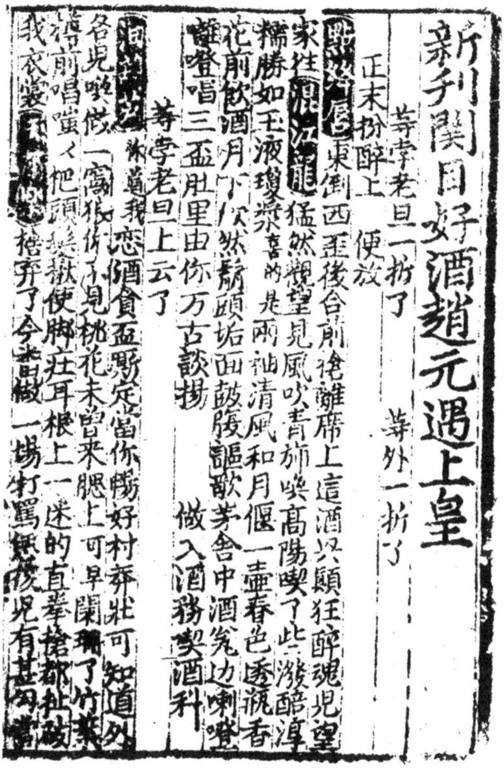

그림 1.『元刊雜劇三十種』所載『好酒趙元遇上皇』

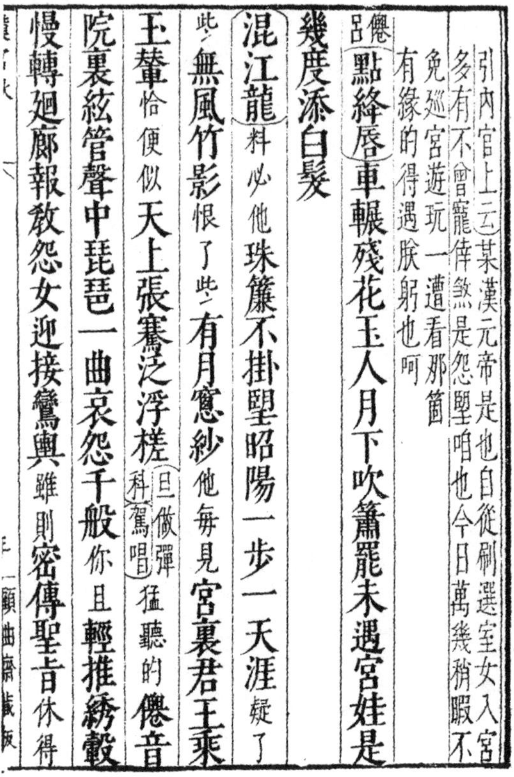
引內官上云某漢元帝是也自從刷選室女入宮多有不曾寵倖煞是怨望咱也今日萬幾稍暇不免巡宮遊玩一遭看那箇有緣的得遇朕躬也呵

僊呂 點絳唇 車輾殘花玉人月下吹簫罷未遇宮娃是幾度添白髮

混江龍 料必他珠簾不掛望昭陽一步一天涯疑了些些無風竹影恨了些些有月窗紗他每見宮裏君王乘玉輦恰便似天上張騫泛浮槎 旦做彈科 駕唱 猛聽的僊音院裏絃管聲中琵琶一曲哀怨千般你且輕推綉轂慢轉迴廊報敎怨女迎接鸞輿雖則密傳聖旨休得

漢宮秋 一 顧曲齋藏版

그림 2. 顧曲齋本『漢宮秋』

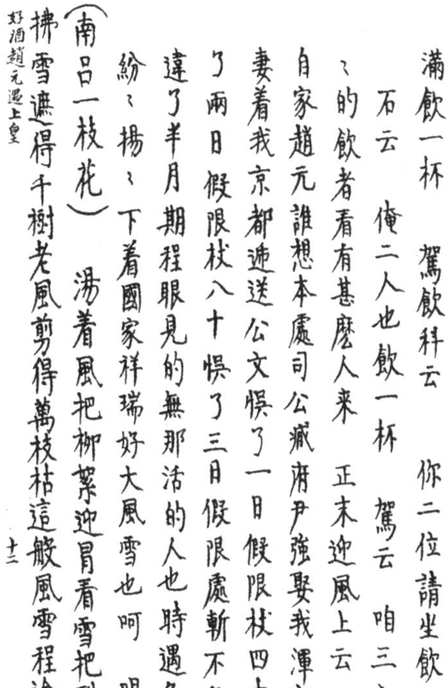

滿飲一杯　駕飲科云　你二位請坐飲一杯

石云　俺二人也飲一杯　駕云　咱三人慢

、的飲者看有甚麼人來　正末迎風上云

自家趙元誰想本廳司公藏府尹強要我渾家為

妻着我京都遞送公文悞了一日假限杖四十悞

了兩日假限杖八十悞了三日假限處斬不寬的

達了半月期程眼見的無那活的人也時遇冬天

紛々揚々　下着國家祥瑞好大風雪也呵　唱

（南呂一枝花）　湯着風把柳絮迎冒看雪把梨花

拂雪遮得千樹老風剪得萬枝枯這般風雪程途雪

十三

好酒趙元遇上皇

그림 3. 脈望館鈔校于小穀本『好酒趙元遇上皇』

## 2) 조선 漢文 劇本의 필사 체제

지금까지 발견된 조선시대의 한문 극본은 3종이다.

① 李鈺, 東廂記(東床記)

② 東皐漁樵, 北廂記

③ 鄭尙玄, 百祥樓記

위 3종 작품의 대본은 대부분 필사본이다. 가장 먼저 알려진『동상기』는 필사본 3종과 鉛活字本 1종이 있으며,『북상기』와『백상루기』는 필사본으로서 孤本이다.『동상기』의 이본은 다음과 같다.

① 『東廂奇書』. 한국학중앙연구원 소장. 23장 필사본. 반면 10행 21자.

② 『東廂記』. 국립중앙도서관 소장. 16장 필사본. 반면 12행 23-26자.

③ 『東廂記』. 한남서림 간행, 구활자본.

④ 『東床記』. 서울대학교중앙도서관 가람문고『靑邱野談』所載 19장 필사본.
   240자 원고지.

⑤ 『靑玉堂第七才子書』,『金薤襟存』에 수록, 개인 소장.[11]

⑥ 『東廂演義』, 문우서림 소장.

⑦ 『東廂記』, 강문종 소장.

조선 한문희곡 3종은 모두 중국 元代의 雜劇『西廂記』, 특히 金聖嘆(1608-1661)이 비평한『第六才子書西廂記』의 체재를 따라 지었다. 당연히 조선의 한문 극본도 창, 과, 백을 모두 갖추고 있으며, 필사 체제는

---

11) 이하 3종은 성균관대학 한문학과 김영진 교수가 알려 주었으며, 필자는 아직 일람하지 못하였다. 김영진 교수께 사의를 표한다.

각각 다르지만 기본적으로는 이 삼자를 구분할 수 있다. 여기서 필사 체제란 창, 과, 백을 행이나 글자의 크기를 달리하거나 괄호 등 부호를 사용하여 의식적으로 구분하여 씀으로써 구현된 판면의 구성을 뜻하는 용어로 쓰기로 한다. 희곡의 필사 체제에서 창, 과, 백이 구분된다면 조선의 극작가와 극본의 필사자는 희곡을 구성하는 창, 과, 백의 질적인 차이를 분명히 인식하고 있었음을 의미한다. 조선 한문 희곡의 필사 체제는 중국 고전 희곡과 크게 다르지는 않다.

필사 체제 이외에 조선 한문 극본의 창, 과, 백에는 질적으로 중국 희곡의 그것과는 다른 점이 뚜렷이 나타난다. 그 차이는 작품 밖에 존재하는 작가 또는 해설자의 작품 안으로의 개입 여부이다. 중국 희곡에서도 일부 인물은 해설자적 역할이 분명히 하고 있지만 그는 어디까지나 작품 안에 존재하는 극중인물의 지위를 지키고 있다. 반면 조선 한문 희곡에서는 종종 작품의 안과 밖을 구분하는 경계선이 모호해지는 양상이 보이는 것이다.

또한『백상루기』는 앞 2종과는 달리 본문에 評語가 삽입되어 있다. 본문과 평어는 줄을 달리하여 필사하였으므로 쉽게 구분할 수 있다. 단 드물지만 본문과 같은 형태로 필사한 평어도 있다.『백상루기』는 본문 전편에 걸쳐 唱과 白, 科文을 잘 구분하여 필사하였고, 평어도 줄을 바꿔 필사함으로써 본문과 평어를 구분한 선명한 의도가 확인된다. 따라서 본문과 평어를 같은 형태로 필사한 부분은 필사자의 실수임에 틀림없지만 이것이 단순한 실수인지 또는 의미 있는 실수인지 고찰할 필요가 있다.

조선 한문희곡 3종의 장르적 특성을 작품별로 필사의 체제, 唱科白에 보이는 작품 외적 존재의 작품 내적 개입 여부와 연관지어 살펴보기로 한다.

## 2. 조선 한문희곡의 장르적 특성

### 1) 東廂記

『동상기』는 7종 판본 가운데 활자본과 원고지 필사본을 제외한 필사본 5종 가운데 한국학중앙연구원 소장『東廂奇書』(①), 국립중앙도서관 소장『東廂記』(②)만 보기로 한다. 이 두 가지 필사본에서 창, 과, 백을 외형으로는 구분하지 않았으나 혼동이 생기지는 않는다.『동상기서』(①)는 半面 10행 21자로 본문에서 科白과 唱을 구분하였다. 과백은 1행 21자이며, 곡사는 1자 낮춰 써서 1행 20자이다. 창에는 곡패와 곡사, 창을 지시하는 科文도 포함되어 있다. 과문과 곡패명은 괄호로 묶어 구분하였으며, 등장을 지시하는 과문 "上"은 괄호로 묶지 않은 예도 있다. 대체로 창, 과, 백이 잘 구분되어 열독하기에 혼동이 생기지 않는다.

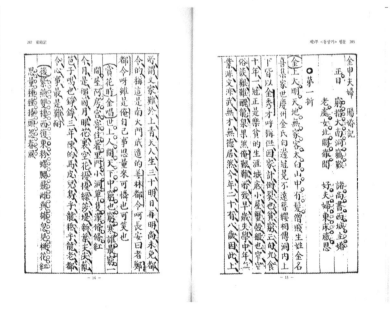

그림 4. 한국학중앙연구원 소장본『동상기』

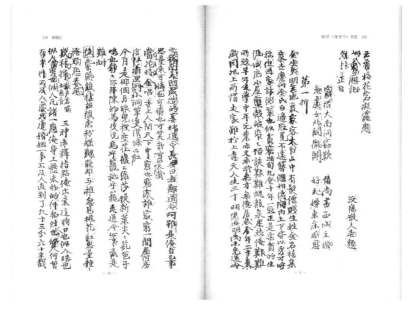

그림 5. 국립중앙도서관 소장본 『東廂記』

　『동상기』(②)도 필사 체제는 한국학중앙연구원 소장본과 다르지 않다. 본문을 科白과 唱 양자로 구분하였으며, 창에는 곡패와 곡사, 창을 지시하는 과문을 같은 줄에 썼다.

　『동상기』의 두 가지 필사본은 창, 과, 백을 형태상 명확하게 구분하지는 않았지만 그 차이를 분명히 인식하고서 구분하고자 한 의식이 드러나 있다. 다만 일부 과문에서 작가나 해설자의 모습이 비치기도 한다. 아래는 제2折 서두에 '吏'가 등장하여 노총각 노처녀를 결혼시키라는 조정의 조치를 전하며, 盛德 여러 가지를 열거한다. 그 대사 일부의 두 가지 번역을 인용한다. 아래 원문은 한국학중앙연구원 소장본 『동상기』이다.

　(吏上) …… 爾試較量來. 人間 別萬事中, 獨宿空房尤可悲. 方春和時, 草木群生, 花開也滿發, 虎蝶兒翩翩, 金鶯兒栗栗. 這時節, 興奇乙恒奇乙, 心事置着无處, 悲痛兒沒了指向. 上太息下太息, 這一聲兒太息, 直令人消了肝腸, 便是感傷和氣的一大椿事. 今賴朝家德分, 老都令去了丈家, 處女去了媤家. 長安大道上, 新郎行次犬樣亂走, 這豈非盛德事中盛德事麽.

① 舞天학술부 번역[12]

관리: (등장하여) ……

자네는 이것을 비교하여 헤아리게. 〔인간 만사 이별 중에 독수공방이 가장 슬픈 일이로다. 바야흐로 봄기운이 화창할 때에 초목은 무리지어 살고, 꽃이 만발한데, 나비는 훨훨 날고 꾀꼬리 우짖는 이 시절에 흥얼흥얼 하는 심사를 둘 데가 없어서 비통함을 지향할 데가 없도다. 하늘 보고 탄식하다가 땅을 보고 탄식하고 낮은 소리로 탄식하니 착한 사람 간장 다 녹인다. 이것은 온화한 봄기운이 무색하게 불행한 일이거늘 이번에 조정 덕분으로 노도령은 장가들고 노처녀는 시집가게 되었네. 서울의 큰 거리에 신랑 행차가 개 날뛰듯 하니, 이것은 성덕 중에 성덕이로세.〕[13]

② 여세주 번역[14]

서원: (등장하여) ……

시험 삼아 비교하여 보십시오.

〔이간이별 만사(萬事) 중에 독수공방이 가장 슬프도다. 바야흐로 봄기운이 화창

---

12) 舞天학술부, 『최초의 한문희곡 동상기』, 대구: 중문출판사, 1990. 52면. 국립중앙도서관 소장본을 저본으로 번역하여 위 원문과는 다른 글자가 있다. 내용에는 차이가 없으므로 원문을 따로 제시하지 않는다.

13) 괄호 필자, 이하 같음.

14) 여세주, 『한문희곡 東廂記』, 서울: 푸른사상, 2005. 110-1면.

할 때 초목들이 돋아나고 꽃은 피어 만발하고 나비는 훨훨 날고 꾀꼬리 쌍쌍이 우짖는데, 이 시절에 흥얼흥얼 하는 심사를 둘 데가 없어서 비통함이 지향할 바 없으니, 하늘을 보고 탄식하고 땅을 보고 탄식하네. 저 한 가닥 탄식이 바로 다른 사람 간장까지 다 녹이니, 이는 슬픔의 감정과 온화한 기운의 영원한 일이로다.[15])

이번 조정 덕분으로 노총각은 장가들고 노처녀는 시집가게 되었다더이다. 서울의 큰 거리에는 신랑 행차가 개 날뛰듯 하니, 이 어찌 성덕 중에 제일의 성덕이 아니겠소.

제2절에서 등장하는 '吏'는 이후에는 '小吏' '大吏' 2인으로 나타난다. 극본에는 '吏'가 등장한 이후 '大'와 '小'가 대화를 주고받는다. 위 인용 대사 가운데 〔 〕안의 부분은 등장인물 '吏'의 대사임이 분명하다. 단 무천학술부의 번역은 '大吏'와 '小吏' 사이의 대화임이 분명하지만, 여세주의 번역은 '吏'의 독백으로 보아도 무방하다. 또한 이 독백은 등장인물의 대사에 작품 바깥에 존재하는 해설자의 목소리가 묻어난다. 즉 판소리의 唱者나 소설의 이야기꾼이 청중에게 직접 들려 주는 서술로 보아도 이상하지 않다. 여세주는 이 부분을 특별히 단락 구분하였으니 해설적 성격을 가미하여 번역하였음에 틀림없다. 다음 단락의 대사는 분명 '대리'가 '소리'에게 건네는 대화이다.[16]

이 장면에서 확인되는 등장인물은 2명이다. 처음에 '吏'가 등장하고, 뒤에는 '大'와 '小'가 대화를 진행한다. '吏'가 등장하여 발화하는 대사에

---

15) "이는 슬픔의 감정과 온화한 기운의 영원한 일이로다."의 원문은 "便是感傷和氣的一大椿事"로서 "화기를 해치는 한 가지 큰 일이로다"라는 뜻이다. '椿' 자는 '椿' 자로 필사된 사본도 있다.

16) 위 두 가지 번역 이외에 실시학사 고전문학연구회의 번역과 정용수의 번역이 있다. 실시학사의 번역은 등장인물 사이의 대화에, 정용수의 번역은 해설자의 해설에 더 가까워 보인다. 『역주 이옥전집2』(소명출판, 2001.), 330~3면; 청옥당(靑玉堂) 편찬, 정용수 역주, 『東庖記』, 지만지, 2008, 81~2면 참조.

자신들을 소개하여 "소인들은 중부 남부 동부 서부 북부 오부의 서원들입니다.(小人每中部南部東部西部北部五部書員的便是)"라고 한다. 따라서 '吏'는 최소 5인이어야 한다. 중국희곡에서도 신분이 같은 다수 인물이 등장하여 자신을 소개하고 대사를 발화할 때는 정확한 인원수와 구체적 발화자를 지시하지 않는 경우가 많다. 『동상기』의 이 장면에서 긴 대사를 5명의 등장인물이 나누어 발화할 수 있다. 이런 경우 중국희곡에서는 각 대사의 발화자를 지시하지만 『동상기』에서는 한 사람의 대사처럼 처리하였다. 이는 5명의 신분과 역할이 같고, 위 대사는 5명 가운데 누가 발화해도 자연스럽기 때문이다. 즉 대사의 성질과 내용이 극적이라기보다는 서사적 해설적이기 때문에 한 명의 인물이 발화해도 극의 진행이나 줄거리 구성에 아무 문제가 없다. 이런 인물의 역할은 극중인물이기보다는 작품 밖 해설자에 더 가깝다.

한국의 판소리와 중국의 彈詞 등 講唱에서는 唱者가 수시로 작중인물로 변신하여 극적인 연기를 가미하기도 한다. 또한 중국의 전통 희곡에서는 극중인물이 해설자의 기능을 발휘하는 경우가 있다. 다만 중국의 희곡에서 극중인물이 해설자의 기능을 발휘하더라도 그는 어디까지나 극중인물이지 극의 바깥으로 나가지는 않는다. 위 인용 부분의 대사에 보이는 극중인물의 해설자적 모습도 아직 작품 밖으로 나가지는 않았다.

## 2) 北廂記

『북상기』의 필사 체제는 창, 과, 백 삼자를 창과 과백 양자로 나누어 썼으며, 半面 14행, 1행 20자로서 곡사는 1행에 20자를 썼고, 과백은 1자를 낮춰 써서 1행에 19자를 썼다. 창, 과, 백 사이에 글자의 크기 차이가 없고, 곡패나 과문을 표시하는 부호를 사용하지 않았지만 각 구성요소를 판별하는 데는 아무 불편이 없다.

『북상기』는 조선 한문희곡 3종 가운데 희곡으로서 가장 세련된 체제와 내용을 갖추고 있다. 보기로 삼은 중국 희곡에 비교하여 큰 결함이 없는 형식을 구현하였으며, 白話와 文言을 적절히 구사하여 언어적으로도 중국의 희곡 작품에 손색이 없다. 따라서 현대의 중국인들도 讀本이나 上演으로 감상하기에 무리가 없을 정도이다. 다만 일부 지문에서 극작가의 모습이 스며들어 있고, 이는 이야기꾼이나 판소리 창자의 기능이 연극과 극본에 스며든 흔적으로 볼 수 있다. 이런 현상은 중국문학에서도 강창 양식에서 발견할 수 있다. 따라서 이런 지문의 성격을 명확히 규정하고, 그에 따라 조선 한문 희곡의 정체성을 좀더 면밀히 따져볼 필요가 있다.

희곡의 3요소라고 하는 해설, 대사, 지문 가운데서 해설과 지문은 소설적 기법에 해당한다. 다만 시제를 현재형으로 쓸 뿐이다. 지금 무대에서 어떻게 연기하라고 지시해야 하기 때문이다. 제9腔「夢遇」에는 "다음날 출발한다[翌日發行科]"는 지문이 있다. 현재형으로 진행되는 연극 상연에서는 있을 수 없는 지문이다. 작가가 상연보다는 열독을 더 염두에 두었기 때문에 생긴 소설 양식의 개입으로 볼 수 있다.

『북상기』에는 지문으로 보기에는 매우 길고 상세한 문장이 몇 군데 있다. 아래는 「제9강 夢遇」 가운데 '金樂安'의 꿈에 '舜玉'이 등장하여 사랑을 나누는 대목이다. 그런데 이 대목은 과백으로 필사되어 있지만, 지문과 대사를 어떻게 나누어야 할지 판단하기가 쉽지 않다. 그런 문장을 먼저 원문으로 본다.


先生上. 自想科. 虛擲 日佳期, 今已三五夜月明時. 烏有去首尾九日, 一些兒消息頓絕, 贖玉眞贋, 如石投江. 愁人心事, 說與阿誰. 疎簀冷枕, 睫不能相交. 晧月當空, 幽輝窓間, 重門深掩, 庭草露宿, 數點殘螢, 明滅疎箔, 時有有無. 跫音自遠漸近, 寥寥一犬斷續吠月. 呀的, 門微響, 伴風來入. '隔簾須有耳, 窺戶豈無人.' 苔滑弓鞋, 花弄山黛. 潛潛等等嬌滴滴, "忽到窓前疑是君." 也呵. 俺心内只有一玉無瑕, 方在京城未還. '觀於滄海難爲水, 除却巫山不是雲.' 是誰也呵.

開戶諦視. 呀, 是誰也呵. 你從 田呵, 浦呵, 從何處來在這裡. 一步下庭, 雙手摟

腰. 你那仙麼鬼麼. 不是俺玉卿是誰麼. 緣何一閉桃脣, 不呼你的心肝人麼. ……

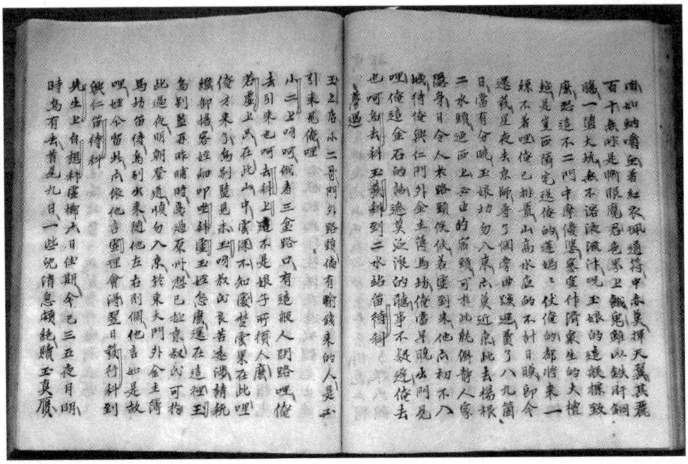

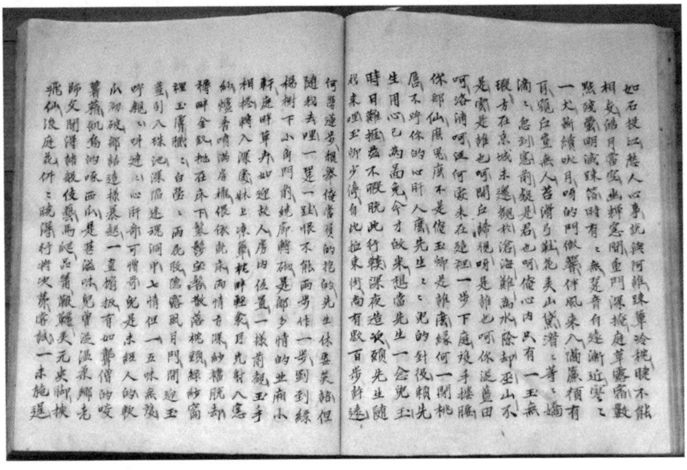

그림 6, 7. 『北廂記 · 夢遇』

위 문장을 '金樂安'의 독백으로 처리하여 아래와 같이 옮긴다.

김낙안: (등장하여 혼자 생각한다.) 엿새날 좋은 때를 헛되이 날리고 오늘 벌써 삼오
야 달이 밝았구나. 오유가 간 지 앞뒤로 아흐레째인데 소식이 영영 깜깜
하니 순옥을 빼내는 일은 강물에 돌 던지기로다. 시름겨운 사람의 마음을
누구에게 말할까? 성근 자리, 찬 베개라 눈을 붙이지 못하겠네. 밝은 달은
하늘에 떠 그윽하게 창에 비치건만 겹문은 꼭꼭 걸었네. 마당 풀에 이슬
이 자고, 반딧불이 몇 점이 성근 발에 깜박깜박 나타났다 사라진다. 〔발소
리 멀리서 점점 가까워지니 쓸쓸히 개는 달을 보고 짖다 만다. 문소리 삐
거덕 울리며 바람 따라 들어온다. "주렴 너머에도 귀가 있기 마련이고, 창
문 엿보는 이가 왜 없으리." 弓鞋는 이끼에 미끄럽고, 눈썹에는 꽃이 스
치네. 살금살금 머뭇머뭇 교태가 똑똑 떨어진다, "문득 창 앞에 이른 사
람, 그대인가 보구나."라로다.〕 아, 내 마음속에는 오로지 티 없는 옥 하
나만 있는데 지금 서울에 있어 돌아오지 않았도다. '푸른 바다를 보고 나
면 더 큰 물이 없고, 巫山을 빼면 구름이 아니라네.' 누구인가? (문을 열
고 살펴본다) 아, 이게 누군가. 너는 田에서 왔느냐, 浦에서 왔느냐. 어
디서 와서 여기 있느냐. (한 걸음에 마당으로 내려가 두 손으로 허리를 안고,)
너는 선녀냐, 귀신이냐, 우리 옥경이 아니면 누구냐. 왜 앵두 같은 입술을
오므린 채 네 心肝 같은 사람을 부르지 않느냐. ……

위 '김낙안'의 독백에는 극중인물의 視點으로 처리하기에는 자못 난
처한 광경이 들어 있다. 그 부분을 따로 떼내 다시 제시한다.

발소리 멀리서 점점 가까워지니 쓸쓸히 개는 달을 보고 짖다 만다. 문소리 삐거덕
울리며 바람 따라 들어온다. "주렴 너머에도 귀가 있기 마련이고, 창문 엿보는 이가 왜
없으리." 弓鞋는 이끼에 미끄럽고, 눈썹에는 꽃이 스치네. 살금살금 머뭇머뭇 교태가

똑똑 떨어진다, "문득 창 앞에 이른 사람, 그대인가 보구나."라로다.

'발소리'는 '순옥'의 발소리이다. 발자국 소리와 개 짖는 소리는 방
안에서도 들을 수 있다. 문이 삐거덕 열리며 바람결에 누군가 들어오는
것도 보이지는 않지만 느낄 수는 있다. 극중인물이 이 정도는 상상할 수
있다고 봐 줄 수 있다. 그러나 "궁혜는 이끼에 미끄럽고, 눈썹에는 꽃이
스치는" 광경은 '김낙안'의 상상으로 보기보다는 무대 위 어느 위치에서
등장인물의 행동을 관찰하는 視點으로 보아야 더 자연스럽다. 즉 작가
또는 해설자가 개입한 것이다. "살금살금 머뭇머뭇 교태가 똑똑 떨어진
다"는 작가 또는 해설자가 직접 관객(독자)에게 전달하는 정보이다. "문
득 창 앞에 이른 사람, 그대인가 보구나라로다"에서 다시 극중인물의 목
소리가 나온다. 이 구는 당나라 시인 盧소의 「有所思」에서 인용하였지
만 극중인물이 현재의 상황을 강조하기 위하여 시구를 인용하는 것은 희
곡에서도 흔한 수법이다.

위에서 인용한 속담 "주렴 너머에도 귀가 있기 마련이고, 창문 엿보
는 이가 왜 없으리."는 "隔墻須有耳, 窓外豈無人."의 변형이다. 이 속
담은 중국 원대의 잡극『擧案齊眉』제2절에도 인용되었다. '梁鴻'과 '孟
光女'는 '孟從叔'(맹광녀의 부친)의 계략에 따라 혼인한 지 이레가 되도록
얼굴도 보지 못한다. '맹종숙'이 집을 비운 틈을 타 '맹광녀'는 밥상을 차
리고 시녀를 앞세워 '양홍'의 방으로 가서 만난다. 돌아와 이 사실을 안
'맹종숙'은 아래와 같이 말한다.

맹종숙: (몰래 등장하여) 담장 너머 귀가 있고, 창 밖에 어이 사람이 없으리. 이 천
한 것이 무례하게 노부를 속이고 매향을 데리고 글방으로 양홍을 보러
갔구나. 화가 나서 죽을 지경이로다. 내 거기로 가서 그들 두 사람을 쫓
아내버리자.

〔孟暗上云〕隔墻須有耳, 窓外豈無人. 這小賤人無禮, 瞞着老夫, 引着梅香去書房中看梁鴻去了. 兀的不氣殺老夫也. 我到那裏就將他二人趕出去者.

'맹종숙'은 외출했다가 돌아와 딸과 사위가 만나는 광경을 엿보고 이 속담을 인용하였다. 극중에서 한 인물의 다른 인물의 독백을 엿듣고 등장할 때 상투적으로 발화한다. 즉 이 속담은 희곡에서는 누군가가 다른 사람을 몰래 엿보거나 엿들었음을 밝히는 대사이다. '김낙안'의 독백에서 이 속담이 포함된 부분의 대사는 김낙안의 시점에서 나오는 말이 아니라 '김낙안'과 '순옥'의 만남을 엿보는 관찰자의 시점에서 나오는 해설로 보면 더 자연스럽다.

이어지는 문장에서는 '순옥'과 '낙안'의 목소리가 교차한다. 단 '순옥'과 '김낙안'의 발화를 지시하는 과문은 없다.

선생님, 선생님! 제 침선비 일은 선생님께서 마음 써주신 덕분에 이미 몸을 빼내 이제야 돌아왔습니다. 선생님께서 오직 저만을 그리워하실 줄 생각하니 시각을 지체할 수 없어 이 행혜를 벗을 겨를도 없이 심야에 달려왔으니 선생님은 저를 따라가셔요. 옥경아! 잠시만 기다려라. 여기서 동쪽 집까지는 수백 보 먼 거리라 네 연약한 발을 어이 고생시키겠느냐. 내가 업으마, 안으마. 선생님! 우스개 말씀 하지 마시고 저를 따라오셔요.

先生先生, 兒的針役, 賴先生用心已爲圖免, 今才歸來. 想當先生一念兒玉, 時日難捱, 玆不暇脫此行鞵, 深夜造次. 願先生隨我來哩. 玉卿少停. 自此抵東街, 尙有數百步許遠, 何勞 步親擧. 俺當負的抱的. 先生休要笑話, 但隨我去哩.

위 문장을 '순옥'과 '김낙안'의 대화로 재구성한다.

순옥: 선생님, 선생님! 제 침선비 일은 선생님께서 마음 써주신 덕분에 이미 몸을 빼내 이제야 돌아왔습니다. 선생님께서 오직 저만을 그리워하실 줄 생각하니 시각을 지체할 수 없어 이 행혜를 벗을 겨를도 없이 심야에 달려왔으니 선생님은 저를 따라가셔요.

김낙안: 옥경아! 잠시만 기다려라. 여기서 동쪽 집까지는 수백 보 먼 거리라 네 연약한 발을 어이 고생시키겠느냐. 내가 업으마, 안으마.

순옥: 선생님! 우스개 말씀 하지 마시고 저를 따라오셔요.

이렇게 두 사람 사이의 대화로 구성해도 매우 자연스럽다. 그런데 이어지는 다음 문장에는 해설자의 모습이 역력하다.

성큼 한 걸음, 사뿐 한 걸음. 두 걸음을 한 걸음에 닿지 못해 한이로구나. 푸른 버들 아래 작은 각문에 막 닿아 사랑을 돌아 섬돌을 돌아 그 다정한 북상 작은 방이로다. 마당가 화초는 옛 친구를 맞이하는 듯, 방 안에 놓인 물건은 전에 본 바와 꼭 같고나. 양손을 부여잡고 깊은 데로 들어간다. 이부자리에는 서늘한 자리, 베개 옆에는 가벼운 이불. 달빛은 사창으로 들어오고 향로는 향 뿜어 방 안에 가득하다. 껴안고 이부자리에 드니 두 사람의 정이 막 깊어간다. 저고리는 요 옆에 벗어놓고, 비녀는 이부자리 아래 던진다. 흠치르한 얹은머리는 베갯머리에 흩어지고, 녹사창 안에 옥 같은 피부가 반지르르하다. …… [심간아! 얄미운 사람! 저는 아직 경험 없어요. 연한 외가 처음 터지는데 그것이 이렇게 갑자기 일어나 곧장 밀고 당기기만 하여 귀머거리 중 마 씹듯이, 주린 까마귀 수박 쪼듯이 하시니 이 무슨 맛입니까. …… 어언간 구름 걷히고 비가 짙어진다. 부끄럽구나. 맑고 깨끗한 순옥을 더럽혔구나. 입을 맞추고 얼굴을 맞대니 봉새는 떨고 난새는 길을 잃었네. 꼬끼요 창 밖에서 닭이 우니 이 아니 惡聲이냐. 봄날의 호접몽을 놀래 깨우다니. 일어나니 몸은 南柯 위 차가운 자리 위에 누웠구나. 베개를 밀고 문을 열자 그곳이 보이지 않네. '華胥의 꿈을 깨니 그 사람은 어디로 갔나, 구름 흐르는 가을빛 가운데에 있구나.' 망연히 홀로 앉으니 상상 속의 만남이라.

팔에는 화장 흔적은 찍혀 있고, 코에는 향기가 남았어라.)옥경 (순옥)아! 옥경아! 이리 훌쩍 왔다가 그리 번쩍 가느냐. 꿈인 듯 아닌 듯하구나. 자탄하며 혼자 말을 한다.)

一蹩一踤, 恨不能 步作一步. 剛到 楊樹下小角門前, 繞廊轉砌, 是那多情的 北廂小軒. 庭畔草卉如迎故人, 房內位置一樣前覩. 玉手相摻, 轉入深處, 牀上 凉簟, 枕畔輕衾, 月光謝入窓紗, 香噴滿房櫳. 偎依就床, 兩情方深. 紗襦脫却褥 畔, 金釵抛在床下. 鬖髿寶髻散落枕頭. …… 心肝哥, 可憎哥, 兒是未經人的, 軟瓜初破, 那話這樣暴起, 一直搯扳, 有如 僧的啖薯蕷, 饑鳥的 啄西瓜, 是甚麼味. …… 於焉, 雲收雨濃, 惡愧了點汚玉卿淸白. 親嘴交頸, 鳳顚 鸞迷. 喔喔的窓外鷄鳴, 這非惡聲, 驚起蝴蝶春夢. 自覺一身臥在南柯上冷簟中. 推枕開戶, 不見其處. 華胥夢斷人何去, 只在行雲秋色中. 惘然獨坐, 想像境會, 殘粧印臂, 餘香在鼻. 玉卿呵, 玉卿呵, 來何倏, 去何閃. 似夢伊夢. 自嘆自敍科.

꿈에서 만나 사랑을 이루는 이 대목에는 '낙안', '순옥', 해설자의 목소리가 섞여서 두 주인공의 사랑을 여실히 묘사하고 있다. "녹사창 안에 옥 같은 피부가 반지르르하다."고 하였으니 누군가 창 밖에서 창 안을 훔쳐보고 있다. 분명 극적 재현은 아니다. 애정 영화의 절정 장면을 묘사하는 문장으로 보면 매우 좋다. 구름과 비가 걷히고 '낙안'의 독백과 지문으로 끝을 맺는다.

위의 문장 두 도막에는 '김낙안'과 '순옥', 그리고 해설자까지 세 사람의 목소리가 때로는 뚜렷한 경계를 이루다가 때로는 구렁이 담 넘어가듯 스물스물 흔적 없이 경계를 넘나든다. 작중인물과 해설자의 목소리가 겹쳐 있다. 특히 "심간아! 얄미운 사람!"부터 "코에는 향기가 남았어라."까지 〔 〕안의 대사는 작중인물의 목소리이자 해설자의 목소리이다. 즉 작품의 안과 밖에서 동시에 조망하는 시점이다. 작품의 안과 밖을 자유자재로 드나들며 효과적으로 상황을 해설하기도 하고 재현하기도 한다. 고전소설이나 판소리에도 이런 대목이 나오지만 위의 문장처럼 작품의 안과 밖이 경계선 없이 붙어 있지는 않다. 이런 문장은 소설과 희곡을 융합한 장르로 자리매김할 수 있지 않을까.

### 3) 百祥樓記

#### ① 필사 체제

『백상루기』는 半面 12행, 1행 20자이다. 책머리에 목차와 범례 등 극본의 본문이 아닌 문장이 몇 편 실린 다음 본문이 시작된다. 본문 사이사이에는 評語가 끼어 있다. 본문의 판면 구성은 제목 "百祥樓記"를 첫줄에 쓰고, 줄을 바꾸고 1자 낮춰 折目 "呆艶" 등을 쓰고, 다시 줄을 바꾸고 1자 낮춰 과백을 썼다. 창이 나오면 줄을 바꿔 제목 "백상루기"와 같은 높이에서 썼다. 따라서 창은 1행 20자, 과백은 1행 18자이다. 본문 사이사이에 낀 評語는 줄을 바꾸고 과백보다 1자 낮춰 써서 1행 17자이다. 간혹 평어를 1자 낮추지 않고 과백과 같은 높이에서 시작한 곳도 있다. 이런 곳의 문장은 과백인지 평어인지 판별하기가 간단치가 않다.

『백상루기』의 목차는 아래와 같다.

編目
凡例
竹亭閑譚
百祥樓解惑
呆艶(제1절)
介紹(제2절)
一般快事
團圓(제3절)

哭宴(제4절)

夢想(제5절)

密城恨唱

餘音


「編目」은 극본 본문의 목차이다. 「凡例」, 「竹亭閑譚」, 「百祥樓解惑」, 「一般快事」, 「密城恨唱」, 「餘音」은 극본의 본문이 아니며, 내용 이해를 돕거나 내용과 관련지어 쓴 시문이다. 일단 고찰에서 제외하기로 한다. 『백상루기』에는 창, 과, 백으로 구성된 본문의 사이사이에 평어가 삽입되어 있고, 이는 김성탄의 『제육재자서서상기』의 체제와 같다.[17] 몇몇 예외를 빼면 본문은 창과 과백, 평어를 구분하여 필사하였다. 창은 곡패와 곡사를 행을 달리하여 필사한 곳도 있고, 곡패명에 이어서 곡사를 필사한 곳도 있다. 창을 지시하는 科文도 곡사와 같은 행에 필사하였다.

과백과 평어는 대체로 1자 차이로 높낮이를 구분하였다. 그러나 이런 구분에도 불구하고 등장인물의 대사가 평어 또는 해설로 들리는 예, 반대로 평어가 과 즉 지문의 기능을 하는 예도 있다. 이 때문에 『백상루기』의 본문과 평어의 작자가 동일인이라는 의심을 지울 수가 없다. 더구나 각 折의 말미에 극작가 정상현이 "佩韋子"라는 이름으로 "總評"을 작성하여 붙여 놓았다. 극작가는 총평뿐만 아니라 본문 사이사이의 평어도 직접 작성하였다고 볼 수 있는 방증이다. 극작가가 본문을 지으며, 동시에 감상과 비평을 진행하여 그 평어를 해당 본문 뒤에 적어 넣었다고 보면 『백상루기』의 본문과 평어의 어울림이 훨씬 자연스럽게 이해된다. 본문과 평어의 시점의 일치성을 입증하면 이 의심이 풀릴지도 모른다.

---

17) 윤지양, 『百祥樓記』 評批의 특징 고찰(한국한문학연구, 제50권) 참조.

百祥樓記

呆艶

英慧上云奴娃金名英慧本貫嶺南人氏自母

氏至奴官妓出身徑一十六歲鐵尚刺繡若干

無文帶武的字兒諺字無有不通至今沒作四

德三從婦只為送舊迎新娘一身雖在偸漢窃

卽吏界恰似爇兒孤鬖只公衙裡彈唱慣個曲

兒舞兒一切別星使侭愛發不能忘却時當鑿

水冲冲獻于凌陰的節好生傷感也阿正是

二八光俟乙過千金徑積鴇兒囊 金佳不人明才八子

而尽自是入北庙稿了兒厭則千

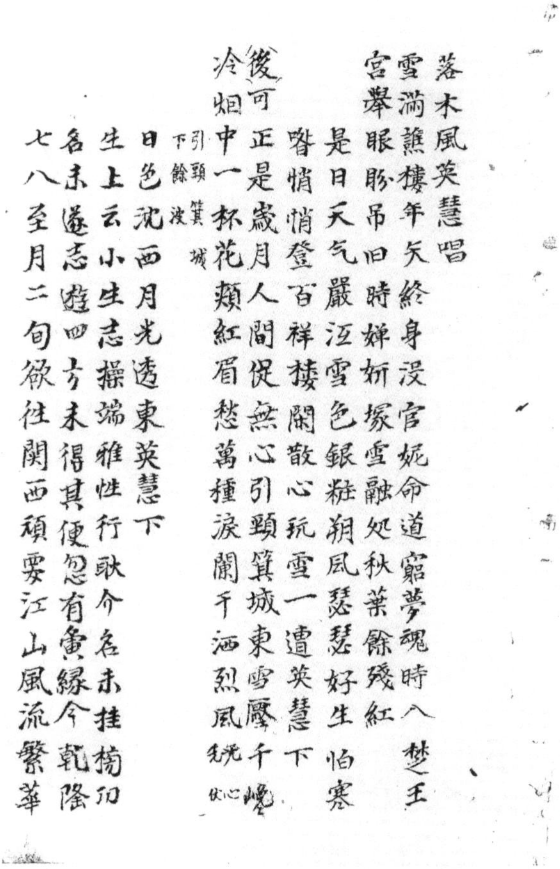

落木風英慧唱

雪滿薰樓年矢終身浸官妮命道竆夢魂時入　楚王

宮舉是日天氣嚴妍塚雪融處秋葉餘殘紅

眼眈眈吊眄時嬋姸塚雪色銀粧朝風瑟瑟好生怕寒

聲悄悄登百祥樓閒散心引顋箕城東雪屢千嶂〔伏心〕

後可正是歲月人間促無心玩箕雪一遭英慧下

冷烟中一杯花類紅愁萬種淚闌干洒烈風巍巍〔伏心〕

〔下引餘頭波箕城〕

日色沈西月光透東英慧下

生上云小生志操端雅性行歌介名未挂檻卯

各未遂志遊四方未得其便忽有寅緣今乾隆

七八至月二旬欲往關西頑要江山風流繁華

그림 8, 9.『百祥樓記·呆艶』

② 科白이 평어로 기능하는 예

　과백과 평어가 1행당 같은 글자수로 필사된 곳은 형태상으로는 극본의 본문인지 비평문인지 구분되지 않지만 내용상 비평문임을 분명하게 판별할 수 있는 문장이 있다. 아래는 주인공이 '生'이 箕城에 도착하는 광경, 그리고 여러 달이 흘러 설날을 맞는 광경이다. 번역문을 앞에 보

空下轉出突然斗紱事来是希丗之奇心焉

墨弄筆

說話間早到長林渌水頭這里好一座城池做

公的接了馬者上云那里城池便是古檀君箕

子連都處望人舊蹟井田古基盡在這里了上

上云理會入衙禮軍千個乾净本廬歇過一

宵明日多般做公的等三三五五滿在眼前手

扶一個百伶百俐之百内句當者你来上云此

間邦有個甚麼練光高浮碧楼也麼做公的上

云這里真有個這般樓臺盖造非常開敬心真

同小可東南北来往客官無不瞻仰開敬心真

哥一游玩生云略路慮難未振既以安頓行

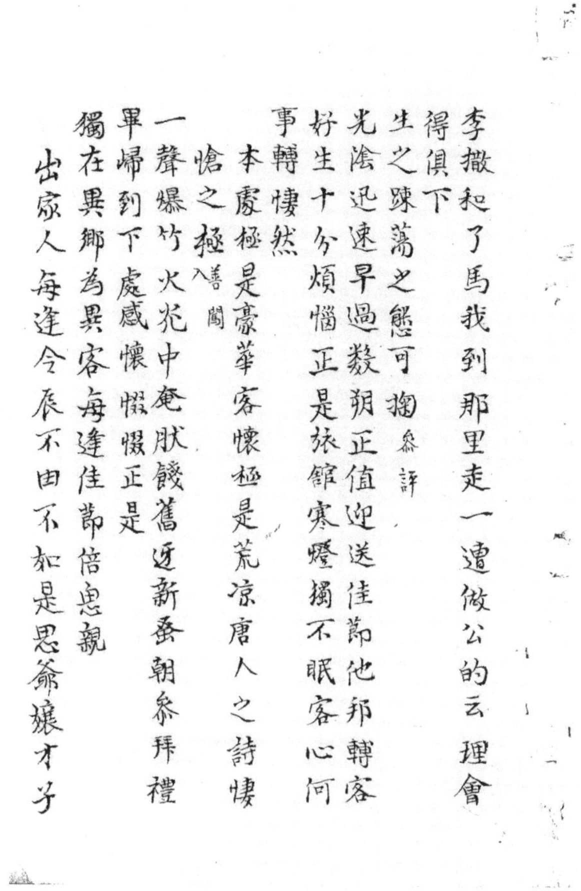
李撤和了馬我到那里走一遭做公的云 理會
得俱下
生之蹤蕩之態可掬 叅評
光陰迅速早過數朔正值迎送佳節他邦轉客
好生十分煩惱正是旅館寒燈獨不眠客心何
事轉悽然
本處極是豪華客懷極是荒凉唐人之詩悽
愴之極 入善闇
一聲爆竹火花中奄然饑舊迓新叅朝叅拜禮
畢帰到下處感懷慨慨正是
獨在異鄉為異客每逢佳節倍思親
出家人每逢令辰不由不如是思爺孃才子

그림 10, 11.『백상루기』

說話間, 早到長林浿水頭. 這里好一座城池. 做公的, 接了馬者. (上云)[18] 那里城池便是古檀君箕子建都處, 聖人舊蹟井田古墓盡在這里了. (上上云) 理會得. (入衙, 禮畢, 干個乾淨去處歇過一宵. 明日, 多般做公的等三三五五滿在眼前, 手招一個百伶百俐之可間勾當者, 你來. 上云) 此間, 那有個甚麽 光亭浮碧樓也麽? (做公的上云)

18) 괄호는 필자가 표기하였다.

這里眞有個眞有個這般臺, 蓋造非常非同小可. 東南北來往客官無不瞻仰閑散心, 眞口可一游玩. (生云) 嗟路儺雖未振, 旣以安頓行李, 撒和了馬, 我到那里走一遭. (做公的云) 理會得. (俱下)

生之疎蕩之態, 可掬. [参評] [19]

光陰迅速, 早過數朔, 正値迎送佳節. 他邦轉客, 好生十分煩惱, 正是, 館寒燈獨眠, 客心何事轉凄然. [20]

本處極是豪華, 客懷極是荒涼. 唐人之詩, 悽愴之極. [善闞入]

一聲爆竹火光中, 奄肰餤舊迓新. 蚤朝參拜, 禮畢, 歸到下處, 感懷惓惓. 正是,

獨在異鄕爲異客, 每逢佳節倍思親. [21]

出家人每逢令辰, 不由不如是. 思爺孃才子之孝, 出於性情.


말하는 사이에 벌써 장림 패수가에 닿았구나. 정말 좋은 성채로다. 여봐라, 말을 잡아라. (등장하여 말한다.) [22] 저기 성채는 옛날 단군과 기자가 도읍을 세운 곳이고, 성인들의 옛 자취며 정전이며 고분이 모두 여기에 있구나. (역부가 말한다.) 알았습니다. [23] (아문에 들어가 예를 마치고 깨끗한 처소를 구하여 하룻밤 보낸다. 다음날 여러 역부들이 삼삼오오 눈 앞에 가득하다. 매우 영리하고 일이 한가한 자를 손짓하여 "너는 오너라"라고 부른다. 생이 말한다.) 여기 어디에 무슨 연광정 부벽루가 있느냐? (기성 역부 [24] 가 말한다.) 여기에는 정말 그런 누대가 있습니다요. 참으로 대단하게 지어서 동쪽 남쪽 북쪽에서 오는 손들이 우러러보며 마음 풀지 않는 이가 없어요. 정말이지 한 번 놀 만합

---

19) 괄호는 필자가 표기하였으며, 괄호 속의 注文은 小字兩行으로 썼다.

20) 高適 「除夜作」.

21) 王維 「九月九日憶山東兄弟」.

22) 본문에 "上云"이라고만 하여 발화자가 누구인지 표시하지 않았다. 생의 대사로 처리하였다.

23) "上上云"이라고 하여 발화자를 표시하지 않았다. 역부의 대사로 처리하였다.

24) '생'이 데려온 '역부'와 구별하기 위하여 '기성 역부'라고 한다.

니다요. (생이 말한다.) 나는 길에서 지쳐 힘은 없다마는 짐을 풀고 말도 먹였으니 나는 거기로 가련다. (기성 역부가 말한다.) 알았습니다. (함께 퇴장한다.)

생의 시원스런 태도가 손에 잡힐 듯하다.

세월은 빨라서 벌써 몇 달이 지나 송구영신의 가절을 맞았구나. 타향을 떠도는 나그네라 정말 매우 괴롭도다. 바로 "여관 차가운 등불에 홀로 잠 못 드니 나그네 마음은 무슨 일로 갈수록 처연해지나"라는 격이로다.

본처는 매우 호화롭고 나그네 마음은 매우 황량하다. 당나라 사람의 시는 처창함의 극치로다.[잘 끼워 넣었다.]

폭죽 소리 불빛 속에 문득 묵은 해 보내고 새해를 맞는다. 이른 아침에 세배하고 예를 마치고 숙소로 돌아오니 감회가 고달프다. 바로 "홀로 타향에서 나그네 신세, 명절 맞을 때마다 부모 생각 배로 난다"는 격이로다.

집 나온 사람은 명절을 맞을 때마다 이렇지 않을 수가 없다. 부모를 생각하는 재자의 효심은 성정에서 나온다.


"說話間"에서 "(俱下)"까지는 인물의 대사 및 그들의 행동을 지시하는 지문이다. '생'과 '역부'[做公的]가 모두 퇴장한다는 지문 "俱下" 뒤에 인물의 재등장을 지시하는 지문이 없다. 인물의 등장과 퇴장을 분명하게 지시하지 않는 예가 『동상기』를 비롯한 조선의 한문 극본 3종에 많고, 중국 희곡의 극본에도 드물지 않게 보인다. 따라서 등장과 퇴장을 지시하는 과문의 유무는 문제 삼지 않아도 된다. 다만 그 원인을 따져보면, 중국 희곡의 체제를 따라서 짓기는 했지만 연극의 관습에 익숙하지 않아서 생긴 오류로 볼 수도 있고, 당시 조선에서는 중국의 희곡 같은 극예술이 존재하지 않았으므로 굳이 무대 관습을 지킬 필요도 없었기 때문에 생긴 현상으로도 볼 수 있다. 중국 희곡의 극본에서도 인물의 등장과 퇴장이 선명하게 지시되지 않았을 때는 희곡의 상연 관습에 따라 채워 넣어서 이해한다. 따라서 "光陰"과 "一聲"으로 시작하는 두 문장은 인물의 대사가 될 수도 있다.

1자 낮춰 쓴 "本處" 이하와 "出家" 이하는 모두 평어이다. 과백과 같은 높이에서 시작하는 "生之疎蕩之態, 可掬.[생의 시원시원한 행태가 손에 잡히는 듯하다.]"는 말은 분명 평어이다. 이 말 뒤에 작은 글자로 "參評"이라고 써 놓아 평어임을 분명히 밝혔다. 그러나 필사 형태상으로는 과백과 같다. "光陰" 이하와 "一聲" 이하는 '생'의 대사로 처리해도 자연스럽고, 비평자의 평어로 처리해도 무방하다. 그런데 "一聲爆竹火光中, 奄肰餞舊迓新"을 생의 대사로 처리하면 "晨朝參拜, 禮畢, 歸到下處, 感懷惙惙"은 科로 보는 것이 더 자연스럽다. "아침에 세배하고 예를 마치고 숙소로 돌아오니 감회가 고달프다"라는 지문이 된다. 또한 이 문장은 해설자의 해설, 즉 평어로 보면 더욱 자연스럽다. 따라서 위의 예문 전체는 극적 대사, 지문, 평어가 내용상으로는 선명하게 구분되지 않는다. "光陰"과 "一聲"으로 시작하는 두 문장과 "本處"와 "出家"로 시작하는 두 문장은 필사 형태로는 각각 극적 대사와 평어로 보이지만, 전자 두 문장은 내용상으로는 평어로 보아도 전혀 이상하지 않다.

"光陰" 이하와 "一聲" 이하의 문장 앞에 생이 등장하여 발화한다는 지시가 없어도 생의 대사로 간주하는 데 큰 문제가 없다. 그런데 이 두 대사의 내용은 작품 밖 관찰자 즉 비평자의 시점으로 읽어도 역시 자연스럽다. "本處"와 "出家"로 시작하는 평어는 한 자 낮춰 써서 평어임을 분명히 밝혔지만 내용상으로는 위의 문장들이 아래 평어와 전혀 구분되지 않는다. "光陰" 이하와 "一聲" 이하의 문장을 누군가 무대 위 '생'을 관찰하면서 그의 행동은 물론 심리까지 투시하여 관객에게 전달해 주는 言辭로 보아도 전혀 이상하지 않다. 무성영화 시절 辯士의 목소리를 듣는 듯도 하다. 여기서 『백상루기』의 작가가 위 두 단락의 대사 앞에 '생'의 발화임을 지시하는 과, 즉 지문을 써 넣지 않은 원인 한 가지를 더 생각해 볼 수 있다. 즉 조선에서는 희곡을 지을 때 무대 상연을 전제하지 않아도

되었기 때문에 인물의 등장과 퇴장을 선명히 제시하지 않았다. 이는 거꾸로 희곡 창작에서 등장인물의 기능보다는 해설자의 기능이 더 크게 작용한 결과로 해석할 수도 있다.

위 인용문에는 지문임이 분명하지만 동작 지시라기보다는 소설적 묘사임이 분명한 문장과 심지어 대사 "너는 오너라"라는 말도 들어 있다. 이런 문장은 희곡의 일부가 아니라 소설의 일부이다. 따라서 극작가가 소설과 희곡을 선명히 구분하지 않거나 그 차이를 인식하지 않았음을 보여 주는 예이다.

아문에 들어가 예를 마치고 깨끗한 처소를 구하여 하룻밤 보낸다. 다음날 여러 역부들이 삼삼오오 눈 앞에 가득하다. 매우 영리하고 일이 한가한 자를 손짓하여 "너는 오너라"라고 부른다. 생이 말한다.

또한 필사 형태로는 科文으로 보이고, 그 내용도 科文으로 처리해 줄 수는 있지만 연극의 관습에는 맞지 않는 예이다. 인물의 행동에 대한 지시라기보다는 묘사와 해설에 더 가까워 평어로 보면 더 좋은 예이다.

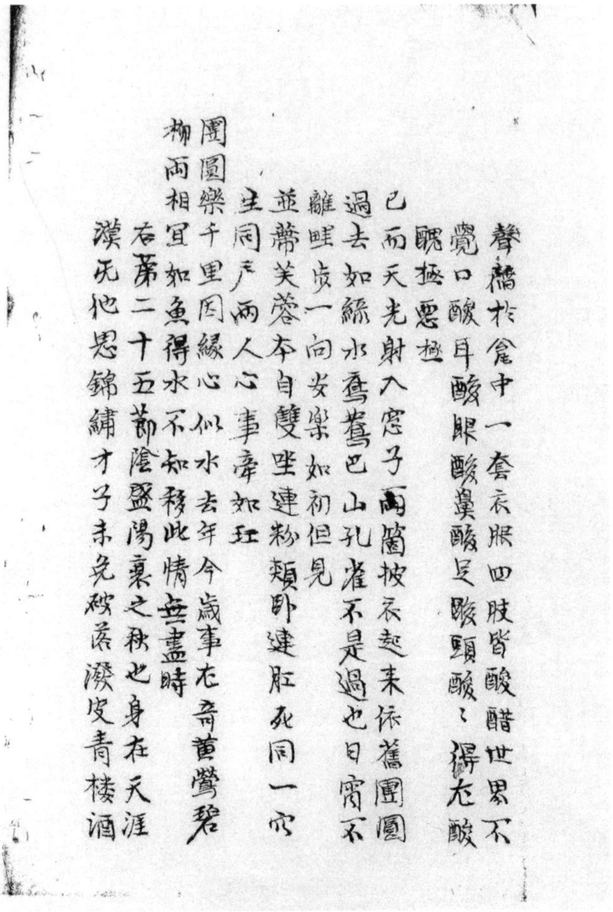

그림 11.「百祥樓記·夢想」

已而天光射入窓子, 兩箇披衣起來, 依舊團圓過去. 如綠水鴛鴦巴山孔雀, 不是過也. 日宵不離畦步, 一向安 如初. 但見,

並蒂芙蓉本自雙, 坐連粉頰臥連肛. 死同一穴生同戶, 兩人心事牽如玒.

이윽고 하늘빛이 창으로 들어오니 두 사람은 옷을 걸치고 일어나 여전히 부부처럼 지낸다. 녹수원앙과 파산공작이라도 이들보다 낫지 않다. 밤낮 한 발짝도 떨어지지 않으며 줄곧 안락하여 처음과 같다. 다만 이렇게 보인다.

꼭지 나란한 부용은 본래 짝을 이루고, 앉으면 뺨을 붙이고 누우면 엉덩이를 붙이네. 죽어서는 한 구덩이 살아서는 같은 문, 두 사람 심사는 옥처럼 굳게 엮였네.

'생'이 꿈에 安州를 찾아가 '英慧'와 재회하여 꼭 붙어 지내는 모습을 묘사한 지문이다. 희곡에서는 매우 어색한 문장이지만 소설이나 판소리에서는 매우 자연스러운 묘사이다. 필사 체제로 보면 科白에 해당하지만 인물의 행동을 지시하지 않고 오히려 묘사한다. 따라서 이런 문장은 평어로 보면 덜 어색하다.

### ③ 평어가 과백의 기능을 하는 예

그림 10에 필사된 "本處" 이하와 "出家" 이하는 평어이다. 그런데 이 두 문장은 또 극중인물의 목소리로 들리는 듯도 하다. 이처럼 극작가가 쓴 연극의 본문과 비평자가 사이사이 써 넣은 평어가 동일한 목소리로 들리는 예가 적지 않다. 이런 경우는 극작가와 비평가가 동일인임을 의미한다. 작가 정상현이 창작과 비평을 동시에 진행한 결과로『백상루기』의 필사 형태가 나타났다고 보는 것이다. "본처는 매우 호화롭고, 나그네 심사는 매우 황량하다.[本處極是豪華, 客懷極是荒凉.]"는 평어에서 '본처'라는 어휘는 극의 내부에 있는 존재가 구사할 수 있다. 비평가는 작품의 밖에 존재하므로 이 구절은 "기성은 매우 호화하다"라고 말해야 자연스럽다. 어느 곳을 '본처'라고 말하면 그 화자는 그곳에 발을 디디고 있다는 뜻이다. 어느 곳을 일러 그 지명, 예를 들어 '箕城'이라고 부른다면 그는 기성 아닌 다른 곳에 있을 가능성이 더 높다. 더구나 "본처는 매우 호화하다"고 하였으니 자신의 눈으로 그 호화를 목도하였다는 뜻으로 들린다. 기성 平壤이 번화한 곳임은 누구나 알고 있지만, '본처' 즉 '여기' 또는 '이곳'은 매우 호화하다고 말하면 그 호화를 직접 목도하고

발화하였을 가능성이 매우 높다. 따라서 비평가도 극중인물과 함께 '기성'에 있으며, 그럴 수 있는 비평가는 바로 작가 자신이거나 작가에 빙의한 존재이다. 더구나 본문에서 '기성'의 호화에 대해서는 연광정 부벽루를 이름만 들먹였을 뿐이다. 이를 바탕으로 "極是豪華"라고 평가하기에는 무리가 있어 보인다. 비평가의 뇌리에 기성의 호화가 이미 각인되어 있어야 나올 수 있는 평가이고, 그렇다면 이 비평가는 극중인물과 함께 기성에 있어야 "此處"라는 어휘가 자연스럽게 나올 수 있다.

아래의 예에서는 평어가 극의 상황을 선명하게 만들어 준다. 평어는 원래 독자에게 극본문의 내용을 평자가 이해하는 대로 유도하는 기능을 하지만, 아래는 그 기능을 넘어 모호한 극의 상황을 작가의 의도를 따라 훨씬 선명하게 부각시킨다.

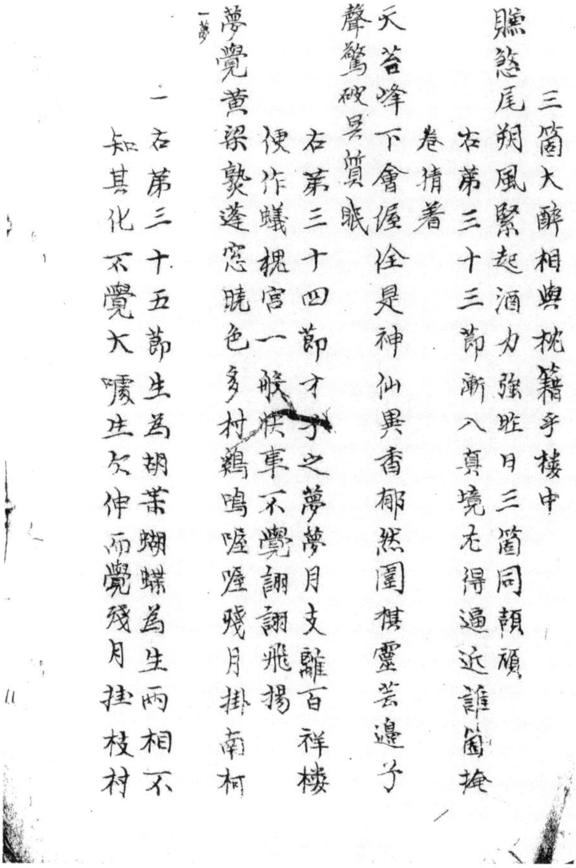
三箇大醉相與枕籍于樓中
聽慾尾朔風緊起酒力強晄月三箇同顛顔
右第三十三節漸入眞境不得逼近誰箇掩
卷猜着
天台峰下會偓佺是神仙異香郁然圍棋靈芸邉子
聲驚破昊蒼眠
右第三十四節才了之夢夢月支離百祥樓
便作蟻槐宮一般供軍不覺詡詡飛揚
夢覺黃粱熟蓬窓曉色多村鷄鳴喔喔殘月掛南柯
一夢
右第三十五節生爲胡蝶蝴蝶爲生兩相不
知其化不覺大噱生欠伸而覺殘月挂枝村

그림 12.『백상루기·몽상』

夢覺黃粱熟 蓬窓曉色多 村鷄鳴喔喔 殘月掛南柯[一夢]

右第三十五節 生爲胡蝶 蝴蝶爲生 兩相不知其化 不覺大噱 生欠伸而覺 殘月挂枝 村鷄亂鳴 驚起推窓 依然本鄕草堂 心神恍惚 正是

百祥樓北化槐宮 兩歲團圓詡詡中 殘月挂枝霜氣冷 村鷄一喔意無窮

꿈을 깨니 황량이 익었고, 봉창에는 새벽빛이 훤하다.

마을 닭이 꼬끼요 울고, 잔월은 남쪽 가지에 걸렸구나.

위 제35절. 생이 나비가 되고 나비가 생이 되니 둘은 그 변화를 모르는 채 어느새 크게 웃는다. 생이 하품하고 깨어나니 잔월은 가지에 걸렸고 마을 닭은 어지러이 운다. 놀라 일어나 창을 여니 여전히 본향 초당이라. 심신이 황홀하다.


'생'은 '영혜'를 못 잊어 재회를 이루지만 꿈속의 일이다. 曲辭는 '생'의 독백이다. 곡사에서 꿈을 깨니 마을 닭이 운다고 하였고, 이를 이어받아 평어에서 "本鄕草堂"이라고 하여 꿈속의 일임을 더욱 명확히 지적하였다. 본문에서는 이 앞에서 '생'의 소재를 "草堂"이라고 지정한 적이 없다. 작가가 지정하지 않은 장소를 비평가가 지정한다고 해서 큰 무리는 아닐 터이다. 이 비평가는 작가의 의도를 훤히 꿰뚫고 있다. 이전에 작가가 지정하지 않은 장소를 이후에 비평가가 지정하여 밝혔다. 두 사람이 동일인이라면 자연스럽다.


## 3. 조선 한문극본의 장르적 성격

『동상기』를 비롯한 조선의 한문극본 3편은 정도의 차이는 있지만 科文, 즉 지문에 소설적 기법이 상당히 스며들어 있다. 등장인물의 행동을 현재형으로 지시하는 희곡의 일반적 관습에서 벗어나 관찰자의 시점으로 본 묘사와 해설, 즉 소설적 성격이 강한 지문이 적지 않다. 중국희곡, 특히 원대 잡극의 체제를 따라 지었지만 희곡의 무대 관습을 벗어난 곳이 있다. 문학 양식의 발전에서 희곡과 소설은 기법상 상호 수렴하는 경향을 보인다. 그러나 조선의 한문희곡은 발생의 처음부터 소설 또는 판소리의 기법을 동원하였다. 중국에서도 희곡은 강창 양식에서 기원하여 극중인물 가운데는 해설자의 기능을 발휘하는 예가 적지 않다. 그러나 어디까지나 그는 극중인물로서 극작품의 바깥으로 나가지는 않는다. 조선의 한문희곡 지문에는 작품 바깥에서 작품 안을 관찰하여 인물의 내면과 외면을 훤히 꿰뚫어보는 全知的 視點이 존재한다. 이런 요소는 연극의 관습에 익숙하지 않아서 초래된 오류로 볼 수도 있다.

전지적 시점의 존재를 극작상의 오류로 간주하더라도 그 오류의 이면에는 문학 장르의 특성이 반영되어 있다고 보면 이 오류의 의미는 달라진다. 조선에서는 한문극본을 창작할 당시 중국의 희곡 같은 극예술이 존재하지 않았다. 희곡은 선험적으로 상연을 전제하는 문학 장르이지만 조선시대의 극작가들은 무대 상연을 전혀 의식하지 않은 채 극작에 임하였을 수도 있다. 또는 이미 익숙한 소설과 판소리의 기법이 자연히 극작에 동원된 결과로도 해석할 수도 있다. 조선의 한문극본에는 작가가 직접 드러나지는 않지만 그 존재가 처음부터 끝까지 작품 내부를 장악하고 있어 등장인물에 작가의 모습이 겹치기도 하고, 무대 바깥에서 무대를 응시하며 극의 상황을 전달해 주기도 한다.

일찍이『동상기』의 장르에 대하여 "한문소설", "희곡적 소설", "희곡소설" 등의 용어로서 그 소설적 특성에 주목한 논의가 있었다.[25] 이 논의는 조선의 한문희곡 3편에 모두 해당한다. 여기에『백상루기』의 評語는 이 논의에서 한 발 더 나아가게 만든다.『백상루기』의 작가는 극작과 동시에 감상과 비평을 진행하여 그 평어를 극본 본문의 해당 부분에 사이사이 끼워 넣었다. 극작가 鄭尙玄이 "佩韋子"라는 이름으로 작성한 "總評"은 본문의 평어도 그가 직접 지었다는 증거의 하나가 될 수 있다. 요컨대 조선 한문극본은 본질적으로는 상연을 전제로 한 희곡이지만, 극작가가 이들 작품을 지을 때는 실제 상연을 전제하지 않은 채 판소리나 소설의 창작 기법이 의미 있게 적용되었다고 해석할 수 있다. 희곡 양식

---

25)『최초의 한문희곡 東廂記』, 14-7쪽 참조.

에 소설 및 강창의 기법이 적용된, 그리고 창작과 감상 및 비평을 동시에 진행한 결과로 탄생한 새로운 창작의 방식으로 규정할 수도 있겠다.

# 4부

# 고전자료 새롭게 읽기 Ⅱ

# 茶山『備禦考』의 행방

정민(한양대 국문학과 교수)

## 1. 머리말

『備禦考』는 다산이 「자찬묘지명」에서 언급한 자신의 저술 중 유일하게 실체가 확인되지 않는 책이다. 1817년 4월 26일 다산초당을 방문한 申穎老에게 그 이튿날 써준 「贈申穎老」에서 다산은 자신의 저술에 『비어고』 12권이 있다고 했고, 5년 뒤인 1822년 5월에 쓴 集中本 「自撰墓誌銘」에서는 『我邦備禦考』가 30권인데 아직 완성되지 않았다고 썼다.[1] 5년 사이에 『비어고』는 세 배 가까이 분량이 늘어났지만 여전히 미완성 상태였다.

『經世遺表』 15권, 「夏官修制」 武科 조목에서는 "무사라면 이 책을 講하지 않아서는 안 된다."며 자부심을 드러냈고, 무과 시험에서 『비어고』의 한 대목을 뽑아 작은 제목을 낸 뒤 조목조목 대답하게 해야 한다는 세부 지침까지 제시했다.[2] 국방 백서뿐 아니라 무과 취재의 소스북으로도 활용되기를 기대한 저술 의도가 확인된다. 다산이 이 정도로 자신 있게 말했다면 30책 분량의 『비어고』는 거의 완성 단계에 도달했던 것으로 볼 수 있다. 그런데 홀연 사라졌다.

이 책은 어떤 책인가? 다산은 『경세유표』에서 "『비어고』라는 것은 내

---

[1] 정약용, 「贈申穎老」에서는 '備禦考十二卷'이라 했고, 「자찬묘지명」에서는 "我邦備禦考三十卷未成."이라고 썼다. 김보름, 「정약용 저작집의 형성과 전승」, 한국학중앙연구원 박사학위논문, 2015, 86~99면에서 '증신영로'에 수록된 저작 목록을 검토했다. 전체 글의 분석과 소개는 정민, 『다산 증언첩』, 휴머니스트, 2017 참조.

[2] 정약용, 『경세유표』 권15, 「夏官修制」 '武科', "武備者, 東方備禦之策也. 考官取備禦考, 抽問一條, 出小題, 竝給筆札. 擧子直於面前條對, 文不過百餘字. 其式例見下. 三考官, 各出一性, 如上法. …… 武士不可以不講此書也."

가 편집한 것이다. 위만 이래로 동방의 전쟁의 일을 모아서 한 책으로 만들고, 關防과 器用의 설 및 國朝 軍制의 연혁을 잇대었다.”[3]고 썼다. 첫째, 동국 전쟁사를 정리하고, 둘째, 관방과 기용에 관한 여러 주장을 살폈으며, 셋째, 군사 제도의 연혁을 밝혔다고 말했다.『비어고』는 제목 그대로 국방을 대비[備]하고 외적을 막는[禦] 문제를 전문적으로 다룬 책이다. 하지만 어떤 이유에서인지 이 책은 끝내 완성되지 못했다.『여유당전서』에 포함되지 못한 것은 물론, 1974년『여유당전서보유』에 일부 殘編이 수록되었음에도 최근 다산학술재단의 정본화 사업에서조차 이 책의 실체는 오리무중인 채로 묻혔다. 관련 연구도 없다. 이 글에서『비어고』의 행방을 추적하는 한편, 미완성의 공정으로 끝난 이유, 정리를 마친 부분과 미처 손대지 못한 부분, 궁극적으로 다산이 완성하려 한 최종 상태까지를 재구성해보기로 한다.


## 2.『備禦考』의 기본 구상과 서지 검토

먼저 다산의 글에 보이는『비어고』관련 언급을 통해 다산의 기본 구상을 재구해보고, 남아있는 각종 필사본의 서지 검토를 통해 작업 진행 과정을 살펴보겠다.

### 1)「寄兩兒書」로 본『비어고』의 기본 틀

다산은『비어고』의 편찬에 관한 구상을 여러 글에서 비교적 세밀하게 제시했다.『다산시문집』권18에 수록된「示二子家誡」는 1808년 5월에 쓴 글이다. 평소 자신이 茅元儀의『武備志』의 문목을 본떠 동방 備

---

3) 정약용,『경세유표』권15,「夏官修制」‘武科’, “臣謹案: 備禦考者, 臣所輯也. 衛滿以降, 凡 東方戰伐之事, 彙爲一書, 繫之以關防器用之說, 及國朝軍制之沿革者也. 今姑未成編.”

| | 대항목 | 세부 항목 | 편집 지침 |
|---|---|---|---|
| 1 | 外夷考 | 「日本考」·「女眞考」·「契丹考」·「蒙古考」·「靺鞨考」·「渤海考」·「琉球考」·「耽羅考」·「鰕夷考」 | − 주변국가 지리 및 기타 자료.<br>− 울릉도와 우산국은 「하이고」에 포함.<br>− 「일본고」와 「여진고」는 戰伐이나 朝聘 관련 내용과, 風謠나 物俗·土産·宮室·城郭·舟車의 제도 관련 내용을 구분 정리. |
| 2 | 戰亂考 | 「海賊考」·「土賊考」·「漢兵考」·「域內考」 | − 내란과 외침으로 갈래 지워 정리.<br>− 「해적고」에 삼별초, 「토적고」에 이시애, 이괄 포함<br>− 「역내고」에는 濊貊·駕洛國 등의 소소한 싸움.<br>− 「한병고」는 漢武帝·隨煬帝·唐太宗·唐高宗 정벌 등.<br>− 「토적고」는 삼국 전쟁과 甄萱·弓裔 등을 공격당한 쪽을 주체로 정리. |
| 3 | 武備考 | 「關防考」·「城池考」·「軍制考」·「鎭堡考」·「器械考」·「將帥考」·「教鍊考」·「烽燧考」 | − 備禦에 필요한 하드웨어적 방어 시스템과 소프트웨어에 해당하는 훈련 등에 관한 내용.<br>− 戚繼光의 『紀效新書』, 모원의의 『무비지』 중 우리나라와 관계되는 항목, 『武藝圖譜』나 『兵將圖說』 중 긴요한 내용 발췌. |
| 4 | 道路考 | 연근해 육로와 수로 지도 | − 압록강 어귀에서 旅順 입구, 金州와 山東省 연변, 아래로 浙江省과 福建省 남쪽까지의 물길 및 당시의 朝聘 도로 채록. |

禦의 책을 엮으려 했는데, 유배지에서 책을 못 구해 손대지 못했으니, 두 아들에게 이 일에 착수하여 편집을 시작할 것을 지시했다. 당시 다산은 이미 지리에 관한 내용은 카드 작업을 상당부분 진행한 상태였다.[4]

이어 다산은 비슷한 시점에 두 아들에게 보낸 편지, 「寄兩兒書」에서 자신의 구상과 자세한 편집 지침을 시달했다.[5] 다산이 편지에서 밝힌 『비

---

4) 정약용, 『다산시문집』 권18, 「示二子家誡」, "茅元儀武備志, 非十分綜覈之書. 然我邦尙無是編, 意欲仿其門目, 別撰東方備禦之書, 雅志蓄中. 流落以來, 書籍莫獲, 遂不能著手. 汝曹旣知余意, 須謀編輯, 以造胚膜. 幸余得生還故里, 得以鑒定刪潤也. 地理諸條, 略已就緖, 不甚貽汝曹勞也."

5) 정약용, 『다산시문집』 권21, 「寄兩兒」, "『備禦攷』, 姑未及開列門目, 然所輯亦旣不尠, 須依此左錄益蒐之可也. 不必如『武備志』凡例. 「日本考」·「女眞考」·「契丹考」·「蒙古考」·「靺鞨考」·「渤海考」·「琉球考」·「耽羅考」·「鰕夷考」(鬱陵·于山之類, 宜附見)·「海賊考」·「土賊考」. ○又「漢兵考」(如漢武·隋煬·唐太宗·高宗之來征)·「域內考」, (三國時相爭, 及甄萱·弓裔等.) 每以受攻者爲主.(如新羅伐百濟者, 以百濟爲主, 而竝記句麗諸國之來侵.) ○三別抄當入「海賊考」, 李施愛·李适等, 當入「土賊考」. ○濊貊·駕洛之類, 小小侵伐, 當附「域內

어고』의 기본 구상과 목차를 표로 정리해 보이면 다음과 같다.

제4의 「도로고」를 부록으로 빼면 다산이 구상한 『비어고』는 외이고와 전란고, 무비고의 세 범주로 추려진다. 앞서 『경세유표』에서 東方戰伐事와 關防器用諸說, 國朝軍制沿革으로 요약한 설명과 부합한다.

첫째, 「외이고」는 한반도를 둘러싼 주변 국가의 관련 기록을 정리한 내용이다. 일본과 여진을 앞세웠고, 거란과 몽고, 말갈과 발해, 유구와 탐라, 하이 등의 항목이 이어진다. 특별히 일본과 여진의 경우는 전쟁 및 조빙 관련 기록과 물산과 지리 및 제도 풍습에 관한 내용으로 갈라, 심도 있는 정리를 요구했다. 이때 여진은 청나라를 가리킨다.

둘째, 「전란고」는 「한병고」로 중국의 한반도 침략 전쟁 기록을 묶고, 「해적고」와 「토적고」 및 「역내고」는 국내의 반란과 소소한 전쟁 기록을 갈래 지워 연대순으로 정리한 내용이다.

셋째, 「무비고」는 변경 관리와 城池 및 鎭堡 운용, 그리고 군사제도 관련 사항을 정리하는 한편, 각종 군사장비와 장수 및 군사 교련, 봉화 운용 등의 내용을 정리하게 했다.

다산은 아들에게 준 편지에서 편집의 세부 지침을 구체적으로 지시하고, 항목 분류상 고려해야 할 점도 분명하게 일러주었다. 다산은 언제부터 국방과 전쟁과 군사에 관한 문제에 관심을 갖게 되었을까? 『사암선생연보』를 보면, 26세 때인 1787년 8월, 泮試에서 높은 등수를 받자

---

考」之末. 「關防考」·「城池考」·「軍制考」·「鎭堡考」·「器械考」·「將帥考」·「敎練考」. ○如戚繼光 『紀效新書』·茅元儀『武備志』, 其有涉於吾東者, 及『武藝圖譜』·「兵將圖說」之類, 不可不採而 要而入之. ○「烽燧考」, 附之「城池」之末不妨. 「日本」·「女眞」等考, 宜分二類, 若戰伐·朝聘 爲一類, 依「戰略考」之例, 若其風謠·物俗·土産·宮室·城郭·舟車之制, 當爲一類, 如占度載 「外夷考」之例. 「西厓集」·「白沙集」·「梧里集」·「五峯集」·「楛陰集」·「月汀集」·「月沙集」·「漢陰集」· 「谿谷集」·「芝峰集」·「鷺渚集」·「李忠武全書」·「紫巖集」, 皆緊要. 中國沿海, 自鴨水之口, 進于 旅順口, 金州·山東省沿地, 下至江浙·福建之南, 其水路夷險, 及當時朝聘之路, 不可不採入. ○著書之法, 必詳其時代先後, 然後可有考驗, 如戰伐·朝聘之類, 每得一條, 必詳著年月."

임금이 은밀히 『兵學通』을 건네준 일이 있었다. 명나라 戚繼光이 왜적 방어의 진법 훈련을 논한 이 책을 받고 쓴 「兵學通跋」에서, 다산은 정조 가 자신에게 이 책을 주면서 "네가 문무의 재주가 있는 줄 알겠다. 나중 에 김동철 같은 역적이 일어나거든 네가 가서 정벌해야 한다. 너는 돌아 가 이 책을 읽거라."[6]고 말했던 기억을 정조 서거 후에 떠올려 적기도 했 다. 정규영은 연보에서 "아마도 임금이 무인으로 등용할 뜻이 있었기 때 문일 것 같다."고 썼다.[7] 이밖에도 정조는 1792년 겨울에는 『비어고』에 인용된 유성룡의 『戰守機宜』도 하사했다.[8]

1789년 겨울에는 왕명으로 한강에 舟橋를 설치하는 일을 맡았고, 1790년 9월에는 持平으로 훈련원 武試를 감찰하여 폐단을 바로 잡았다. 이밖에 1792년 『華城城役儀軌』를 올려 축성과 城池의 제도를 익히고 실 행에 옮긴 일 등 누적된 경험이 있었다. 특별히 『비어고』와 같은 저작의 필요성에 대해 다산은 정조와 나눈 분명한 교감이 있었던 것으로 보인 다. 다산이 아들에게 보낸 편지에서 작업의 상당 부분이 진척되었다고 한 지리에 관한 항목 중 『일본고』 같은 작업은 이미 규장각 재임 당시에 이루어진 것이 분명하다. 모원의의 『무비지』 같은 책은 당시 민간에서 쉽게 구해볼 수 있는 책이 아니었다. 하지만 다산은 바쁜 벼슬길에 쫓겨 전면적인 작업에 착수할 기회를 갖지 못했고, 유배 온 뒤에는 자료의 부 족으로 손을 댈 수가 없었다. 이에 1808년 5월, 두 아들에게 『비어고』 작 업의 필요성과 함께 구체적 작업 지침을 내려 주기에 이르렀던 것이다.

---

6) 정약용, 『다산시문집』 권14, 「跋兵學通」, "知汝有文武才, 日後有如東哲者起(時逆賊金東 哲, 伏法于嶺東.), 汝其往征. 汝其歸讀此書."

7) 정규영, 『사암연보』 1책, "公欲廢擧業, 有隱居窮經之意. 蓋上有以武進用之意故也."

8) 정약용, 『여유당전서』 시문집 권14에 실린 「跋戰守機宜」에 자세한 내용이 보인다.

## 2)『여유당전서보유』수록 내용과『비어고』

일부 정리가 끝나 있었고, 이후 1817년에 12권, 1822년에 30권의 정리가 끝났다고 했던 이 책이 이후 어째서 흔적도 없이 사라졌을까? 1930년대『여유당전서』간행 당시에도『비어고』는 이미 실물을 볼 수가 없었다. 그 결과「洌水全書總目錄」에도 빠졌다. 이에 대해 최익한은「자찬묘지명」에 있던 서목이「열수전서총목」과 家藏草本에서 찾아볼 수 없으니 이 책이 의도만 있었고 실현되지 않았거나,『民堡議』같은 책이 그 일부가 아니었던가 싶다고 의문을 제기한 바 있다.[9]

그런데 1974년에 간행된『여유당전서보유』제3책 政法 국방 분야 저술 보유에는『비어고』의 일부로 추정되는 자료들이 여럿 수록되어 있다. 김영호 교수는 관련 해제에서 다산『비어고』와 관련이 있는 원 자료의 목록을 다음과 같이 제시했다.

1. 서울대 규장각본,『備禦考』10책.

2. 국립도서관본,『武備志』6책.(*실제 책제는 '미산총서'다.)

3. 이병도 박사 구장본,『嵋山叢書』8책.

4. 영남대도서관 동빈문고본,『비어고』2책.(*실제로는 2권 1책이다.)

5. 다산 종손 丁海經 소장본『비어고』2책.

6.『含珠日錄』합철본『雜考綴』1책.

이 가운데 4와 5는 같은 내용의 轉寫로 보이고, 6은 말 그대로 산만한 잡고를 한데 묶은 책인 듯하다. 5와 6은 현재 원본의 소재를 알 수 없다. 필자는 1번부터 4번까지 4종 책자의 원본을 확인하여 전체 내용을 검토하였다. 이를『여유당전서보유』에 수록된 내용과 대조해 본 결과,

---

9) 최익한,「與猶堂全書를 讀함(十五) 先生著書總目」, 東亞日報 1939.2.3.

국방 분야 보유편에 수록된 내용의 원출전을 다음과 같이 확인하였다.

1. 『桑土志』 2책: 이병도 구장본(현 국민대도서관본) 『미산총서』 8책 중 제6책

2. 『軍制考』(가제): 국립중앙도서관본 『미산총서』 6책 중 제5책

3. 『備禦撮要』: 규장각본 『비어고』 10책 중 제1책

4. 『日本考』: 규장각본 『비어고』 10책 중 제3책

5. 「漢兵, 外夷, 土賊考」(가제): 이병도 박사 구장본 『미산총서』 8책 중 제4책

　　김영호 교수는 해제에서 『비어고』의 대부분을 찾았지만 "이중협, 정사욱 등 다산의 문인들의 명의로 되어 있는 책도 있으므로, 우리는 현전 『비어고』 관계 서적 중에서 다산 자신의 편술로 확인된 책만을 선택하기로 하여" 위 다섯 가지만을 다산의 『비어고』 중 일부로 정리했다고 썼다.[10]

　　여기서 보듯 당시 『여유당전서보유』는 1, 5는 이병도 박사 구장본 『미산총서』 8책 중 제4책과 제6책만을 취했고, 2는 국립중앙도서관본 『미산총서』 6책(*이하 국중본으로 약칭함) 중 제5책만 포함시켰다. 또 3과 4는 규장각본 『비어고』 10책 중 제1책과 제3책만 실었다. 그 나머지 부분은 왜 배제했을까? 이중협과 정주응의 이름이 전면에 나와 있고, 전후 경위를 알 수 없는 상태여서 불필요한 논란을 야기할 여지가 있었기 때문이다.

　　정말 『여유당전서보유』에 수록된 부분만 다산의 것이고, 그 나머지 훨씬 더 많은 분량은 모두 이중협과 정주응이 정리한 것일까? 먼저 이 점을 살펴야 한다. 김언종 교수는 『여유당전서보유』 수록 저작의 진위를 살핀 자신의 논문에서, 『비어고』가 모두 3종류인데, 다산의 미완성 저작과, 정주응의 것, 그리고 이중협의 『비어고』 등이 그것이고, 정주응과 이중협의 책은 다산의 영향 하에서 편집되었지만 독자성을 인정해야 한다

---

10) 김영호, 『여유당전서보유』 제3책 해제, 경인문화사, 1989, 3면.

고 주장했다.[11] 그 근거로 집록자의 이름이 명확하게 이중협과 정주응으로 기재되어 있고, 이것이 다산『비어고』의 저작 구도와는 다른 독자적 설계에 의한 것임을 꼽았다. 김언종 교수의 이 같은 논의는 정주응, 이중협과 다산과의 관계를 고려치 않고, 실물 자료를 직접 보지 못한 상태에서 나온 것으로 판단된다.

최초로 다산『비어고』의 정리를 시도한 김영호 교수의 선구적 작업과 이를 비판한 김언종 교수의 논점은 모두 문제가 있다. 결론부터 말해 다산의『비어고』는 김영호 교수가 애초에 제시한 6종 자료 속에 이미 다 들어 있다. 김영호 교수는 자료를 다 찾아놓고는 머뭇거렸고, 김언종 교수의 비판은 논점을 잃었다.

실제로 작업을 진행했던 다산이 武臣이었던 이중협과 정주응의 이름을 전면에 내세운 것은 이 책이 군사기밀에 해당하는 국방 문제를 심층적으로 다루고 있었기 때문으로 보인다. 두 사람의 이름으로 된『비어고』와『미산총서』는 모두 다산『비어고』의 일부이다. 따라서 이들 자료의 재구성을 통해 다산의 전체 기획이 실체를 드러낼 수 있다고 본다.

이제부터 이 같은 논란에 대한 세부적인 검토를 진행하겠다. 먼저 김영호 교수가 제시한 6종 목록 중 논자가 직접 확인한 4종 자료는 다음과 같다.

1. 규장각 소장, 李重協 輯,『備禦考』10책.

2. 국민대 도서관 소장, 鄭周應 輯,『嵋山叢書』8책.

3. 국립중앙도서관 소장, 정주응 집,『미산총서』6책.

4. 영남대 도서관 동빈문고 소장, 이중협 집,『비어고』1책.

---

11) 김언종,「『여유당전서보유』의 저작별 진위문제에 대하여(중)」,『다산학』10, 다산학술재단, 2007, 317~328면 참조.

1은 표제가 『비어고』이고 10책 분량이다. 매 책은 대부분 3권으로 분장되어 있어, 그 체재가 다산이 「자찬묘지명」에서 말한 30권과 대체로 부합한다.[12] 이 책은 이제껏 모든 해제에 특별한 근거 없이 이중협의 輯錄으로 소개되었다.

2는 이병도 박사 구장본인데, 허선도 교수에게 건네진 것이 다시 허교수의 기증으로 현재 국민대 성곡도서관에 소장되어 있다. 이 『미산총서』 8책에는 매 책 첫면에 輯으로 이름을 올린 정주응의 인장이 찍혀 있다.

3은 국립중앙도서관 소장의 『미산총서』 6책이다. 이 책은 허선도 교수가 『무비지』로 잘못 소개하는 바람에 책 제목에 혼선이 빚어졌다. 이 6책본 『미산총서』는 2와는 겹치는 부분이 전혀 없는 다른 내용이다. 2와 3은 원래 한 질로 묶여 있던 것이 중간에 나뉘어져 흩어진 것이다. 한질의 『미산총서』로 묶어서 보아야 한다. 그 이유는 후술하겠다.

4는 영남대학교 동빈문고에 소장된 『비어고』 1책이다. 東濱 金庠基 선생 구장서인데, 표지에 '丁茶山先生手寫本'이라 한 김상기 선생의 친필 글씨가 있다.[13] 『讀禮通考』 등과 함께 다산 본가에서 흘러나온 것으로 보이는 이 자료는 필체와 형식 모든 면에서 다산 저술 특유의 특징이 고스란히 담겨 있다. 그런데도 역시 '연안 이중협 집'으로 나온다.[14] 내

---

12) 이 부분은 정해렴, 『임진왜란과 병자호란』, 현대실학사, 2001의 해제에서 지적된 바 있다. 하지만 다산학술재단에서 펴낸 『다산학사전』의 「비어고」 항목의 기술에서는 역시 『여유당전서보유』에 수록된 내용만을 가지고 『비어고』의 성격을 정리했다. 항목 집필에서 정해렴은 "1811년부터 1813년까지 康津 兵馬虞侯로 있던 李重協(1762~?)이 강진 다산에 있던 정약용을 찾아와 외적의 침략에 대비할(備禦) 대책을 문의하고 토론하며, 또 경제적인 후원을 하며 『비어고』 편저를 종용했을 가능성도 있다."고 추정했다. 역시 실상과는 거리가 있는 얘기다.

13) 표지 뒷면에 김상기 선생의 친필로 다음의 내용이 적혀 있다. "이 책의 필치와 글자 모양은 다산선생께서 고증하여 手錄한 『讀禮通考』의 頭註 및 『民堡議』와 조금의 차이도 없어, 진귀한 보배라 할 만한 것이다(此本筆致字樣, 與茶山先生考證手錄讀禮通考頭註, 及民堡議(俱屬拙藏), 毫無差異, 可珍可寶者也.)."

14) 동빈문고본 『비어고』 권수제 하단에는 '연안 이중협 집' 외에 그 옆에 '慶州 崔俊桓 輯'이

용은 규장각본『비어고』제7책과 국중본『미산총서』제3책에 수록된 내용과 겹친다. 일부만 남은 낙질이다. 첫면이 '비어고 卷之二'로 시작하는 것이 그 한 가지 증거다.

1의 규장각본『비어고』10책과 2와 3을 묶은『미산총서』14책을 합치면 다산이 완성코자 했던『아방비어고』의 전모가 거의 드러난다. 1책 3권으로 나눌 경우 근 72권에 달하는 거질이다. 1822년에 30권이던 것이 뒤로 갈수록 기하급수적으로 늘어났고, 마침내 안설을 다는 작업까지 닿지 못한 채 다산이 건강을 잃어 중단되었던 것으로 보인다.

3) 다산과 이중협, 정주응의 관계

이제 이중협, 정주응과 다산과의 관계에 대해 검토하겠다. 이중협은 다산과 동갑의 벗이었고, 정주응은 해배 이후 다산에게서 배운 제자였다. 먼저 이중협은 강진 병영성에 병마우후로 3년간 머물면서 다산과 가깝게 왕래했다. 1811년경 군사 훈련차 강진만에 나왔던 그는 굴동 초당으로 불쑥 다산을 찾아와, 이 후 거의 매달 한 차례씩 훈련이 있을 때마다 초당에 들러 왁자한 자리를 만들곤 했다.

1813년 6월, 그가 3년 임기를 채우고 강진을 떠나게 되었을 때, 다산은 6월 12일과 6월 15일에『與聖華詩帖』과「送李聖華將歸序」를 써주었고, 이와 별도로 다시『與聖華嵒川四時詞帖』을 따로 써서 작별 선물로 주었다. 뿐만 아니라『다산시문집』권12에 실린「贈別李重協虞候詩帖序」와「李虞候箭筒銘」도 지어 주었다.[15] 이들 글만 보더라도 다산이 그를 얼마나 각별하게 생각했는지 알기에 충분하다.

___

란 글씨가 적혀 있다. 누군가 장난으로 낙서한 것이다. 그런데 도서 분류를 보면 '古도 911.0099 최준환 비어고'로 나온다. 최준환의 낙서는 마지막 면 끝줄에도 들어 있다.

15) 이 세 서첩의 내용에 대해서는 정민,「다산의 평생구학론—이성화에게 준 친필 서첩 3종」, 『다산의 재발견』, 휴머니스트, 2011, 427~456면에 자세히 소개한 바 있다.

또 1812년 봄에 완성한 다산의『民堡議』에 수록된「大芚山築城議」
하단에는 '爲虞候李重協作'이라 하여 다산이 그를 위해 대신 지어주었
다는 부기가 남아 있다. 강진의 병영성이 전략적으로 아무 쓸모가 없으
니, 천험의 조건을 갖춘 대둔산에 성을 쌓아 병영을 그리로 옮겨야 한다
는 주장을 담았다. 무신들을 대상으로 시행한 月課를 다산이 대신 써준
것으로 본다. 또 강진 지역에서 발견된 다산 시집의 전사본인『航菴祕
笈』에는 다산이 이중협을 위해 고향 초천의 산수를 노래한 10수의 시를
지어 주고 나서, 시를 잘 짓지 못하는 이중협 대신 자신이 지은 시에 자
기가 화답한「擬兵虞答」10수를 대작해주기까지 했다. 또 범어사 성보
박물관 소장 필사본 시집『吻花』에 수록된 다산의 시 중에「簡寄虞候李
公重協幕府」1수와「簡寄李虞候」2수가 따로 더 전한다.[16]

　　다산은 하급 무관에 불과했던 이중협을 어째서 이토록 살갑게 대했던
걸까? 1920년에 간행된『연안이씨세보』에 따르면, 그는 본관이 延安으
로 자가 聖華인데, 다산과 같은 해인 1762년 1월 18일에 태어나, 무과에
급제하고 벼슬이 군수에 올랐던 인물이다. 그런데 연안 이씨 장령공파
의 같은 항렬 李重植(1781~1800)이 바로 다산의 庶妹인 丁氏(1781~1805)
의 남편이다. 이중협의 세거지는 청평군 현리 쪽이어서 다산의 두릉과는
거리가 멀지 않았고, 이밖에도 두 집안은 연비로 맺어진 가까운 사이였
다.[17] 궁벽한 귀양살이에 지친 자신을 일부러 찾아준 이중협에 대해 다

---

16) 필사본『항암비급』에「秋日記故園烟景, 贈兵虞李重協」10수가 실려있고, 잇달아「擬兵虞
　　答」10수를 실었다. 시의 두주에 "이공이 시율에 능하지 못한지라 마침내 답사를 대신 지
　　어서 첩으로 만들었다(李公未工於詩律, 故遂代作答詞, 以爲作帖.)."라 하였다. 여기 수록
　　된 20수는 모두 문집에 빠진 것이다.『문화』에도「簡寄虞候李公重協幕府」1수와「簡寄李
　　虞候」2수가 보인다.

17) 다산의 부친 丁載遠과 이중식의 부친 李寅燮은 절친한 벗이었다. 다산은 이인섭의 시에
　　차운한「次潭陽陪李都護丈韻」을 남겼고, 이인섭도 다산에게「李羅州寅燮論學書」를 보낸
　　바 있다. 이같은 오랜 세교를 바탕으로 사돈을 맺었고, 이인섭은 서학 신봉의 혐의로 금정
　　으로 쫓겨난 다산의 처지를 염려하여 주자와 퇴계를 읽기를 권해 다산이『도산사숙록』을

산은 특별한 고마움을 느꼈고, 그가 임기가 치서 떠나게 되었을 때 다산은 진심으로 큰 슬픔을 느꼈던 듯하다.

이중협은 글재주가 그다지 높지 않았던 모양으로 젊은 시절 공령문을 익히다가 붓을 내던지고 무인이 되었다고 다산은 썼다.[18] 다산은 그런 그가 고과에서 높은 점수를 받을 수 있도록 「대둔산축성의」를 대신 지어주었고, 한발 더 나아가 자신의 저술인 『비어고』 일부에 '연안 이중협 집'이란 이름을 넣어주어 『비어고』 찬집의 공동 작업자로 그를 세우기까지 했다. 다산이 남긴 여러 글을 통해 볼 때 이중협은 결코 『비어고』의 폭넓은 자료 섭렵과 복잡한 정리를 감당할 만한 역량을 갖춘 인물이 못 되었다. 규장각본 『비어고』가 오늘날 그의 輯으로 알려진 데는, 10책 30권 『비어고』의 1차 정리를 마친 후 무신인 그의 이름을 빌어 궐내에 이 책을 들이게 된 사정과 관련이 있을 것으로 막연히 추정한다. 다산의 기준상 '輯'은 기존에 있던 자료를 모아서 하나의 체제로 정리한 작업에 붙이는 명칭이었다. 여기에 다산이 최종적으로 按說을 덧붙여야 자료 輯錄者 옆에 자신의 이름을 적어 저술을 완성하는 모양새가 되었을 텐데 이 단계까지는 작업이 진전되지 못해 이중협의 이름만 남은 셈이다.[19] 그 이유는 곧이어 볼 정주응의 양종 『미산총서』에서 찾아진다.

뒤에서 살피겠지만, 규장각본 『비어고』 10책 중, 제1책부터 4책까지는 다산의 편집이고, 5, 6책은 유성룡의 『징비록』을 옮긴 것이며, 제7책과 9책에만 이중협의 이름이 일부 나온다. 그 마저도 『미산총서』에서 정주응의 輯으로 나오는 부분과 겹친다. 제10책은 李瑟兮의 輯으로 글 속

---

쓴 일이 있다. 이중협이 다산을 찾아온 것은 이 같은 집안 간의 세교 때문이었을 것이다.

18) 정약용, 「送李聖華將歸序」, "李聖華少爲諸生, 習功令. 身肢纖弱, 不類弥張者, 謬投筆爲武人."(정민, 『다산의 재발견』, 휴머니스트, 2011, 428면 참조).

19) 예를 들어 다산의 『尙書古訓』에는 "洌水丁鏞編, 文人李𣾰靑輯"이라 했고, 『詩經講義補遺』에는 "洌水丁鏞著, 李𣾰靑輯"이라고 적혀 있다. 당시 『비어고』는 輯錄이 끝난 상태에서 다산의 안설이 붙지 않은 상태였으므로, 최종적으로 '洌水丁鏞編'의 실명이 들어가지 못했다.

에 이정의 안설이 네 차례나 보이니, 이슬혜가 곧 이정임을 알 수 있다.[20]

게다가 제10책『海遊錄』하단에는 '酉山叢書卷之三十'이라 하여 그 마저도 애초에『유산총서』에서 옮겨 적은 것으로 밝혀 두었다. 이로 보아, 규장각본『비어고』10책은 어디까지나 다산의 주도 아래 정리된 작업이지 이중협의 작업물일 수가 없다. 규장각본『비어고』가 바로 다산이「자찬묘지명」에서 말한 30책 분량의『비어고』에 해당하는 것으로 보인다.[21]

두 번째로 살필 인물은 鄭周應(1805~?)이다.『동래정씨족보』에 따르면 그는 이중협과는 달리 문장이 뛰어났고, 다산에게서 직접 배운 제자였다. 연배로 보아 그가 다산을 좇아서 공부한 것은 1819년 해배 이후 두릉에서의 일일 것이다. 그는 대대로 무반으로 이름 높던 집안의 후예로, 중형인 商應과 함께 다산의 문하에 출입했던 역량 있는 儒將이었다.[22] 嵋山은 그의 호인데, 양수리 근처 峨嵋山 아래 세거지가 있어 여

---

20) 제10책『해유록』부분 속표지 아래는 '酉山叢書 卷之三十'이란 원출전 표시가 있고, 이어 '靑泉申維翰著, 雞林李瑟兮節'로 작업자 이름이 나온다. 이슬혜는 처음 듣는 이름인데, 이정의 자가 琴招이니 여기에 짝을 맞춰 붙인 별호로 보인다. 그는 자신의 이름 앞에 '계림'이란 표현을 즐겨 썼다. 더욱이 본문 중에 4회의 '鶴來案'이 포함된 이정의 친필본으로 보인다. 李晴은 그간 이청으로 읽었는데, 최근 한국학중앙연구원에 기탁된 김영호 소장 다산자료 중『大東水經』3책 중 제2책의 뒷면에 "李晴改名畾. 乙酉十月晦日書"라고 쓴 이정의 친필이 확인되었다. '畾의 음이 '정'이니 원래 이름인 晴의 음도 '정'으로 읽는 것이 맞다. 을유년은 1825년이다. 이 책은 내제가 '朝鮮水經'이고 최종 정리단계의 원고다. '洌水丁鏞撰, 門人李晴注'로 썼다. 이 책은 전체가 이정의 친필로 보인다. 김영호 선생의 지적에 따랐다.

21) 다만 규장각본『비어고』10책이 다산 팀에 의해 직접 필사된 것으로는 보기 어렵다. 토론에서 김보름이 지적한 대로 이 책은 형태적인 면에서 정약용 및 그 제자들의 손에서 이루어진 책들과 큰 차이가 있고, 체제 또한 일정치 않다. 권수제의 들쭉날쭉한 숫자 표시도 규장각본『비어고』가 최종 완성되기 전 정리단계의 상태를 보여주는 사본이라고 생각한다.

22) 그의 인적 사항에 대해서는 허선도 교수의 논문「제승방략 연구」(하),『진단학보』37, 진단학회, 1974, 5~42면에 잘 정리되어 있다. 또『各司謄錄』중『忠淸兵營啓錄』에 "숙련되고 통달한 인재이니 온 진에 무슨 걱정이 있겠습니까. 上이니다."라 했고, 1842년 沈有祖의 평가에는 "번거롭게 하지도 않고 성가시게 하지도 않았는데 치적이 이미 두드러지고, 경계하고 단속하여 간사한 무리가 저절로 단속됩니다."라고 하였다. 그가 실무와 이론에서 높이 인정받은 무장이었음을 알 수 있다.

기에서 호를 취한 듯하다.

국민대본『미산총서』8책에는 그의 인장이 매 책마다 뚜렷이 찍혀 있어, 이 책이 그가 직접 소장했던 수택본임을 보여준다. 국중본『미산총서』6책 또한 동일한 크기에 동일한 표지여서 원래 한 묶음으로 정리되었던 책이 중간에 어떤 연유에서인지 갈라져 흩어진 것이다.

양종의『미산총서』가 원래 한 묶음이었던 사실은 허선도 교수가『制勝方略』을 살핀 논문에서 자세히 밝혔다.[23] 사정은 이렇다. 국민대본『미산총서』8책 중 제6책『상두지』끝 면의 접힌 종이 안에 疊紙가 들어 있었다. 그 표면에 '叢書第八 制勝集後跋中割出條'라 적고 그 안에 2편의 종이 조각이 들어 있었다. 그런데 이 잘려나간 부분이 8책 중에는 어디에도 없고, 엉뚱하게 국립중앙도서관본『미산총서』제5책에 수록된『관북제승집』의 뒷장에서 나왔다. 국민대본 첩지에 끼어 있던 종이 조각이 잘려나간 곳의 크기가 동일했다. 이 밖에도 양종『미산총서』는 종이와 지질뿐 아니라 본문은 물론 상단 메모의 필체까지도 똑같은 동일한 한 묶음이었다. 두 책 사이에 내용 중복도 없어『미산총서』가 본래 총 14책 분량의 방대한 전작이었음이 확인된다.

그렇다면 이 책의 편집자는 정주응인가 다산인가? 이 책의 편집자 또한 정주응이 아닌 다산이다. 그 이유는 다음의 몇 가지를 들 수 있다.

첫째, 국중본『미산총서』(*이하 국중본으로 약칭함) 제5책에 수록된『비어고』권7『關北制勝集』끝에 적힌 발문이 다산의 글이다. 앞서 허선도 교수가 발견한 2곳의 割出, 즉 도려낸 부분이 있는 글이 그것이다. 글의 서두 "右關北制勝集一卷" 다음에 9자를 오려냈고, 끝에 다시 30자가 잘렸다. 잘라낸 부분은 "내 외가의 서고 속에서 얻은 것(余外家書庫中所得也)"이

---

23) 허선도,「제승방략 연구」(상),『진단학보』36, 진단학회, 1973, 36~76면과「제승방략 연구」(하),『진단학보』37, 진단학회, 1974, 5~42면에 수록되어 있다.

라 한 내용과, 끝의 "외가 윤씨는 해남 백련동에 있는데, 충헌공은 휘가 윤선도이고, 호는 고산이다. 가경 무인(1818) 1월에 미산에서 쓴다(外家尹氏. 在海南白蓮洞. 忠憲公諱尹善道號孤山. 嘉慶戊寅首春. 書于嵋山.)."고 한 부분이다.

우선 1818년에 정주응은 고작 14세였으니 절대로 이 발문을 쓸 수 없다. 더욱이 그의 외가는 해남 윤씨와 아무 상관이 없다. 그의 직계를 통틀어 보더라도 해남 윤씨와의 혼인 사실이 일체 없다. 해남 연동이 외가인 사람은 다산이고, 1818년은 아직 다산이 해배되기 전이다. 이 글은 다산이 귤동 초당에서 쓴 글이 틀림없다. 그런데 이 책을 미산에서 썼다고 적었다가 그 마저도 도려냈다. 원본에는 당연히 1818년 '書于茶山'으로 적혀 있었을 것인데, 이것을 嵋山으로 고쳤다가, 그래도 앞뒤가 도저히 안 맞으니 원래 글쓴이의 신원을 짐작케 할 두 대목을 칼로 도려내 누가 쓴 글인지 알 수 없게 만들었다. 제자가 스승의 글을 이렇게 통째로 자기가 쓴 것인 양 절취해갈 수는 없었을 테고, 이 또한 다산의 지시에 따른 것으로 짐작한다.

둘째, 국중본 『미산총서』 제5책의 『관북제승집』 이후의 내용은 모두 『여유당전서』 문집 권22에 실린 잡평의 내용을 앞뒤 절록해서 제목을 새롭게 달아 편집한 것이다. 전체 내용이 다산 본인의 정리일 뿐 아니라, 원본에 추가된 안설은 정주응이 아닌 강진 시절 제자 이강회의 것이다.

셋째, 『미산총서』 도처에 정주응이 아닌 다산 학단 제자들이 개입해 안설을 단 흔적이 남아 있다. 국중본 제5책에 실린 「兵志備倭論」 끝에 李綱會의 안설이 실려 있고, 「藍浦書契」 끝에는 1816년 이강회가 쓴 『雲谷漫筆』이 길게 적혀 있다. 『상두지』와 국중본 제4책의 「金宗瑞定四鎭」 조에도 이정의 안설이 여러 차례 나온다. 이 같은 정황은 『미산총서』가 정주응에 의해서 이루어진 것이 아니라, 강진 시절 이미 다산학단의 손질을 거쳐 정리된 것임을 말해준다.

넷째, 국중본 『미산총서』 제3책에 수록된 글은 규장각본 『비어고』 제

7책에 수록된 내용 및 영남대본 『비어고』 수록 내용과 항목의 차이는 다소 있지만 내용이 동일한데, 뒤의 두 책에는 편집자가 정주응이 아닌 이중협으로 나온다. 즉 똑같은 내용을 두고 『미산총서』에서는 정주응이 엮었다고 하고, 『비어고』에서는 이중협이 엮었다고 했다. 이는 결국 두 사람 모두 실제적인 편집의 주체는 아니었다는 의미이기도 하다.

다섯째, '총서'란 표현에 대한 일반적 오해가 있다. 다산은 자신의 제자들에게 중요한 책을 베껴 적어 책자로 만들게 하고, 여기에 저마다의 호를 딴 총서의 명칭을 붙이게 했다. 다산 제자들에게 있어 총서는 베껴 쓴 책이지 자신의 저술에 붙이는 명칭이 아니다. 황상의 『치원총서』와 황경의 『양포일록』 수십 권이 이미 실물로 확인되었고, 윤종진의 『순암총서』, 『순암수초』, 윤종삼의 『춘각총서』, 손병조의 『선암총서』, 초의의 『초의수초』, 정학연의 『유산총서』 등의 존재가 실물로 남아 있다. 이들 총서는 그들 각자의 문집이나 기타 저술과 달리 모두 베껴 쓴 내용뿐이다. 정주응의 『미산총서』 또한 자신의 저술이 아닌, 기존의 저술을 베껴 쓴 것에 지나지 않는다. 그것도 다른 사람이 아닌 스승 다산의 작업을 베껴 썼다. 그럼에도 자신의 이름을 앞세운 것은 이 책이 일종의 국가기밀인 국방에 관한 내용을 담고 있어 민간에서 사사로이 취급하기 힘든 예민한 사안이었던 점과 관련이 깊다고 본다. 이 점은 뒤에서 다시 논하겠다.

여섯째, 이밖에도 『미산총서』에는 길게 도려낸 내용 항목 위에 '此一段當刪'으로 표시된 부분이 두 군데 남아 있다. 흥미롭게도 그 내용이 모두 우암 송시열의 오류를 지적하거나, 잘못된 처신을 비난한 내용이다. 편집자는 공교롭게도 송시열 관련 부분만 도려내거나 삭제할 것을 지시했다. 이는 『비어고』의 편집자가 정리 과정에서 노론의 역린을 잘못 건드려 전체 작업에 재앙이 미치는 일이 없게 하려고 부단히 신경을 쓰

고 있었다는 뜻이다.[24]

이렇게 볼 때 현재 정주응의 저술로 알려진 『미산총서』는 전체 또는 대부분이 정주응이 아닌 다산학단의 편집으로 이루어진 것이다. 일부 정주응의 기여가 있을 수 있겠지만, 적어도 이 책의 상당 부분이 이미 1818년 강진 시절에 정리를 마친 상태였다. 당시 정주응은 고작 14세의 소년이었고, 다산과 한 차례 면식도 없던 상황이었으므로, 『미산총서』의 편집자로 될 수 있는 처지가 아니었다. 정주응은 집록자이기보다 이 책의 轉寫者에 불과하거나 그마저도 이중협의 경우처럼 이름만 빌렸을 가능성이 크다.[25] 다만 1822년 당시 다산이 「자찬묘지명」에서 30책이라고 한 부분이 규장각본 『비어고』 10책까지의 작업이고, 『미산총서』 14책은 그 이후 지속된 작업의 결과물로 보인다. 『미산총서』 14책과 『비어고』 10책이 겹치는 부분은 제7책과 제9책의 일부분뿐이다. 제7책의 경우 『미산총

---

24) 국중본 『미산총서』 제3책 81면은 한 면의 대부분이 잘려나갔고, 상단에 '此一節當刪去'란 메모만 남아 있다. 국민대본 『미산총서』 제6책 끝 면에 끼어 있던 잘려나간 내용은 평생 노론의 저격수를 자처했던 南克寬의 글이다. 金應河가 죽은 뒤 명나라에서 그를 遼東伯으로 추봉한 것이 낭설에 불과한데, 우암 송시열이 김장군신도비에다 이 호칭을 쓴 것이 대단히 잘못 되었다고 변정한 내용이다. 또 국민대본 『미산총서』 제5책의 『丙子之難』 조에도 우암이 남한산성에 있을 때 늘 단도와 노끈을 지니고서, 왕이 나가 항복하면 반드시 이것으로 자결하겠다고 큰소리 쳐 놓고, 막상 출성의 당일에 그렇게 하지도 못해 송준길에게 꾸지람을 받았다는 내용이 보인다. 이 항목 위에도 앞서와 동일한 필체로 '此文當刪去也'라 한 것이 보인다. 최근 고려대학교 한국학센터에서 일본 교토대학 소장본 『경세유표』를 확인했는데, 이 책의 상단에 적힌 메모의 글씨가 『미산총서』 상단의 필체와 같다. 필자의 판단으로 이 글씨는 다산의 아들 정학연의 것으로 보인다.

25) 이와 비슷한 사례로 『事大考例』가 더 있다. 이 책은 조선의 對淸外交 관련 문서를 정조의 명에 따라 다산이 정리한 것인데, 26권 10책으로 현재 일본 大阪府立中之島圖書館에 소장되어 있다. 이 책의 머리말은 1821년 전임 司譯院正 李時升이 썼다. 하지만 '사암연보'에는 이해 "봄에 『事大考例 刪補』를 완성하다."란 기록이 나오고, 거의 동일한 내용의 서문이 다산의 이름으로 실려 있다. 『여유당전서』 권15에도 『事大考例題敍』가 수록되어 있다. 서문에 따라 볼 때 이 작업 역시 제자 이정이 편집의 실무를 맡았고, 범례와 안설, 산보의 작업은 다산 자신이 직접 했다. 그런데 막상 『사대고례』에는 이시승을 편찬의 주체로 내세웠다. 이 작업 역시 민간인의 신분으로 진행할 수 없는 국가 외교와 관련된 내용이었기 때문에 權道로 이시승의 이름을 빌리고, 자신의 문집에 관련 글을 남겨 확인이 가능하도록 한 것이다.

서』에는『비어고』의 내용 외에 8개 항목을 더 추가했다.

## 3. 4종서의 내용 분석을 통해본『備禦考』의 실제 찬자

이제 남아 있는『비어고』관련 4종서의 세목을 구체적으로 분석하여 각 책 간의 상호관계와 구성을 검토하고, 나아가『비어고』의 실제 찬자를 살펴보겠다.

### 1) 규장각본『비어고』10책

규장각 소장『비어고』10책은 각종 해제는 물론,『한국민족문화대백과사전』에도 조선 후기 병학자 이중협의 편저로 소개되었다. 다만 책의 편집 형태상 권수의 책정이 일정치 않고, 내용이 완비되지 않아 완성본은 아니라고 추정했다.[26] 책의 내용과 목차는 다음과 같다.

| 책 | 권수제 | 편자 표기 | 수록 내용 | 세목 | 비고 |
|---|---|---|---|---|---|
| 1 | 備禦撮要卷之○ | 松風菴 輯 | 備禦撮要 | 軍行, 度險, 齋糧, 尋水, 候探, 望樓, 烽火. | *송풍암은 다산의 별호. |
| | 備禦撮要卷之三 | 松風菴 輯 | 備禦撮要 | 約束, 淸四野, 設伏探, 派民夫, 定時候, 分垛伍, 分信地, 守敵臺, 設巡邏, 設巡官, 設遊兵, 立城柵, 一出令, 別男女, 禁妖謊, 嚴盤詰, 察姦細, 嚴姦盜, 防火發, 派司更, 申號令, 需備. | |
| | 備禦撮要卷之○ | 松風菴 輯 | 備禦撮要 | 需備 料糧識, 備修築, 設澡險, 懸戶簾, 設浮棚, 設柰何, 嚴城門, 設門筭, 塡闉巷, 鋪街衢, 立桅竿, 立草廠, 整器械, 備雜物, 備傳警, 備燈火(圖: 懸燈製, 火毬式), 措應, 嚴警報, 重開整, 謹籥銃, 擲磚石, 合毒灰, 煮人糞, 設外拒, 募勇敢, 貴晝息, 詭夜鼓, 斫夜營, 用提鉤, 破排圍, 防雲梯, 防早夜, 防內應, 火月城. | |

26)「비어고」항목,『한국민족문화대백과사전』10책, 한국정신문화연구원, 1991, 667면.

| | | | | | |
|---|---|---|---|---|---|
| 2 | | 領議政<br>柳成龍 撰 | 戰守機宜 | 斥候, 長短, 束伍, 約束, 重壕, 設柵,<br>守灘, 守城, 迭射, 統論形勢. | |
| | | | 江防考 | 甲山府, 三水郡, 茂昌廢郡, 閭延廢府,<br>虞芮廢郡, 慈城廢郡, 江界府, 渭原郡,<br>楚山郡, 碧潼郡, 昌城府, 朔州府, 義<br>州, 茂山府, 會寧府, 鍾城府, 穩城府,<br>○凉府, 慶興府. | |
| | | | 海防考<br>(水軍僉節制<br>使鎭, 水軍萬<br>戶營) | 義州, 龍川郡 외 109所 | |
| | | | 山城考 | 京畿 中興洞石城 외 각 도별 400여개<br>소 산성 | |
| 3 | 日本考<br>卷之一 | 洌水<br>丁鏞 輯 | 日本考 | 『後漢書』, 『三國志』, 『晋書』, 『北史』,<br>『唐書』, 『通典』, 『文獻通考』, 『大明一<br>統志』, 補遺. | *권2와<br>권3의<br>경계 구<br>분 없음. |
| | 日本考<br>卷之二 | 洌水<br>丁鏞 輯 | 日本考 | 『武備志』 | |
| | | 洌水<br>丁鏞 輯 | 日本考 | 『武備志』二 : 律要, 譯語, 船泊, 利器,<br>寇術. | |
| 4 | 日本考<br>卷之三 | 洌水<br>丁鏞 輯 | 武備志 三 | 『무비지』 중 임진왜란 관련 기사 수록 | |
| | 日本考<br>卷之四 | 洌水<br>丁鏞 輯 | 新羅史<br>(金富軾 撰)<br>高麗史<br>(鄭麟趾 撰)<br>輿地勝覽 | 3종서 중 일본 관련 기사 수록 | |
| | | | 戊戌辨誣奏 | 丁應泰의 글 수록 | |
| 5 | 懲毖錄<br>卷之一 | 柳成龍 著 | 懲毖錄 | 전문 수록 | |
| 6 | 懲毖錄<br>卷之二 | 柳成龍<br>而見 著 | 懲毖錄 | 전문 수록 | |
| 7 | 備禦考<br>卷之二 | 延安<br>李重協 輯 | | 麗末諸難, 威化回軍, 李澄玉之亂, 李<br>施愛之難, 速古之難, 江界邊釁, 壬辰<br>之難, 丁酉之難, 幸州之戰. | |
| | 備禦考<br>卷之○ | 延安<br>李重協 輯 | | 延安之戰, 李夢鶴之難, 雜說. | |
| | | | | 建州始末, 李适之亂, 柳孝立之亂, 毛<br>文龍守椵島. | |

| | | | | | |
|---|---|---|---|---|---|
| | 備禦考<br>卷之○ | | | 丁卯之難, 丙子起釁, 丙子之難. | |
| 8 | 備禦考<br>卷之○ | | | 丙子之難(下) | |
| | 備禦考<br>卷之○ | | | 丙子之難(三), 乙卯之難. | |
| 9 | 備禦銓考<br>卷之二十 | 延安<br>李重協 輯 | 白沙軍論 | 鰲城李相公以都體察使將南下時啓辭, 水營移置偏否啓, 白翎設鎭啓, 山城修築啓, 登山申設鎭啓. | |
| | | | 漢陰集鈔<br>(漢陰軍論) | 請令廟堂量處留兵便宜箚, 又, 陳倭情仍辭職箚, 待命箚, 請留賈太才開喩兩人敎鍊火砲啓, 陳時務八條啓, 訓鍊都監秘密啓, 金希元與虜人問答曲折秘密啓, 經理分付擧行啓, 呈楊經理文, 呈禦倭監軍文, 與李子常書, 又, 又, 鵝城府院君李公墓誌銘. | |
| | | | 李忠武公全書抄<br>(忠武捷書) | 玉浦破倭兵狀, 唐浦破倭兵狀. | |
| 10 | 海遊錄 | 青泉<br>申維翰 著<br>雞林<br>李瑟兮 節 | 海遊錄 | 方城, 山水, 天文, 物産, 飮食, 衣服, 宮室, 官制, 田制, 兵制, 風俗, 刑罰, 音樂, 書畵, 語音, 文學, 理學, 佛法, 醫學, 女色, 海蠻, 詩人, 平秀吉, 源璵, 人物, 氏族, 程道. | |
| | 建州聞見錄 | 紫巖<br>李民宬 著<br>雞林<br>李瑟兮 錄 | 建州聞見錄 | | *이민환의<br>「건주문견<br>록」을 이<br>슬혜가 집<br>록했다. |

　제1책 『비어촬요』는 松風菴이 정리한 것이다. 송풍암은 다산 동암의 별칭이고, 다산은 실제 이 별호를 여러 차례 썼다. 제2책은 유성룡의 『戰守機宜』 외에 「江防考」와 「海防考」 및 「山城考」를 실었다. 특히 『전수기의』는 일찍이 정조가 다산에게 하사했던 책이기도 하다. 제3, 4책 『일본고』는 다산 자신의 집록이다. 제5, 6책은 유성룡의 『징비록』을 옮겨 적었고, 제7, 8, 9책은 동국전쟁사를 정리한 내용이다. 집록자가 이중협으로 나온다. 제10책의 집록자는 이슬혜다. 앞서도 말했듯 이슬혜는 다산의 제

자 이정의 별칭이다.

10책 중 1, 3, 4 등 3책을 다산이 직접 정리했고, 2, 5, 6은 유성룡의 책을 베꼈으며, 10은 이정의 솜씨다. 이중협의 이름으로 된 7, 8, 9도 국중본『미산총서』6책에서는 정주응이 집록한 것으로 나온다. 10책을 통틀어 이중협의 집록이 분명한 부분은 한 곳도 없다. 그럼에도 이 책의 편자가 이중협의 이름으로 된 것은 이 책이 당초 이중협을 통해 규장각에 입고된 사정과 관계가 있을 듯하나, 이제 와서 정확한 전후 사정은 알기가 어렵다.

완정한 정리본이 아니다 보니 卷首題의 체재 또한 들쭉날쭉 일정치가 않다. 제목 자체가 체계가 없고, 권수 표시도 혼란스럽다. 미완성 상태의 원고를 한 자리에 모으는 바람에 생긴 현상이다. 본문에도 정리의 중간 단계임를 반영하여 군데군데 비워둔 여백이 있다.『민보의』나『아방강역고』등에 보이는 다산의 按說은 아직 달리지 않은 일종의 소스북 상태의 편집이다. 필자는 이 책이 바로 다산이『자찬묘지명』에서 스스로 30권이라고 밝힌『아방비어고』의 원형에 가까운 책이라고 판단한다.

## 2) 국민대 도서관본『미산총서』8책

두 번째로 살필 것은 국민대 성곡도서관 소장 8책본『미산총서』이다. 1973년 허선도 교수가 쓴「제승방략 연구」에서 그 존재가 처음 알려졌고, 저자 문제도 가볍게 언급되었다.[27] 이병도 박사 구장본인데, 이 책에는 경성제대 교수였던 후지다 료사쿠(藤田亮策)의 장서인인 '藤田所藏'이란 주문인이 찍혀 있다. 후지다 료사쿠가 소장했던 것이 이병도 박사에게 넘어갔고, 그것이 다시 허선도 교수에게 건네진 것이다. 허교수는 논문에서 이 책이 스승인 이병도 박사가 자신의 논문을 위해 특별히 주선해준 희귀자료라고 밝혔다. 먼저 국민대 도서관본『미산총서』8책의 세

---

27) 허선도, 앞의 1974 논문, 28~37면 참조.

목을 정리하면 다음과 같다.

| 책 | 권수제 | 편자 표기 | 수록 내용 | 세목 | 비고 |
|---|---|---|---|---|---|
| 1 | 盛京志畧 卷之一 | 恭齋先生 節畧 | 地圖, 建置沿革 盛京彊域, 星野, 風俗 | | *첫 머리에 주문인 '嵋山'과 백문인 '鄭周應印'이 찍혀 있음. *마지막 면에 주문인 '藤田所藏'인이 찍혀 있음. |
| | 盛京志畧 卷之二 | 恭齋先生 節畧 | 山川 | | |
| 2 | 盛京志畧 卷之三 | 恭齋先生 節畧 | 山川 城池 | | |
| 3 | 盛京志畧 卷之四 | 恭齋先生 節畧 | 關梁, 驛站, 公署, 職官 | | *'嵋山'과 '鄭周應印' 있음. **마지막 면 '藤田所藏'인이 있음. |
| | 盛京志畧 卷之五 | | 古蹟 陵墓 | | |
| | 盛京志畧 卷之六 | | 學校, 戶口, 田賦, 宮庄, 壇廟, 祠祀, 山陵, 宮殿, 苑囿, 物産, 帝王, 后妃, 名宦, 人物, 孝義, 烈女, 隱逸, 流寓, 方伎, 仙, 釋 | | |
| 4 | 備禦考 卷之一 | 嵋山 鄭士郁 輯 | 宣祖朝壬辰倭亂 李舜臣閑山之捷 三道勤王兵龍仁敗績 北道之陷鄭文孚收復 | | *'嵋山'과 '鄭周應印' 있음. |
| 5 | 備禦考 卷之一 | 嵋山 鄭士郁 輯 | 丁卯之難 丙子起釁 丙子之難(三編合錄) 柳琳塔谷之戰 江都之陷敗事 三學士之死節 淸師陷椵島 (*속표지 목차에 따름) | | *'嵋山'과 '鄭周應印' 있음. **표지 뒷면에 '藤田所藏'이 찍혀 있음. |
| 6 | 備禦考 卷之○ | 嵋山 鄭士郁 輯 | 桑土志 卷之一 | 自序, 屯田 序說, 募屯卒, 制屯餉, 置城基, 築城堞, 置屯田, 渴烏引水法, 龜車說, 餘論. | *『상두지』는 진도에 유배왔던 李德履(1725~1797)가 편찬한 책이다. |

| | | | | | |
|---|---|---|---|---|---|
| 6 | 備禦考 卷之○ | 嵋山 鄭士郁 輯 | 桑土志 卷之二 | 通論, 隱城撥幕, 三條平地設險, 城塢, 鋸刀, 腰鼓砲, 扇子砲, 噴筒, 松淄, 水鐵釽, 紙甲, 朱雀砲, 四輪車, 三輪車, 翼虎牛, 玄鳥砲, 拐子車, 弔橋, 火車, 三條奇制 銅砲連弩設橋三條, 餘論, 氷車說, 圖說, 『荊州武編』抄 『後鑒錄』抄: 山堡防護之法, 石礮厭禳之法, 絚柱坼城之法, 火逬攻城之法, 攂石滾木之法 『蠻司合誌』抄: 鐵貓爬山虎緣厓之法, 輭梯鉤繩損板之法, 竹牌火磚束筴之法, 礮石呂公車衝擊之法 量穀數板 | **중간에 이정의 안설이 들어 있다. *'嵋山'과 '鄭周應印' 있음. **표지 뒷면에 '藤田所藏'인이 있음. |
| 7 | 備禦考 | | 大淸開國方略 | 天命四年甲辰 康熙皇帝文集 | *'嵋山'과 '鄭周應印' 있음. **마지막 면 '藤田所藏'인이 있음. |
| 8 | 備禦考 卷之○ | | 淸國方略御製聯句 發祥世紀 | | *'嵋山'과 '鄭周應印' 있음. **마지막 면 '藤田所藏'인이 있음. |

이 8책 역시 권수제가 일정한 체계 없이 들쭉날쭉하다. 전체 8책 중 앞쪽 3책이 『盛京志略』을 節略한 내용이다. 절략은 중요한 내용만 간추 렸다는 뜻이다. 절략한 사람은 恭齋 尹斗緖다. 그는 고산 윤선도의 증 손으로, "兵家의 서적은 읽지 않은 책이 없었고, 變化闔闢의 기미를 꿰 뚫었으며, 車甲兵刃의 제도와 戰陣攻守의 도구에 대해서도 모두 고증 하여 『正義』라는 책을 저술하여 장수 되는 방법을 자세히 논하였다."[28]

---

28) 「恭齋公行狀」, "兵流則凡世上所傳韜鈐之書, 無一不經於眼. 變化闔闢之機, 默運於方寸,

는 평가를 들은 인물이다. 이 책은 당연히『관북제승집』과 함께 다산이 해남 연동의 외가에서 구해본 것일 수밖에 없다.

제4책은『朝野記聞』과『징비록』을 비롯해『紫海筆談』등 국내의 각종 문헌에서 추출해낸 임진왜란 관련 기사 모음이고, 제5책은 정묘, 병자호란 관련 내용을 한 자리에 묶었다. 제6책은 李德履(1725~1797)의『桑土志』2책이 그 내용이다.『여유당전서보유』에서는 잘못하여 다산의 저술로 오인했다. 이전 운양 김윤식과 위당 정인보가『상두지』를 다산의 저술로 오인한 것을 답습한 결과다. 정작 다산 자신은『경세유표』와『민보의』에서 세 차례에 걸쳐『상두지』가 이덕리의 저술임을 명기했다.[29]『상두지』에 이정의 안설이 2곳에 걸쳐 나오는 것을 보면, 이 책은 일찍이 다산이 인용하고 이정이 정리해 안설을 단 책이지 정주응이 정리한 책이 아니다.

제7책은『大淸開國方略』중 조선 관련 기사를 추출해 정리했다. 끝의 한 항목은 강희황제의 문집 내용을 옮겼다. 병자호란을 전후한 시기 청조의 대조선 정책의 동향을 연도별로 초록한 내용이다. 제8책은『淸國方略御題聯句』와『發祥世紀』의 초록이다.『청국방략어제연구』는 청나라 개국의 전후 경과를 적은 御題詩에 보충설명을 단 내용의 초록이다.『발상세기』는『대청개국방략』32권 중 제1권에 해당하는 것으로 청나라 초기 개국의 역사를 간추렸다.

이렇듯 국민대본『미산총서』8책은 제4책의 임진왜란 관련 내용 일부를 제외하면 모두 청나라의 강역과 산천, 城池 등에 대한 종합 정보

---

而車甲兵刃之制, 戰陣攻守之具, 皆有所考證. 嘗作正義一篇, 備論爲將之道." 허선도, 앞의 1974 논문, 33면 재인용.

29) 이덕리는 형 李德師가 정조 즉위 직후인 1776년 4월 1일 사도세자 복권을 청하는 상소를 올렸다가 능지처참에 처해지자, 그 죄에 연좌되어 진도로 귀양 와서 19년간 살면서 이 책을 지었다. 다산은『민보의』,「民堡守禦之法」중 松와,『경세유표』,「地官修制」중 '井田之法' 부분, 그리고『大東水經』,「浿水」조에서 각각 한 차례씩『상두지』를 인용했다.

와 지도, 그리고 정묘 병자호란 관련 및 청나라 개국의 경과를 정리한 내용으로 구성되어 있다. 『상두지』 또한 북쪽 변방의 둔전 운영과 성지 제도 및 무기 체계 정비에 관한 내용이어서 전체적으로 청나라에 관련된 내용이 대종을 이룬다. 앞서 규장각본 『비어고』가 일본 쪽에 초점을 둔 것과 대비된다.

앞쪽 제3책까지 공재 윤두서가 節略한 『성경지략』이 다산의 외가에서 나왔고, 이후 미산 정사욱 輯이라 한 내용 또한 『상두지』를 비롯해 대부분의 내용이 정주응이 아닌 다산이 이정의 조력을 받아 정리한 것들이어서, 『미산총서』 8책의 책임 편집자 또한 정주응이 아닌 다산임이 분명하다.

## 3) 국립중앙도서관본 『미산총서』 6책

이 책은 책제가 『嵋山叢書』이고 표지 하단 중앙에 '武備考'라고 썼다. 허선도 교수는 자신의 논문에서 이 『미산총서』를 별다른 설명 없이 『무비지』로 바꿔서 소개했다. 논문 작성 과정에서 하단의 '무비고'를 혼동한 듯하다. 내용을 표로 제시하면 다음과 같다.

| 책 | 권수제 | 편자 표기 | 수록 내용 | 세목 | 비고 |
|---|---|---|---|---|---|
| 1 | 東國兵鑑 卷上 | 敝神齋 謄本 | 東國兵鑑 | 漢武帝定朝鮮爲四郡, 高句麗擊降鮮卑, 高句麗禦漢兵, 高句麗攻遼東玄菟, 高句麗敗漢師, 魏毋丘儉攻陷高句麗丸都城, 燕慕容廆侵高句麗, 燕慕容皝破丸都城, 隋文帝伐高句麗, 隋煬帝伐高句麗, 隋煬帝復伐高句麗, 唐太宗伐高句麗, 唐太宗復伐高句麗, 唐及新羅滅百濟, 唐及新羅伐高句麗, 唐及新羅滅高句麗, 唐伐新羅, 契丹侵高麗, 契丹侵高麗(2), 契丹侵高麗(3) | |

| | | | | |
|---|---|---|---|---|
| 2 | 東國兵鑑<br>卷下 | | 東國兵鑑 | 高麗擊女眞, 丹賊寇高麗, 高麗金希磾擊東眞, 蒙古侵高麗(1), 蒙古侵高麗(2), 蒙古侵高麗(3), 蒙古侵高麗(4), 蒙古侵高麗(5), 蒙古侵高麗(6), 高麗破哈丹, 高麗破紅賊, 高麗復破紅賊, 高麗走納哈出, 高麗逐德興君, 高麗取几剌城, 高麗擊東寧府, 高麗逐胡拔都 |
| 3 | 備禦考<br>卷之一 | 嵋山<br>鄭士郁 輯 | 麗末諸難 | 麗末諸難, 威化回軍, 李澄玉之亂, 李施愛之難, 尹弼商夾攻建州, 速古之難, 江界邊釁, 壬辰之難, 丁酉之難, 幸州之戰 |
| | 備禦考<br>卷之二 | 嵋山<br>鄭士郁 輯 | | 延安之戰, 諸將倡義, 李夢鶴之難, 雜說, 建州始末, 李适之亂, 柳孝立之亂, 毛文龍守椵島, 世宗朝征倭之役, 征建州衛野人, 許琮征野人, 三浦倭變, 沈思遜爲野人所殺, 三子分掌北道 |
| 4 | 備禦考<br>卷之三 | | 聞見事件 | |
| | 備禦考<br>卷之四 | 嵋山<br>鄭士郁 輯 | 朝野記聞<br>文獻備考 | 崔潤德討婆豬江, 李藏再討婆豬江, 魚有沼討建州衛, 尹弼商討建州衛, 金宗瑞定四鎭, 文獻備考關防, 鬱陵島事實, 馬島事實, 朝野記聞, 僿說抄 |
| | 備禦考<br>卷之五 | | | 丁卯之難, 丙子之難, 建州助戰, 皮島設鎭 |
| 5 | 備禦考<br>卷之六 | 嵋山<br>鄭士郁 輯 | 光陵陣法 | 分數第一, 形名第二, 結陣第三, 用法第四, 軍人第五, 章標, 大閱儀注, 勇怯之勢第一, 勇怯之勢二, 勇怯之勢三, 勝敗之形一, 勝敗之形二, 勝敗之形三, 跋(洪啓禧), 又(洪貴達) |
| | | | 節制方略<br>又大閱儀注<br>又大閱儀注 | *각각 수십 조의 세부 항목 있음. |
| | 備禦考<br>卷之七 | 嵋山<br>鄭士郁 輯 | 關北制勝集 | 慶興府屬, 行營傳報烽燧, 賊路相距, 追邀擊處相距, 賊路相距 等, 跋(丁若鏞) |

| | | | | |
|---|---|---|---|---|
| 5 | 備禦考 卷之七 | 嵋山 鄭士郁 輯 | 南藥泉論海防疏 通文館志 兵志備倭論(李德懋) 阿蘭陀說(柳得恭) 英咭唎說 藍浦書契 鰕夷論 | |
| 6 | 備禦考 卷之八 | 嵋山 鄭士郁 輯 | 鰲城相公啓辭 | 鰲城李相公以都體察使將南下時啓辭, 水營移置便否啓, 白翎設鎭啓, 山城修築啓, 登山串設鎭啓 |
| | | | 漢陰相公箚啓 | 漢陰李相公請令廟堂量處留兵便宜箚, 又, 陳倭情仍辭職箚, 待命箚, 請留賈大才開喻兩人教鍊火炮啓, 陳時務八條啓, 訓練都監秘密啓, 金希元與虜人問答曲折秘密啓, 經理分付擧行啓, 呈楊經理文, 呈禦倭監軍文, 與李子常書, 又, 又, 鵝城府院君李公山海墓誌銘 |
| | | | 西厓柳相公戰守機宜 | 一斥候, 二長短, 三束伍, 四約束, 五重壕, 六設柵, 七守灘, 八守城, 九迭射, 十統論形勢 |
| | | | 山城論 | 全羅道山城圖後敍(李恒福), 康津修因山城, 南原蛟龍山城, 潭陽金城山城, 同福甕城山城, 羅州錦城山城, 井邑笠岩山城 |

제1책은『東國兵鑑』에서 역대 중국이 고구려와 신라 및 고려를 쳐들어와 일어난 전쟁을 실었고, 제2책은『동국병감』중 고려 때 외적의 침입과 이에 맞서 싸운 고려의 대응전을 정리했다. 제1책의 표지 아래 '敬神齋謄本'이라고 썼다. 창신재는 누구인지 알 수 없고, '등본'은 단순히 베꼈다는 의미다. 앞서 다산이 아들에게 보낸 편지의 범례로 보면 '漢兵考'에 해당하는 내용이다. 집록의 주체들이 자신의 성명을 전면에 드러내지 않고, 창신재나 이슬혜 등으로 감춘 것도 한 가지 특징이다.

제3책부터 제6책까지는 모두 '嵋山鄭士郁輯'을 내세웠다. 그렇다면 이 국중본『미산총서』는 정주응이 엮은 것일까? 그렇지 않다. 제3책은 앞서 본 규장각본『비어고』제7책의 내용과 일부 겹친다. 『비어고』에서

는 이 부분을 이중협 집으로 밝혀 두었다. 전체 24항목 중「麗末諸難」,
「威化回軍」,「李澄玉之亂」,「李施愛之難」,「速古之難」,「江界邊釁」,「壬
辰之難」,「丁酉之難」,「幸州之戰」,「延安之戰」,「李夢鶴之難」,「雜說」,
「建州始末」,「李适之亂」,「柳孝立之亂」,「毛文龍守椵島」등 16개 항목
이 이중협 집록의『비어고』및 동빈문고『비어고』의 내용과 일치하고,「尹
弼商夾攻建州」,「諸將倡義」,「世宗朝征倭之役」,「征建州衛野人」,「許琮征
野人」,「三浦倭變」,「沈思遜爲野人所殺」,「三子分掌北道」등 8개 항목
은 이 책에서 증보된 부분이다. 이 증보의 주체도 정주응이 아닐 것이다.

제4책의 제1권은『聞見事件』을 옮겨 적은 것인데, 지은이는 '不知何
人作'이라 했다. 중간중간 이두를 협서한 것으로 보아 국가 보고용으로
작성된 공문서다. 청나라의 京師輦下兵之制, 外方之制, 京官之制, 當
部報警之制, 賦民之制 등 군사 제도와 그 운용에 관한 보고서이다. 제2
권은 徐文重의『朝野記聞』에서 여진과의 전쟁 관련 내용을 간추렸고, 이
어『文獻備考』에서는 울릉도와 대마도 관련 내용 등을 뽑았다. 이 가운데
「金宗瑞定四鎭」에 역시 이정의 안설이 여러 차례 보이니 이 또한 정주응
이 정리한 것은 아닌 셈이다.

한편 제4책의 뒷부분에 수록된「丁卯之難」,「丙子之難」,「建州助戰」,
「皮島設鎭」등의 항목은 앞서『비어고』제8책에 같은 제목의 항목이 있
다. 다만,『비어고』가 우리 쪽 문헌에서 관련 내용을 추출한데 반해, 여
기에 실린 내용은 모두 청나라 문헌에서 추려낸 항목들이어서 상호 보
완의 관계에 놓인다.

제5책은『光陵陣法』과『節制方略』,『大閱儀注』,『又大閱儀注』및『관
북제승집』등을 초록하여 수록했다. 이중『절제방략』과 이를 다시 간추린
『관북제승집』은 다산이 쓴 발문까지 포함된 다산 자신의 정리임이 틀림없

다.[30] 이후 「南藥泉論海防疏」와 「通文館志」, 「兵志備倭論」, 「阿蘭陀說」,
「英咭唎說」, 「藍浦書契」, 「鰕夷論」은 대부분 『여유당전서』 문집 권22에 실
린 내용들을 간추리거나 절록한 것이어서 이 또한 다산의 글임이 명백하다.

제6책은 「鰲城相公啓辭」, 「漢陰相公箚啓」, 「西厓柳相公戰守機宜」,
「山城論」 등으로 구성되어 있다. 이 부분은 이미 규장각본 『비어고』 제9책
의 「白沙軍論」, 「漢陰軍論」 및 제1책의 『전수기의』와 중복된다. 이 역시
정주응이 정리한 것은 아닌 셈이다. 제6책 끝에 「산성론」이 실려 있으나,
이항복의 글을 집록한 데 지나지 않는다.

이렇게 볼 때, 국중본 『미산총서』 6책 또한 미산 정주응의 손에 의해
정리된 것이 아니다. 대부분 다산이 직접 정리해 발문까지 썼거나, 이전
이중협의 이름으로 된 『비어고』에 수록된 내용을 일부 보완한 것에 지
나지 않는다. 게다가 중간중간 이정 등의 안설까지 들어 있는 것이어서
정주응의 집록은 말 그대로 옮겨 적은 데 지나지 않는 정도에 그친다.

## 4) 영남대 동빈문고본 『비어고』 1책

이제 영남대 동빈문고본 『비어고』 1책의 세목을 검토하겠다.

| 권 | 권수제 | 편자 표기 | 수록 내용 | 세목 | 비고 |
|---|---|---|---|---|---|
| 1 | 備禦考 卷之二 | 延安 李重協 輯 | | 麗末諸難, 威化回軍, 李澄玉之亂, 李施愛之難, 速古之難, 江界邊釁, 壬辰之難, 丁酉之難, 幸州之戰 | *표지에 '丁茶山先生 手寫本'이라고 적혀있다. **권수제에 '慶州 崔俊桓 輯'이라 쓴 낙서가 있다. |
| | 備禦考 卷之○ | 延安 李重協 輯 | | 延安之戰, 李夢鶴之難, 雜說, 建州始末, 李适之亂, 柳孝立之亂, 毛文龍守椵島 | |

30) 다산은 『제승방략』과 『관북제승집』의 원본을 해남 연동의 외가에서 얻었다고 발문에서
밝혔다. 그리고 이 책의 찬자가 일반적으로 金秀文으로 알려진 것을 여러 근거를 대어 비
판한 뒤, 이 책이 김수문이 지은 것이 아닌, 충헌공 윤선도가 경원에 유배가 있을 당시에
지은 것이 아닐까 추정하기까지 했다.

이 내용은 한 눈에도 규장각본『비어고』제7책의 내용과 똑같다. 국중본『미산총서』제3책에도 비록 8개의 항목이 더해졌지만 해당 내용은 그대로 다 실었다. 동빈문고본『비어고』는 다산의 친필본 또는 다산의 제자에 의해 필사된 것이 분명한 만큼 시기상으로 가장 앞선다. 이 또한 이름을 이중협 집이라고 했어도, 글씨와 정리가 모두 다산 또는 이정 등 제자의 손에 의해 이루어진 것이다. 이 책의 존재야말로, 규장각본『비어고』와 양종『미산총서』의 실제 편집자가 다산 자신임을 증명하는 훌륭한 증거다.

이상 다산의『비어고』관련 4종서의 세목을 검토하였다. 검토 결과 이중협과 정주응이 집록자로 이름을 올렸지만, 실제로 규장각본『비어고』10책과 양종『미산총서』14책의 정리자는 다산임을 알 수 있었다. 이름은 왜 빌렸나? 먼저『비어고』의 경우는 10책 30권이 정리를 마친 상황에서 이중협의 이름을 빌려 나라에 보고하기 위한 절차를 위해서였다고 본다. 무관인 이중협은 이를 계기로 인사고과에서 좋은 점수를 받을 수 있었을 테고, 다산 자신은 젊은 날 정조와의 약속을 지켜 작업을 완수했다는 성취감이 있었을 것이다. 다만 당시 자신은 죄인의 신분이었으므로 군사 기밀에 속하는 이 책을 민간이 함부로 다루었다는 공연한 구설을 피할 구실도 필요했으리라 본다.

정주응은 1818년 당시 고작 14세의 어린 나이였으므로, 그가 자신의 이름으로 된『미산총서』를 필사한 것은 적어도 1820년대 후반이었으리라 판단된다. 다산은 이중협의 이름으로 규장각에 30권의『비어고』를 넣은 뒤에도, 작업을 계속 확장해서 청나라의 각종 서적과『상두지』같은 단독 저서, 그밖에 자신이 추가로 정리한『관북제승집』및「병지비왜론」등의 잡고를 수합하여 정주응의 이름을 빌려『미산총서』를 엮어두었던 것이다. 하지만『미산총서』는 중간에 8책과 6책으로 나뉘어 따로 전승되었고, 다산의 안설을 얻지 못한 채 최종 미완성 상태로 남아 오늘에 이르렀다.

## 4. 「寄兩兒書」의 기본 구상과 『備禦考』 대비

여기서는 이제까지 검토한 4종서의 내용을, 다산이 아들에게 준 편지에서 밝힌 초기 『비어고』의 구상과 겹쳐 보기로 한다. 초기 작업 부분에 해당하는 규장각본 『비어고』 10책에서 양종 『미산총서』로 확장되어 간 후속 작업의 성격이 이 과정에서 보다 분명하게 드러날 것으로 기대한다. 앞쪽의 대분류는 필자가 편의상 갈래 지워 붙인 것이고, 소항목은 다산이 제시한 내용과 동일하다. 각 항목에 해당하는 내용들을 4종서의 내용 항목별로 배치하여 하나의 표로 제시하면 아래와 같다.[31]

| | 대항목 | 소항목 | 4종서 중 해당항목 | 비고 |
|---|---|---|---|---|
| 1 | 外夷考 | 「日本考」 | 규장각본 『비어고』 3: 『日本考』의 『後漢書』, 『三國志』, 『晋書』, 『北史』, 『唐書』, 『通典』, 『文獻通考』, 『大明一統志』, 『武備志』 抄出 및 補遺.<br>규장각본 『비어고』 4: 『武備志』, 『新羅史』, 『高麗史』, 『輿地勝覽』, 『戊戌辨 誣錄』 抄出<br>규장각본 『비어고』 5, 6: 『懲毖錄』<br>규장각본 『비어고』 7: 『國朝武定錄』 중 麗末諸難, 壬辰之難, 丁酉之難, 幸州之戰, 延安之戰, 雜說.<br>규장각본 『비어고』 8: 乙卯之難<br>규장각본 『비어고』 9: 『漢陰軍論』 중 請令廟堂量處留兵便宜箚, 又, 陳倭情仍廕胤職箚, 待命箚, 金希元與虜人問答曲折秘密啓, 經理分付擧行啓, 呈楊經理文, 呈禦倭監軍文, 與李子常書, 又, 又, 鵝城府院君李公墓誌銘, (＊국중본 『미산총서』 6에 重出)<br>규장각본 『비어고』 9: 『忠武捷書』 중 玉浦破倭兵狀, 唐浦破倭兵狀<br>규장각본 『비어고』 10: 『青泉海遊錄』<br>국중본 『미산총서』 3: 諸將倡義, 世宗朝征倭之役, 三浦倭變,<br>국중본 『미산총서』 5: 通文館志, 兵志備倭論<br>국민대본 『미산총서』 4: 宣祖朝壬辰倭亂, 李舜臣閑山之捷, 三道勤王兵龍仁敗績, 北道之陷鄭文孚收復. | |

---

31) 아래 표는 다산이 「寄兩兒書」에서 보였던 소항목에 따라 3장에서 소개한 자료를 재배치해본 것이다. 1808년 경 아들에게 보낸 기본 구상은 1818년 『경세유표』를 완성할 때 기술한 묘사와 얼마간 차이가 있다. 작업 진행 과정에서 다산의 구상에 얼마간 변화가 있었겠으나, 여기서는 세목으로 제시된 「기양아서」의 소항목으로 대비한다.

| | | | | |
|---|---|---|---|---|
| 1 | 外夷考 | 「女眞考」 | 규장각본『비어고』7과 동빈문고본『비어고』:『國朝武定錄』중 麗末諸難, 威化回軍, 江界邊釁, 建州始末, 毛文龍守椵島.<br>규장각본『비어고』8과 동빈문고본『비어고』: 丁卯之難, 丙子起釁, 丙子之難.(*국민대본『미산총서』5 重出)<br>규장각본『비어고』10:『建州聞見錄』<br>국중본『미산총서』2:『東國兵鑑』중 高麗擊女眞. 丹賊寇高麗. 高麗金希磾擊東眞.<br>국중본『미산총서』3: 尹弼商挾攻建州, 征建州衛野人, 許琮征野人, 沈思遜爲野人所殺, 三子分掌北道<br>국중본『미산총서』4:『聞見事件』및『朝野記聞』중 崔潤德討婆豬江, 李藏再討婆豬江, 魚有沼討建州衛, 尹弼商討建州衛, 金宗瑞定四鎭.<br>국중본『미산총서』4:『文獻備考』關防 중 僜說抄, 丁卯之難, 丙子之難, 建州助戰, 皮島設鎭.<br>국민대본『미산총서』1, 2, 3:『盛京志略』<br>국민대본『미산총서』5: 柳林塔谷之戰, 江都之陷敗事, 三學士之死節, 淸師陷椵島.<br>국민대본『미산총서』7:『大淸開國方略』<br>국민대본『미산총서』8: 淸國方略御製聯句, 發祥世紀 | |
| | | 「契丹考」 | 국중본『미산총서』1:『東國兵鑑』중 契丹侵高麗, 契丹侵高麗(2), 契丹侵高麗(3)<br>국중본『미산총서』2:『東國兵鑑』중 丹賊寇高麗 | |
| | | 「蒙古考」 | 국중본『미산총서』1:『東國兵鑑』중 蒙古侵高麗(1), 蒙古侵高麗(2), 蒙古侵高麗(3), 蒙古侵高麗(4), 蒙古侵高麗(5), 蒙古侵高麗(6), 高麗破哈丹, 高麗復紅賊, 高麗破破紅賊, 高麗走納哈出, 高麗逐德興君, 高麗取几剌城, 高麗擊東寧府, 高麗逐胡拔都. | |
| | | 「靺鞨考」 | | *관련<br>내용<br>무 |
| | | 「渤海考」 | | *관련<br>내용<br>무 |
| | | 「琉球考」 | | *관련<br>내용<br>무 |
| | | 「耽羅考」 | | *관련<br>내용<br>무 |
| | | 「鰕夷考」 | 국중본『미산총서』4:『文獻備考』關防 중 鬱陵島事實, 馬島事實, 朝野記聞.<br>국중본『미산총서』5: 兵志備倭論, 鰕夷論 | 울릉<br>도, 우<br>산국<br>관련<br>통합 |

| | | | | |
|---|---|---|---|---|
| 2 | 戰亂考 | 「海賊考」 | | *관련<br>내용<br>무 |
| | | 「土賊考」 | 규장각본 『비어고』 7: 『國朝武定錄』 중 李澄玉之亂, 李施愛之難, 速古之難, 李夢鶴之難, 李适之亂, 柳孝立之亂. | |
| | | 「漢兵考」 | 국중본 『미산총서』 1: 『東國兵鑑』 중 漢武帝定朝鮮爲四郡, 高句麗擊降鮮卑, 高句麗禦漢兵, 高句麗攻遼東玄菟, 高句麗敗漢師, 魏毌丘儉攻陷高句麗丸都城, 燕慕容廆侵高句麗, 燕慕容皝破丸都城, 隋文帝伐高句麗, 隋煬帝伐高句麗, 隋煬帝復攻高句麗, 唐太宗伐高句麗, 唐太宗復伐高句麗, 唐及新羅滅百済, 唐及新羅伐高句麗, 唐及新羅滅高句麗, 唐伐新羅. | |
| | | 「域內考」 | | *관련<br>내용<br>무 |
| 3 | 武備考 | 「關防考」 | 규장각본 『비어고』 2: 「江防考」, 「海防考」.<br>국중본 『미산총서』 5: 『關北制勝集』, 「南藥泉論海防疏」, 「阿蘭陀說」, 「英咭唎說」, 「藍浦書契」. | |
| | | 「城池考」 | 규장각본 『비어고』 2: 「山城考」.<br>국중본 『미산총서』 6: 全羅道山城圖後敍(李恒福), 康津修因山城, 南原蛟龍山城, 潭陽金城山城, 同福甕城山城, 羅州錦城山城, 井邑笠岩山城.<br>국민대본 『미산총서』 6: 『桑土志』 중 『後鑒錄』 抄의 山堡防護之法, 石礮厭禳之法, 絙柱圻城之法, 火逬攻城之法, 擂石滾木之法. | |
| | | 「軍制考」 | 국중본 『미산총서』 5: 『節制方略』<br>屯田序說, 募屯卒, 制屯餼 | |
| | | 「鎭堡考」 | 규장각본 『비어고』 9: 「白沙軍論」 중 鼇城李相公以都體察使將南下時啓辭, 水營移置偏否啓, 白翎設鎭啓, 山城修築啓, 登山串設鎭啓(*국중본 『미산총서』 6에 重出)<br>국민대본 『미산총서』 6: 『桑土志』 중 置城基, 築城堞, 置屯田, 量穀數板. | |
| | | 「器械考」 | 국민대본 『미산총서』 6: 『桑土志』 중 渴烏引水法, 龜車說, 餘論. 通論, 隱城撥幕, 三條平地設險, 城塢, 鋸刀, 腰鼓砲, 扇子砲, 噴筒, 松猯, 水鐵釖, 紙甲, 朱雀砲, 四輪車, 三輪車, 翼虎牛, 玄鳥砲, 拐子車, 弔橋, 火車, 三條奇制 銅砲連弩設橋三條, 餘論, 氷車說, 圖說, 『荊州武編』 抄, 『蠻司合誌』 抄 중 鐵貓爬山虎緣厓之法, 頓梯鉤繩揖板之法, 竹牌火礡束箋之法, 礤石呂公車衝擊之法. | |
| | | 「將帥考」 | | *관련<br>내용<br>무 |

| 3 | 武備考 | 「敎鍊考」 | 규장각본『비어고』1:『비어촬요』중 軍行, 度險, 齎糧, 尋水, 候探, 望樓, 約束, 淸四野, 設伏探, 派民夫, 定時候, 分垜伍, 分信地, 守敵臺, 設巡邏, 設巡官, 設遊兵, 立城柵, 一出令, 別男女, 禁妖讔, 嚴盤詰, 察姦細, 嚴姦盜, 防火發, 派司更, 申號令, 需備, 규장각본『비어고』2:『전수기의』중 斥候, 長短, 束伍, 約束., 重壕, 設柵, 守灘, 守城, 迭射, 統論形勢(*국중본『미산총서』6에 重出) 규장각본『비어고』9:『漢陰軍論』중 請留賈太才聞喩兩人敎鍊火砲啓, 陳時務八條啓, 訓鍊都監秘密啓. 국중본『미산총서』5: 光陵陣法, 大閱儀注, 又大閱儀注 |
| | | 「烽燧考」 | 『비어고』1:『비어촬요』중 「烽火」 |
| 4 | 道路考 | 연근해 육로와 수로 지도 | 국민대본『미산총서』1: 盛京志 중 盛京城圖, 盛京輿地圖, 奉天府圖, 錦州府圖, 烏剌寧古塔圖, 長白山圖, 醫無閭山圖. |

이렇듯 당초 다산의 구상은 규장각본『비어고』10책과 양종『미산총서』14책을 합쳐야 비로소 그 전모가 드러난다. 이제 위 도표가 나타내는 의미를 차례로 검토해보자.

첫째, 특별히 가장 많은 비중을 차지한 것은 단연 「일본고」와 「여진고」이다. 여기서 「여진고」는 청나라를 말한다. 임병 양난 이래 두 나라가 일종의 主敵에 해당하고, 남아있는 관련 기록이 가장 풍부하며, 국방에 있어서도 여전히 당면한 시급한 문제였기 때문이다.

둘째, 「일본고」의 경우 규장각본『비어고』에서 관련 자료를 집중해서 다루었으므로, 『미산총서』에서는 누락된 약간의 기사만 추가하는 선에서 그쳤다. 또한 자료를 취급할 때 다산이 아들에게 보낸 지침에서 말한 대로 戰伐朝聘類 기사와 풍속 문화 관련 내용으로 구분해 정리하고 있는 점도 간과할 수 없다.

셋째, 「여진고」 부분은 규장각본『비어고』의 관련 기사가 대단히 빈약했으므로『미산총서』에서 이를 집중 보완하였다. 특별히 청나라 쪽의 역사 자료를 대거 끌어와 내용을 보충한 점이 눈에 띈다.

넷째, 「말갈고」, 「발해고」, 「유구고」, 「탐라고」는 해당 내용이 누락되고 없다. 저작 구상 초기에는 고대로부터 근세에 이르기까지의 전쟁사를 모두 아우르려 했으나, 작업 진행 과정에서 관련 자료가 미비한데다 고대보다 당면한 국방 문제의 대비에 더 치중하다 보니, 말갈이나 발해 등 고대 국가가 누락되고, 접촉이 거의 없었던 유구 등이 빠지게 된 것이다. 또한 『여유당전서』에 수록된 『아방강역고』에서 해당 부분의 정리가 이미 어느 정도 이루어졌기 때문에 중복을 피해 배제했을 가능성도 없지 않다.[32]

다섯째, 「하이고」는 일본 북해도 지역을 말한다. 이 지역을 다루면서 대마도와 울릉도와 우산국을 함께 넣어 정리했다. 그렇다고 다산이 울릉도를 일본 영토의 일부로 본 것이냐 하면 오히려 그 반대다. 국중본 『미산총서』 4책에 실린 「鬱陵島事實」에는 왜가 울릉도를 礒竹島 또는 죽도라 부르고, 우산국은 松島라 부른다고 썼다. 이어 신라와 고려, 조선 이래의 사실을 자세히 적고, 근세 安龍福의 일까지 상세하게 기술했다.

여섯째, 「해적고」와 「역내고」 또한 관련 내용이 보이지 않는다. 「기양아서」에서는 「해적고」에 삼별초 등을 포함시키라고 했는데, 「관방고」에 「海防考」 부분을 포함시키면서 주요 사실이 어느 정도 언급되었고, 중세 이전의 전쟁사 정리가 「漢兵考」 중심에 국한되면서 「해적고」와 「역내고」에 관한 내용은 자연스레 빠지게 된 듯하다.

일곱째, 「土賊考」는 규장각본 『비어고』에서 간략하게 다룬 대신, 「한병고」는 『미산총서』에서 집중적으로 검토했다. 이 두 책이 상호 보완적으로 집필되고 있음을 보여준다.

여덟째, 「무비고」 분야의 「관방고」, 「성지고」, 「군제고」, 「진보고」, 「기계고」, 「교련고」는 『비어고』와 『미산총서』가 역할을 분담해서 정리했다.

---

32) 『아방강역고』에 「朝鮮考」, 「四郡總考」, 「三韓總考」, 「沃沮考」, 「濊貊考」, 「靺鞨考」, 「渤海考」, 「卒本考」, 「丸都考」, 「慰禮考」, 「漢城考」 등의 항목이 포함되어 있다.

특별히 「기계고」는 『미산총서』에 수록된 『상두지』의 인용으로 내용을 가득 채웠다.

아홉째, 「장수고」에 해당하는 내용도 없다. 애초에는 名將傳에 해당하는 내용을 포함하려 했던 듯한데, 다른 항목의 기술과 겹쳐지는 문제로 인해 배제된 듯하다.

열째, 「도로고」는 북방 청나라와의 국경과 요동벌 인근의 지도만 포함하고, 그밖의 연근해와 수로 지도는 빠졌다. 대신 『아방강역고』에 「八道沿革總敍」, 「浿水辨」, 「白山譜」, 「北路沿革續」, 「西北路沿革續」이 들어 있다.

이렇게 4종서를 당초 다산이 구상했던 목차에 배치해 본 결과, 규장각본 『비어고』에 양종의 『미산총서』를 합해야만 온전한 다산의 『아방비어고』 한 질이 그 전체 규모를 드러내게 됨을 알 수 있다.

## 5. 맺음말

다산은 「자찬묘지명」에서 아직 미완성 상태이긴 해도 『비어고』 30권을 자신의 저술 목록에 당당히 포함시켰다. 『경세유표』 등의 책에서도 이 저술에 대한 자부를 감추지 않았다. 그런데 이 자료는 다산 생전에 완성을 보지 못했고, 사후에는 홀연 종적도 없이 사라져버렸다. 본고는 1974년 김영호 선생의 『여유당전서보유』 편찬 과정에서 그 잔편의 일부로 수록한 자료를 바탕으로 원 자료 전체를 추적하여, 규장각본 『비어고』 10책이 다산이 「자찬묘지명」에서 밝힌 30권본에 해당하고, 이후 원래 하나이던 것이 둘로 나뉘어 전승된 양종 『미산총서』 14책이 30권본 이후의 후속 작업을 반영하고 있음을 밝혔다. 전자가 일본쪽에 비중을 둔 데 반해 후자는 청나라에 비중을 두었다.

『비어고』의 편집자로 알려진 이중협도, 『미산총서』의 저자로 정리된 정주응도 실제 이 책을 편찬한 주체는 아니었다. 이들 자료의 대부분은 다산 또는 다산학단의 손길이 곳곳에 스며들어 있다. 이중협의 경우 다산과는 각별한 교분이 있었고, 다산은 이중협의 이름을 빌려 그에게는 무관으로서의 성과에 보탬을 주는 동시에 그를 통해 규장각에 이 저술이 입고될 수 있도록 했던 듯하다. 이후 계속된 작업의 결과는 해배 이후에 둔 제자인 정주응의 이름으로 정리해 두었다. 『관북제승집』의 경우 다산은 자신이 발문에 정주응의 이름을 덮어 씌웠다가, 연대가 도저히 맞지 않자 인적 사항을 가늠할 수 있는 대목을 칼로 오려내게 하기까지 했다. 정주응의 집록 부분에서도 도처에 정주응보다 한 세대 앞선 다산의 제자 이정과 이강회 등의 안설이 들어 있는 것은 정리의 주체가 정주응이 아닌 다산학단이었음을 강력히 시사한다.

또한 다산이 1808년에 「기양아서」에서 제시한 『비어고』의 편집 지침이 『비어고』만으로는 빈칸 투성이의 반쪽 저술이 되는 데 반해, 『미산총서』와 합칠 때 비로소 온전한 전모를 드러내게 되는 점도 이를 뒷받침한다. 결론적으로 『비어고』와 『미산총서』는 다산의 기획 아래 이루어진 한 질의 저술임이 분명하다. 다만 국방 기밀의 예민한 정보를 민간인 신분으로 취급하는 것이 조심스러워, 무관으로 벗이었던 이중협과 제자인 정주응의 이름을 빌려 정리한 것일 뿐이다. 다산은 여기에 『민보의』에서 그랬던 것과 마찬가지로 자신의 안설을 덧붙임으로써 이 저술을 최종 완성하려 했으나, 도중에 건강 문제 등으로 본격적인 작업을 매듭짓지 못한 채 세상을 떴던 것으로 보인다.

두 사람의 이름으로 남은 책도 서문도 없고 맥락도 알 수 없는 소스북 형태의 내용이어서 학계의 주목을 받지 못하다가 사각지대에 놓인 채 잊혀졌다. 국방과 비어는 과거뿐 아니라 당면한 화급의 문제이기도 하다. 과거의 지혜를 빌려 미래를 대비하고, 자주 국방의 힘과 비전을 기르는 일에는 시효가 있을 리 없다. 다산이 꿈꾸었던 『비어고』의 비전을 이제는 다산의 이름으로 되찾아 주어야 할 때가 되었다고 본다. 전문 영역에서 보다 집중적이고 심층적인 후속 작업이 이루어질 것을 기대해본다.

# 조선조 후기 類書와
# 人物志의 學的 視野

— 지식·정보의 集積과 分類를 중심으로

진재교(성균관대 한문교육학과 교수)

## 1. 머리말

전근대 동아시아 공간에서 각 나라 지식인의 소통과 교유는 주로 한문을 통해 이루어졌다. 한자 문화권을 기반으로 동아시아 각 나라의 많은 저술 역시 인적 교류를 기반으로 형성된 경우가 많다. 각 나라 지식인들은 한문으로 기록된 저술을 기반으로 學知를 생성하고 이를 유통시킨 바 있다. 이러한 저술 중 전근대 동아시아 한자 문화권 내에서 산생되고 축적된 學知를 가장 풍부하게 담고 있는 것이 筆記다. 하지만 필기의 경우, 근대 이후 서구의 분과 학문의 방법이나 일국적 시각에 갇혀 접근하기 곤란한 경우가 많다. 그렇기 때문에 동아시아와 고전학의 시각으로 필기의 학술적 의미를 탐색하는 것이 유효할 수 있다. 특히 조선조 후기 필기는 동아시아 공간에서 한문 고전을 매개로 한 인적 교류라든가 문헌의 교통을 기반으로 생성된 학적 결과물이라는 점에서 더욱 그러하다. 이를 위해 본고는 대동문화연구원 개원 60주년의 기획 주제로 설정한 〈한국 고전학의 새로운 모색〉에 호응하기 위하여 동아시아 고전학의 시각[1]으로 조선조 후기 필기 자료를 검토해보고자 한다.

주지하듯이 조선조 후기 필기 저술은 지식·정보의 보고다. 필기의 양식적 특징이나 범주와 관련하여 다양한 논의가 있었지만, 거시적 관점에서 볼 때 유서와 총서류 저술은 대체로 필기로 수렴된다. 그런데 조선조 후기 다수의 필기는 특정한 체계 없이 다양한 지식·정보를 담고 있는가

---

1) 동아시아 고전학의 개념과 범주에 대해서는 진재교, 「동아시아 古典學과 한문교육−그 시각과 방법」, 『한국교육연구』 42, 한국한문교육학회, 2014, 37~66면 참조.

하면, 類書나 人物志와 같이 뚜렷한 편찬 의식 하에 지식·정보를 분류·배치한 경우가 많다. 또한 특정한 학문 분야에 한정시켜 거론할 수 없을 정도로 지식·정보를 풍부하게 담고 있기도 하다. 이처럼 조선조 후기 필기가 담고 있는 다양한 지식·정보는 일국 내에서 생성되었다기보다 일국 너머의 견문 지식과 체험, 그리고 일국 밖에서 수입된 서적을 통한 축적과 유통을 기반으로 한 경우가 대부분이다.

이러한 필기 저술 중에서 동아시아 공간에서의 지식·정보의 유통은 물론 새로운 시대상과 관련한 學知를 보여주고 있는 것이 類書와 人物志다.[2] 조선조 후기 일부 유서의 경우 동아시아 공간에서 축적된 새로운 지식·정보를 총집하고 이를 기반으로 분류학과 새로운 학적 지향을 보여주기도 한다. 더러 이 시기 유서는 방대한 내용을 기록하는 과정에서 箚記 방식을 활용하여 지식·정보를 구체화시키는데, 이 차기 방식의 글쓰기는 조선조 후기 필기의 중요한 특징이자, 새로운 학적 변모의 단초를 지향한다. 이러한 차기 방식의 글쓰기를 토대로 편찬자들은 방대하게 집적한 기록을 효과적으로 제시하기 위한 안을 보여주는가 하면, 구체적으로 어떻게 편찬하며, 어떠한 분류로 배치할 것인가도 고민하였다.

그런데 조선조 후기 필기 자료에는 지식·정보는 물론 당대 시대상을

---

2) 사실 필기는 넓게 보면 雜錄(雜記), 詩話, 笑話, 野史, 逸話, 雜記, 類書, 叢書 등을 두루 포함한다. 기왕의 필기 개념과 유형 분류는 물론 필기의 장르적 특징을 두고 다양한 논의가 있었지만, 개념과 유형 분류를 명확하게 제시하지는 못하였다. 이는 필기 장르 자체가 지닌 성격과 무관하지 않다. 거시적 차원에서 필기로 포섭한 것 중에서도, 좁게 보면 오히려 그 자체가 하나의 장르적 성격을 선명하게 드러내는 경우마저 있기 때문이다. 조선조 후기 필기는 더욱 이러한 양상을 보여주고 있다. 복합 양식적 특징과 개별 양식적 특징을 아우르고 있는 것 자체가 필기가 지니는 중요한 특징으로 볼 수도 있다. 이를 감안하면 필기를 하나의 기준으로 장르적 성격과 유형으로 분류하는 것은 용이하지 않다. 여기서의 논점은 필기의 유형 분류나 장르적 특징을 논리적으로 제시하려는 것이 아니라, 조선조 후기 필기 저술 중에서 지식·정보의 축적과 관련이 깊은 類書와 人物志를 통해 그 분류 방식과 함께 새로운 학적 방향을 가늠하고자 한다. 지식·정보의 축적과 그것의 분류를 통해 새로운 학적 지향이 무엇인가를 탐색하는 데 목적이 있기 때문에 여기서는 필기의 장르 개념이나 유형 분류 등은 논외로 하고 구체적으로 논란하지는 않을 것이다.

반영하여 다양한 인물을 총집하여 분류한 人物志를 산생되거니와, 축적한 인물 관련 지식·정보를 분류하여 제시한 점에서 유서와 상동성을 지닌다. 이 인물지 역시 필기에 속한다. 특히 이 시기의 人物志는 일국적 시공간을 넘어 다양한 계층을 아우르거나, 심지어 하층민의 삶과 행적을 특기하고 있다. 異國의 인물을 사전 형태로 엮는가 하면, 이국 다양한 인물을 풍부하게 수록하기도 한다. 이러한 人物志의 탄생은 조선조 후기 필기의 새로운 경향일 뿐만 아니라, 당대사 이해의 소중한 자료를 제공한다. 조선조 후기 필기의 특징을 보여주는 유서와 인물지가 지향하는 학적 시야를 확인하려는 것이 본고의 출발점이다.


## 2. 類書의 分類와 學的 指向

조선조 후기에는 다양한 서적이 수입·유통되면서 지식·정보를 축적시킨 바 있다. 또한 안경의 보급은 독서 환경을 변화시킨 것은 물론 지식·정보의 축적과 유통을 더욱 활발하게 하고, 그 결과 다양한 필기 저술도 출현하게 된다.[3] 무엇보다 다양한 서적의 유통과 지식·정보를 축적한 필기의 출현에 따라 지식인들도 이를 손쉽게 획득하거나 자신의 學知를 전환하는 계기로 삼았다. 여기에 일부 지식인들은 기왕의 지식·정보를 수정하거나, 수정한 지식·정보를 기반으로 다시 새로운 지식·정보를 재구축하고, 이를 학술 활동에 연결시켰다. 그 결과 축적된 지식·정보는 복제와 가공을 통해 두루 학계에 기억되거나 유통됨으로써 조선조 후기 학술과 문예 공간을 더욱 역동적으로 만들었다. 이때 확산된 지

---

3) 안경이 당시 독서 환경을 변화시키고, 지식·정보의 축적과 확산을 촉진한 상황, 그리고 필기나 유서의 형성에 기여한 사실을 밝힌 논문은 진재교, 「조선조 후기 眼鏡과 文化의 生成—안경으로 읽는 조선조 후기 문화의 한 국면」, 『한국한문학연구』 62, 한국한문학회, 2016, 265~298면 참조.

식·정보와 맞물려 떠 오른 문제가 다름 아닌 지식·정보의 처리와 분류 문제다. 그런데 이처럼 확산된 지식·정보를 다량 축적한 것의 좋은 사례가 類書다. 축적된 많은 양의 지식·정보가 유서로 정착할 때 부딪히는 문제는 분류 체계와 이를 어떻게 배치할 것인가에 대한 고민은 생겨나기 마련이다.

유서의 독자는 편저자가 고안한 분류를 통해 내용에 접속하여 지식·정보와 만난다. 이때 유서의 분류 체계와 방식이 난삽하면, 독자는 지식·정보를 쉽게 활용할 수 없거나 자신의 저술활동에 쉽게 활용할 수 없다. 문제는 조선조 후기 유서의 경우, 기왕에 유통되는 문헌을 토대로 축적한 지식을 재편집하는 경우가 많다는 사실이다. 대체로 이 시기 유서는 문헌과 견문 지식을 통해 획득한 조각 지식을 총집한 경우가 많기 때문에, 유서 편찬자들은 기왕에 축적된 지식·정보를 유별로 편집하려는 지적 욕망을 발산하기 마련이다. 이때 편찬자들은 유서의 내용을 쉽게 제시하기 위해 분류 체계를 고안하고 편찬과정에서 이를 적극 반영하고자 하였다. 이러한 분류 체계의 고민은 조선조 후기 분류학 탄생에 기여하였음은 물론이다.

조선조 후기 유서 이외의 필기 자료에서도 지식·정보의 축적 양상을 다양하게 볼 수 있다. 金昌協(1651~1708)의 『農巖雜識』나 洪奭周(1774~1842)의 『鶴岡散筆』처럼 외형상 항목의 표제어조차 고려하지 않은 경우가 있는가 하면, 徐有榘의 『金華畊讀記』처럼 분명한 분류 의식을 토대로 서술한 경우도 있다. 하지만 대부분의 유서는 뚜렷한 편찬 의식 하에 내용을 분류하고, 그 하위에 항목을 배치하는 방식을 취한다. 柳僖(1773~1837)의 『物名攷』가 대표적이다. 『物名攷』에서 유희는 鳥獸·草木·金石·水火 등의 物名을 항목으로 제시한 다음, 다시 有情類·無情類·不動類·不靜類의 4부류로 나누었다. 그 하위에 다시 14항목을 두고 이어서 각 항목에 해당 물명과 관련한 사항을 서술하고 있다.

여기서 우선 기왕에 알려진 유서를 통해 분류 방식을 확인해 보고
자 한다.

[조선조 후기 대표적 類書]

| 편저자 | 李睟光 (1563~1628) | 金堉 (1580~1658) | 李瀷 (1681~1763) | 徐命膺 (1716~1787) | 徐有榘 (1764~1845) | 趙在三 (1808~1866) | 李裕元 (1814~1888) |
|---|---|---|---|---|---|---|---|
| 서명 | ①『芝峯類說』 | ②『類苑叢寶』 | ③『星湖僿說』 | ④『攷事新書』 | ⑤『林園經濟志』 | ⑥『松南雜識』 | ⑦『林下筆記』 |
| 권수분류 | 20권 10책 25部 | 47권 30책 27門 | 30권 30책 5門 | 12권 17책 12門 | 113권 52책 16志 | 판본마다 차이 33類 | 39권 33책 16編 |
| 항목분류 | 天文部 | 天道門 | 天地門 | 天道門 | 本利志 | 天文類 | 四時香春館編 |
| | 時令部 | 天時門 | 萬物門 | 地理門 | 灌畦志 | 歲時類 | 瓊田花市編 |
| | 災異部 | 地道門 | 人事門 | 紀年門 | 藝畹志 | 地理類 | 金石薈石墨編 |
| | 地理部 | 帝王門 | 經史門 | 典章門 | 晚學志 | 國號類 | 掛劍餘話編 |
| | 諸國部 | 官職門 | 詩文門 | 儀禮門 | 展功志 | 歷年類 | 近悅編 |
| | 君道部 | 吏部 | | 行人門 | 魏鮮志 | 外國類 | 人日編 |
| | 兵政部 | 戶部 | | 文藝門 | 佃漁志 | 人事類 | 典謨編 |
| | 官職部 | 禮部 | | 武備門 | 鼎俎志 | 嫁娶類 | 文獻指掌編 |
| | 儒道部 | 兵部 | | 農圃門 | 贍用志 | 喪祭類 | 春明逸史編 |
| | 經書部 | 刑部 | | 牧養門 | 保養志 | 姓名類 | 旬一編 |
| | 文字部 | 人倫門 | | 日用門 | 仁濟志 | 科學類 | 華東玉糝編 |
| | 文章部 | 人道門 | | 醫藥門 | 鄕禮志 | 文房類 | 薛荔新志編 |
| | 人物部 | 人事門 | | | 遊藝志 | 武備類 | 扶桑開荒攷編 |
| | 性行部 | 文學門 | | | 怡雲志 | 農政類 | 蓬萊秘書編 |
| | 身形部 | 筆墨門 | | | 相宅志 | 漁獵類 | 海東樂府編 |
| | 語言部 | 璽印門 | | | 倪圭志 | 室屋類 | 異域竹枝詞編 |
| | 人事部 | 珍寶門 | | | | 衣食類 | |
| | 雜事部 | 布帛門 | | | | 財寶類 | |
| | 技藝部 | 器用門 | | | | 什物類 | |
| | 外道部 | 飲食門 | | | | 音樂類 | |
| | 宮室部 | 冠服門 | | | | 技術類 | |
| | 服用部 | 米穀門 | | | | 拘忌類 | |
| | 食物部 | 草木門 | | | | 仙佛類 | |
| | 卉木部 | 鳥獸門 | | | | 祥異類 | |
| | 禽蟲部 | 蟲魚門 | | | | 稽古類 | |
| | | 四夷門 | | | | 理氣說 | |
| | | 神鬼門 | | | | 人物類 | |
| | | | | | | 朝市類 | |
| | | | | | | 方言類 | |
| | | | | | | 花藥類 | |
| | | | | | | 草木類 | |
| | | | | | | 蟲獸類 | |
| | | | | | | 魚鳥類 | |

①의『지봉유설』은 25부로 나눈 다음 部 아래에 항목을 두고, 다시 항목의 내용을 서술하는 방식을 취하고 있다. 李睟光은 凡例에서 저술 방식과 항목, 그리고 출처와 관련한 정보를 자세히 언급하고 있다. 모두 3,450條의 항목을 밝히고, 篇帙이 많아 분류를 할 수밖에 없다는 사실을 제시하며, 古書와 聞見한 것에 出處를 적시하고 있다. 뿐만 아니라 六經으로부터 小說 등에 이르기까지 348家의 書籍을 인용한 사실도 기록하고 있으며, 上古로부터 本朝에 이르기까지 수록한 인명 2,265人도 밝혀 놓고 있다.[4] 이수광이 분류한 25部는 전통적인 三才論인 天·地·人을 참조하고 있다. 제도와 문헌은 물론 문장과 일상, 그리고 動食物 등을 部로 분류하였다. 이는 다양한 지식·정보를 담아내려는 의지의 일환이다. 이수광이 제시한 25부의 표제어는 정교한 논리적 체계 속에서 나온 것은 아니지만, 자신이 오랜 기간 견문 체험한 지식·정보를 25부에 포함시키려는 의식의 일환이다. 위에서 이수광이 天文部·地理部에서부터 卉木部와 禽蟲部까지의 차례는 위계를 고려하지 않고 있지만, 경중을 고려하여 차례로 삼은 것으로 보인다. 무엇보다 이수광이 宮室部·服用部人物部·身形部·言語部 등을 분류 항목으로 제시한 것은 일상과 의식주를 시야에 넣고 있다는 점에서 주목할 만하다.

②의『類苑叢寶』역시 ①과 엇비슷한 방식의 분류다. 편찬자 金堉은 서문에서 기존의 중국 문헌을 참고하여 抄錄하였음을 분명히 밝히고 있다.

---

4)『芝峯類說』, 凡例, ○爲說共三千四百三十五條, 初出於臆記, 隨得輒書, 而篇帙旣夥, 始爲分類, 故或未免舛駁爾. ○所記出自古書及聞見者, 必書其出處, 而頗以妄意斷之, 其不言出處者, 乃出妄意者也. ○所引書籍, 六經以下, 至近世小說諸集, 凡三百四十八家, 所錄人姓名, 自上古迄本朝, 得二千二百六十五人, 具載別卷. 其或但稱姓某云者, 不欲斥名, 亦有所諱焉耳.

지난날의 자취를 두루 살피는 데에는 宋나라 祝穆이 편찬한 『事文類聚』만한 것이 없는데, 학사와 대부 가운데 이 책을 가지고 있는 사람이 적으니 하물며 먼 지방의 선비들이겠는가? 작년 여름에 내가 한가한 부서에 있으면서 비로소 이 책을 초록하면서 번잡스럽고 쓸데없는 것들을 빼 버리고 그 요지만을 남긴 뒤, 아울러 『藝文類聚』·『唐類涵』·『天中記』·『山堂肆考』·『韻府群玉』 등의 여러 책을 가져다 標題에 따라 더하거나 빼고, 빠진 것을 보충하여 문장을 다듬었다. 한 질의 책 안에는 수백 권의 정수를 포괄하여 책이름을 『類苑叢寶』라 하였으니, 모두 46편이다.[5]

　　김육은 당대에 널리 알려진 대표적인 중국 유서를 참고하고 있다. 서문에 이어 범례에서도 『事文類聚』를 본떠 大目을 두고 그 아래에 항목에 따라 내용을 배치하여 분류하였다.[6] 그런데 김육이 분류한 27門은 자신이 참고한 『사문유취』와는 사뭇 다르다. 『사문유취』는 74部로 나누고, 部 아래에 1,003항목을 배치하고 있는 반면,[7] 김육은 74部를 27門으로 분

---

5) 김육 저, 허성도 · 김창환 · 강성위 역, 『유원총보역주』 1, 서울대 출판문화원, 2009, vii 참조.

6) 「凡例」를 보면 다음과 같이 언급하고 있다. "이 책은 전적으로 『사문유취』를 본떠 大題目 아래에 먼저 여러 책들의 중요한 말을 쓰고 다음으로 古今의 사실을 언급하였다." 김육 저, 허성도 · 김창환 · 강성위 역, 앞의 2009 책, ix 참조.

7) 『사문유취』의 분류는 다음과 같다. 天道部(18目), 天時部(34目), 地理部(21目), 帝系部(12目), 人道部(7目), 仕進部(25目), 退隱部(3目), 仙佛部(6目), 民業部(7目), 技藝部(12目), 樂生部(5目), 嬰疾部(3目), 神鬼部(2目), 喪事部(14目), 人倫部(42目), 娼妓部(1目), 奴僕部(1目), 肖貌部(16目), 穀菜部(4目), 林木部(7目), 竹筍部(2目), 菓實部(20目), 花卉部(26目), 鱗蟲部(4目), 介蟲部(3目), 毛鱗部(23目), 羽蟲部(36目), 蟲豸部(18目), 儒學部(14目), 文章部(36目), 書法部(8目), 文房四友部(7目), 禮樂部(3目), 性行部(29目), 人事部(40目), 三師部(9目), 三公部(5目), 省官部(26目), 省屬部(6目), 六曹部(30目), 樞密院部(12目), 御史臺部(9目), 諸院部(29目), 國史院部(16目), 諸詩部(22目), 諸監部(31目), 殿司部(13目), 諸庫局部(6目), 居處部(39目), 香茶部(4目), 燕飮部(12目), 食物部(10目), 燈火部(8目), 朝服部(7目), 冠履部(13目), 衣衾部(12目), 樂器部(18目), 歌舞部(3目), 刷印部(2目), 珍寶部(8目), 器用部(17目), 東宮官部(27目), 睦親府部(2目), 王府官部(5目), 節使部(9目), 統軍司部(9目), 諸司使部(8目), 諸提擧部(5目), 路官部(31目), 縣官部(5目), 封爵部(7目), 府司部(8目), 監司部(4目), 宮官部(5目) 등이다. 이러한 분류 방식은 조선조 후기

류하고 있다. 사실 김육은『藝文類聚』외에도『唐類涵』·『天中記』·『山堂肆考』등을 참고하는 한편, 서술에서도 이 유서를 참고하고 있다. 앞서 언급한 유서와『類苑叢寶』를 비교하면, 내용과 분류 항목에서 상호 유사성을 쉽게 확인할 수 있다. 이 점에서『類苑叢寶』는 중국 유서를 재편집한 형태로 보인다.[8] 그렇기는 하나,『類苑叢寶』의 의미는 새로운 지식·정보를 담고 있기보다 기왕의 지식·정보를 체계적으로 분류하여 배치한 것에 방점을 두고 있다.

그런데 김육이 참고한『사문유취』는 조선조 후기에 오면,『事文類聚抄』·『古今事實類聚』·『文苑類抄』등의 형태로 재 분화되어 다양한 형태로 유통되었다. 비록『事文類聚』와 다른 서명을 하고 있지만,『사문유취』를 초록하거나 변형된 모습으로 적지 않은 시공간에서 유통되었던 것이다.[9] 무엇보다『사문유취』는 국내 유입 이후 수차례의 간행과 재가공을 거치면서 많은 사대부 지식인들의 주요 독서물로 주목을 받았다. 조선조 후기 유서의 탄생에『類苑叢寶』는 물론 이외에도 중국 유서의 영향은 적지 않았다.[10]

---

유서의 분류에 많은 영향을 준 것으로 보인다.

8)『유원총보』초간본 645항목 중『사문유취』의 내용과 443항목이 관련이 있을 정도로 상호 관련성이 많다. 여기에 대해서는 전혜진,「『類苑叢寶』의 編纂과 刊行에 관한 書誌學的 연구」, 성균관대 석사학위논문, 2015 참조.

9) 金永善,「中國 類書의 韓國 傳來와 受用에 관한 硏究」,『서지학연구』26, 서지학회, 2003, 96~98면 참조.

10) 조선조 후기 유서의 경우 여러 측면에서 중국의 사례를 참조하고 있다. 이 분야는 최환 교수가 지속적인 연구 성과를 내었다. 최환,「한국 類書의 종합적 연구(I)-중국 유서의 전입 및 유행」,『중국어문학』41, 영남중국어문학회, 2003, 367~404면 참조. 그리고 최환,「한국 類書의 종합적 연구(II)-한국 유서의 간행 및 특색」,『중어중문학』32, 영남중국어문학회, 2003, 65~97면 참조. 중국 유서의 개략적 내용과 특징은 劉葉秋 著, 金長煥 譯,『中國類書槪說』, 學古房, 2005 참조. 특히 최환 교수는 중국 유서가 국내로 전입한 전모를 밝혀 놓았을 뿐만 아니라, 국내 유서의 경우 약 140 여종을 제시하고 이를 類編類書, 韻編類書, 字編類書, 數編類書, 時編類書 등으로 분류하고 있다. 이를 통해 현재 국내에 존재하는 유서의 종합적 면모와 개략을 파악할 수 있다.

이에 반해 ③의『성호사설』은 이수광의 분류 의식과 차이를 보여준다. 星湖 李瀷은 自序에서『성호사설』의 성립 과정을 이렇게 설명하고 있다.

옹이 이 僿說을 지은 것은 어떤 뜻에서였나? 단지 별다른 뜻은 없다. 뜻이 없었다 면 왜 이것을 지었을까? 옹은 이에 매우 한가로운 사람이다. 독서의 여가에 세속을 좇아 간혹 傳記·子集·詩家·傳聞·諺諧에서 얻어 간혹 웃고 즐길 만하여 두고 열람할 수 있는 것은 붓 가는 대로 적었더니, 많이 쌓이는 것을 깨닫지 못했다. 처음에는 그 備忘을 위해서 卷册에 기록하게 되었는데, 이미 끝머리에 항목을 배열하고 보니, 또 한 항목을 두루 열람할 수 없어 다시 門으로 나누어 분류하여 드디어 卷帙을 만들었 다. 이에 이름이 없을 수 없어 그 이름을「사설」이라 붙인 것인데, 이는 형편상 그런 것 이지 여기에 뜻이 있는 것은 아니다."[11]

기본적으로 유서는 저자가 지식·정보를 축적한 결과물이자, 지식· 정보를 총집한 뭉치다. 이러한 지식·정보의 뭉치는 단 시간에 이루어지 지 않고 저자의 오랜 기간의 독서와 글쓰기의 과정을 거친 결과물이다. 저자가 견문을 통해 획득한 단편 지식을 비망기 형태로 혹은 메모와 비 평과 재편집 등의 가공을 거쳐 탄생하는 경우가 많다. 성호의 언급처럼 조선조 후기 필기와 유서는 비망기 형태의 단편 지식을 箚記방식을 활 용하여 체계적으로 정리되어 성립하는 것이 대부분이다.[12] 이때 유서의 저자들은 유서를 편찬하는 과정에서 지식·정보의 뭉치를 어떻게 하면

---

11) 李瀷, 『星湖僿說』, 自序, "翁之作是說也, 何意? 直無意. 無意, 奚其有此哉? 翁乃優閒者 也. 讀書之暇, 應世循俗, 或得之傳記, 得之子集, 得之詩家, 得之傳聞, 得之諺諧, 或可笑 可喜, 可以存閱, 隨手亂錄, 不覺其至於多積. 始也, 爲其排忘錄之卷, 旣又爲之目列於端, 目又不可以徧閱, 乃分門類入, 逐成卷帙. 又不可無名, 名之以僿說, 勢也非意之也."

12) 차기체 방식의 서술과 필기와 유서의 성립 과정은 진재교, 「李朝 後期 箚記體 筆記 研究 ―지식의 생성과 유통의 관점에서」, 『한국한문학연구』 39, 한국한문학회, 2007, 387~425 면 참조.

효율적으로 분류하여 독자들에게 전달할 것인가를 고민한다. 성호 역시 마찬가지다. 성호는 독자들의 열람 편의를 위하여 門으로 나누고 있다. 하지만 성호는 天地門－萬物門－人事門－經史門－詩文門이라는 단순한 분류로 축적된 지식·정보를 배치하고 있다. 비록 5門 아래에 細目을 두어 배치하고 있기는 하나『성호사설』의 방대한 내용을 감안할 때, 전체 내용을 이러한 분류로는 체계적으로 포괄할 수 없는 것이 사실이다. 성호는 방대한 내용을 유서로 제시한 특장은 있지만, 기왕에 축적한 지식·정보 모두 포괄할 수 있는 분류 방식과 세부 항목은 고려하지 않은 문제점을 보여주고 있다. 이 책의 성립과 체재를 구체적으로 알 수 있는 범례가 없는 것도 하나의 문제점이다.

그래서인지 성호는 임종 직전 자신이 오랜 기간 모아 놓은 지식·정보의 뭉치를 효율적으로 제시하기 위하여 체계적인 분류를 어떻게 할 것인지 다시 고민하였다. 임종 직전 1763년에 제자인 安鼎福에게『성호사설』을 재분류와 편집을 부탁한 것도 그러한 문제를 인식한 결과다. 안정복은『雜同散異』라는 53책의 유서를 남긴 바 있어 유서의 분류체계를 이미 고민한 경험을 한 바 있었다.[13] 스승의 청탁을 받은 안정복은 30책에 이르는『성호사설』이 번다하고 체계적이지 않음을 인식하고, 10권 10책으로 축약하면서, 기존의 내용과 항목을 재분류하여 배치하였다.[14]이것이 바로『星湖僿說類選』이다. 안정복은『星湖僿說類選』에서 '門'을 '篇'으로 바꾸고 '편' 아래 다시 '門'을 두고, '문' 아래에 다시 '則'을 두어 재편집하였다. 사안에 따라 '則'에 자신의 小註를 달아 독자를 배려하는 이

---

13) 安鼎福의『雜同散異』는 53책이나 되는 방대한 유서이기는 하나, 미완성의 형태로 정리가 채 되지 않은 초고 형태다. 전형적인 유서의 내용은 물론 필기 성격의 글과 실기와 문집에 들어갈 만한 것 등을 다 수록하고 있어 전형적인 유서의 형태를 보여주지는 않는다. 따라서 여기서는 구체적으로 논의의 대상으로 삼지 않는다.

14)『順菴集』의 安鼎福 年譜를 보면 "三十八年壬午, 先生五十一歲. 十一月, 編次僿說類編. 星湖先生所撰, 屬先生刪正分類, 書凡十二卷."이라고 되어 있다.

해의 편의성도 추구하였다.[15] 안정복이 분류한 방식이『星湖僿說』의 모든 내용을 담지는 못하였지만,『星湖僿說類選』은『星湖僿說』에 비해 一目瞭然하고 구체적인 내용의 접근에 용이한 특장을 지녔다. 여기서 안정복은 '篇→門→則'의 방식을 구성하여 기왕의 내용에서 선별하여 제시함으로써『星湖僿說』이 담고 있는 지식·정보의 뭉치를 보다 체계적이며 선명하게 보여주고 있다.

조선조 후기에 등장하는 유서의 분류에 적지 않은 영향을 끼친 것은 명말 謝肇淛의『五雜組』다. 1616년에 간행된 16권의『五雜組』는 이 시기 지식인들 사이에 널리 유통되었다. 이 유서는 天部(2권)-地部(2권)-人部(4권)-物部(4권)-事部(4권) 등의 5部의 분류 방식을 취하고 있다.『星湖僿說』을 비롯하여, 李德懋의『靑莊館全書』와 李圭景의『五洲衍文長箋散稿』등은『五雜組』를 자주 인용하고 있거니와, 이를 통해 이 책의 유통의 범위를 알 수 있다. 위의 도표에 제시한 유서 중, 서유구와 이유원을 제외하고, '天-地-人-物-事'의 분류 방식은『五雜組』의 그것을 참고한 것으로 볼 수 있다.

서명응이 편찬한 ④의『攷事新書』는 어숙권의『攷事撮要』를 증보한 것이다. 하지만 실제 훑어보면 그것과 전혀 다른 책이라 할 만큼 내용도 풍부하고 분류 방식도 체계적이다.[16] 이 유서는 분류 방식의 특이함보다 오히려 門 아래에 분류한 항목의 설정에 특장이 있다. 특히 農圃門·牧養門·日用門·醫藥門 등의 항목은 당시 일상에서 활용할 수 있는 지식·정

---

15) 안정복은 '天地篇'에서 天文門·地理門·鬼神門을 두고 그 아래에 113칙을 두었다. 그리고 '人事篇'에서는 人事門·論學門·禮制門·親屬門·君臣門·治道門·服食門·器用門·技藝門을 두고 그 아래에 579칙을 싣고 있다. 한편 '經史篇'에서는 經書門·論史門·聖賢門·異端門을 두고 그 아래에 494칙을 배치하였고, 萬物篇에서는 禽獸門과 草木門을 두고 그 아래에 30칙을 두었다. 詩文篇에서는 論文門·論詩門을 두고 그 아래에 116칙을 싣고 있다.

16) 서명응의『고사신서』는 박권수,「규장각 소장 '攷事新書'에 대하여」,『규장각』36, 서울대 규장각한국학연구원, 2010, 1~25면 참조.

보를 각 항목으로 배치하고 있어 일상에서의 지식·정보를 중시하고 있다. 하나의 사례로 서명응은 農圃門에서 두 부분으로 나누고, 농사와 식물, 그리고 식목 재배와 관련한 내용을 각 항목에 배치하여 농작물과 식목의 중요성을 선명하게 드러내었다.[17] 이를테면 서명응은 목민관이나 농민의 입장에서 牧養이 중요한 지식·정보임을 포착한 것이다. 구체적으로 牧養門에서 養鸞·養牛·養馬·養洋·養猪·養雞鵝鴨·養魚·養蜂·養鶴·養野禽 등과 같이 10개 항목을 제시하고 있다. 이들 항목은 모두 민의 삶과 관련한 부분이라는 점에서 매우 실용적이며 당시 일상생활의 리얼리티를 지니는 살아있는 생생한 지식·정보인 것이다.

이 외에 日用門의 분류도 흥미롭다. 서명응이 日用門을 설정하여 標題한 것도 그렇지만, 사람이 살아가는 데 필수품인 의복과 음식·채소와 과일·물고기·육 고기, 차·술 등의 항목을 모두 담고 있는 것도 주목할만하다.[18] 이어서 제시한 醫藥門에서는 신분에 관계없이 음식과 추위·더위 등으로 인해 발생할 수 있는 질병의 대처 방법을 醫藥救急에 담고있어 흥미롭다.[19] 이러한 분류 방식을 감안하면 『攷事新書』는 기왕의 분

---

17) 서명응은 이 門의 上에서는 占候·祈穀·擇種·收糞·耕播·稻名·種稻·種黍稷粟秫·豆名·種豆·麻名·種芝麻·牟麥名·種麥·種薏苡·種木花·種麻苧麻·種紅花·種藍·種蔬總敍 등 56개 항목을 제시하고, 下에서는 種樹總敍·種桑·種楮·種漆·種松栢·種側栢·種槐·種柳·種頭枲木·種栗·種胡桃·種銀杏·種梨·種桃杏李·種櫻桃·種木瓜·種葡萄·種老松·種萬年松·種竹·種花總敍 등 47개 항목을 엮고 있는데 12門 중에서 가장 많은 항목을 여기에 배치하고 있다.

18) 사대부의 일상생활에서 주로 필요한 사안을 모두 기술하였다. 日用門 역시 두 부분으로 기술하였는데, 먼저 上에서는 '造雨衣歌·葺屋防火法·治油汚衣法·治血汚衣法·治墨汚衣法·去衣垢法·造煎果法·煎造茶湯法·造粉麪餠法·造酒法·食忌·救荒 등을 비롯하여 모두 22항목을 두었다. 下에서는 收筆法·造墨法·洗硯法·竹硯滴法·書畵諸法·造燈燭法·造爐香法·造枕褥法·柱杖法·磨劍法·軟玉石法·奴婢不逃自還法·辟寒法·夜行辟鬼火法·入山辟妖魅法·辟虎狼法·避亂止兒哭法·避亂解煙熏法·避亂救飢法·避蟲法·雜忌 등을 비롯하여 모두 26항목을 기술하고 있다.

19) 이 門에서는 忌銅鐵藥·諸藥食忌·臘藥用法·解諸中毒·解一切飮食毒·解諸果毒·解諸藥毒·解石藥毒·解金石毒·解金銀銅錫鐵毒·解馬毒·解煙熏毒·治湯火傷·治犬咬·治猪咬·

류 방식과 다른 일상에서의 실용성과 살아있는 지식·정보의 전달을 강
조하고 있다. 무엇보다 일상생활에 필요한 항목을 설정함으로써 실생활
에서의 수요에 주의를 기울이고 있다.

⑤의 『임원경제지』는 여러 가지 면에서 독특한 위상을 지닌다. 방대
한 분량도 그렇지만, '임원경제'라는 제명과 분류 방식 등도 그러하다. 이
는 이전의 유서와는 사뭇 다른 모습이다. 『林園經濟志』의 「例言」을 보면
체재와 분류 방식과 저술의 대강을 알 수 있다. 서유구는 「例言」에서 다
음과 같은 「임원경제지」의 분류와 구성을 서술하고 있음을 밝히고 있다.

一. 내용을 구별하고 종류별로 모아 '志'를 만든 것이 16편이니, 이것이 綱이다.
각 志에는 大目을 두어 아래 내용을 거느리게 하였고, 大目 아래에는 細條를 두어
따르도록 하였다. 이 細條 아래에 여러 서적을 살피면서 내용을 채웠으니, 이것이 책
을 구성한 例이다.[20]

一. 여러 책을 살펴 정리하다 보니 절로 내용이 많아져서 뒤섞이기 쉬우므로, 글의
요지를 뽑아 서너 자 혹은 많은 글자로 標題를 붙였다. 첫머리는 테두리([ ])를 둘렀
고, 이어서 조사한 글을 채웠으며 끝부분에 인용 서명을 기록하였다.[21]

제시한 凡例는 『林園經濟志』의 구성 방식과 분류 체계를 잘 보여준
다. 洪翰周(1798~1868)는 『임원경제지』가 洪萬選(1643~1715)의 『산림경
제』를 전범으로 성립하였고, 규모 면에서 이를 넘어서는 방대한 저술임

---

治猫咬·治鼠咬 등 96항목을 담고 있다. 내용의 중간에 그림과 도표가 있다.

20) 徐有榘, 『林園經濟志』, 「例言」, "分別部居爲志者十六, 此綱也. 於各志之內, 有大目領
之, 大目之下, 有細條以從之, 於細條之下, 乃搜群書而實之. 此乃例也."

21) 徐有榘, 『林園經濟志』, 「例言」, "旣搜群書, 自多浩穰, 易於滾雜, 故撮其書旨, 立爲標題,
或三四字或而多字, 安於其首加圈, 仍實以所搜之書, 書末填以書名焉."

을 언급하고 있다.[22] 『임원경제지』는 홍한주의 언급처럼 수록 내용과 규모 면에서 『산림경제』를 뛰어넘고 있을 뿐만 아니라, 내용을 분류하고 가공하는 것과 이를 체계적으로 재배치하는 방식은 19세기 유서의 새로운 방향을 보여준다.

범례를 통해 볼 때, 『임원경제지』는 綱에 해당되는 부분을 16志로 나누고, 그 아래에 大目을 두고 있으며, 다시 그 하위에 細條를 배치하였다. 또한 내용을 일목요연하게 보여주기 위하여 내용의 요지에 해당되는 서너 자 내외의 標題語를 뽑고 마지막에 인용 서목을 붙이는 방식으로 전체를 구성하고 있다. 이러한 분류와 배치 방식은 현대 저술에서 흔히 볼 수 있는 章節이나 그 하위의 항목과 같은 분류방식과 분류 체계다. 한 걸음 나아가 세부 항목을 꼼꼼하게 따지면, 학문 분야별로 나누어 분류한 것도 볼 수 있다. 지금의 분과 학문 단위나 세부 전공의 분류와도 같다. 이러한 분류와 내용의 배치는 그 자체가 체계적이고 합리적인 구성 방식이어서 학문 분류학의 단초로 이해할 수 있다.

『임원경제지』가 제시한 16의 志는 자신이 서두에서 제시한 범례를 그대로 따른 학적 실천이다. 서유구는 志→大目→細條→標題語의 구성과 분류 방식을 관철시키고 있는데, 이는 체계적이며 일목요연하다. 이를 감안하면 표제어로부터 각 志에 이르기까지 『임원경제지』의 분류와 구성은 마치 씨줄과 날줄처럼 지식·정보를 유기적으로 결합하여 제시한 것과 흡사하다. 더욱이 각 標題語는 實事에 맞는 어휘를 제시하고 있어, 임원 생활을 실천하는 데 유용한 지식·정보를 효율적으로 제공하고 있다. 표제어 하위의 구체적인 내용도 견문 지식을 단순하게 전재하거나 제시하는 것이 아니라, 의문 처에서는 다양한 문헌을 참고하여 대

---

22) 洪翰周, 『지수염필』 권1, '林園十六誌', "楓石晚年, 編成『林園十六誌』, 盖依近世所行山林經濟, 爲之而益加裒輯, 捃摭極該贍, 可爲山居經濟之書. 又嘗編取我東人筆錄漫記數百種, 名曰『小華叢書』, 如沈潗公『弇邃念』, 皆入其中, 而未及繕寫成書, 楓石亦捐館, 可歎也."

비함으로써 관련 사항을 고증하고 있다. 여기서『임원경제지』의 분류 방식과 서술은 고증학의 시야와 만난다. 이 역시『임원경제지』가 보여주는 학적 시야거니와, 이는 조선조 후기 類書나 筆記가 고증학과 접속하는 지점이기도 하다.

조선조 후기 고증의 방식은 다양한 필기 저술이나 유서를 통해 실현되는 경우가 많다. 이 경우, 기왕에 축적된 단편 지식을 재가공하여 분류를 거쳐 배치되는 과정을 거친다. 그 과정에서 저자는 자신이 인지한 기왕의 지식을 두고 새로운 지식·정보를 활용하여 대조하기도 하고, 고증의 방법을 동원하여 정리하기도 한다. 이처럼 조선조 후기 유서와 필기의 성립 과정에서 분류학과 고증학의 시야를 확인할 수 있다.

고증학적 시야는 洪萬宗의『山林經濟』서문에서도 그 단초를 확인할 수 있다.

그 목차를 보면 卜居·攝生·治農·治圃·種樹·養花·養蠶·牧養·備膳·救急·救荒·辟瘟·辟蟲·理藥·涓吉·雜方 등 총 16條인데 이를 묶어『山林經濟』라 명명하였다. 이 책은 考據가 정밀하고 정확하며 引證이 자세하고도 광범위하다. 이는 대개 士中이 국가를 살리고 백성을 다스릴 경륜을 花木을 기르는 것으로 표현한 것이며, 나라를 다스리고 世道를 맡을 경륜을 園圃를 가꾸는 것으로 나타낸 것이니, 사중은 산림에 있으면서도 마음은 경제에 두었다고 이를 만하다.[23]

위에서 홍만선은 기왕의 지식에 자신의 견해를 덧붙여 정리하는 과정에서 考据와 證引을 언급하였다. 이는 유서의 탄생에 考據(考證)의 방법

---

23) 洪萬宗,『山林經濟』,「山林經濟序」, "其目曰卜居也, 攝生也, 治農也, 治圃也, 種樹也, 養花也, 養蠶也, 牧養也, 備膳也, 救急也, 救荒也, 辟瘟也, 辟蟲也, 理藥也, 涓吉也, 雜方也, 凡十六條, 總而名之曰, 山林經濟. 考据也精而覈, 證引也詳而博, 蓋以活國而理民者, 移之於花木, 以經邦而體道者, 施之於園圃, 士中可謂跡山林而心經濟者也."

과 관련성을 보여주는 단초다. 서유구의 『임원경제지』는 이러한 두 학적 시야를 內含하고 있다. 유서에서 고증학적 방법의 결정판은 이규경의 『五洲衍文長箋散稿』다. 『五洲衍文長箋散稿』는 모든 항목을 고증을 표방하는 '辨證說'로 구성하였다. 이는 조선조 후기 고증학적 방식의 학적 실천이자 성과임은 주지하는 바다.[24]

여기서 유서와 관련하여 고려할 사항이 있다. 본디 조선조 후기 유서는 다양한 지식·정보를 집적하고 있어, 표면적으로 보자면 '지식과 정보의 뭉치'라는 정체성을 지니고 있다. 하지만 유서는 지식·정보의 '집적과 뭉치'라는 이유로 신뢰성과 형평성을 의심받기도 한다. 조선조 후기 유서가 성립하는 과정에서 차기 방식을 활용하여 고증을 강조한 것은 이러한 정체성의 의심을 해소하려는 것과 관련이 깊다. 이규경의 『오주연문장전산고』와 같은 類書가 고증학적 방법인 '辨證'을 들고 나온 것도 '집적과 뭉치'가 지닌 신뢰성과 형평성의 문제 제기에 대응한 결과로 보인다. 이를테면 이규경은 『오주연문장전산고』에서 차기 방식과 변증을 통해 자신이 축적한 지식·정보의 신뢰성과 형평성을 보장받으려 한 것이다.

⑥의 『松南雜識』는 33類 아래에 모두 4,437항목으로 분류하고 있다.[25] 農政類에서 醫苗法·和種·馬沙·永慕亭·鴨脚樹·御供·穀總·救荒·兵農之分 등 9항목으로 분류한 것이나, 「花藥類」(40항목)·「草木類」(54항목)·「蟲獸類」(95항목)·「魚鳥類」(70항목) 등과 같이 당대에 알려진 동식물을 구체적 물명의 방식으로 제시하고 있어 흥미롭다.[26] 제시한

---

24) 이규경의 『五洲衍文長箋散稿』의 성격, 변증, 고증학의 실천과 관련한 연구는 김채식, 「이규경의 『오주연문장전산고』 연구」, 성균관대 박사학위논문, 2009 참조.

25) 조재삼의 『松南雜識』는 근래에 완역이 되었다. 조재삼 저, 강민구 역, 『교감국역 송남잡지』, 소명출판, 2008 참조. 그리고 최근에 『송남잡지』와 관련한 종합적 연구 성과가 있었다. 양영옥, 「趙在三의 『松南雜識』 研究」, 성균관대 박사학위논문, 2017 참조.

26) 양영옥, 앞의 2017 논문, 23~35면 참조.

항목들은 천문·세시·지리·관혼상제·과거·농경·의식주·음악·종교· 사상·언어·동식물 등에 이르고 있다. 인문 지식은 물론, 민속·종교·천 문·지리를 비롯하여 농학·병학·한의학·복식·음악·기술에 이르기까지 다양한 지식·정보를 두루 포함하고 있다.

그런데 ⑦의 이유원의 『임하필기』는 분류 인식과 방식이 앞서 제시 한 것과 사뭇 다르다. 이는 後跋을 적은 尹成鎭의 언급에서 알 수 있는 데, 윤성진의 언급은 『임하필기』의 성격과 분류 방식의 특징을 잘 포착 하고 있다.

책은 39권인데 모두 16편으로 분류하였고, 각 편마다 몇 백 조항의 항목이 있다. 각 조항에는 반드시 제목을 두어 강령을 제시하였고 일에는 반드시 근거가 있어 그 자취를 믿게 하였다. 널리 대응하고 곡진하게 해당시켜 날마다 쓰고 늘 행하는 사이 를 벗어나지 않으니, 한마디 말로 포괄한다면 '公'이라 하겠다. 공적인 안목으로 바 라보고 공적인 마음으로 생각하고 공적인 논리로 말을 한 뒤에야 비로소 이 '필기'의 요령을 얻게 될 것이다.[27]

이유원은 전체 내용을 16編으로 분류하고 각 編에 서문을 두고, 편 의 제명을 단 이유를 설명한 다음 편마다 어떻게 분류하고 있으며, 항목 을 어떻게 배치하고 있는가도 제시하였다. 다른 유서와 달리 '編'으로 분 류한 것도 그렇지만, 분류한 '編'이라는 표제어도 특이하다. 마치 개인 문집의 卷次에 다는 題名의 방식과 흡사하다. 이는 일곱 번째 「典謨編」 의 序文에서 확인할 수 있다. "책상[几] 위에 册이 있는 것을 '典'이라고 하고, 조정의 大政을 도모하는 것을 '謨'라고 한다. 『大學衍義』는 帝王 家의 典謨가 되는 책이기 때문에 先儒들이 반드시 인용하여 왕께 고하

---

27) 『林下筆記』, 「林下筆記後跋」, 한국고전번역원 한국고전종합DB, 국역 『임하필기』 참조.

는 綱領으로 삼았다. 이에 이 책의 예를 모방하여 먼저 條目을 세우고, 맨 위에 經典과 선유들의 말을 썼고, 그다음에 列聖朝가 현자들과 問答한 내용을 써서 이 한 편을 만들었다."[28]라 한 것에서 확인할 수 있다.

그런데 이 '編'에서 이유원은 먼저 편의 강령을 제시하고 그 아래에 조목을 배열한 다음, 이어서 조목에 따른 구체적인 내용을 적고 있었다. 이른바 '編→綱領→條目'의 분류 방식인데, 이 방식이 『임하필기』 전체 구성이다. 이러한 편찬 과정과 구성은 체계적인 분류를 동반하기 마련이다. 특히 조목의 내용을 설명하는 과정에서 전대의 다양한 문헌을 통해 대조하거나 자신의 견해를 덧붙이는 방향을 보여준다. 이 또한 학문을 체계적으로 분류하고 고증학적 방식을 통해 견해를 제시하는 것을 의미한다.

도표에서 언급한 것 외에도 조선조 후기에는 적은 분량이지만, 조선조 후기 실용 지식을 풍부하게 담은 유서도 다양하게 출현한다. 李時弼 (1657~1724)의 『謏聞事說』은 그 중의 하나이다. 이시필은 숙종의 御醫로 여러 차례의 사행으로 이국 문물을 견문하고 체험한 인물이다. 그는 이국에서 체득한 지식·정보를 기반으로 조선에 필요한 지식과 기술을 총집한 실용적 생활 백과인 『소문사설』을 편찬하였다.[29]

이 저술에서 이시필은 일반 민들이 각종 지식과 기술을 실생활에서 사용할 수 있도록 구체적으로 기술하고 있다. 일상생활에 필요한 부분을 '塼抗式', '利器用篇', '食治方', '諸法' 등 크게 4가지로 분류하고, 그 아래에 모두 240개 항목을 두었다. 무엇보다 각 항목들은 모두 일상생활에서 반드시 필요하거나 衣食住와 관련한 내용이 대부분이라는 사실

---

28) 앞의 책, 같은 곳.

29) 이시필은 이 책에서 온돌 제작법인 '塼抗式'(2항목)과 생활도구 제작법인 '利器用篇'(34항목), 그리고 음식으로 몸을 다스리는 '食治方'(38항목)과 과학 지식 활용법인 '諸法'(166항목) 등으로 나누고 그 아래에 모두 240항목을 두었다.

이다. 이 점에서『謏聞事說』은 당대 의식주의 모든 것을 다룬 '실용지식'
의 유서인 것이다.[30) 이처럼 조선조 후기 일부 유서가 일상생활과 관련
한 지식·정보를 분류하고 이를 체계적으로 보여주려는 것은 지식사와 지
성사의 중요한 흐름으로 읽을 수 있다.


## 3. 人物志의 분류 방식과 人物史

전근대 동아시아에서 司馬遷의『史記』'列傳'은 인간을 역사의 중심
에 올려놓은 歷史的 傳記의 단초를 열다. 이후 인물을 기록하는 방식
은『史記』'列傳'을 토대로 '傳'의 방식으로 정형화되었지만, 조선조 후기
私傳을 비롯하여 일부 저술은 인물 기록의 새로운 방식을 보여준다. 인
물지도 그 중의 하나이다. 이 인물지는 조선조 후기 필기의 다양성을 보
여준다. 더욱이 우리는 이 인물지를 통해 이 시기 각 계층 인물의 부상과
함께 일부 지식인들이 다양한 계층의 인물 정보를 집적하여 유통시키려
는 지적 욕구도 함께 읽을 수 있다.

조선조 후기 개인이 인물의 정보를 기술한 것과 관찬의 형식을 빌려
인물 정보를 축적한 人物志의 형태는 다양하게 등장한다. 대표적 경우
가 朴世采(1631~ 1695)의『東儒師友錄』과 18세기 나온『國朝人物考』,
그리고 19세기 초에 나온『國朝人物志』다. 이들 人物志는 주로 상층부
의 주요인물과 학자의 행적을 기록한 것인데, 특정 계층의 편찬자와 대
상 인물 모두 사대부 계층에 국한하거나, 특정 사대부 인물 군을 주목하
였다. 이 외에도 다양한 인물 정보를 기록한 사례도 있다.『左溪裒談』[31)

---

30) 이 책의 내용과 구체적인 정보는 최근에 번역 출간된 바 있다. 이시필 저, 백승호·부유
섭·장유승 역,『소문사설, 조선의 실용지식 연구노트』, 휴머니스트, 2011 참조.

31)『左溪裒談』은 17세기 말부터 18세기 중엽에 이르는 약 250여 년 동안의 사대부에 대한
간략한 傳記 및 逸話, 詩話 등을 시대 순서로 편차하고 있는 人物志 성격의 저술이다.

과『東國文獻錄』,[32]『東國僧尼錄』[33] 등을 들 수 있는데, 이들 인물지는 『國朝人物考』와『國朝人物志』의 성격과 대체로 비슷하다. 특히『東國僧尼錄』는 신라부터 조선조의 승려를 기록한 특이 사례다. 이것은 조선조 소외 특수집단이자 소외계층인 승려를 주목하고 있지만, 당대의 시대상을 드러낼 수 있는 다양한 인물을 집성한 것은 아니어서 여기서 거론하지 않는다.[34]

여기서 주목할 사안은 사대부 계층과 사대부 의식을 뛰어넘은 방향에서 인물 정보를 기록한 사례다. 이를테면 다양한 인물을 총집하거나, 그들과 관련한 지식·정보를 인물지의 경우다. 18세기에서 19세기까지 多層의 인물을 기록한 대표적인 人物志를 제시하면 다음과 같다.

---

32)『東國文獻錄』은 버클리대 동아시아도서관 소장본이며, 上·下권 2책이다. 上卷에서는 7篇을 두었는데 黃閣, 文衡, 儒林, 筆苑, 都元, 副元, 登壇 등이다. 각 편 아래에 국왕별로 해당 인물을 연대순으로 배치하였다. 下卷은 1篇인데 封君을 국왕별로 연대순으로 제시하였다. 각 인물의 정보를 간단하게 제시하고 있다. 또 하나의『東國文獻錄』은 버클리대 동아시아도서관 소장본이며, 4권 3책이다. 1卷에서는 相臣, 文衡, 湖堂, 奎章을 배치하였고, 2卷에서는 功臣, 淸白, 耆老, 南臺, 南臺品職, 南臺學宰, 南臺顯官, 南臺大官, 筆苑, 畵家를 배치하였으며, 3卷에서는 儒林, 門生, 名臣을 4卷에서는 文廟配享, 太廟, 院宇 등을 배치하였다. 국왕별로 구분한 다음 연대순으로 각 인물의 字號를 비롯하여 간단한 인물의 정보를 제시하고 있다. 두 책 모두 고려대 해외한국학자료센터의 사이트에서 원문 이미지 파일을 볼 수 있다.

33)『東國僧尼錄』은 일본 동양문고 소장본이며, 1책이다. 名僧, 詩僧, 僧, 奸僧 등으로 분류하여 신라, 고려, 조선조 승려에 이르기까지 연대순으로 해당 인물의 간략한 인물 정보와 행적을 소개하고 있다. 현재 고려대 해외한국학자료센터의 사이트에서 원문 이미지 파일을 볼 수 있다.

34) 이 외에도 고대 중국으로부터 명나라까지 중요 사적과 인물을 역대 史書에서 발췌하여 수록한『史要聚選』이 있다. 이『史要聚選』은 초간과 중간을 비롯하여 방각본으로까지 간행될 만큼 조선조 후기에도 널리 유통되었다. 특히, 열전 부분의 경우 인물을 기록하고 있지만 대부분 중국 인물을 기록하고 있어 여기서는 논외로 한다.

| 편저자 | 李奎象<br>(1727-1799) | 成海應<br>(1760-1839) | 趙秀三<br>(1762-1849) | 趙熙龍<br>(1789~1866) | 朴長馣<br>(?~?) | 劉在建<br>(1793-1880) | 미상 | 미상 |
|---|---|---|---|---|---|---|---|---|
| 서명 | ①<br>『幷世才彦錄』 | ②<br>『草榭談獻』 | ③<br>『秋齋紀異』 | ④<br>『壺山外史』 | ⑤<br>『縞紵集』 | ⑥<br>『里鄕見聞錄』 | ⑦<br>『震閭彙攷續編』 | ⑧<br>『我朝人物彙攷』 |
| 권책 | 3권 | 4권 | 1권 | 1책 | 3권 | 10권<br>3책 | 7책 | 5책 |
| 분류/인물 | 儒林錄(46人)<br>高士錄(9人)<br>文苑錄(70人)<br>柵材錄(5人)<br>書家錄(23人)<br>畵廚錄(19人)<br>科文錄(1人)<br>方伎錄(2人)<br>氣節錄(3人) | 崔致遠 晉州妓<br>桂月香 漁 父<br>曺德健 金溟鵬<br>李成龍 馬神仙<br>慶運宮宮人<br>韓保吾 李守則<br>朴 淵 魚繼卜<br>黃 功 康世爵<br>金忠善 貴盈哥 | 讓金洪李 兪生<br>吹笛山人 宋生員<br>福洪 賣瓜翁<br>破石人 鹽居士<br>乞米奴 畵田僧<br>洪峯上 碧瀾丐者<br>汲水者 吾柴 空空<br>林翁 張松竹 鷄老人<br>破衲行者 嚴道人 | 朴泰星 朴受天<br>金壽彭 庚世通<br>李湘藻 金神仙<br>崔 北 李貫佃<br>金 億 林熙之<br>權孝子 李益成<br>金弘道 金鍾貴<br>朴永錫 金祐孫<br>金完喆 張友璧 | 郭執桓 陸 飛<br>吳穎芳 沈 初<br>袁 枚 金科豫<br>金科正 金 渟<br>李 點 博明<br>李鼎元 李調元<br>潘庭均 祝德麟<br>唐樂宇 沈心醇<br>鮑紫卿 鐵 保 | 德行/經術<br>(14人)<br>孝/忠(51人)<br>智(42)<br>貞烈(30人)<br>文學(71人)<br>書畵(33人)<br>雜藝(21人)<br>道/釋(25人) | 姓氏<br>神童/聰明<br>通才<br>詩家/筆家<br>名畫 閨英<br>烈女<br>嬪御/宮女<br>別室 娼妓<br>常賤 婢使 | 道學(10人)<br>節義(18人)<br>賢相(10人)<br>相臣<br>(258人)<br>賢將(18人)<br>儒賢(28人)<br>文章(20人)<br>勳庸(28人) |
| 분류/인물 | 寓裔錄(10人)<br>譯官錄(13人)<br>良守令錄<br>(11人)<br>孝友錄(3人)<br>膂力錄(6人)<br>風泉錄(5人)<br>靈怪錄(14人)<br>閨烈錄(12人)<br>閨秀錄(2人)<br><br>18항목 | 慶河昌 李夫人<br>郭夫人 任夫人<br>金銀愛 賣粉嫗<br>玉 娘 柳氏妾<br>有 分 嘉山童<br>郭氏兒 張 翻<br>金聖基 金鳴國<br>釋致雄 洪世泰<br>李 泰 牛 尋<br>傔首坐 祁利഻<br>刑仙<br><br>등등 | 磨鏡躄者 鄭樵夫<br>愛松老人 採藥翁<br>金琴師 負販孝子<br>姜鰥士 鄭先生<br>古董老子 李達文<br>傳奇叟 中冷釣叟<br>報鑼媪峰 弄猴丐子<br>秖樹叟 三疊僧歌<br>翻酮賈 榮里翁<br>能詩盆嫗 寒蟾<br>乾坤囊 無所不佩<br>崔院長 安聖文<br>孫瞽師 一枝梅<br>洪氏盜客 打虎人<br>金五興 彭綍羅<br>說囊 林水月 朴孝子<br>裵先達 朴鵪鶉<br>李總卯 啞孽開<br>斑豹子 李仲培<br>洞口三月 酒泉婦<br>義榮 姜擢施 卓班頭<br>倒行女 萬德 杭營童<br>金氏子 劉雲台<br>化漁婆 錦城月 | 金永冕 朴基淵<br>曺神仙 嚴烈婦<br>金 琬 李殞魤<br>姜致祐 李興源<br>千壽慶 張 混<br>王漢相 李 同<br>金亮元 李在寬<br>劉童子<br>張五福 千萬喆<br>嚴啓興 趙秀三<br>吳昌烈 申斗柄<br>田琦 聲山大師<br>朴允默<br><br>등등 | 彭元瑞 紀 昀<br>翁方綱 吳省欽<br>吳省蘭 陳崇本<br>羅聘龔 協<br>孫星衍 洪亮吉<br>吳照蔣 和<br>張問陶 熊方受<br>錢大昕 錢東垣<br>阮 元 陳 鱣<br>黃丕烈 曺 江<br><br>등등 | | 道流<br>禪家/女僧<br>居士/巫女<br>音律 陰陽<br>堪輿 卜筮<br>相人/相馬<br>工匠 忠臣<br>孝子 功臣<br>醫術 譯臣<br>富人<br>宦官/宮奴<br>傔人 胥吏<br>賤人 奴隷<br>才諝 勇力<br>巨量 貌骨<br>形怪<br>唱優/談諧<br>奸巧 鬼神<br>亂逆 盜賊<br><br>50항목 | 名臣<br>(1081人)<br>烈士<br>(311人)<br>將臣(47人)<br>名武(99人)<br>儒林<br>忠臣(494人)<br>逸士(72人)<br>忠孝紀聞<br>(84人)<br>技藝(43人)<br>方外異聞<br>(19人)<br>宗室(39人)<br>駙馬(20人)<br>外戚(34人)<br>奸凶(43人) |
| 기타 | 18세기<br>각 계층 인물<br>262人 | 신라에서 18세<br>기 인물 139人<br>의 전기 | 하층인물 71人 | 여항인 42人 | 淸朝知識人<br>110人 | 여항인 287<br>人의 전기 | 각 계층<br>인물<br>1,009人 | 각 계층<br>인물<br>2,776人 |

①에서 ⑧까지의 기록은 인물의 삶과 특이한 행적을 略傳한 경우가 대부분이다. 저자가 견문한 것을 비롯하여 전대 문헌을 참조하여 기록하고 있는데, 인물의 개인 정보는 물론 가계와 특징적 행적을 두루 담았다. 사실 위에서 각 인물을 포착한 방식과 서술하는 태도는 지금의 인물 사전에서 볼 수 있는 것과 비슷하다. 인물의 本貫과 字號를 비롯하여 官職과 行蹟 등, 한 개인의 삶을 압축적으로 요약하여 제시하고 있기 때문이다. 개인의 家系와 字號와 本貫 등의 제시는 私傳의 일반적인 人定記述과 같지만, 인물의 이력이나 특이한 행적을 요약하여 서술한 점은 그것과는 다른 모습이다.

①의 李奎象을 제외하고, ②의 成海應부터 ⑥의 劉在建의 인물지는 모두 서얼과 서리 출신의 閭巷人을 주목하였다. 이규상은 한산이씨 文翰世家의 후손이다. 그는 노론계로 벼슬길에 나가지 않고 향촌에서 저술로 일생을 보냈다. 그는『一夢稿』를 남길 만큼 뛰어난 문재를 지닌 문한가의 후예로, 당대의 다양한 인물 정보를 충실하게 수집하여『병세재언록』안에 녹여내었다.『병세재언록』은 18세기 각 계층의 각양각색의 다양한 인물 262인의 정보를 시야에 넣고 저술하였다. 이규상은 각양의 인물을 체계적으로 제시하기 위하여 18개 항목을 두고, 그 아래에 각 인물을 배치하고 있다. 각 인물은 양반과 중간 계층, 귀화인과 기술자에까지 이른다. 요컨대 이규상의 시선은 하층민과 중간계층은 물론 지배계층에까지 이르고 있다. 특히 규방의 인물과 여성 학자의 특이한 삶까지 포착한 것은 매우 흥미롭다.

여기서 이규상이『并世才彦錄』을 18개 항목으로 분류하여 배치한 것은 주목할 만하다. 그는 일부 항목에서 인물의 삶을 포섭할 수 있는 小序 형태를 제시한 다음, 인물과 관련한 내용을 함께 기술하였다. 이는 자신이 제시한 분류 방식의 정당성을 보여주는 것이겠는데, 각 항목 아래에 해당 인물을 배치한 것 역시 분류방식을 정당화하려는 의식이다.

하나의 사례를 예시한다.

깊은 규방에서 아름다운 행실을 숨기고 있는데, 어느 누가 알 수 있겠는가? 일가 친척이 아니고는 제대로 쓰기 어렵다. 지금 기록하는 부녀자들의 사적의 내용은 대부분 나의 내외 친척의 일이다. -「閨烈錄」[35]

이규상은 18개 항목의 하나인 '閨烈錄'을 둔 이유를 설명한 다음, 이어서 해당 인물의 행적을 기술하고 있다. 이규상이 18개 항목으로 제시한 순서를 보면 서술상의 불균형을 보여준다. 이를테면 사대부를 앞세우고 있는 것이나, 각 항목 간의 인물 수와 배열한 항목에 속하는 서술 과정과 분량에서 그러하다. 그럼에도 당대 인물을 조망할 수 있도록 분류하고 배치한 것은 의미가 있다. 무엇보다 각 계층의 다양한 인물을 포섭하고 여성과 이국의 귀화인에까지 시야를 넓힌 것은 당대의 시대정신과 당대의 역사를 고려하고 있는 미덕이다.[36]

成海應의 『草榭談獻』과 趙秀三의 『秋齋紀異』는 이규상의 『병세재언록』이 보여주는 시선과 서술방식과는 사뭇 다르다. 성해응과 조수삼은 더 낮은 시선으로 市井의 인간과 그들의 행적에 관심을 표한다. 『草榭談獻』은 주로 시대별 인물 배치를 중시하고 있다. 이를테면 통일 신라 말엽에서 18세기 중반까지 활약한 139명의 인물을 시대별로 포착하

---

35) 『韓山世稿』 권31, 『并世才彦錄』, "深閨潛光, 人孰知之. 非是姻婭族戚, 無以書之不誣. 今錄壺範, 多是余內外族親云."

36) 이는 이규상이 「并世才彦錄引」에서 "우리나라의 땅이 삼천리라지만 사대부가 당파로 분열되고 나서는 나와 色目을 달리해 떨어져 있는 경우 몇 사람이나 가히 기록해 남겨야 할지 알지 못하고 있다. 나 자신의 이목을 따라서 기록한 것들도 곤륜산의 한 조각 옥이요, 계림의 한 가지 나무에 불과하다. 붓을 잡고서 문득 맥이 빠져 사방을 바라본다."라 하여 객관적인 시각에서 인물을 포착하려 한 것에서 알 수 있다.

고, 이들 인물의 삶을 특기하였다.[37] 성해응은 여기서 의병 관련 인물, 여성 인물, 기녀 궁녀, 화가, 천민 등으로 나누고, 이들을 하나의 군으로 묶어 제시하고 있다. 하지만 인물을 분류한 방식은 체계적이거나 내적 논리를 전혀 갖추고 있지 않다. 오히려 자신의 안목에 따라 시대별로 인물을 주목하고, 이들의 인물 정보를 축약하여 기록한 人物의 史的 기록의 성격이 강하다.

특히 성해응의 『草榭談獻』은 조선조 인물과 자신이 살고 있는 당대와 멀지 않은 시기의 다양한 하층 계층의 인물 정보를 기술하는 데 할애하고 있어 흥미롭다. 의병장과 의병을 비롯하여 국가적 변란에 절의를 지킨 인물을 주목하는가 하면, 기녀, 노비, 무당, 궁녀, 향리, 백정, 어부, 隱者, 화가, 악사, 승려, 품팔이꾼, 점술가 등 실로 유교 이념의 자장에서 벗어난 인물도 대거 포착하고 있다. 여기에 그치지 않고 중국과 일본, 그리고 네덜란드에서 표류한 이국인의 행적도 함께 주목하였다. 여기서 특기할 점은 여성 인물을 대거 수록한 점과 이들에게 상당한 시선을 두고 있다는 것이다. 이를테면 班家의 여성으로부터 民家의 여성, 기녀, 궁녀, 노비, 아전과 백정의 딸, 광대의 아내 등에 이른다. 주로 가부장제의 모순 속에서 희생당하고, 신분질서의 모순 속에서 최하층의 밑바닥에서 살던 인물들을 폭넓게 포착하고 있다. 여기서 성해응이 사회적 모순을 인식한 토대 위에서 기록하였던가 여부는 논외다. 당대 사회의 모순을 떠안고 살아가던 인물의 행적을 대거 포착한 사실에 더 의미가 있기 때문이다. 또한 타국의 인물인 朴淵과 魚繼卜 등과 같이 표류한 네덜란드인과 몽고인으로 일국 너머에까지 시선을 확장시키고 있다. 이것이 이 人物志의 특장임을 주목할 필요가 있다.

---

37) 최근 성해응의 『草榭談獻』은 번역이 되었다. 성해응 저, 손혜리 · 이성민 역, 『연경재 성해응의 초사담헌』, 〈해제〉, 사람의무늬, 2015 참조.

趙秀三의『秋齋紀異』는 당대의 시정 공간 안으로 초점을 이동시켜 집중화하고 있다. 조수삼은 71인의 다양한 인물에 눈길을 주었다.『추재기이』가 포착한 인간은 조수삼이 살았던 시정의 뒷골목에서 존재하던 다양한 인간 군상이다.[38] 이들의 삶과 인물 정보는 당대 사회가 추구하던 인간상과는 전혀 다르다. 좀도둑과 강도를 비롯하여 조방꾼, 거지, 부랑아 등과 같은 인물들은 당시 체제가 안지 못하거나, 끌어안을 수도 없던 그야말로 비주류에 속하는 인물이다. 그런가 하면 방랑시인과 차력사, 골동품 수집가, 술장수, 임노동자, 떡 장사, 비구니 따위 등도 출현한다. 이들은 조선조 후기 시정 공간의 뒷골목에서나 만날 수 있는 잡배에 지나지 않는다. 여기에 그치지 않고 조수삼은 도시 서울의 유흥 문화 속에서 푼돈을 팔며 살아가던 인물도 다양한 시선으로 포착한다. 닭 우는 소리를 잘 내는 鷄老人, 소설을 낭독하는 傳奇叟, 해금을 켜는 노인, 口技에 능한 박 뱁새, 음담패설 전문가, 탈춤꾼 卓斑頭, 원숭이 재주꾼, 백조 요를 부르는 통영동이, 재담꾼 따위 등이 그들이다.

조수삼은『秋齋紀異』에서 하층민의 삶을 주목하지만, 서술과정에서 이들을 어떻게 배치하여 보여줄 것인가에는 크게 주의하지 않는다. 조수삼이 포착한 인물들은 당대 시정에서 쉽게 만날 수 있는데다 대부분 시정에서 살아가는 하층민이기에 딱히 구별하여 제시하거나 群을 지어 포착할 이유가 없었다. 이를 감안하면『추재기이』의 인물 배열은 앞뒤 순서만 존재할 뿐, 계층에 따라 배치를 달리하거나 인물의 輕重에 따른 서술상의 위계의식을 보여주지는 않았다. 따라서『추재기이』는 인물을 제시하는 분류와 배치를 크게 고려하지 않을 뿐만 아니라, 다른 순서에 따라 각 인물 군을 배치하더라도 전혀 어색하지 않다. 이는『추재기이』가 보여주는 열린 구성 방식이자 인물 배치의 개방적 인식을 의미한다.

---

38) 조수삼의『추재기이』는 조수삼 저, 안대회 역,『추재기이』,〈해제〉, 한겨레출판, 2010 참조.

조수삼은 역관의 신분이기 때문에 주류나 상층계층과 시선이 가까울 법한데, 오히려 이와 반대로 시정의 뒷골목에서 살던 하층민만을 오로지 끄집어내어 人物志로 포착한 것은 의외다. 중간계층의 의식을 뛰어넘어 시정의 뒷골목에서 만날 수 있는 인물을 대상으로 評傳 방식으로 엮은 편찬의식은 소중하다. 20세기에 와서야 비로소 하층민의 삶을 본격적으로 조명한 것을 감안하면, 『추재기이』는 하층의 인물을 史的으로 기록한 것에서 시대를 앞서간 독특한 저작임에 틀림없다. 당대의 하층 인물을 포착한 人物史를 지향하고 있다는 점에서도 사적 의미가 있다.

조희룡의 『壺山外史』와 劉在建의 『里鄕見聞錄』은 모두 편저자와 신분이 같은 여항인들의 인물 정보를 담은 전기 모음집이다. 여항인에 의한 여항인들만의 人物志를 지향하고 있는 바, 여항인 고유의 에토스를 표출한 것은 이 인물지의 미덕이다. 그런데 『里鄕見聞錄』은 앞에서 '義例'를 두어 '德行/經術', '孝/忠', '智', '貞烈', '文學', '書畫', '雜藝', '道/釋' 등으로 분류하고, 그 아래에 해당 인물을 배치한 사정을 밝혔다.[39] 사실 유재건이 분류한 표제어는 여항인의 에토스를 담기에는 너무 낡고 기성의 개념어이자 의미망에 불과하다. 이는 기실 여항인의 삶과는 동 떨어져 여항인이 걸어 온 내력과 어울리는 않은 개념어다. '德行/經術', '孝/忠', '貞烈' 등이야말로 중세의 이념형 인간을 드러내는 데 적합할 뿐, 여항인의 삶과 인생역정을 드러내는 것과는 전혀 무관하기 때문이다. 이러한 분류는 여항인 고유의 에토스는 물론 여항인만의 삶을 적실하게 드러내는 데 오히려 장애를 준다. 이 점에서 여항인의 인물 정보를 두고 분류한 방식이 그 내용을 뒷받침하지 못하고 있다.

⑤의 『縞紵集』은 楚亭 朴齊家(1750~1805)의 셋째 아들인 朴長馣이

---

39) 「里鄕見聞錄義例」 참조. 유재건은 여기에서 10개 항목으로 분류한 이유와 그것에 따라 어떻게 배치하고 있는 가를 자세히 밝혀 놓고 있다.

纂輯한 것이다. 『縞紵集』은 박제가가 4번의 燕行 길에서 청조 지식인과 시와 편지로 結交한 인물 정보를 비롯하여 주고받은 글을 모아 놓았다.[40] 여기서 주목할 것은 卷首 부분이다. 1778년 박제가의 첫 번째 연행에서 부터 1801년 네 번째 연행 기간 동안 교유한 淸朝 지식인의 인물 정보를 인물 사전처럼 잘 정리하고 있다. 박장암은 박제가가 연행한 시기를 고려하여 청조의 인물 정보를 파악하고, 이를 시기별로 편집하여 독자의 편의를 고려하였다. 그는 凡例에서 "여러 사람들과 結交한 차례는 戊戌년과 辛酉년은 차례에 모두 근거한 바가 있으나, 庚戌년과 辛亥년은 先後가 서로 이어지고, 수미가 모호하기 때문에 우선 짐작해서 순서를 배치하였다."[41]라 하고 있거니와, 이를 보면 부친의 연행 시기를 고려하여 시기별로 인물을 총 정리하고 있음을 알 수 있다.

박장암이 어떠한 청조의 인물 정보를 담아내고, 어떻게 인물 사전의 형태로 제시하고 있는지 살펴보기로 하자.

무오년의 것이 第一篇, 경술년과 신해년의 것이 第二篇, 신유년의 것이 第三篇이다. 대체로 三篇 안에 총 110인이 있는데, 事蹟이 간간히 빠뜨려졌거나 소략한 것이 많아 서책에서 찾되 분명하게 고증할 수 있는 것 외에는 간혹 篇章의 낙관한 끝머리에서 얻거나, 간혹 낡은 종이의 흐릿한 말미에 뽑아 얻은 바가 겨우 열에 한둘뿐이다. 그러므로 어떤 경우는 다만 이름과 성은 있지만, 함께 字나 號가 없기도 하며, 어떤 경우는 성명과 자호가 있지만 벼슬과 事實이 적막하여 상세하지 못한 것도 많다.[42]

---

40) 『縞紵集』의 卷首는 교유한 인물 정보를 인물 사전의 방식으로 제시한 것이며, 권1, 권2, 권3은 주고받은 편지나 시문을 싣고 있다.

41) 朴長馣, 『縞紵集』, 凡例, "諸人結交次第, 戊戌辛酉則, 皆爲有第所據, 庚戌辛亥則先後相連, 首尾模糊, 故姑斟酌而序列之."

42) 朴長馣, 『縞紵集』, 凡例, 一, "戊戌爲第一篇, 庚戌辛亥爲第二篇, 辛酉爲第三篇. 凡三篇之內, 摠一百十人, 而事蹟間多闕畧, 其搜于簡册斑斑可考之外, 或得於篇章款識之末, 或摘於敗紙模糊之餘, 所得才十之一二. 故或只有名姓而并無字號者, 或俱名姓字號而爵里

위에 제시한 인용문 역시 범례의 일부다. 卷首에 모두 110명의 청조 지식인의 정보를 싣고 있음을 밝혔다. 실제 박장암은 3권의 저술을 통해 이들 110명의 청조 지식인들의 인물 정보나 부친과 교유한 내용을 구체적으로 적시해 두고 있다. 여기에 등장하는 110명의 청조지식인들은 박제가가 18세기 중반에서 19세기 초반까지 청조 인사와 교유한 인적 네트워크이기도 하지만, 넓게는 이 시기 조선조 지식인이 청조 지식인과 교유한 네트워크의 전부라 해도 무방할 것이다. 그런데 박장암은『縞紵集』에서 부친과의 친소 관계와 자신이 해당 인물의 정보를 파악할 수 있는 정도에 따라 청조지식인의 기록에 상당한 편차를 보여주고 있다.[43] 당대의 서울 학계와 연결 학계에 널리 알려진 인물이 있는가 하면, 크게 주목받지 못하고 오직 박제가와 사적 관계를 가진 인물도 있다. 해당인물의 서술에서도 불균형을 보여준다. 이러한 것에도 불구하고, 비교적 견문지식과 자료를 동원하여 충실한 인물 사전과 같은 내용을 보여주고 있는 것은 의미가 있다. 구체적인 사례를 들어 본다.

翁方綱의 자는 正三이며 호는 覃溪로 順天의 大興縣 출신이다. 乾隆 壬申년에 과거급제를 하여 관직은 內閣學士 겸 禮部侍郞이 되었다. 學問이 크고 깊으며 書法에 빼어났다. 筆意가 縱橫무진하고 뛰어나 서법의 正脈을 얻었다. 집에 石墨樓를

---

事實, 寂不可詳者, 多矣."

43) 阮元(1764~1849)의 경우가 그렇다. 그와 관련한 정보는 자호와 출신을 비롯하여 약간의 저술만을 매우 짧게 소개하고 있다. 박제가와 교유의 밀도가 크지 않거나 교유 당시 정확한 인물 정보를 파악할 수 없어 서술을 소략하게 한 것으로 보인다. 하지만 阮元은『經籍籑詁』(1799년)와『十三經註疏校勘記』(1806년)를 편집하였다. 또한 경학 저술을 집대성한 『皇淸經解』(1829, 1,408권)를 편찬한 고증학의 집대성자다. 뿐만 아니라, 그는 금석학에도 뛰어난 업적을 남겼고, 그의 문집인『揅經室集』에는 청나라 書風에 큰 영향을 끼친「北碑南帖論」과「南北書派論」등을 수록하기도 하였다. 특히 청조 학예계를 견인한 인물인데, 추사와도 교유가 깊다. 반면에 당대에 널리 알려지지 않은 인물의 경우 비교적 상세하게 제시한 경우도 적지 않다.

두어 兩漢의 金石文을 수장하였는데, 장서루에 가득 찼다. 성품이 소식을 좋아하여 자칭 蘇齋學人이라하고 그 거처에 편액하기를 寶蘇齋라 하였다. 평소에도 소동파의 三像을 길게 걸어두었다.[44]

옹방강(1733~1818)의 인물 정보다. 서두에서 立傳의 방식처럼 字號와 出身, 급제여부, 官歷과 학문 관련 사항을 기술한 다음, 개인과 관련한 개성과 학문적 특장을 기술하고 있다. 이처럼 박장암은 부친과 교류한 인물의 정보를 간략하게 소개하고, 그 인물의 특징과 개성을 압축시켜 놓았다. 이어서 그는 부친과 교유한 인물의 자료가 있으면 그것을 첨부하여 제시하는 방식을 취하고 있다. 이러한 서술 방식은 지금의 인명사전의 방식을 뛰어넘어 교유 자료를 덧붙여 놓음으로써 인물 정보와 구체적인 교유 양상까지 보여주었다. 이 점에서 『縞紵集』은 18세기 후반 19세기 초반의 청조 지식인 인명사전이라 하더라도 무방할 것이다.

⑦의 『震閈彙攷續編』은 편찬자를 정확하게 알 수 없으나, 19세기 후반에 편찬된 것으로 보인다.[45] 저자는 『震閈彙攷續編』를 50개 항목으로 분류한 다음, 그 아래에 인물을 배치하고 있다. 이 책의 전체 분량을 감안하면 50개 항목으로 분류한 것은 전체 인물을 아우를 수 있는 이점은 있지만, 분류한 기준이 모호하고 항목의 선택과 배치가 체계적이지 않다는 것에 문제가 있다. 표제어를 보면 각 항목 간 어떤 위계질서를 상정하고 설정하고 있는지도 분명하지 않다. 다만 姓氏 항목을 먼저 내세운 것은 특이하다. 이는 대상 인물의 신분을 전혀 고려하지 않고, 동일한 차

---

44) 朴長馣, 『縞紵集』 卷2, "翁方綱字正三號覃溪, 順天大興人. 乾隆壬申科擧, 官內閣學士 兼禮部侍郎. 學問穹邃, 善書法, 筆意縱橫透得正脈. 家有石墨樓, 藏兩漢金石, 充棟溢宇, 性愛蘇自稱蘇齋學人. 扁其室曰寶蘇齋, 平居長懸東坡三像."

45) 한영규, 「雜錄型 인물지 『震閈彙攷續編』 연구」, 『한민족문화연구』 55, 한민족문화학회, 2016, 131~164면 참조.

원에서 모든 인물을 바라보려 한 편찬자의 의식의 일환이다.

여기서 각 항목의 표제어와 그 배치문제를 언급할 필요가 있다. 사실 각 항목은 편찬자의 관심에 따라 선후로 배열되고 있지만, 기존의 가치 체계와 질서 내에서 제시되기 어려운 표제어를 제시한 것은 문제적이다. 奸巧·富人·亂逆·盜賊 등의 표제어가 그것이다. 이들 표제어는 당대 가치체계와 엇나가지만, 시대상과 그 이면의 흐름을 들여다 볼 수 있는 의미망을 지닌다. 이 점에서 이 표제어 아래에 배치된 인물의 행적과 그 방향을 구체적으로 제시하고 있는 것은 음미할 대목이다. 그런데 당대 이념과 질서 안으로 포섭할 수 없는 하층민이나 비주류의 정보와 행적을 축약한 것은 조수삼의『추재기이』가 제시한 방향과 맥을 같이하고 있다. 더욱이 당대 이념과 가치, 당대의 질서 안에 머물지 않고, 밖의 시선에 서서 인물 정보를 담아내려는 자체는 시대적 의미를 지니기에 충분하다.

편자미상의 ⑧의『我朝人物彙考』는 5책인데, 19세기 후반에 편찬된 것으로 보인다.[46] 편찬자는 모두 22개 항목으로 인물 정보를 분류하고 있다.[47] 다른 인물지에서 잘 볼 수 없는 '技藝' 조에 風水家를 서술하고 있는 점은 특이하다. 그 대상 인물 중 한 사람이 無學大師다. 그가 조선 조 건국 과정에서 風水를 보고 한양을 수도로 정하도록 주청한 것은 알 려진 사실이거니와, 이 외에도 17세기 이름난 풍수가인 李懿信[48]과 18세

---

46) 1책의 '相臣' 條에 朴晦壽(1786~1861)를 언급하고 있는데, 朴晦壽는 1859년에 좌의정에 올라 마지막 부분에 배치되어 있기 때문이다. 이를 감안하면 이 저술은 19세기 후반에 편 찬된 것으로 보인다.

47) 이 저술의 항목 분류는 다음과 같다. 1책은 道學, 節義, 賢相, 相臣, 賢將이며, 2책은 儒 賢, 文章, 勳庸, 名臣(上)이고, 3책은 名臣(下)이다. 그리고 4책은 烈士, 將臣, 名武이며, 5책은 儒林, 逸士, 忠孝, 紀聞, 技藝, 方外異聞, 宗室, 駙馬, 外戚, 奸凶 등 모두 22개 항 목으로 분류하고 있다. 그리고 각 항목의 구체적인 인물의 간단한 소개와 함께 이어서 관 련한 내용을 적고 있다.

48) 풍수가이자 술수가인 李懿信이 1612년 9월 14일에 交河遷都論을 제기하자 승정원에서 괴탄스럽고 근거가 없어 민심을 불안정하게 한다고 치죄할 것을 요청하지만 광해군은 죄

기 인물인 朴尙宜[49] 등을 제시한 것은 주목을 요한다. 여기에 田禹治와 같은 幻術家를 포착한 것도 흥미롭다. 요컨대 『我朝人物彙考』는 당대 사회가 추구하는 인물상과 다른 다양한 인물을 포착하여 역사의 이면을 파악할 수 있도록 제시하고 있다. 이들의 인물 정보를 통해 역사의 속살까지 엿볼 수 있다는 점은 『我朝人物彙考』가 지닌 사적인 의미일 것이다.

여기서 또하나 특기할 사안은 『我朝人物彙考』의 서술방식이다. 전체적으로 이 인물지는 전대의 문헌을 참조하여 기술하고 있다. 당대 인물의 경우, 견문한 것을 토대로 인물을 소개하고 인물과 관련한 주요 사건을 제시하는 방식을 취하고 있다. 하나를 예시하면 다음과 같다.

李懿信은 風水의 說에 가탁하여 서울의 地氣가 쇠하여 이미 다하였다고 생각하여 광해군에게 交河로 천도할 것을 권하였는데, 白沙 李恒福이 통렬하게 배척하여 그만두게 하였다. 인조반정 이후에 또한 妖言한 것을 퍼뜨렸다고 하여 주살되었다.[50]

李懿信은 풍수가로 이름을 떨쳤던 인물이다. 그는 임진왜란 이후에 광해군을 등에 업고 천도론을 주장함으로써 정국을 요동치게 만든 장본인이다. 편찬자가 李懿信을 주목하여 '技藝' 항목에 배치한 것은 역사의

---

를 묻지 않았다. 이후 이 교하천도론이 공론화되어 조정의 파장을 일으킨 바 있다. 당시 광해군을 비롯하여 조정의 일부 인사들은 李懿信의 교하천도론에 관심을 가지고 실행에 옮기려는 구상도 하였다.

49) 『國朝榜目』을 보면 朴尙宜의 아들 朴光立이 1840년 식년시 문과에 급제를 하였다고 기술하고 있다. 이어서 박광립의 본관은 密陽이며 출생이 1777년으로 서술하고 있다. 하지만 朴尙宜는 명문세가는 아니지만 양반인 점을 감안하면 풍수가로 평생을 보낸 인물은 아닌 듯하다. 선조 당시 풍수가로 이름난 인물로 李懿信과 朴尙毅가 있다고 알려져 있는데, 朴尙宜는 바로 朴尙毅를 이르는 듯하다. 기록으로 서술과정에서 이름자를 잘못 적은 것이 아닌가 한다.

50) 『我朝人物彙考』 5책, "李懿信, 托風水之說, 謂漢京氣殺已盡, 勸光海遷都交河, 白沙李公痛斥乃止. 反正後, 亦以妖言誅死."

이면을 담고자 하는 의식의 소산이다. 더욱이 당대에 이적시되던 전우치는 물론, 조선조 초기 태조 대에 점쟁이로 이름을 얻었던 安植도 함께 기술하고 있는 것도 같은 맥락이다.[51] 이를 감안하면 편찬자는 특정 이념이나 정치적 편견과 신분의식에 갇혀 있지 않다. 이는 당대 세인의 주목을 받았던 인물들을 두루 포섭하여 기술하고 있는 데서 알 수 있다. 이점에서 『我朝人物彙考』는 기왕의 인물지를 뛰어넘어, 다기한 인물 정보를 통해 당대의 이면의 조망할 수 있는 人物로 본 歷史에 다름 아니다.

역사에서 가장 큰 중심축은 사건과 인물이다. 인물의 탐구는 당대를 살았던 다양한 인간의 다기한 삶의 모습에서 구하게 마련이다. 전근대 기록에서 역사적 시공간을 살았던 다양한 계층의 인물을 두루 포착하여 사적으로 조명하기란 쉽지 않다. 이 점에서 각양의 인물 정보와 그들의 삶의 내력을 포착한 人物志는 인물로 읽는 역사의 기록이라는 차원에서 유의미하다. 기왕에 눈여겨보지 않던 각양의 인물과 관련한 정보를 담고 있다는 점에서 人物史이기 때문이다. 특히 중하층의 인물정보를 포착한 인물지의 경우, 한 개인의 소개이자 삶의 모습이기도하지만 동시에 그것은 살아있는 역사 그 자체이다. 어떤 人物志는 단순한 인물 정보의 나열에 그치지 않고, 저자의 안목으로 비평을 하거나 편찬자의 뚜렷한 의식 하에 서술하기도 한다. 이 경우 지금의 評傳방식과 흡사할 정도의 작가의식까지 표출하고 있어 주목할 만하다.

요컨대 조선조 후기 다양한 형태의 人物志는 당대 역사 공간에서 살아 숨 쉬는 당대 구성원의 생생한 지식·정보는 물론, 역사 저변에서 움직이는 다양한 인물의 실상을 제공한다. 우리는 이러한 인물지를 통해 풍부한 시대상을 읽을 수 있으며, 역사적 전기의 성격을 지닌다는 점에

---

51) 그가 조선조 초기 1차 왕자의 난에 정치적 문제를 예언한 것은 『태조실록』 태조 7년 무인(1398년) 8월 26일 기사를 보면 정도전과 점괘를 두고 대화하는 장면에서 확인할 수 있다.

서 人物史로 이해할 수도 있겠다.

## 4. 맺음말

조선조 후기 유서와 인물지는 새로운 지식·정보를 담고 있다. 모두 집적한 지식·정보를 체계적으로 분류하고 독자에게 보여준다는 점에서 공통점을 지닌다. 이들 저술은 조선조 후기 필기의 새로운 양상이거니와, 이 저술은 담론보다 오히려 일상의 단편적 지식·정보를 담고 있는 경우가 많다. 특히 필기는 일국 너머 사행을 통한 견문지식의 소통과 동아시아 공간에서의 문헌의 유통과 관련이 깊다는 점에서 이들 자료의 새로운 시각과 방법이 필요하다.

조선조 후기 類書와 人物志는 필기류 저술에 포함된다. 이 시기의 유서와 인물지는 그 형성과정에서 학문 분류학과 고증학은 물론 인물사와도 만난다. 무엇보다 人物志는 사대부의 삶을 주목하기도 하지만, 다양한 계층이나 중하층과 여성 인물은 물론 일국 너머 당대의 이국 인물에까지 확장하여 포착하는 새로움을 보여준다. 우리는 이러한 人物志를 통해 시대사를 읽거나, 역사적 傳記의 성격을 함께 확인할 수 있을 테다. 이때 人物志는 人物史로 이월되어 당대의 이면을 확인하는 史料로 드러나기도 한다. 다양한 계층의 인물을 史的 영역 속에 포섭하는 인물지는 신분과 기성의 가치체계를 근간으로 하는 위계질서와 그러한 틀에서 인물을 바라보고 평가하는 것과는 다른 역사적 시선과 지평을 보여준다.

끝으로 유서에서 자주 확인할 수 있는 고증학의 의미를 언급할 필요가 있다. 조선조 후기 유서는 새로운 지식·정보의 축적과 분류를 고려하는 한편, 고증학을 활용하여 그 내용을 더욱 풍부하고 객관적으로 정립시킨 경우가 많다. 조선조 후기 유서가 축적한 중요한 지식·정보의 하나가 바로 일상에 관한 내용이다. 일상적 내용과 지식은 고증학을 통해 더욱 다양하고 심도 깊게 드러난다. 이와 관련한 구체적인 언급이다.

① 名物家와 訓詁派가 어지럽게 소소한 지식에 관한 공부에 정신을 소모했는데, 근세의 考證學에 이르게 되어서는 자질구레한 지식에 관한 공부가 더욱 심해졌고 그럴수록 격물·치지와의 거리는 더욱 멀어졌다.[52]

② 이에 經典을 근본으로 하고 역사서를 참고한 데다 詩文도 두루 섭렵하고 고인의 언행도 충분히 갖추었으며, 國朝의 典章, 항간에 떠도는 稗說, 兵家의 학설, 名物의 수효에 이르기까지 卓論으로 입증하고 자기의 의견을 덧붙여 모든 사리를 다 갖추고 조그만 장점도 다 바쳤다. 이 책을 보는 자는 마치 많은 옥을 보관하는 창고에 들어갔을 때처럼 현란하게 빛나는 옥들을 구경하기에 겨를이 없을 듯하다. 그러나 그 귀결점을 요약해 보면 다 日用行事의 사이에서 벗어나지 않는다.[53]

①은 정조의 언급이며, ②는 「林下筆記序」의 서문을 적은 鄭基世의 발언이다. ①에서 정조는 소소한 지식과 결부되어 공부와 정신을 해치는 대상으로 名物과 訓詁를 지목하였다. 여기서의 名物과 訓詁는 고증학과 관련이 깊다. 결국 정조 고증학이 자질구레한 지식 위주로 공부하는 小學을 추구함으로써 격물치지의 大學 공부를 방해하는 것에 깊은 우려를 표하고 있다. 흔히 명물학은 名物度數學 혹은 名物考證學이라 하는 바, 名物學의 학적 결과물은 대부분 고증학을 통해 유서의 형태로 정리된다. 명물학 위주의 유서는 사물과 물질 혹은 일상과 관련한 지식·정보를 축적하고 축적된 지식·정보를 체계적으로 정리한 경우가 많다. 이는

---

52) 『弘齋全書』 권107, 「經史講義」 44, '總經' 2, 한국고전번역원 한국고전종합 DB, 국역 『홍재전서』 참조.
53) 『林下筆記』, 「林下筆記序」, 한국고전번역원 한국고전종합DB, 국역 『임하필기』 참조.

일상에서 획득한 지식·정보를 수집하고 분류·정리하는 것과 관련이 많기 때문에 정조의 우려는 기실 당대의 리얼리티를 지니고 있다.

②는 이러한 상황을 여실히 보여주고 있다. 탁론으로 입증하고 자신의 의견을 덧붙이는 것은 차기방식의 고증학적 서술을 말한다.[54] 고증학의 대상이 되는 구체적 내용은 다름 아닌 日用行事다. 이 日用行事는 관념론적 거대담론이나 성리학적 사유와도 애당초 거리가 있다. 명물도수는 日用行事의 중요한 내용의 하나다. 명물도수는 일상 사물을 중심에 두고 있다. 고증학을 통해 내용의 객관성을 표출하기 때문에 명물고증학이라고도 한다. 이를 고려하면 조선조 후기의 유서는 고증학은 물론 일상에서의 사물 내지 물질과 깊은 관련을 지닌다. 위에서 정기세가 『임하필기』의 귀결처가 일용행사에 있음을 언급한 것은 이를 보여준다.

사실 일용행사는 기실 조선조 후기 필기의 중요한 내용 중의 하나다. 이러한 일용행사는 조선조 후기 다른 유서에서도 확인할 수 있다. 위의 『임하필기』의 성격 역시 조선조 후기 유서의 그것에서 크게 벗어나지 않는다. 유서는 일상을 초월하는 것과 관념에 주로 관심을 두지 않는다. 대체로 현실 생활에서 직접 경험할 수 있고, 파악 가능한 일상과 물질의 영역을 주로 포착한다. 이는 조선조 지식인이 일반적으로 강조하는 尙古主意와 같은 관념과 성리학적 사유와 같은 거대 담론과는 그 결을 달리한다. 유서를 포함한 조선조 후기의 일부 필기는 일상사에서 유용하고 당대인의 일상에서 쉽게 확인할 수 있는 물질에 관심을 두고 이를 고증학적 방법을 동원하여 기록한다는 점에서 역사성을 지닌다. 이

---

54) 필기와 유서에서의 箚記方式의 서술과 차기체 필기는 진재교, 「李朝 後期 箚記體 筆記 硏究―지식의 생성과 유통의 관점에서」, 『한국한문학연구』 39, 한국한문학회, 2007, 387~425면 참조. 그리고 차기체 필기의 글쓰기의 구체적인 사례를 제시한 논문으로는 진재교, 「19세기 箚記體 筆記의 글쓰기 양상―『智水拈筆』를 통해 본 지식의 생성과 유통」, 『한국한문학연구』 36, 한국한문학회, 2005, 363~416면 참조.

것이 조선조 후기 유서가 지향하는 학술사적 성격이자 지식사와 지성사에서도 의미를 지닌다.

때문에 조선조 후기 유서를 포함한 일부 필기 내용과 그 성립을 두고 우려를 표명한 홍석주의 언급은 여러모로 의미심장하다.

대체로 고증을 앞세우고 의리를 뒤로 하면 그 형세는 반드시 장차 정자와 주자를 쫓아내게 될 것이고, 정자와 주자의 도가 쫓겨난 뒤에는 그 형세가 또한 반드시 맹자에까지 이르게 될 것이다. 정자와 주자가 쫓겨나고 맹자까지 배척을 당하면, 그것이 한 차례 전환되어 위로 공자에게 미치는 것 또한 그 형세상 그리될 것이다. 오호라! 술잔을 들고 묵자를 미화하면서 詩書를 誦說하고, 스스로 儒者라 칭하면서 공자가 공격을 받는 데도 잠자코 있으면서 오른 소매를 걷어 그 형세를 돕게 된다면, 천하의 큰 변고가 오히려 이보다 더한 것이 있겠는가? 오호라? 또 고증학의 그 병폐가 이렇게까지 심한 데 이를 줄 누가 알았으랴![55]

홍석주는 고증학의 지향이 정자와 주자를 배척하는 것에 머물지 않고, 종국에 맹자와 공자까지 배척할 것이라 파악하고 심각한 우려를 표하고 있다. 홍석주는 고증학의 폐단을 말했지만, 그러한 인식의 저변에는 당대 사유를 지배하고 있던 주자학과 나아가 기왕의 사유체계마저 부정하는 가능성 우려하고 있는 것이다. 홍석주가 우려한 것처럼 유서가 추구한 고증학과 명물학이 기왕의 朱子大全의 사유와 성리학적 질서의 牙城에 바로 균열을 가하거나, 그 자체가 反주자학 내지 反성리학과 직결되는 것은 아니다. 문제는 그 안에 당대의 사유와 질서를 전환할 수 있

---

55) 洪奭周, 『鶴岡散筆』 권6, "夫考證先而義理後, 其勢必將絀程朱, 程朱之道旣絀, 其勢又必及孟氏. 程朱絀矣, 孟氏斥矣, 其一轉而上及於吾夫子, 亦其勢也. 嗟呼, 操觚美墨, 誦說詩書. 自號爲儒者, 而恬然於吾夫子之受攻, 乃及右袒而助其勢, 天下之大變, 尙有過於是者乎? 嗟乎, 又孰知考證之學, 其流弊至此甚哉."

는 가능성을 내장하고 있다는 데 있다. 尚古나 觀念이 아니라 일상과 물질의 세계를 강조하고, 고증학을 통하여 일상과 물질의 사실을 변증하는 과정에서 알게 모르게 기존의 사유와 가치질서와 다른 싹을 틔우고 있다는 점에서 그러하다.

조선조 후기의 유서가 일상과 물질을 위주로 서술하는 경향성을 보인 반면 인물지는 기왕의 사대부 계층을 위주로 서술하는 것과 달리 다양한 계층의 인물 정보와 그들의 행적을 포착하고 있다. 이러한 서술방식과 시각은 당대의 사유방식이나 가치 질서와 다른 방향으로 나아갈 수 있다는 점에서 심장한 의미를 지닌다. 이 역시 전에 없던 새로운 내용이다.

앞서 언급한 바 있듯이 유서를 포함한 조선조 후기 필기는 기본적으로 지식·정보와 학지의 소통을 기반으로 산생한 경우가 많다. 때문에 기왕의 분과학문의 방법과 일국적 사유로 접근할 경우 제대로 파악하기란 사실상 어렵다. 오히려 일국을 뛰어넘어 동아시아 시각의 지식사나 지성사의 차원에서 파악하는 것이 유효한 방법일 수 있다. 이 경우 요청되는 방법론이 바로 '고전학'과의 접속이다. 조선조 후기 필기는 주로 문헌을 기반으로 기록의 축적과 소통을 기반으로 산생되었다. 이 시기 필기가 모두 한문 고전은 아니지만 그것과의 관련도 적지 않다. 주지하듯이 서구의 충격 이전 전근대 동아시아 세계는 여전히 한자문화권의 문명적 질서가 작동하고 있었다. 이를 감안하면 동아시아 공간에서 지식의 유통과 지식인의 소통을 파악하는 데 동아시아 고전학은 유효할 수 있지 않을까.

# 朝鮮時代 金石文 자료의 정리에 대하여

박철상(한국문헌문화연구소 소장)

## 1. 머리말

금석문은 금속이나 돌 위에 문자나 도형을 새겨놓은 것이다. 그런데 금석문은 대부분 자연 상태에 놓여있기 때문에 시간이 지나면 변형이 된다. 글자나 도형이 마모되기도 하고 전란을 거치면서 파괴되기도 한다. 따라서 금석문의 원형이 남아 있는 기물이 현전하는 경우는 드물고, 拓本 형태로 전하는 경우가 대부분이다. 역사고증적 측면에서 보자면 금석문은 역사서에 누락되어 있는 내용을 새롭게 제공하기도 하고, 史書의 부족한 부분을 보완해주기도 하며, 史書의 오류를 바로잡아 주기도 한다. 역사 연구에 있어서 금석문의 가치는 여기에 있는 것이다. 하지만 금석문의 가치가 여기에만 한정돼 있는 것은 아니다. 書法 연구의 중요한 자료이자 대상이기도 하다.

우리나라에서 이러한 금석문이 본격적으로 정리되기 시작한 것은 임란 이후의 일이다. 정리 방법은 금석문의 탁본첩과 목록으로 나눌 수 있는데, 이러한 기초적인 정리를 거친 금석문 자료들은 김정희에 이르러 금석학이라는 하나의 학문으로 정립되기에 이른다. 하지만 이때까지만 해도 금석문이 체계적으로 정리되진 않았다. 금석문을 체계적으로 정리하기 시작한 것은 일제강점기에 이르러서이다. 해방 이후에는 이러한 기반 위에서 좀 더 다양한 형태로 정리되었다. 특히 90년대에는 인터넷으로 탁본들을 열람할 수 있는 '한국금석문 종합영상정보시스템'이 구축되기도 했다. 이러한 노력에도 불구하고 금석문 정리는 여전히 몇 가지 숙제를 안고 있다. 특히 서법고증이라는 측면에서 금석문 자료의 정리는 초보적 단계에 머물러 있다. 여기서는 먼저 조선시대 금석문의 정리 현황을 살펴보고, 향후 금석문의 정리 방향을 제시하고자 한다.


## 2. 조선시대 금석문의 정리 현황[1]

우리나라에서 금석문이 정리되기 시작한 것은 임란 이후의 일이다. 정리 형태는 크게 금석문 탁본첩과 목록으로 나누어 볼 수 있다. 물론 임란 이전에도 탁본첩이 제작되었지만, 단순히 鑑賞이나 書法의 교본으로 사용하기 위해 제작되었다. 임란 이후에도 상황은 마찬가지다. 현전하는 조선시대 金石文의 대부분은 각종 碑石에 새겨진 글과 문양이다. 金文의 경우 일부 鐘銘을 제외하곤 전하는 것이 드물다. 拓本帖은 크게 碑帖과 刻帖으로 분류할 수 있다.[2] 碑帖은 본래 碑文의 탁본을 책의 형태로 裝帖한 것을 가리키고, 刻帖은 나무나 돌에 글자를 새겨 탁본을 뜨고 이를 책으로 형태로 裝帖한 것이다. 따라서 碑帖은 碑 자체의 탁본첩인 셈이고, 刻帖은 인쇄의 한 형태라 할 수 있다.[3]

碑帖은 기본적으로 '記錄'에 중점을 둔 '碑'의 탁본첩이므로 기록이 중요하지만, 碑文을 쓴 사람들이 名家인 경우가 많기 때문에 글씨까지

---

1) 이 부분은 필자의 박사학위 논문 「朝鮮時代 金石學 硏究」, 啓明大 박사학위논문, 2014에서 발췌, 정리한 것이다.

2) 조선후기 南公轍의 「書畵跋尾」에는 자신이 소장하고 있던 書法 관련 자료들이 수록되어 있는데, 寫本이 아닌 金石文을 '墨本', '墨刻', '石刻', '刻本'으로 분류하고 있다(『金陵集』 권23 및 권24). 여기서 墨本은 본래 금석문의 拓本, 墨刻은 나무에 새겨 탁본처럼 찍어낸 것, 石刻은 돌에 새겨 탁본처럼 찍어낸 것, 刻本은 나무에 새겨 인출한 것을 각각 가리킨다. 따라서 '墨本'을 제외한 것들은 모두 飜刻에 해당한다. 필자가 여기서 말하는 碑帖은 본래 비석의 탁본, 즉 '墨本'을 장첩한 것, 刻帖은 '墨刻', '石刻', '刻本'을 장첩한 것을 가리킨다.

3) 금석문 자료라고 해서 금석문의 탁본만을 가리키지는 않는다. 탁본을 刻帖의 제작에 사용한 경우도 있고, 글씨 교본을 목적으로 제작된 刻帖이라 할지라도 역사고증에 필요한 경우도 있기 때문이다. 더욱이 초기의 탁본은 서법의 교본으로 사용되었다. 따라서 이 두 가지를 완전히 분리하기는 어렵다. 금석문 자료는 이 모두를 포괄해야 한다. 기존의 금석문 연구에서는 주로 비첩만을 연구대상으로 삼았다. 서법고증을 연구대상으로 삼지 않았기 때문이다.

중요하게 여기는 것이다. 글씨에 큰 의미가 없을지라도 기록만으로도 의미가 있기도 하다. 반면에 刻帖은 처음부터 '書法'에만 중점을 두고 제작하는 경우가 많다. 당연히 글씨를 쓴 사람이 중요하다. 내용이 온전치 않아도 글씨만 좋으면 되는 것이다. 刻帖은 서법 학습의 範本이란 의미로 法帖이라고도 한다. 이 때문에 지금까지의 금석문 정리는 碑帖 중심으로 이루어졌고, 각첩은 배제되었던 것이다. 하지만 서법을 연구하는 경우에는 각첩 또한 중요한 자료가 된다.

또 한 가지 중요한 것은 금석문 목록집이다. 이는 금석문의 탁본첩이 제작되면서 같이 제작되었는데, 당시 금석문의 현황을 일목요연하게 파악할 수 있는 장점이 있다. 이들은 탁본첩과 함께 제작되는 경우가 많았다. 조선시대에는 수많은 탁본첩들이 제작되었지만 대부분 왕실이나 士大夫家 중심의 소규모 제작이었고, 전국을 망라하여 금석문을 수집한 경우는 많지 않았다. 따라서 금석문의 정리라고 부를 만한 경우는 많지 않다. 이를 탁본첩과 금석문 목록으로 나눠 주요 정리 현황을 살펴보겠다.[4]

## 1) 금석문 拓本帖

### ① 『大東金石書』

『大東金石書』는 朗善君 李俁(1637~1693)가 편찬한 것으로 알려져 왔으며 正編 5책, 續編 2책 등 총 7책으로 이루어진 탁본첩이다. 삼국시대부터 조선시대까지 300여 종의 탁본이 실려 있는데, 1932년에 경성제국대학에서 삼국시대부터 고려시대까지의 금석문 155장을 따로 영인 간행하였다. 당시 이 탁본첩의 소장자인 이마니시 류[今西龍, 1875~1932]는

---

4) 비교적 수량이 많은 경우만 대상으로 삼았다.

「大東金石書解題」를 써서 함께 간행하였다.[5] 이 책의 원본은 현재 일본 天理大學에 소장되어 있다. 이 책의 표제는 '大東金石書'이다.[6] 표제 바로 밑에는 五行에 따라 正編에는 '金木水火土', 續編에는 '乾坤'이라 표기되어 있다.[7] 제1첩 앞쪽에는 許穆 친필의 〈金石帖叙〉가 7면에 걸쳐 실려 있고, 서문 끝에는 허목의 인장 〈許文父印〉과 〈九疇老人〉이 날인되어 있다. 서문 1면 하단에는 〈墨豪〉, 본문 첫 면의 〈草房院碑〉 하단에는 〈朗原君章〉〈和叔〉이 각각 合縫印으로 날인되어 있다. 각 帖에 수록된 탁본 현황부터 살펴보자.

〈표 1〉『大東金石書』 수록 탁본 현황(단위: 종)

| 구 분 | 표기 | 삼국시대 | 고려시대 | 조선시대 | 합계 |
|---|---|---|---|---|---|
| 제1첩 | 金 | 13 | 28 | | 41 |
| 제2첩 | 木 | | 約 40 | 5 | 45 |
| 제3첩 | 水 | | | 38 | 38 |
| 제4첩 | 火 | | | 約 42 | 42 |
| 제5첩 | 土 | | | 約 47 | 47 |
| 續제1첩 | 乾 | 6 | 22 | 11 | 39 |
| 續제2첩 | 坤 | | | 49 | 49 |
| 합계 | | 19 | 90 | 192 | 301 |

표에 나타나 있듯이 『大東金石書』에는 삼국시대 19종, 고려시대 90종, 조선시대 192종 등 약 300종의 탁본이 장첩되어 있다. 또 해제에 따르면 각 첩의 끝부분에는 帖에 실려 있는 碑文의 撰者, 書者, 年代, 所在 郡名을 기록한 목록이 正楷의 細字로 기록되어 있다. 영인본을 통해

---

5) 今西龍, 『大東金石書解題』, 京城帝國大學法文學部, 1932 참조.
6) 필자는 이 책의 표제가 궁금했는데, 남동신 교수를 통해 표제가 '大東金石書'임을 확인하였다.
7) 해제에는 나타나 있지 않지만, 영인본 『大東金石書』를 보면 '金集', '木集', '續篇乾', '續篇坤'의 표기가 있다.

살펴보면 본문은 탁본의 일부만을 잘라 장첩을 하였고, 우측 상단의 여백에는 주로 書者의 이름을 썼는데, '崔仁浣 翰林學士', '具足達 沙餐'과 같이 이름 아래에 좀 작은 글씨로 官名을 쓴 경우가 있다. 集字碑의 경우에는 '唐文皇 集字'처럼 표기했고, 이름을 알 수 없는 경우에는 '失名', '無名氏'로 표기했다. 또 書者의 정보가 앞면과 동일한 경우에는 '上소'이라 썼다. 그런데 흥미로운 것은 이 정보를 기록한 본편과 속편의 글씨체가 전혀 다르다는 점이다. 이는 본편과 속편의 편찬시기가 다르다는 것을 의미한다. 편자가 다를 수도 있다는 것을 의미한다. 낭선군이 자신의 일대기를 직접 기록한『百年錄』〈戊申〉조에서는 다음과 같이 기록하였다.

4월에 大東金石書法을 모으고 眉叟에게서 서문을 받았다.[8]

'大東金石書法'을 완성한 뒤 1668년 4월에 허목에게서 서문을 받았다는 것이다. 주목해야 할 것은『大東金石書』나『大東金石帖』이라 하지 않고 '大東金石書法'이라 한 점이다. 이는 아직 책의 형태로 만들어지지 않았을 가능성을 추정케 한다. 허목의 서문은 그의 문집에 전하고 있는데, 약간의 문제가 확인된다. 낭선군은 1668년 4월에 서문을 받았다고 했는데, 문집에 실린 글을 보면 1667년 12월이기 때문이다. 한편 허목이 쓴 친필 서문은『大東金石書』의 앞쪽에 남아 있다. 문집의 서문과 친필 서문을 비교해보자.

〈표 2〉『大東金石書』서문 비교

| 구 분 | 文集 수록 서문 | 『大東金石書』수록 親筆 서문 |
|---|---|---|
| 題目 | 王孫朗善君金石貼帖序 | 金石帖叙 |
| 本文 | 公子朗善君 | 公子 |

---

8) 앞의 今西龍 글에서 재인용함. "四月集大東金石書法, 受叙於眉叟."

| | 金生崔學士 | 崔學士金生 |
|---|---|---|
| 本文 | 白月碑最舊遠 | 白月碑其集字最奇 |
| | 皆千年古寺 | 皆高麗古寺 |
| | 楷草書書體 | 楷草字體 |
| | 善游者也 | 善游者也.識之. |
| 款識 | 上之八年十二月下澣眉叟書 | 上之九年三月上浣眉叟叙書 |

　문구상 약간의 차이가 확인된다. 먼저 글의 제목이 다르다. 문집에서는 〈王孫朗善君金石貼序〉라 했지만, 친필 서문은 〈金石帖叙〉라 하였다. 문장 중에도 여러 곳에서 수정의 흔적이 보인다. 본문의 내용만 보자면 친필 서문의 내용이 좀 더 다듬어져 있다. 그리고 친필 서문의 일자는 1668년 3월 상순이다. 낭선군이 『百年錄』에서 언급한 시기와 일치한다고 볼 수 있다. 그런데 왜 허목의 문집에는 수정된 글이 아닌 이전의 글이 실렸을까? 지금으로서는 명확히 규명하기는 어렵다. 내용상에 큰 차이가 없기 때문에 처음 글을 남겨뒀다가 문집에 실린 것으로 추정할 수밖에 없다. 이처럼 『대동금석서』에 붙어 있는 서문과 許穆의 문집에 실린 서문에 차이가 있다는 점과 朗善君의 인장이 아닌 朗原君의 인장이 찍혀 있다는 점 때문에 일찍부터 『대동금석서』의 편자에 대한 의혹이 있었다. 특히 今西龍은 解題에서 친필서문의 첫 부분이 본래는 '公子朗善君我'였는데, '朗善君' 세 글자를 오려내고 '我'자를 '公子' 아래로 붙여 '公子我'로 남게 되었다고 했다. 이는 영인본을 통해서도 今西龍 주장의 근거를 확인할 수 있다. 今西龍은 이런 점을 근거로 『大東金石書』의 편자를 의심했던 듯하다. 하지만 결국 今西龍은 『大東金石書』를 『大東金石帖』의 標本으로 추정하였다. 그러나 여전히 의문은 남는다. 왜 朗善君의 印章이 아닌 朗原君의 인장이 찍혀 있느냐는 것이다. 그렇다면 낭선군이 만든 게 아니라 낭원군이 만든 것은 아닐까?

朗原君 李偘(1640~1699)[9]은 朗善君이 후사가 없자 자신의 큰 아들 全
坪君 李濙(1659~1698)으로 朗善君의 뒤를 잇게 하였다. 따라서 낭선군
사후에는 그의 모든 서적들이 전평군과 낭원군에게 돌아갔을 것이다. 그
렇게 보자면 여기에 낭원군의 인장이 찍혀 있는 것이 하나도 이상할 게
없다. 문제는 낭원군의 인장이 찍힌 위치이다. 먼저 〈金石帖叙〉 첫 면
하단에 찍혀 있는 〈墨豪〉라는 인장이다. 이 인장은 형태는 다르지만 印
譜에 낭원군의 다른 인장과 함께 등장하는 것으로 볼 때 낭원군의 인장
으로 보인다.[10] 또 첫 면에는 〈朗原君章〉〈和叔〉이 찍혀 있다. 그런데
이들이 모두 合縫印으로 날인되어 있다는 점에 주목해야 한다. 이는 단
순한 소장자가 아니라, 이 책을 만든 사람의 인장이라는 의미이기도 하
다. 더구나 허목의 서문을 읽어보면『대동금석서』란 책에 대해서는 자세
한 언급이 없다. 낭선군이 文墨을 좋아하여 금석문 100여 첩을 모은 이
야기와 글씨에 대한 자신의 생각을 적은 것이다. 서문에서 오래된 것으
로 金生, 崔致遠을 들고 있는데, 오래된 것으로 치자면 〈진흥왕순수비〉
를 언급했어야 한다. 그러나 그런 언급은 없다. 또 금석문 100여 첩을 모
았다고 했는데, 이는 금석문 100첩이 백 권이 아니라 100종의 금석문으
로 봐야 한다. 그러나『대동금석서』에는 300종이 실려 있다. 이는 허목
의 서문이『대동금석서』와 일치하지 않는다는 것을 의미한다. 다시 말하
면 허목이 서문을 쓸 당시에는 적어도『대동금석서』는 존재하지 않았다
는 것이다. 왜 이런 일이 벌어진 것일까? 허목이 이 글을 쓴 때는 1668
년이다. 이때 낭선군은 30대 초반, 낭원군은 20대 후반이었다. 그 당시
만 해도 낭선군이 수집했던 금석문이 100여 첩이었을 것이고, 〈진흥왕

---

9) 朗原君 李偘(1640~1699)은 자가 和叔, 호가 最樂堂이며, 낭선군의 친동생으로서 낭선
　군과 함께 왕실의 계보를 정리하고 역대 임금들의 글씨를 모각하는 일을 하였다. 篆書에도
　뛰어났다.

10)『是閒齋印譜』에는 낭선군과 낭원군의 인장들이 실려 있는데, 〈墨豪〉라는 인장도 들어 있다.

순수비〉도 아직 구하지 못했을 것이다. 이후에도 낭선군은 지속적으로 금석문을 수집했으며, 남구만은 낭선군의 신도비를 쓰면서 이를 『大東金石帖』이라 지칭했다. 허목이 친필 서문의 제목을 〈金石帖叙〉이라 한 것은 당시 낭선군이 만들려고 했던 것이 '金石帖'이었기 때문일 것으로 추정된다. 한편 낭원군은 낭선군이 만들었던 『大東金石帖』 또는 『大東金石帖』을 만들기 위해 모은 탁본들의 일부를 오려서 『大東金石書』로 만들었을 것이다. 때문에 허목이 쓴 친필 서문에서 '朗善君'이란 글자를 오려내고 『대동금석서』의 크기에 맞게 자른 다음 앞부분에 첨부했던 것이다. 그리고는 첫 면의 우측 하단에 〈墨豪〉라는 자신의 인장을 찍어 자신이 직접 帖裝한 사실을 표시했던 것이다.

이상의 내용을 종합하면 『대동금석서』의 편자를 낭선군이 아니라 朗原君으로 봐야 할 것이다. 『대동금석첩』은 조선의 대표적인 금석문 集帖이다. 이들은 금석문 전체를 모은 것이 아니라, 일부분만을 오려 붙여 만든 것이다. 그렇지만 비교적 이른 시기의 탁본들이므로 후대의 탁본들보다는 금석문의 상태가 양호하고, 후대에 사라진 금석문의 경우 그 원형을 살펴볼 수 있다는 장점이 있다. 게다가 비문이 사라지거나 마멸되어 후대 탁본에서는 볼 수 없는 부분이 남아 있는 경우도 있다. 이 때문에 후대 금석문 연구에서 중요한 위치를 차지한다. 실제로 김정희는 〈북한산진흥왕순수비〉를 고증할 때 이 탁본첩에 실려 있던 〈황초령진흥왕순수비〉를 근거로 삼았다. 그리고 이후에도 30년 가까이 〈황초령비〉를 찾기 위해 노력하기도 했다.

### ② 국립중앙박물관 소장 10책본 『金石淸玩』

현전하는 最古의 금석문 탁본첩은 滄江 趙涑(1595~1688)의 『金石淸玩』이다. 그런데 同名의 10책본 『金石淸玩』이 있다는 것은 일찍부터 알려져 있었다. 특히 일제강점기에 낭선군의 『대동금석서』를 영인 간행하면서 참고한 사실을 통해 그 중요성이 익히 알려져 있었다. 아울러 이『金石淸玩』을 조속의『金石淸玩』과 함께 분석한 논문이 제출되었다.[11] 이에 따르면 여기에는 총 353종의 탁본이 수록되어 있으며, 145명의 書者가 확인되고 37명은 확인이 어렵다. 신라시대부터 조선조에 이르기까지 주요 금석문을 오려 붙여 만든 것으로 제작 방식으로 볼 때 조속의『금석청완』이나『대동금석서』와 유사하다. 또 탁본을 장첩한 후 우측 여백에 書者, 撰文者, 碑名, 비석의 소재지 및 간략한 설명까지 붙어 있다. 모든 탁본에 다 해당되지는 않지만 탁본에 맞게 선택하여 묵서하였다. 여기에는 비석이 있는 장소를 기록했으며, 간단한 해제를 붙였다. 특히 소재지와 해제는 이전의 금석문 탁본첩에서는 볼 수 없던 것이다. 기록 방법을 보면『대동금석서』와 유사한 측면이 있지만 한 단계 발전된 모습을 모여주고 있다. 형식적인 면에서도 趙涑의『金石淸玩』과『대동금석서』보다는 후대의 것이다. 더욱이 표지 능화문을 보면 17세기 말에서 18세기 초기에 제작된 것으로 보인다. 이 책은 신라시대부터 조선조에 이르기까지 주요 금석문을 오려 붙여 만든 것으로 제작 방식이 조속의『금석청완』과 동일하며, 제작 목적도 같을 것으로 보인다.[12]

③ 金在魯家의『金石錄』과『金石集帖』

영조 때 영의정을 지낸 金在魯(1682~1759)는『金石錄』이라는 拓本帖을 만들었다. 그가 金石帖을 모은 일은 실록의 기록에도 보인다. 김재로의『금석록』에 대해서는 일찍부터 언급이 있었다. 葛城末治에 따르면

---

11) 남동신, 「『金石淸玩』연구」, 『한국중세사연구』 34, 한국중세사학회, 2012, 361~433면.

12) 남동신은 이를 異本이라 칭하고 있지만 필자의 생각은 다르다. 먼저 이 두 책은 분량이 전혀 다르다. 조속의『金石淸玩』이 4책인데 비해 이것은 10책이다. 게다가 조속의『金石淸玩』이 17세기 중반 경에 편찬되었지만, 10책본은 17세기 말 또는 18세기 초에 편찬된 것으로 보인다. 따라서 필자는 조속의『金石淸玩』과는 직접적인 관련이 없는 同名의 異書로 본다. 탁본첩의 경우 異本이란 표현은 적절치 않아 보인다.

이 책은 원편이 226책, 속편이 20책, 총 246책에 이르는 거질의 탁본집인데 흩어지고 39책만이 전한다고 하였다.[13] 하지만 당시 『금석록』을 만든 사람이 여럿 있었다. 俞晩柱(1755~1788)의 『欽英』 1782년 7월 23일 기록에는 『금석록』에 관한 중요한 언급이 있다.

『금석록』은 우리나라에도 많이 있다. 내가 본 것으로는 「欽本」, 「尹本」, 「桂本」, 「蘭本」, 「閣本」이 있다. 비록 서로 우열이 있긴 하지만 故實을 징험하고 史傳을 바로잡을 만하므로[徵故實, 訂史傳] 없앨 수가 없다.[14]

1782년 이전에 이미 5종의 『金石錄』이 존재하고 있었다는 의미이다. 현재 규장각에 39책본 『금석록』이 소장되어 있어 필자는 이것이 바로 葛城末治가 언급한 39책이라고 추정하고, 『금석록』 書背 하단의 '欽欽軒'이라는 글자를 근거로 고려대학교 도서관 六堂文庫 소장본 28책과 개인소장본 5책을 포함한 73책이 현전한다고 한 바 있다.[15] 그러나 규장각 소장 39책본 『금석록』을 다시 확인해보니 書背에 '欽欽軒'이라는 글자는 없고, '摛文院' 장서인이 있었다. 대신 '欽欽軒' 墨書가 있는 214번째 책이 따로 있었다.[16] 한편 고려대학교에 소장된 28책 중 일부에는 〈淸風世家〉와 〈欽軒藏書〉[17]라는 인장이 찍혀 있다는 사실과 함께 목록을 통해 金在魯 『금석록』이 원편 206책, 속편 20책, 합계 226책이라고 보고되었

---

13) 葛城末治, 『朝鮮金石攷』, 아세아문화사, 1979, 20면.

14) 俞晩柱, 『欽英』 4, 서울대 규장각, 1997, 367면, "『金石錄』東國亦多有之. 余所見者, 「欽本」·「尹本」·「桂本」·「蘭本」·「閣本」, 雖互有優劣, 而亦足以徵故實訂史傳, 不可廢也."

15) 박철상, 「조선금석학사에서 유득공의 위상」, 『대동한문학』 27, 대동한문학회, 2001, 45~77면.

16) 이는 필자가 처음에 사진을 통해 확인하는 과정에서 사진이 섞이면서 발생한 오류다.

17) 필자가 사진을 통해 다시 판독해보니 〈欽軒藏書〉가 아니라 〈欽欽軒藏書〉이다. 인장을 새길 때 같은 글자가 연속에서 나오면 두 번째 글자는 작게 '='처럼 표시한 것을 판독시 미처 확인하지 못했던 것이다.

다.[18] 또 개인소장본도 한 책이 더 확인되었다. 따라서 장서인과 書背의 '欽欽軒' 墨書로 확인한 김재로의 탁본첩『금석록』은 육당문고 28책, 개인소장 6책, 규장각 소장 1책 등 모두 35책이다. 그렇다면 김재로의『금석록』은 어떤 형태일까? 서배에 '흠흠헌' 묵서가 있는 개인소장본『금석록』176번째 책을 가지고 살펴보겠다.[19] 표제는 '金石錄'이고 제목 아래로 '百七十六'이라 기록되어 있다. 176번째 책이라는 뜻이다. 후술하겠지만 목록집『금석록』의 편차가 千字文 순으로 되어 있는 것과는 다르다. 우측 상단에는 수록된 碑碣의 명칭이 묵서되어 있다. 5針眼訂法으로 장정되어 있고, 전체 책 수는 표기되어 있지 않다. 書根에는 '百七十六'이라 묵서되어 있다. 표지는 영조시대 왕실 간본에 자주 보이는 화려한 능화문으로 이 책이 영조대에 제작되었음을 말해준다. 표지 배접지는 官文書를 사용하고 있는데, 뒤쪽 배접지에는 '乾隆十八年正月十一日千擦沈'이란 글자가 보인다. 건륭 18년(1753) 이후에 이 책이 만들어졌다는 것을 뜻한다. 김재로의 몰년이 1759년이므로 김재로는 말년까지도『금석록』을 정리하고 있었다는 의미가 된다. 하지만, 탁본첩『금석록』의 총 수량이 226책이었는지는 의문이다. 왜냐하면『金石錄』이 226책이라는 것은 목록집『금석록』의 기록을 근거로 하기 때문이다. 더구나 목록집『금석록』에 따르면 김재로 사후에 세워진 碑文도 있는데다.[20] 탁본첩『금석록』의 편차와 목록집『금석록』의 편차가 전혀 달라서 목록집『금석록』을 근거로 탁본첩『금석록』의 수량을 확정하는 것은 무리로 보인다. 더욱이 현전하는 탁본첩『금석록』의 표지 능화문이 전혀 다른 형태를 보이는 경우도 있어 몇 차례에 걸쳐 성책된 것으로 보이는 데 반해, 목록집

---

18) 구자훈·한민섭, 「金在魯『金石錄』의 구성과 그 특징」, 『韓國實學研究』 21, 한국실학학회, 2011, 237~302면.

19) 修緶室 소장본이다.

20) 구자훈·한민섭, 앞의 2011 논문, 237~302면.

『금석록』의 표지는 정조 또는 그 이후에 만들어진 것으로 보인다. 그렇다면 목록집『금석록』이 김재로가 만든 탁본첩『금석록』을 근거로 만든 것일까? 이와 관련해서 일본의 京都大學 附屬圖書館에 소장된『金石集帖』에 주목해야 한다. 일본 京都大學 附屬圖書館에는 18세기 후반에 제작된 것으로 보이는『금석집첩』이 남아 있다.[21] 편자 미상의 탁본첩으로 현재 219첩이 남아 있는데, 김재로의 탁본첩『금석록』과 마찬가지로 금석문 전체를 잘라 책으로 형태로 붙여 만든 것이다. 처음에 개략적인 내용만 소개되었는데, 다시『금석집첩』의 세목이 구체적으로 소개되었다.[22] 현재『금석집첩』은 原編 200帖과 續編 19첩이 남아 있는데, 이들『금석집첩』의 書根에는 千字文을 써서 순서를 기록했다. 原編의 표제는『금석집첩』이며 天에서 시작하여 227번째 글자인 惡에서 끝나므로 227帖 이상이며, 續編의 표제는『金石續帖』이며 天에서 시작하여 露에서 끝나므로 37帖 이상이 된다. 즉, 일본 京都大學 附屬圖書館 소장『금석집첩』은 본래 총 264帖 이상의 거질이었다는 사실이 확인된다. 또『금석집첩』에 실린 탁본 중에서 가장 늦은 시기의 것은 「通德郎淸風金緻彦墓表」로서 1795년에 세워진 것이다. 이는 이 탁본첩이 18세기 말 이후에 제작되었음을 의미한다. 한편 규장각에도『金石集帖』1책이 전하고 있다.[23] 書根에는 '得 金石集帖 閭巷'이라 墨書되어 있다. 천자문에서 得자가 171번째 글자이므로『금석집첩』의 171번째 책이며, 수록된 비문이 '閭巷人'임을 의미한다. 흥미로운 것은 일본 京都大學 附屬圖書館 소장『金石集帖』과 표제

---

21) 朴眞完, 「朝鮮金石文集成『金石集帖』(京大本)の基礎的硏究」, 『京都大學朝鮮·韓國學敎育硏究ネットワーク 報告書·記錄集』(2004年度), 京都大學朝鮮·韓國學敎育硏究ネットワーク, 2005, 81~95면.

22) 박진완, 「京都大學 부속도서관 소장『金石集帖』자료 현황」, 『해외사료총서15-일본소재 한국사 자료 조사보고Ⅲ』, 국사편찬위원회, 2007, 169~245면.

23) 청구기호: 古大 4016-8.

글씨는 물론 편제까지 완전히 동일한데, 그곳에는 이 책이 누락되어 있다는 점이다. 이는 규장각본『金石集帖』이 일본 京都大學 附屬圖書館 소장『금석집첩』에서 누락된 책이라는 것을 뜻하는 것이다. 또한 여기에 수록된 碑文은 고려대학교 소장 목록집『금석록』의 '得'자 부분에 수록된 목록과 일치하고 있다. 이는 일본 京都大學 附屬圖書館 소장『금석집첩』은 金在魯家의 목록집『금석록』에 따라 제작된 탁본첩임을 의미하는 것이다. 김재로가에서는 탁본을 모으는 대로 탁본첩『금석록』을 만들었고, 이를 근거로 목록집『금석록』을 만든 다음, 다시 목록집을 근거로 탁본첩『금석집첩』을 만들었던 것이다.『금석집첩』을 김재로가 직접 만들기 시작한 것인지 확인은 어렵지만 그의 집안에서 만든 것임은 명백하다 할 것이다. 특히『금석속첩』은 그의 후손들이 만든 게 명백하다. 京都大學 附屬圖書館 소장『금석집첩』을 표로 정리하면 다음과 같다.

〈표 3〉京都大學 附屬圖書館 소장『金石集帖』 현황

| 구 분 | 原編 | 續編 |
|---|---|---|
| 標題 | 『金石集帖』 | 『金石續帖』 |
| 천자문 시작 | 天(1번째) | 天(1번째) |
| 천자문 끝 | 惡(227번째) | 露(37번째) |
| 현전 수량 | 200帖 | 19帖 |

따라서『金石集帖』은 총 264帖 이상이었으며, 규장각에 소장된 1책을 포함하여 현재 220帖이 현전하고 있는 셈이다. 金在魯의 탁본첩『金石錄』과 그의 집안에서 만든『금석집첩』은『금석청완』이나『대동금석서』와는 달리 금석문의 일부가 아닌 전체를 싣고 있다는 점에서 차이가 있다. 이는 금석문의 글씨는 물론 내용을 파악하는 데 초점을 뒀다는 방증이기도 하다. 이전의 금석문 탁본첩의 수집 방법에서 한 단계 진전되었다고 할 수 있다. 금석문의 수집이 故事를 많이 알고 異聞을 넓힌다는

측면에서 인식되고 있었기 때문일 것이다.[24]

### ④ 俞拓基의『金石錄』과『大東金石帖』

俞拓基(1691~1767) 역시 영의정을 지낸 인물로 이 시기를 대표하는 금석문 수장가였다. 조카인 俞彦鎬(1730~1796)는 유척기의 행장에서 다음과 같이 쓰고 있다.

오직 經傳을 즐겨보셨는데 집에 소장한 책이 아주 많았으며 金石刻 또한 수천 본이 되었다. 늙어서도 손에서 책을 놓지 않았는데 經史子集에서 奇文, 僻書, 演史, 稗記에 이르기까지 꿰뚫고 있지 않은 게 없었다. 나라의 故實에 더욱 뛰어나 누가 물어보면 아무 때 아무 일이라 가리키며 말해주어 듣는 사람이 눈으로 본 것처럼 알게 해주었다[25].

평생 수집한 金石刻이 수천 본이나 되었다 하니 그가 금석문 수집에 얼마나 힘을 쏟았는지 알 수 있다. 그러나 그가 소장했다던 수 천 본의『金石錄』은 그 행방을 찾을 길이 없다. 오직 한 권만이 규장각에 남아 있다.[26] 표제는 '金石錄'이고 書根에는 '十九'라고 묵서되어 있어 19번째 책임을

---

24) 금석문 수집의 목적이 단순한 기호일 수도 있으나 이 시기에 이르면 분명한 목적을 가지고 수집한 것으로 보인다. 유언호의 경우 '長於國朝故實'(俞彦鎬,『燕石 續』,「從叔父文翼公行狀」)이라 표현할 정도로 남들이 모르는 옛 일에 대해 잘 알았다. 김재로 또한 마찬가지였다. 이 때문에 英祖 또한 궁금한 일이 있으면 사관을 보내 물어볼 정도였다(『英祖實錄』, 英祖 32년 9월 5일, "遣史官問于領府事金在魯·判府事俞拓基, 以二臣多識古事, 又素蓄金石帖, 故或意知人之所不知, 有下問也"). '廣異聞'은 금석문 수집의 중요한 목적이었다.

25) 俞彦鎬,『燕石 續』,「從叔父文翼公行狀」(개인소장, 필사본), "惟耽嗜墳典, 家藏書甚富, 金石刻亦累千本, 至老猶手不去書, 自經史子集, 以至奇文僻書演史稗記, 靡不貫穿, 尤長於國朝故實, 人有問之, 指言爲某時某事, 使聽者曉然如目見."

26) 청구기호: 古大 4016-7

말해주고 있다. 표지 능화문은 영조시대 왕실 간행 서책에 자주 보이는 문양이다. 유척기의 책이라는 기록은 없지만, 다행히 첫째 면 우측 하단에 장서인 '俞拓基印'이 선명하게 남아 있어 그의 구장본임을 알 수 있게 해준다. 이 장서인은 유척기가 그의 장서에 찍던 인장이다. 여기에는 모두 12종의 금석문이 실려 있다. 장첩 방식은 김재로의 『金石錄』과 동일하다. 그런데 다른 기록을 보면 『大東金石帖』이란 이름으로 등장한다. 유만주는 1780년 10월 10일에 "蘭洞에서 文翼公의 藏書目錄을 보고 金石帖을 보았다."27)고 했으며, 1781년 2월 14일에는 "文翼公의 『金石摠目』을 봤는데 三十二部로 나누어 陵殿에서 시작하여 寺塔에서 끝났다."28)고 하였다. 또 1784년 8월 28일에는 다음과 같이 기록하였다.

祖를 뵈었다. …… 함께 '蘭第一舍'로 가서 『大東金石帖』「宰樞部」를 열람하고는 우리나라 사대부 집안에 金石册을 소장한 게 많은데, 모으고 기록한 것이 많기로는 이것이 최고일 것이라는 이야기를 했다.29)

여기서 蘭祖는 '幽蘭洞의 할아버지'라는 의미로 유척기의 둘째 아들인 俞彦鉉(1716~1790)을 가리킨다.30) 유척기의 큰 아들인 俞彦欽(1713~1743)은 젊은 나이에 요절했고, 俞彦鉉의 아들 俞漢容이 俞彦欽의 뒤를 이었기 때문에 유척기의 장서는 모두 차남인 俞彦鉉에게 돌아갔을 것이다. '蘭第一舍'는 유척기 집안의 서재로 보이는데 『欽英』에는 '蘭第二舍'라는 언급

---

27) 俞晩柱, 『欽英』 3, 서울대학교 규장각, 1997, 230면, "蘭洞見文翼公藏書目錄, 見金石帖."

28) 俞晩柱, 『欽英』 3, 서울대 규장각, 1997, 369면, "見文翼公金石摠目, 分三十二部, 始於陵殿, 終于寺塔."

29) 俞晩柱, 『欽英』 5, 서울대 규장각, 1997, 317면, "拜蘭祖. …… 偕之蘭第一舍, 閱大東金石帖宰樞部, 議東方士大夫家, 多藏金石之册, 而其聚錄之博, 此當爲魁云."

30) 이에 대해서는 김영진 선생님의 도움을 받았다.

도 있는 것으로 보아 여러 채가 있었던 듯하다. 아무튼 당시 유만주가 봤던 것은 『大東金石帖』 「宰樞部」였다. 이는 앞서 언급한 『金石摠目』 32部의 하나였다. 따라서 『大東金石帖』 역시 유척기가 소장하고 있던 金石帖의 書名이라 할 수 있다. 이상의 내용을 종합해볼 때 앞서 언급한 유만주가 봤다는 우리나라 『金石錄』 5종 중에서 「欽本」은 김재로, 「蘭本」은 유척기, 「閣本」은 규장각 소장본을 가리키는 것으로 보인다. 규장각에 소장되어 있는 『金石錄』 중에서 '摛文院' 장서인이 남아 있는 39책의 『金石錄』이 바로 「閣本」일 것으로 추정된다.

## 2) 金石文 目錄集

### ① 『大東金石目』[31]

『大東金石書』의 각권 끝에는 목록이 첨부되어 있었다고 하는데 일제강점기에 『大東金石目』이란 이름으로 간행되었다. 이는 『대동금석서』에 수록된 拓片에 대한 간단한 설명인데, 碑의 소재지, 撰文者, 書者, 건립연대 등이 포함되어 있다. 따라서 본래 독립된 목록은 아니었지만, 이후 『海東金石總目』, 『大東金石書』, 『海東金石書』라는 제목의 목록집으로 유포되기도 했다고 한다.[32]

### ② 朗原君의 『海東集古錄』

김정희에 따르면 朗原君은 『海東集古錄』이라는 금석학 저작을 남겼다고 하는데,[33] 현전 여부는 확인할 길이 없다. 安鼎福(1712~1791)의 『東

---

31) 이 책은 1932년에 京城帝國大學 法文學部에서 간행했다.

32) 1932년에 간행된 『大東金石目』의 앞부분에 실린 범례에 나타나 있다.

33) 김정희의 『海東藝文攷』(개인소장, 필사본)에 실려 있다.

史綱目』에도 이 책에 관한 언급이 있다. 『大東金石目』과 유사한 목록
집으로 보인다.

③ 『金石記』

　이 책은 일본 天理大學에 소장되어 있는 1책의 필사본이다. 今西龍이
『大東金石書』를 영인하면서 교정에 사용한 책이기 때문에 일찍부터 그
존재가 알려졌다. 각 지역별로 금석문의 명칭을 적고, 그 소재지와 글을
지은 사람, 글씨를 쓴 사람 등을 간략히 기록한 금석문 목록집이다. 지
명의 경우 마을 이름까지 구체적으로 기술한 것이 특징이다. '未立'이란
주석이 달린 곳도 종종 있는데, 글만 짓고 비석을 아직 세우지 않은 경우
에 표기한 듯하다. 세월이 지나 글자가 마멸된 경우에는 '刓'자를 써 넣
었다. 총 246개 군현(都城 포함)에 소재하는 3,593종의 금석문을 기록하
고 있다. 이 책은 처음 만들어진 뒤에도 일부 追錄이 있었는데 그 수가
174종에 달한다. 따라서 수록된 금석문 총수는 3,767종에 이른다. 이를
표로 분류하면 다음과 같다.

〈표 4〉 『金石記』 수록 지역별 금석문 현황

| 도 명 | 군현수 | 비문 수량 | 추록 수량 | 합계 |
|---|---|---|---|---|
| 충청도 | 50 | 517 | 12 | 529 |
| 전라도 | 42 | 227 | 6 | 233 |
| 경상도 | 60 | 587 | 11 | 598 |
| 강원도 | 16 | 125 | 3 | 128 |
| 황해도 | 14 | 56 | 7 | 63 |
| 평안도 | 16 | 63 | 8 | 71 |
| 함경도 | 11 | 35 | 6 | 41 |
| 경기도 | 37 | 1,983 | 121 | 2,104 |
| 합계 | 246 | 3,593 | 174 | 3,767 |

　이 책에는 서문이나 발문이 없고 필사기도 없다. 하지만, 撰文者를

표기하는 경우 독특한 점이 있어 연대를 추정하는 데 도움이 된다. 대부분의 찬문자는 '尤菴文', '許穆文'의 경우처럼 별호나 성명을 사용하고 있는데, 유독 '南相文', '崔相文'으로 표기하는 곳이 많다. 이는 南九萬(1629~1711)과 崔錫鼎(1646~1715)이 지은 글을 가리키는 것이다. 유독 이들만 '相'자를 쓴 것은 이들이 생존시에 이 책이 만들어졌기 때문일 것으로 보인다.[34] 수록된 비문들 역시 추록된 금석문을 제외하고는 이들 사후의 것이 보이지 않는다. 이 책의 표지 능화문 또한 이들의 활동시기에 유행하던 것이다. 따라서 이 책의 제작 시기는 17세기 말 또는 18세기 초로 보인다. 지역별 금석문 목록집으로는 가장 이른 시기에 제작된 것이다. 또한 추록한 금석문 중에는 '俞相文'이라 표기한 곳이 있는데, '俞相'은 俞拓基를 가리킨다. 유척기도 거질의 『金石錄』을 제작했기 때문에 이 『金石記』가 그와 관련이 있을 가능성도 있다.

### ④ 金在魯家의 『金石錄』

김재로가 2백帖이 넘는 탁본첩 『金石錄』을 편찬한 것은 앞서 살펴봤는데, 그 탁본첩 『金石錄』의 目錄集인 『金石錄』을 소개하는 논문이 발표되었다.[35] 논문에 따르면 목록집 『금석록』은 '天朝'부터 '釋寺'까지 34개 항목으로 구성되어 있고, 각 권은 千字文의 순으로 되어 있으며, 226책에 2,265점의 탁본이 수록되었다고 한다. 특히 목록집 『금석록』의 마지막 장에 적혀 있는 '以上二百二十六冊 內續爲二十冊'이라는 기록을 통해, 226책에 속편 20책이 포함된 것으로 보았다. 즉, 원편이 206책, 속편이 20책, 총 226책이라는 것이다. 이를 통해 김재로의 탁본첩 『금

---

34) 이들의 경우도 이름을 쓴 경우가 한두 군데 있긴 하지만 대부분 '相'자를 넣어 표기하고 있다.

35) 구자훈 · 한민섭, 앞의 2011 논문, 237~302면.

석록』이 원편 226책, 속편 20책, 총 246책으로 구성되어 있다는 葛城末治의 주장을 반박했던 것이다. 필자는 김재로가 편찬한 탁본첩『金石錄』의 실체를 書背의 墨書 기록인 '欽欽軒'을 통해 확인한 바 있는데, 동 논문에서도 필자의 주장을 수용하며 그 증거로 탁본첩『金石錄』에 찍혀 있는 '淸風世家'인과 '欽欽軒藏書'인을 추가로 제시하였다. 또한 목록집『金石錄』의 항목에 있는 '本宗先世 傍親'에 수록된 탁본과 이들 탁본에 대한 표기가 '先考忠憲公碑表', '伯氏參判公表' 등인 점을 통해 탁본첩 제작의 주체가 김재로임을 밝혀놓았다. 따라서 목록집『금석록』은 김재로가 만든 탁본첩『금석록』과 관계된 것만은 분명하다. 문제는 속집에 수록된 비문의 경우 김재로 사후에 세워진 비문의 탁본들이 수록되어 있다는 데 있다. 또한 앞서 언급했듯이 書背에 '欽欽軒' 墨書 기록이 있는 탁본첩『금석록』 214번째 책 1책이 규장각에 남아 있는데, 이는 원편을 206이라는 주장과 배치되는 것이다. 따라서 문제는 과연 이 목록집을 김재로가 편찬했는가에 있다.

그런데 중요한 것은 앞서 탁본첩『금석록』에서 살펴보았듯이 일본 京都大學에 소장되어 있는『金石集帖』의 편차가 김재로의 목록집『금석록』과 거의 일치한다는 점이다. 일부 차이가 있지만 대부분 동일 항목 내에서 편차가 변경된 정도이다. 다만, 목록집『금석록』의 경우 각 항목의 앞쪽에 원편을 두고 뒤쪽에 속편을 두었다. 따라서 천자문 순으로 배열할 때 원편과 속편이 섞이게 된다. 그러나『금석집첩』의 경우에는 원편과 속편을 별도로 분리하여 천자문 순으로 배열하였다. 이는 목록집『금석록』이 제작된 뒤에『금석집첩』이 제작되었다는 것을 의미한다. 이를 종합해보면 김재로가 처음 만들었던 것은 拓本帖『金石錄』이다. 전체 분량은 정확히 알 수 없으나 현전하는 책으로 볼 때 규장각에 소장된 214번 째 책이 제일 뒤의 것이다. 탁본첩『금석록』은 수집되는 대로 장책을 했기 때문에 명확한 분류는 안 됐던 것으로 보인다. 탁본첩의 수량이 늘면서 분류상의 문제가 발생했을 것이고, 이에 34개 항목으로 분류하여 다시 탁본첩을 만들려고 했을 것이다. 이때 만들어진 것이 목록집『금석록』이다. 그리고 이를 근거로 실제 탁본첩을 만든 것이『金石集帖』과 그 속집인『金石續帖』이다. 따라서 특히 원편『금석록』의 경우 김재로의 편찬으로 보는 게 맞겠지만, 목록집『금석록』과『금석집첩』및『金石續帖』은 그의 아들인 金致仁(1716~1790)이나 從孫인 金鍾秀(1728~1799)에 이르러 제작되었을 것으로 보인다.

### ⑤ 俞拓基의『金石捃目』

앞에서 살펴보았듯이 俞拓基도 금석문 탁본첩인『金石錄』과『大東金石帖』을 만들었는데, 김정희의 증언에 따르면 목록집도 있었다고 한다.

근세에 文翼公 俞拓基 집에 소장된『金石錄』-즉 碑目을 순서대로 엮은 것이다-에 의하면 '三水 草坊院 眞興王巡狩碑'라 하였다. 대개 三水郡에 草坪院이 있어서 혹은 草坊이라고도 하므로 지금 사람들이 三水에서 이를 구하려고 하기도 하는데 실상은 그렇지 않다.[36]

김정희의 기록에 따르면 유척기의『金石錄』은 碑目을 순서대로 편집한 것이라 했으므로 자신이 소장하고 있던 금석문 탁본첩을 정리한 목록집이었을 것이다. 또 俞晩柱는『欽英』에서 유척기의 금석문 목록을 이야기하고 있다.

文翼公(유척기)의『金石捃目』을 보았는데 32部로 분류되어 있었다. 殿에서

---

36) 金正喜,『阮堂先生全集』권1,「眞興二碑攷」, 永生堂, 1934, "近世俞文翼公拓基家所藏金石錄, 卽詮次碑目者云, 三水草坊院眞興王巡狩碑, 蓋以三水郡有草坪院, 或稱草坊, 故今人或欲求之於三水, 非其實也."

시작하여 寺塔에서 끝을 맺었다.[37]

　유만주가 봤다는 『金石揔目』은 바로 김정희가 말한 『金石錄』을 가리키는 것으로 보인다. 앞서 살펴본 金在魯家의 『金石錄』이 34개 항목으로 이루어져 있는데, 유척기는 32部로 분류했던 듯하다. 陵殿에서 시작하여 寺塔에서 끝맺고 있다 한 점으로 미루어 볼 때 金在魯家의 『金石錄』과 유사했을 것으로 추정된다.

⑥ 金秉善의 『金石目攷覽』

　金秉善(1830〜?)은 자가 彝賢, 호는 梅隱, 본관은 靑陽이다. 이상적의 제자로 1864년에 역과에 합격했다. 이후 사신을 수행하여 연경을 자주 왕래하면서 청나라 문사들과 교유도 많았다. 그가 엮은 『金石目攷覽』 2권은 容媛이 엮은 『金石書錄目』에 실려 있어 일찍부터 알려졌다. 이 책은 국립중앙도서관에 소장되어 있는데, 1책의 필사본으로 표제는 '金石攷便覽 龍繼棟題'라 되어 있다. 이 책은 원본이 아니라 1926년에 전사한 것이다. 표지 제첨은 본래 청나라 문인 龍繼棟(1845〜 1900)이 썼는데, 그의 시집 『槐廬詩集』에는 김병선과 만나 쓴 시가 실려 있어 둘의 교유 관계를 알 수 있다. 안에는 김병선이 쓴 「金石目攷覽序」가 있고, 鮑康의 「海東金石苑序」이 있으며 권1에는 48종, 권2에는 143종 등 총 191종의 금석문이 실려 있다. 1875년 12월에 쓴 鮑康의 서문을 보면 김병선이 처음에 만든 것은 300종의 목록집이었다. 이를 3권으로 분류하여 『金石目攷覽』이라 했는데, 얼마 후 오경석은 연경에서 구해온 유희해의 『海東金石苑』을 보여주었다. 이 책은 유희해가 우리나라 금석문에 쓴 제발

---

37) 俞晩柱, 『欽英』 3, 서울대 규장각, 1997, 369면, "見文翼公金石揔目, 分三十二部, 始於陵殿 終于寺塔."

만을 모아 간행한 책이다. 이를 본 김병선은 『해동금석원』의 題跋을 자신의 『금석목고람』에 실었다. 이렇게 해서 『금석목고람』은 191종이 실린 2권 1책의 모습으로 다시 만들어진 것이다.

## 3. 향후 金石文의 정리 방향

앞에서 살펴본 것처럼 조선시대 금석문은 임란 이후에 본격적으로 정리되었다. 이는 금석문의 탁본첩과 목록이라는 두 가지 측면에서 이루어졌다. 이들을 기반으로 일제강점기에는 『朝鮮金石總覽』이 편간되었다. 이 책은 日人들이 한국의 금석문 탁본 1,000여 종 중에서 545종을 뽑고 서적에 실려 있는 금석문 107종을 편집한 것이다. 삼국시대부터 조선시대에 이르기까지 금석문의 내용까지 판독하여 싣고 있기 때문에 이후 금석문 연구자들에게는 아주 기본적인 자료가 되었다. 해방 후에는 새로운 금석문들이 발굴되면서, 이에 대한 소개와 함께 판독이 이루어졌다. 또한 1960년부터는 이들을 집대성하는 작업도 활발히 진행되었다. 먼저 1963년에는 고고미술동인회 주관으로 『朝鮮金石總覽』에서 누락되거나 미비한 점을 보완하여 135종의 금석문을 소개한 『金石遺文』이 편간되었다. 이후 李蘭暎의 『韓國金石文追補』(1968), 黃壽永의 『韓國金石遺文』(1976), 趙東元의 『韓國金石文大系』(1979~1993), 許興植의 『韓國金石全文』(1984), 張忠植의 『韓國金石總目』(1984) 등이 뒤를 이었다. 최근에는 『韓國金石文集成』이 간행되었다.[38] 이 밖에도 주제별, 지역별로 금석문 정리가 진행되고 있다. 그러나 이러한 작업들은 상당부분 중복된 작업들이다. 활용이라는 측면에서도 뒤떨어진다. 새로운 자료가 나와도

---

38) 한국국학진흥원에서 펴내고 있는데 원문과 번역문을 싣고 참고문헌을 제시하였다. 삼국시대부터 고려시대에 이르기까지 금석문을 총망라하고 있는데 현재 30여 권이 간행되었고, 총 40권까지 간행 예정이라고 한다.

비교가 쉽지 않다. 반면에 조선시대에 1차 정리된 금석문에 대한 정리는 오히려 미진한 상황이다. 이는 조선시대에 정리된 주요 금석문 정리 자료가 현전하지 않거나 해외에 소재하고 있기 때문일 것으로 풀이된다. 금석문의 정리에 대해서는 허흥식이 한국 금석문의 정리 방법과 전망에 대한 견해를 밝히기도 했지만,[39] 금석문 연구자의 입장에서 자신의 견해를 밝힌 것이다. 전체적인 금석문의 정리 문제에 대해서는 언급하지 않았다. 따라서 금석문 정리에 대한 방향을 제시해보고자 한다.

## 1) 해외소재 금석문의 정리

가장 시급한 것은 해외로 유출된 금석문에 대한 정리 문제이다. 조선시대 금석문은 크게 3차에 걸쳐 해외로 유출되었다. 가장 초기의 유출은 임진왜란을 거치면서 명나라로 유출된 것이다. 하지만 이에 대한 조사는 이루어진 바가 없고, 유출된 탁본의 현존 여부 또한 보고된 바 없다. 당시 명나라로 유출된 탁본은 대부분 고려시대 또는 그 이전의 비문들이므로 그 의미가 크다고 할 것이다. 다음으로 19세기에 들어와 청나라 문인들 사이에 조선 금석문에 대한 수집 열풍이 불면서 유출된 수많은 금석문 탁본에 대한 조사가 이루어져야 한다. 이 시기의 금석문은 일부 국내에 소개된 바도 있지만, 본격적인 조사가 이루어지지 않았다. 최근에도 국내외 경매시장에서 유통되기도 한다. 특히 당시 유출된 금석문은 청나라 문인들이 정리하기도 했다. 대표적인 것이 劉喜海의『海東金石苑』이다. 이밖에도『朝鮮碑全文』[40],『海東金石文字』[41] 등 편자 미상의 조선 금석문 연구서도 알려졌다. 따라서 당시 유출된 금석문 탁본

39) 허흥식,「韓國金石文의 整理現況과 展望」,『민족문화논총』 2 · 3, 영남대 민족문화연구소, 1982, 233~246면.

40) 今西龍,「高麗普覺國尊一然に就きて」,『藝文』9-7 · 9-8, 京都文學會, 1919 참조.

41)『海東金石文字』, 아세아문화사, 2003.

의 확인은 큰 의미가 있는 것이다.

　더욱 시급한 것은 일제강점기 일본으로 유출된 금석문 탁본첩에 대한 정리다. 明淸으로 유출된 금석문 탁본이 산발적이고 국내 금석문 탁본의 복본 성격을 지니고 있다면, 일제강점기의 유출은 집체적이고 조직적으로 이루어졌다. 상황이 그렇다보니 국내에 그 복본이 남아 있지 않는 경우도 허다하다. 앞서 살펴보았던『大東金石書』와 김재로가의『金石集帖』, 금석문 목록집인『金石記』는 대표적이다. 이들 모두 아직까지 국내로 들여오지 못한 채로 있고, 일부 연구자들만이 그 일부를 활용하고 있는 실정이다. 그 밖에도 集帖이 아닌 單帖은 그 수량을 가늠하기조차 힘들다.

　이러한 해외 소재 금석문 탁본의 정리는 전체적인 금석문의 규모 확인 및 국내에 남아있는 금석문 탁본과의 연계라는 측면에서 더욱 중요한 의미가 있으므로 무엇보다 중요한 것이다.

## 2) 국내 소재 금석문의 새로운 정리

　해외 소재 금석문의 정리가 중요하다고 해서 국내 소재 금석문의 정리가 끝났다는 의미는 아니다. 국내 금석문 정리는 일제강점기에 본격적으로 시작되어 해방 이후까지 지속되었지만, 여전히 진행 중이다. 또한 몇 가지 문제점을 지적할 수밖에 없다.

　먼저 지적해야 할 것은 활용도가 떨어진다는 점이다. 금석문 탁본첩은 일반 고서와는 그 형태부터 다르다. 따라서 일반 고서처럼 영인 출판되면 이용이 쉽지 않다. 게다가 금석문의 탁본 상태, 장첩 현황 등에 대한 정보도 필요하다. 결국 언제 제작된 탁본인가가 중요하지만 현재로서는 그런 상황을 알긴 어렵다. 이는 금석문 연구자가 우리 고서에 대한 감식능력을 갖지 못한 경우가 많기 때문이다. 언제 제작되었는가의 문제는 금석문 정리와 연구에 있어서 무엇보다도 중요한 점이다. 우리나라에서 간행된 금석문 자료집은 한결같다. 금석문의 釋文과 번역, 그리고 사진만을 싣고 있다. 별도의 실물 확인이 필요한 수준의 정보 제공이다. 실물 확인이 필요 없을 정도의 정보 제공이 필수적이다. 현재의 정리 상황으로는 복본 비교를 어렵게 만든다. 복본이 존재하는 경우 반드시 비교가 필요하다. 현재로서는 이 또한 쉽지 않다. 종국에는 지역별 금석문 지형도 제작이 필요하다. 현재 금석문이 남아 있다면 금석문 실물과 탁본을 함께 확인할 수 있도록 해야 한다. 이를 해결하기 위해서는 이미 구축된 '한국금석문 종합영상정보시스템'을 활용하는 방법이 있다. 또한 고려대학교 해외한국학자료센터 사례를 원용할 만하다. 이 일은 처음부터 개인이 하기는 어렵다. 당연히 국가의 지원이 필요하고, 주요 연구기관이 주도해야 한다. 해외 소재 고서에 비하면 그 자료의 양이 많지 않기 때문에 의지만 있다면 가능한 일이다. 체계적으로 구축한다면 금석문 연구에 새로운 전기가 마련될 것으로 생각된다. 특히 각 지역별 또는 소장처별 정리 자료를 동시에 활용할 수 있다는 점에서 꼭 필요한 작업이다.

### 3) 書法考證을 위한 금석문의 정리

금석학이 역사학의 보조 학문으로 인식되면서 금석문의 활용은 대부분 歷史考證이라는 측면에서 이루어졌다. 일제강점기 이후의 금석문 정리 또한 역사고증이라는 측면에 집중되어왔다. 그러나 처음 금석문이 정리되던 조선시대에는 서법의 감상을 목적으로 이루어지다가 역사고증이라는 측면으로 발전해갔다. 따라서 조선시대 금석문의 정리가 서법고증과 역사고증의 두 가지 측면에서 이루어졌던 것에 비해서 오히려 후퇴한 감이 있는 것도 이 때문이다. 문제는 이러한 금석문 정리의 결함으로 인해 서법고증이라는 측면에서는 연구가 진행되지 못하고 있다는 점이다. 예를 들어 김정희의 '秋史體'는 금석문을 서법고증이라는 측면에서 연구한 결과물이다. 따라서 추사체에 대한 연구 역시 이러한 금석문의 연구에서 출발하여야 한다. 하지만 현재 국내에서는 김정희가 연구했던 금석문을 구경조차 하기 어렵다. 이는 단순히 김정희의 추사체에만 국한되는 것이 아니다. 대부분의 서법 연구는 바로 금석문에 대한 연구를 기반으로 해야 하기 때문이다.

게다가 서법 연구에 필요한 금석문은 역사연구에 필요한 금석문보다 그 범위가 더 넓다고 할 수 있다. 국내에서 제작된 탁본첩뿐만이 아니라, 중국에서 제작된 뒤 수입된 금석문도 포함되어야 하기 때문이다. 즉, 碑帖은 기본이고, 여기에 刻帖이 포함되어야 한다. 刻帖에는 '墨刻', '石刻' 및 '刻本'이 모두 포함된다. 서법 연구에 필요한 금석문을 보면 크게 중국에 소재한 금석문의 碑帖, 중국에서 제작된 刻帖(묵각. 석각. 각본)의 수입품, 조선에서 제작된 刻帖 등으로 나누어 볼 수 있는데, 어느 것도 제대로 정리된 것이 없다. 특히 그 수량이 많은 중국의 자료들은 연구에 필수적이지만 지금으로서는 활용할 길이 없다. 중국에서 생산된 자료가 조선에 유입되어 조선의 지식인들이 활용했다면 이는 아주 귀한 자료가 되는 것이다. 따라서 서법적 측면에서 금석문 자료의 정리는 무엇보다도 시급하다. 특히 최근에서 이들 자료가 아무런 제재 없이 다시 중국으로 회귀하고 있다. 물론 중국에서 생산된 자료이기 때문에 이를 법적으로 제재하긴 쉽지 않겠지만 서법적 측면의 연구 자료가 사라지고 있다는 점을 생각해보면 안타까운 일이다. 조선시대 금석문의 가치는 역사적 측면에서 중요하기도 하지만, 書法 연구에서도 아주 중요하기 때문이다.


## 4. 맺음말

금석문은 역사 연구의 보조 자료임과 동시에 서법 연구의 핵심자료이다. 이 때문에 일찍이 조선시대부터 우리나라 금석문에 대한 정리가 시도되었다. 그러나 개인적인 차원의 정리에 머물렀다. 당연히 한계가 있었다. 이후 일제강점기를 거치면서 조선총독부에서 본격적으로 금석문 정리를 시도하였다. 하지만 이는 日人들이 조선침략의 정당성을 확보하기 위한 차원에서 저들의 필요에 따라 시도된 일이었다. 게다가 이 시기에는 중요한 금석문 자료들이 해외로 유출되어 국내에는 사라져버리기도 했다. 해방 이후 일부 학자들의 노력으로 국내에 남아 있는 대부분의 금석문이 정리되었다. 그러나 이는 주로 역사 연구가들의 입장에서 금석문 실물과 현전하는 탁본을 정리하여 표준 금석문을 만드는 것이었다. 조선시대에 제작된 탁본첩에 대한 정리는 제대로 이루어지지 않았다. 따라서 해외 소재 탁본들에 대한 정리 작업이 선행되어야 한다. 아울러 서법고증이라는 측면에서도 정리 작업이 이루어져야 한다. 여기에는 조선시대 중국에서 수입된 탁본들까지 포함되어야 한다. 정리방법 또한 단순히 釋文과 번역 및 해제를 붙여 간행하는 수준을 넘어서야 한다. 금석문 탁본을 영상으로 확인하고 복본을 비교할 수 있을 정도가 되어야 한다. 현전하는 조선시대 금석문 탁본 및 탁본첩의 전체적인 목록 작업과 함께 영상 작업이 진행되어야만 한다. 탁본이 조선시대 금석문 연구에 필요한 최선의 선택이었다면, 지금으로선 영상이 최선의 방법이기 때문이다.

# 주자학적 독법에서 본
# 최한기 철학의 특징

백민정(가톨릭대 철학과 부교수)

## 1. 『增補 明南樓叢書』의 간행과 최한기 사상

惠岡 崔漢綺(1803~1877)는 19세기 조선후기 사회가 배출한 독특한 사상가라고 할 수 있다. 그동안 여러 연구자들의 선행연구를 통해 살펴볼 수 있듯이 최한기는 동시대의 저명한 유학자들과 상이한 혈연 및 학연의 조건에서 성장하고 공부했다.[1] 알려진 것처럼 국내외에 흩어진 최한기의 저작물들은 1971년 성균관대학교 대동문화연구원의 수집과 편차 작업을 거쳐 『明南樓叢書』라는 이름으로 세상에 첫 선을 보였다. 이것은 최한기의 학문적 유산을 최초로 정리하여 간행한 고전 정리작업으로서 우리 학계에 큰 기여를 한 발간 사업의 하나였다고 볼 수 있다. 그 뒤 발견된 최한기의 몇몇 작품들을 함께 수록하여 『明南樓全集』(여강출판사) 대형 3책이 출간된 바 있다. 나아가 1999년에는 혜강 최한기 집안의 후손들이 종가에 소장된 다량의 신자료들을 발견하였고, 이를 계기로 대동문화연구원은 2002년 『增補 明南樓叢書』를 재간행할 수 있었다. 아직까지는 이것이 최한기의 저작물 간행에 있어 최종 결정판이라고 할 수 있다.

---

1) 최한기의 가계와 연보에 대해서는 1971년부터 이우성이 처음 소개하기 시작했고, 후에 이건창의 『惠岡崔公傳』을 발굴해 학계에 알림으로써 최한기의 서울 생활에 대한 보다 진전된 정보를 제공했다(이우성, 「혜강 최한기의 사회적 처지와 서울 생활」, 『동양학국제학술회의논문집』 4, 성균관대 대동문화연구원, 1990 참조). 이어서 권오영이 「최한기의 생애와 학문편력」, 『동양철학연구』 18, 동양철학연구회, 1998과 『최한기의 학문과 사상 연구』, 집문당, 1999 등에서 최한기의 本家를 비롯한 전체 가문의 배경 및 사회적 지위와 師承 관계에 대해 상세히 소개한 바 있다. 뒤이어 권오영은 「새로 발굴된 자료를 통해 본 혜강의 기학」, 『혜강 최한기』, 청계, 2004(a)이란 논문을 통해 새로운 텍스트의 내용 및 최한기의 인간적 풍모에 대해 설명하기도 했다. 家系 및 師友 관계에 대한 설명에서 필자 역시 위의 연구자들의 선행 연구에 전적으로 의존하였다.

최한기 가계에 대한 그간의 연구를 통해 그의 집안이 증조부대부터 武科에 급제하면서 서서히 양반 사회로 진입하기 시작했고, 최한기 본인과 같은 항렬대 친인척들이 生員으로 진출했으며, 마침내 그의 아들 세대부터 文科 급제자가 배출되면서 비로소 양반 계급으로서 사족의 정체성을 형성할 수 있었던 것으로 밝혀졌다.[2] 이런 가문의 내력뿐만 아니라 그의 師承 관계도 전통 유학자들과 상당한 차이를 보인다. 연구자들에 따르면 外祖父 韓敬履와 養父 崔光鉉, 개성에서 성리학자로 이름을 날린 金憲基 정도가 최한기 초년에 학문적 영향을 미친 인물로 거론된다.[3] 친우관계도 소략해서 중인 金正浩, 李圭景, 鄭岐源 정도가 언급될 뿐이다. 이 점은 최한기의 학문편력이 노소론계나 남인계 학맥과 다른 이질적 경향을 보인 점과 연관이 있을 것이다.

　최한기는 전통학문에서 지적 자양분을 얻었다기보다 17세기 후반부터 조선에 급속히 유입되던 다양한 西學書와 중국 신서적들을 탐독하면서 스스로 터득했던 인물로 평가받고 있다. 그는 놀라울 만큼 빠른 속도로 서양 과학·종교·인문지리서 등을 탐독했고 진지한 독서와 숙고를 거치면서 자신만의 독특한 체계를 구성했던 것으로 보인다. 오래 전 이우성에 의해 평가된 것처럼 최한기의 학문은 '經學的 實學이 아닌 曆算物理라는 새로운 유형의 實學'이라는 독특한 면모를 보인다.[4] 대부분의 실학자들이 經典의 註釋 작업을 통해 자기 사상을 표출한 반면, 최한기는 주석학의 전통을 벗어나 독립된 글쓰기 작업을 감행했기 때문이다. 당시 풍토로 보면 대담하고 독창적인 선택이었다고 볼 수 있다. 그런데 이런 몇 가지 특징이 복합적으로 작용하면서, 최한기 사상을 조선시대의

---

2) 이우성, 앞의 1971 논문과 권오영, 앞의 1999 논문을 참조했다.

3) 권오영, 앞의 1999 논문, 54~63면 참조.

4) 이우성 편, 『明南樓全集』 권1, 여강출판사, 1986, 11면 참조.

주자학과는 분명히 선을 그은 새로운 유형의 사유로 평가하기 시작했다. 최한기가 내성적인 마음이 아닌 객관대상에 주목하기 시작했고, 경전 문구에 얽매이지 않았으며 유학의 성선설조차 신봉하지 않았고, 역산·물리와 기계·기용학을 이해함으로써 낡은 주석학적 방법과 문체를 탈피할 만한 새로운 유형의 학문방법론을 제시했기 때문에 결과적으로 최한기 사상이 '탈성리학[=탈주자학]', '탈경학적'이라고 평가받게 된 것이다.[5]

---

5) 김용헌은 최한기가 성인의 한계와 경전의 오류가능성을 인정했던 점에서 기존의 전통 주자학자들과 확실히 구별된다고 평가한다. 이는 최한기의 주된 학문대상이 경전의 세계에서 객관세계로 전화되었음을 보여주는 단적인 사례라고 말하고 있다(『최한기의 철학과 사상』, 철학과 현실사, 2000, 212~213면). 한편 임형택도 바로 위와 같은 특징들 때문에 최한기의 학문이 이제 탈성리학일 뿐만 아니라 탈경학적이었다고 평가한 바 있다(임형택, 「개항기 유교지식인의 '근대' 대응 논리─혜강 최한기의 기학을 중심으로」, 『대동문화연구』 38, 성균관대 대동문화연구원, 2001, 139면; 임형택, 「정약용의 경학과 최한기의 기학─동서의 학적 만남의 두 길」, 『대동문화연구』 45, 성균관대 대동문화연구원, 2004, 6~7면). 그는 전통적인 유교적 지식인들이 고대의 이상적 성인상에 주목하여 결국 尙古的 시간의식을 가졌던 반면, 최한기에 이르러 비로소 현재[今]에 근거를 둔 개혁과 진보라는 새로운 발전적 시간의식을 갖게 되었다고도 평가했다(임형택, 「혜강 최한기의 시간관과 일통사상」, 『창작과 비평』 115(30─1), 창작과비평사, 2002, '2.기학적 시간관 [2]번'). 그러나 이행훈은 기존의 최한기 연구가 주로 전통사상과의 단절에 초점을 맞춘 점을 비판하면서, 최한기 학문의 근대적 성격을 탈성리학, 나아가 탈경학으로 규정하는 것은 문제가 있다고 비판했다(이행훈, 「최한기의 경학관과 『四書』 해석」, 『동양철학연구』 45, 동양철학연구회, 2006, 173면, 198면). 경전에 대한 주석학적 연구태도를 보이지 않는다고 해서 그의 학문을 탈경학이라고 할 수 없다는 것인데, 그 이유는 최한기가 여전히 경학적 관점을 다른 식의 글쓰기 스타일을 통해 밝히고 있기 때문이라는 것이다(이행훈, 앞의 2006 논문, 175~176면). 한편 박희병은 경전의 권위에 의존하지 않고 자신의 주장을 펼친 최한기의 글쓰기 스타일을 기본적으로는 雜記漫錄的 글쓰기 관습을 보다 확충한 것이라고 평가하면서, 그 유래가 될 만한 것으로 顧炎武의 『日知錄』과 李瀷의 『星湖僿說』 등을 선례로 들었다(박희병, 『운화와 근대』, 돌베개, 2005, 134~136면). 그러나 최한기의 경우 단순히 백과사전적으로 나열만 한 것이 아니라 특정한 주제 아래 일관된 소주제들을 배치해서 구성했기 때문에 위의 저서들과도 분명히 차이가 난다고 말한다(박희병, 앞의 2005 논문). 이로 인해 최한기의 글쓰기는 經典注疏의 형식을 벗어난 것일 뿐만 아니라 기왕의 雜記類 형식에 일관성과 통일성을 부여했던 점에서도 당대의 어떤 사례보다 특이하고 예외적인 경우라고 평가하였다(박희병, 앞의 2005 논문). 필자도 최한기가 전통적 방식의 글쓰기 스타일에서 벗어난 것은 주목할 만한 점이라고 본다. 최한기 철학의 독창성은 사유의 내용에서뿐만 아니라 글쓰기 스타일의 새로운 전형을 만들었다는 점에서도 찾아볼 수 있을 것이다.

최근의 연구성과에서도 보이듯이 최한기의 기학은 유학의 일종이라고 할 수 있다. "천인운화를 최한기는 유교의 開祖인 周公, 孔子 정신의 핵심으로 파악한다. …… 기학은 일단 儒學으로 간주될 수밖에 없다. 그렇지만 기존의 수기치인의 틀에서 벗어나서 '인식과 실현의 구조'를 그 틀로서 갖는다는 측면에서 '脫經學的'이라고 하겠다."[6] 알려진 것처럼 최한기는 세계 각국의 一統을 위해 인도 중심의 儒術이 가장 중요하다고 했고 유술이야말로 세계 인민을 일통시킬 수 있는 統民運化의 道라고 했다.[7] "유술은 곧 통민운화의 도다. 인도를 밝히고 인의를 강론하며 政敎의 導化를 열고 羣生을 통합하여 一統으로 돌아가는 것은 유술이 아니면 무엇으로 이루겠는가."[8] 이처럼 유술을 강조했기에 최한기는 인도의 대체는 五倫을 시행하고 정교를 닦아 밝히는 데 있다고 보았다. 그는 오륜이야말로 하늘이 낸 보편적인 인도며 정교란 오륜을 수행하여 백성에게 전달하는 것이기에 오륜을 폐지할 수 없다고 역설한다.[9] 이런 점 때문에 최한기의 사상을 탈주자학, 탈경학이라고 보면서도 '탈유학적'이라고 논평하지는 않았던 것으로 보인다.[10]

---

6) 손병욱, 「최한기 기학의 학문체계 탐구」, 『혜강 최한기 연구』, 사람의무늬, 2016, 53면 참조.

7) 권오영, 「최한기의 기화론과 세계인식」, 『혜강 최한기 연구』, 사람의무늬, 2016, 302면 참조.

8) 『增補 明南樓叢書』 3책, 『人政』 11권, 「敎人門」 4, '儒術', "儒術, 乃統民運化之道也. 明人道而講人義, 立紀綱而尙忠節, 貴廉讓以避奪奪, 賤貪鄙以遠恥辱, 開政敎之導化, 重生靈之褒貶, 百王損益, 統貫沿革, 世或汙隆, 而斯道長存, 統羣生歸一統, 非此術, 何以成哉". 최한기 저작 원문은 2002년 성균관대학교 대동문화연구원에서 펴낸 『增補 明南樓叢書』를 참조했다. 이하 『叢書』로 인용한다. 번역본은 민족문화추진회에서 펴낸 『국역 기측체의』(1979~1980), 『국역 인정』(1981~1982)과 손병욱의 번역서 『기학』, 통나무, 2004, 이종란의 번역서 『운화측험』, 한길사, 2014 등을 참조하였다(『기학』의 경우 조목 분절은 번역서의 범례에 따랐다.).

9) 『叢書』 3책, 『人政』 8권, 「敎人門」 1, '人道' 참조.

10) 최한기 철학을 서양근대과학과 관련해 비교 평가하는 문제만큼이나 왜곡과 오류의 위험이 많은 것이 바로 유학과 최한기의 관점을 비교 평가하는 일일 것이다. 경학도 광범위한 표현이며 유학과 떼려야 뗄 수 없는 개념인데, 단순히 최한기가 주석학적 글쓰기를 하지 않았다고 해서 그의 저작을 탈경학적이라고 말할 수도 없거니와 최한기 기학의 최종 목표

이 글은 『增補 明南樓叢書』에 수록된 여러 작품들을 통해 최한기 사상을 주자학과의 관계에서 재조명하기 위해 기획된 글이다. 주자학적 독법에서 보았을 때 최한기 사상의 어떤 측면이 좀 더 분명히 부각되는지, 그의 비판적 문제의식은 무엇이었는지 살펴보는 것이 이 글의 목적이다. 필자는 최한기 사상을 서양근대학문—근대과학—이나 西學書로 환원하거나 수렴할 수 없는 것처럼 그의 사상을 조선시대 전통학문, 즉 주자학과 완전히 단절해서 이해하는 것도 불가능하다고 본다. 오히려 中西를 아우르는 보편 학문, 동양과 서양의 학술을 소통시키는 새로운 학문을 수립하고자 했던 것이 최한기 사유의 목표가 아니었던가?[11] 그렇다면 서학을 자기 철학에서 방편적으로 잘 활용했던 것처럼, 최한기가 어떤 맥락에서 주자학을 문제삼고 비판적으로 성찰했는지 다시 묻는 것역시 유의미하다고 본다. 그동안 조선시대 주자학과 관련해 최한기 사상을 분석한 대개의 논문들은 주자학의 극복 혹은 탈주자학이라는 측면에 초점을 맞춰 논의를 전개했다. 가령 최한기 『기학』을 完譯한 손병욱은 해제에서 최한기 사유가 성리학과 어떻게 다른지 상세히 설명한다.

가 새로운 유학 혹은 유술이라고 간주한다면 어떤 면에서든 경학 전통과 기학을 의미론적으로 완전히 단절시키기도 어렵다고 본다. 최한기 철학이 전통적인 유가의 이념을 벗어나지 않았지만 자신의 학문을 통해 유가적 이념을 재천명했다고 본 김선희의 다음 논문에서는, 최한기의 기학을 보편학, 천하의 共學, 즉 인간학과 자연학, 과학과 형이상학을 아우르면서 유학의 이념을 천명한 새로운 학문적 구상[보편학]이라고 평가하고 있다. 김선희, 「최한기를 읽기 위한 제언: 근대성과 과학의 관점에서」, 『철학사상』 52, 서울대 철학사상연구소, 2014, 84~85면 참조.

11) 권오영 외 공저, 『혜강 최한기—동양과 서양을 통합하는 학문적 실험』, 청계, 2004의 저자들이 모토로 내세운 최한기에 대한 관점을 예로 들 수 있다. 최한기를 동서의 학문 전통을 숙고하면서 양자의 핵심을 종합할 만한 새로운 보편체계를 구성하기 위해 평생을 바친 인물로 평가했다. 하지만 세부에서는 동서양 학문 모두에 대해 최한기의 이해가 부족하거나 정합적이지 못했던 점을 비판한다. 이처럼 총론에서는 동서를 회통하며 시대를 앞서간 선구자로 평가하면서도, 각론에서는 서양과학을 제대로 이해하지 못했다고 비판한 연구시선의 문제점은 김선희, 앞의 2014 논문 참조. 최한기는 특정한 학문을 추종한 것이 아니라 동서양을 아우르는 보편적 담론을 만들고자 했고, 이에 부합하면 유학이든 서학이든 심지어 성리학에 대해서도 개방적 자세를 취했다고 본다.

또한 「학문 방법론을 통해서 본 기학의 구조와 성격」에서도 탈주자학이요, 실학으로서의 최한기 사유에 대해 논평했다.[12] 신원봉은 「혜강 기학에 나타난 주자학의 전환과 근대과학의 영향」에서 "혜강의 체계적 틀이 성리학적 사유를 대체하기 위해 의도적으로 정립된 것"이라고 보면서 "성리학적 틀과 연계시킬 때 그의 성격이 보다 뚜렷이 드러난다"고 주장했다.[13] 물론 대립적으로 비교하면서 둘의 차이점을 부각시켰다.[14] 김용헌도 「주자학적 학문관의 해체와 실학」에서 대상세계의 객관적 物理를 중시한 혜강 철학을 소개하면서, 주자학을 해체시킨 실학적 학문의 정점에 최한기가 위치한다고 평가한다.[15] 권오영은 새로 발굴된 자료 중 『횡결』을 분석하여 최한기가 초년에는 理學的 관점에서 心性論을 전개했지만,[16] 이런 성격은 1850년대 이후 새로운 천문학에 기반해서 운화기를 천명하면서부터 일변했다고 평가했다.[17]

---

12) 손병욱, 「학문 방법론을 통해서 본 기학의 구조와 성격」, 『혜강 최한기』, 청계, 2004(a), 322~323면.

13) 신원봉, 「혜강 기학에 나타난 주자학의 전환과 근대과학의 영향」, 『혜강 최한기』, 청계, 2004, 211면.

14) 신원봉의 두 논문(「혜강 기학에 나타난 주자학의 전환과 근대과학의 영향」, 『혜강 최한기』, 청계, 2004; 「최한기의 기학 연구」, 『혜강 최한기』, 예문서원, 2005)을 통해 최한기 사유가 1830년대와 1850년대에 변모되는 과정의 단초를 엿볼 수 있다. 특히 動靜과 理氣 개념을 대대적으로 함께 사용하던 『추측록』의 관점으로부터 靜이 아닌 완전한 動의 세계, 즉 활동운화기의 역동적 세계를 「기학」에서 주장했던 점을 신원봉이 지적한 것은 중요한 의미가 있다고 본다(신원봉, 앞의 2004 논문, 229~230면). 또한 손병욱도 「최한기의 인식론」에서 전기의 인식론과 후기의 인식론을 구분하면서 초기에 神氣를 통해 해명된 추측법이 『기학』 이후에 活動運化의 氣를 통해 보다 명료하게 제시되었다고 설명했다(손병욱, 앞의 1997 논문, 461~466면).

15) 김용헌, 「주자학적 세계관의 해체와 실학」, 『혜강 최한기』, 예문서원, 2005, 178면.

16) 권오영, 「새로 발굴된 자료를 통해 본 혜강의 기학」, 『혜강 최한기』, 청계, 2004(a), 57~63면.

17) 최한기가 1830년대 『기측체의』를 통해 神氣와 推測을, 그리고 1850년대에는 『기학』과 『인정』 등을 통해 기화[運化]와 人道의 의미를, 1860년대 이후에는 『承順事務』(1868), 『鄕約抽人』(1870), 『財敎』(1873) 등 구체적인 행사와 제도에의 적용 문제를 강조했다고 구분하여 밝힌 점은 권오영, 앞의 2004(a) 논문 참조. 권오영의 다른 논문 「최한기 氣學의 사상

氣學으로 수렴되는 최한기의 사유는 그의 새로운 氣 개념 정의에서도 엿볼 수 있는 것처럼 동시대 서구 자연과학 지식을 비판적으로 음미하고 선별적으로 활용함으로써 형성된 결과였다. 역산·물리, 기계·기용의 학문을 이해함으로써 최한기는 구체적인 유형의 형질을 지닌 기를, 실험도구를 통해 측정하고 관찰하며 수학적 증명으로 밝혀낼 수 있다고 보았다. 기존 연구에서 보이듯 지동설과 중력 및 천체의 인력작용을 설명하는 19세기 천문학 지식까지 접하게 된 최한기의 사유는 중요한 전환점을 맞이한다. 1836년 초년에『神氣通』과『推測錄』을 작성했던 무렵과 그 후 1850년대『지구전요』(1857)와『기학』(1857)을 완성했고 나아가 1860년『運化測驗』, 1867년『星氣運化』등을 작성하는 시점 사이에, 최한기 사유의 상당한 지적 변화가 발생했다는 것이다.[18] 최한기는 活動運化하는 유형한 운화를 이해하면서 천계와 지구에 관한 학설을 세우고 인도·정교를 아우르는 기학의 통합적 사유 체계를 수립하였다.

---

사적 의미와 위상」,『대동문화연구』45, 성균관대 대동문화연구원, 2004(b), 24~25면에서도 초기의 경학관을 분석했다.

18) 권오영은 최한기가 지구 공전에 대해 확신하지 못한 30년대에는 기존 성리학의 용어 가운데 하나인 '氣之流行' 혹은 '氣之運行'이라는 정도의 표현을 사용한 반면, 50년대『지구도설』등을 통해 새로운 천문학 지식을 수용한 이후부터 분명하게 '活動運化'하는 氣의 본성을 주장하게 되었다고 평가했다(권오영, 앞의 2004(a) 논문, 67면; 권오영, 앞의 2004(b) 논문, 28~29면). 또한 신원봉도 최한기가 자전설에서 공전설로 변화된 새로운 천문학 지식을 수용함으로써 대대적 관계의 動靜 개념을 버리고 活動이라는『기학』적 용어를 주장하게 되었다고 분석했다(신원봉, 앞의 2004 논문, 231~232면). 한편 김용헌은 최한기가 50년대 중반 이후 기존에 몰랐던 지동설, 즉 태양중심설의 의미를 이해하게 되었지만 여전히 천동설과 지동설 사이에서 고민했다고 설명하였다(김용헌,「최한기의 자연관」,『최한기의 철학과 사상』, 철학과현실사, 2000, 218~222면). 또한 말년에 최한기는『星氣運化』「凡例」에서 서양 천문학이 神氣의 활동운화에 대해서는 자신만큼 제대로 밝히지 못했다고 평가했는데, 이것은 서양 천문학이 천체들 간의 인력작용의 이유를 밝히지 못한 반면 본인의 氣輪說은 그 이유까지 나름대로 해명했기 때문이라는 것이다(김용헌, 앞의 2000 논문, 225~229면). 氣의 활동운화 개념은 지구 양전설뿐만 아니라 천체들 간의 氣輪 작용을 이해함으로써 도출된 개념임을 최한기 본인이 밝힌 바 있다(『地球典要』,「論氣火」). 氣輪과 氣之活動運化라는 개념의 도출에 대해서는 문중양의 선행연구를 참조할 수 있다.

이처럼 최한기는 새로워진 기 개념과 기학을 바탕으로 독특한 사유를 개진했지만, 최한기 사유의 어떤 측면은 주자학 혹은 성리학의 사유구조와 비교할 때 그 공통점과 차이점을 보다 분명히 이해할 수 있다고 본다. 최한기가 자기 사유의 프레임에 맞게 서구학문을 활용하기 위해서라도 그는 서양과 다른 지적 안목을 전제할 수밖에 없었을 것이다. 필자는 최한기 사유와 주자학에 전제된 공통된 지적 문법을 다음의 몇 가지 쟁점을 중심으로 검토하고자 한다. 運化氣[천명지성]와 形質氣[기질지성]의 위상을 구분함으로써 氣의 두 층위를 변별한 점, 전통적인 理氣·性情의 體用論을 기의 성정, 운화기의 체용론으로 변형시켜 활용한 점, 개체의 形質에 국한된 神氣를 변통하여 운화기에 부합하도록 만드는 기질[형질] 극복의 공부를 인정했고 天人一致와 萬姓一體의 수양론적 목표를 설정한 점, 인식뿐만이 아닌 나[修身]와 타인[相人] 모두의 변화를 推測法의 중요한 효과로 상정한 점 등은 주자학과의 관계에서 재음미될 수밖에 없는 쟁점일 것이다. 최한기보다 한 세대 선배였던 유학자 정약용만 해도 서학을 무시할 수 없었지만 결과적으로 시대에 맞는 유학의 재건, 새로운 유학의 정립에 헌신한 인물이었다. 이에 비해 최한기는 유술을 강조하고 오륜을 중시하는 등 유학 규범을 중시했지만 그럼에도 유학을 재건하는 것을 학문의 목표로 삼지는 않았던 것 같다. 최한기는 중국 대 조선, 서양 대 동양의 구도에서 보이는 중심과 주변의 위계나 차등이 아닌, 동서를 관통하는 일통의 보편적 사유를 지향했던 것으로 보인다.[19] 따라

---

19) 과학분야의 전문가들은 최한기의 과학사상, 천문학 지식이 당대의 서구근대과학과 비교할 때 매우 조야하며 최한기는 기학의 체계를 위해 자의적 혹은 주관적으로 서구과학지식을 오용하거나 왜곡했다고 비판적으로 평가하는 경우가 많다. 가령 박성래는 최한기의 과학사상이 서구 과학지식의 잡다한 내용들을 취사선택 없이 그대로 수용한 것에 불과하다고 비판적으로 평가한 바 있다(박성래, 「한국근세의 서구과학 수용」, 『동방학지』 20, 연세대 국학연구원, 1978, 257~292면 참고). 한편 최진덕은 최한기 사유 속에는 이질적인 두 문명의 패러다임이 뒤섞여 있기 때문에 여전히 봉합되기 어려운 틈새, 애매모호한 이중성 등이 많이 보인다는 점을 비판하였다(최진덕, 「혜강 기학의 이중성에 대한 비판적 성찰」, 『혜강

서 주자학뿐만 아니라 서학에 대해서도 마찬가지의 거리둠이 불가피했고, 반대로 서학만큼이나 주자학과의 관계에서도 유효한 지적 단초를 얻을 수 있었을 것이라고 본다. 이 점을 염두에 두면서 본문에서는 최한기 사상의 특징을 주자학적 사유 문맥과의 관계에서 재조명하도록 하겠다.


## 2. 주자학과 기학의 體用論 비교

최한기의 철학은 한 마디로 氣學이라고 불린다. 그런데 최한기 기학이 아니더라도 기 개념은 중국철학사에서 매우 역사가 오래된 것이다. 최한기도 이전 기철학과 유사하게 천지·인물이 예외 없이 기로 이루어져 있다고 보았고, 기의 다양한 형태상의 변화로 개체들의 발생과 소멸을 설명한다.[20] 또한 기철학자들이 그러듯이 주자학의 理 개념을 氣의 條理라고 명시한다.[21] 이러한 『推測錄』의 입장은 『人政』에서도 유지

---

최한기」, 청계, 2004, 161~165면 참조). 물론 그렇다고 해서 혜강 사상이 헛점 투성이의 실패한 신크레티즘(syncretism)의 한 사례에 불과하다고 비판하려는 것이 본인 논문의 목적이 아니라고 해명했지만, 결국 최한기가 지나치게 전통과의 단절을 내세우면서 새로운 사상에 몰두하고 성급하게 새로운 체계를 종합하려고 했던 점이 문제라고 비판했다(최진덕, 앞의 2004 책, 165면). 이것은 사실 동서사상을 융합하려고 한 최한기의 시도 자체가 과도한 포부였다고 평가한 셈이다. 최근 전용훈은 「19세기 조선인의 서양과학 읽기」, 『역사비평』 81, 역사문제연구소, 2007에서, 최한기가 서양과학을 서적으로 통해 공부했음에도 실험, 검증, 수학 같은 과학적 실천을 결여했고 서양과학 자체를 본질적으로 이해할 수 없었으며, 서양과학을 토대로 한 최한기의 사유의 결과는 한 번도 검증되지 못한 문자적 언설로만 남았다고 신랄하게 비판했다. 서구근대과학을 부적절하게 수용했고 자의적으로 자신의 기학 체계에 활용했다며 최한기의 사유를 비판적으로 평가한 분석 태도의 문제점에 대해서는 김선희, 「19세기 조선 학자의 자연철학에 관하여−최한기의 기륜설을 중심으로」, 『철학사상』 60, 서울대 철학사상연구소, 2016, 99~104면의 비판적 문제제기를 참조할 수 있다.

20) 『叢書』 1책, 『神氣通』 1권, 「體通」, '天人之氣', "充塞天地, 漬洽物體, 而聚而散者, 不聚不散者, 莫非氣也. 我生之前, 惟有天地之氣, 我生之始, 方有形體之氣, 我沒之後, 還是天地之氣. 天地之氣, 大而長存, 形體之氣, 小而暫滅. 然形體之氣, 資賴乎天地之氣而生長, 從諸竅而通飮食聲色, 自肢軆而通運用接濟. …… 至於萬物之氣, 同稟於天地, 函育于兩間."

21) 『叢書』 1책, 『推測錄』 1권, 「推氣測理」, '大象一氣', "氣者, 充塞天地, 循環無虧, 聚散有

된다. 그는 神氣가 一身의 주인이 되었을 때가 心이며 신기가 活動運化할 때는 性이고 신기가 외부로 발용할 때는 情이며 신기가 推測한 條理가 바로 理라고 설명한다.[22] 기의 활동과 능력에 대한 최한기의 독특한 관점은 청대의 신서적과 서학서를 접한 이후에 보다 분명해진 것으로 보인다. 청나라 魏源의 『海國圖志』, 徐啓畬의 『瀛圜志略』 등을 읽고 지구 5대주에 관한 분명한 인식을 가졌고, 1850년대 중반 프랑스 선교사 브노아(Michel Benoit)의 『地球圖說』을 접하며 지구공전설을 이해하게 된 최한기는 活動運化하는 기의 본성을 주창하였다. 그는 氣之活動運化 그리고 有形한 형질에 대한 논의가 오직 최근에 밝혀진 것으로 중국 성인들도 말한 적이 없는 새로운 논설이라고 확신했다.[23] 이것은 당시 최한기가 습득한 서구의 歷數學, 器械學, 器用學 등을 통해 유형한 기를 실험과 관찰로 측정하고 수학으로 계산할 수 있었던 점을 염두에 둔 것이다.[24] 1857년 『기학』 서문에서 최한기는 無形과 有形을 구분

---

時, 而其條理謂之理也, 氣之所敷, 理即隨有. 擧其全體而謂之氣一, 則理亦是一也, 擧其分殊而謂之氣萬, 則理亦是萬也."

22) 『叢書』 3책, 『人政』 11권, 「敎人門」 4, '心性情理', "神氣之稱, 有統括底義, 神氣之主於身謂心也, 神氣之活動運化謂性也, 神氣之隨遇發用謂情也, 神氣之推測條理謂理也."

23) 『叢書』 5책, 『明南樓隨錄』, "大體形質, 未暢露之前, 不可以天下萬事眞實道理, 向說於諸人, 縱得向說, 只以迷昧所見, 俗習所聞, 做出模糊設話, 聽之者, 亦以顓蒙見聞, 徒添疑惑, 轉成是非矣. 大體形質, 自數百年前, 始闢其端, 至百年而轉得方向, 又過百年, 而漸多証驗. …… 至於談天論地, 氣化形質, 近世之所明, 不可以中國古聖言之所未有廢, 此宇內億兆之樂取用, 是實天地運化隨時有宜也."

24) 『叢書』 5책, 『氣學』 1권, 10조목, "非器械, 無以着手乎此氣, 非歷數, 無以分開于此氣. 歷數器械, 互相發明, 庶可以認氣, 亦可以驗氣."; 『氣學』 1권 53조목, "器用學, 實出於用氣衛氣驗氣試氣稱氣量氣度氣變通氣. 比諸徒言其氣無所着手, 快有措施方略, 利用厚生. …… 冷熱器, 燥濕器, 各有所驗. 挈水器, 生火器, 亦擅其能, 儀器, 度氣之遠近高低, 稱量, 辨氣之輕重多寡, 旣有多般用氣之術. 又有器皿無窮之制. 變而通之, 通而變之, 惟在其人矣."; 『運化測驗』 1권, 「古今人言氣」, "自古及今, 四五千年, 大氣運化無少差異, 人之所見倍蓗不等. 上古只知有天道變化而疑惑乎鬼神, 中古乃知地道應天承順而埋沒乎博會, 近古人經驗稍廣, 始知氣爲天地運化之形質, 猶未及乎裁制須用. 方今果能設器械而驗試形質之氣, 因度數而闡明活動之化."

하며, 기학은 오직 형질을 가진 유형한 것만을 대상으로 有形之理를 궁구한다고 주장한다.

　무릇 기의 성은 본래 활동운화하는 것이다. 이것은 우주 안에 가득차서 터럭만큼의 빈틈도 없다. 이런 기가 모든 천체를 운행하게 해서 만물을 만들어내는 무궁함을 드러내지만, 그 맑고 투명한 형질[澄澈之形質]을 보지 못한 자는 공허하다고 하고, 오직 생성[陶鑄]의 항상된 작용을 깨달은 자만이 道라고 하고 性이라고 한다. 또한 그 소이연을 구하고자 하는 자는 理라고 하고 神이라고 한다.[25]

　主理의 학문은 운화기가 아직 밝혀지지 않았을 때 시작되었으나 오직 心理만을 숭상하여 천지의 선후와 만물의 시종을 궁구했음에도 그것을 일컬어서 理無形이라고 했다. 그 때문에 이것이 마침내 유형의 기와 부합, 증험되는지의 여부는 차치하고라도 도리어 '氣를 理라고 인식한다'고 해서 主理之學이 佛學을 비판했지만 불학 또한 기를 제대로 인식했겠는가.[26]

　'主理之學[=성리학]'을 비판하는 두 번째 인용문에서 볼 수 있듯이, 최한기는 자신의 기학이 유형의 理를 추구하며 이 점에서 무형한 心理를 숭상하는 학문과 다르다는 점을 밝히고 있다. 『기학』 서문에서 무형한 사물은 존재하지 않는다고 한 것처럼, 그는 운화기 역시 세상에서 가장 형질이 큰 것이라고 보았다.[27] 그런데 이처럼 최한기가 측정 가능한 유

---

25)『叢書』5책,『氣學』1권,「序」, "夫氣之性元是活動運化之物. 充滿于內, 無絲毫之空隔. 推轉諸曜, 顯造物之無窮, 不見其澄澈之形質者, 爲空爲虛, 惟覺其陶鑄之常行者, 謂道謂性. 欲求其所以然者, 曰理曰神."

26)『叢書』5책,『氣學』1권, 19조목, "主理之學, 起於運化氣未著之時, 專尙心理, 以窮天地之先後, 萬物之始終, 謂之理無形, 則畢竟與有形之氣, 合不合驗不驗姑捨, 反以認氣爲理, 譏訕佛學, 佛學亦豈眞認氣也."

27)『叢書』5책,『氣學』1권, 6조목, "其實運化之氣, 形質最大, 充塞宇內, 範圍天地, 涵養萬

형한 기를 강조하기 훨씬 이전에도 그는 항상 기를 근원적인 천지의 기와 개체에 국한된 형체의 기로 층위를 구분해서 이해했다. 天地氣와 形體氣 혹은 天命之性과 氣質之性, 運化氣와 人間 神氣의 구도는 최한기의 철학에서 표현을 달리 하면서 반복해서 등장한다. 『추측록』에서 최한기는 天命之性이란 氣를 부여받은 것을 말하고, 氣質之性이란 質을 부여받은 것을 말한다고 구분했다.[28] 이때 그가 말한 기와 질은 모두 氣의 상이한 두 가지 양태를 가리킨다.[29] 최한기는 저서의 소제목에서 性과 理를 가리켜 직접 氣라고 지시하고 있다.[30] 『인정』에서 그는 인간 신기의 영명함이 운화기의 영명함을 본받아야 세계의 모든 生靈과 소통할 수 있다고 말한다.[31] 『기학』에서도 최한기는 "운화유형의 기는 천인이 일치하므로 심중의 운화기로 천지운화기를 본받아야 한다."[32]고 하거나 "사

---

有."

28) 『叢書』 1책, 『推測錄』 3권, 「推情測性」, '性習有遷', "天命之謂性者, 指其受天氣也, 氣質之性, 指其稟地之質也. 性相近習相遠者, 指其隨所習而有遷也. 性旣有殊, 則其所推性而測者, 宜有不同. 然貫通三才, 則自知其同."

29) 금장태는 바로 위에서 인용한 바대로 '天命之性'이란 '天氣'를 받은 것을 말하므로 최한기가 말한 性은 결국 氣를 의미한다고 말했다(금장태, 「최한기의 인간관 연구」, 『한국실학사상연구』, 1987, 263면). 그에 따르면 최한기도 성리학의 性情說을 따르면서 性을 情의 본체라고 하거나 情을 性의 발용으로 표현하기도 했지만, 이 경우 최한기가 말한 性이란 天氣 혹은 神氣를 의미한다(금장태, 앞의 1987 책). 임형택은 새로 발굴된 『承順事務』의 초고본에 끼워진 별지 가운데 "稟受於天地運化神氣(是性也)"라는 구절을 인용해서, 최한기가 천지운화의 神氣를 품부 받은 것을 性이라고 하면서 자신의 氣學 논리로 수용했다고 평했다(임형택, 앞의 2001 논문, 136~137면).

30) 『叢書』 3책, 『人政』 9권, 「敎人門」 2, '性理皆是氣', "古今人平生敎與學, 實爲通於氣, 而氣之形質, 未暢露之前, 以性字理字虛字, 成言氣之影響, 以爲學以爲敎. 今擧氣之形質, 而究之於性字理字虛字, 皆是氣之見聞, 則未暢形質之前, 形言至此, 非聖賢不能也."

31) 『叢書』 3책, 『人政』 10권, 「敎人門」 3, '神氣學運化', "測運化之靈明, 以爲神氣之靈明, 測運化之質晷, 以爲神氣之質晷. 若無先得於運化, 而徒將神氣所思, 責驗於運化, 卽以曆驗天也. 使人之神氣, 學氣之運化, 乃可通行於宇宙生靈."

32) 『叢書』 5책, 『氣學』 1권, 6조목, "運化有形之氣, 天人一致, 以心中運化之氣, 效則天地運化之氣."

람은 일신에 국한된 기[一身局定之氣]를 가지고 天地運化之氣에 통하도록 해야 한다."[33]고 말한다. 이처럼 인간이 따라야 할 이상적인 운화기와 형체에 국한된 개체의 신기로 기의 존재론적 양태를 구별해서 인식한 점은 최한기의 일관된 입장이었다.

공전하여 만물을 생성함은 天地之氣가 하는 바요, 가르치고 배우며 이끌고 따라감은 人心之氣가 하는 바다. 心氣의 이끌고 따라감이 天氣의 생성을 거스르지 않아야 우주에서 두루 통용되고 시행된다.[34]

運化氣를 살펴서 이것을 미루어 身心之氣에 도달하고 신심의 기로써 운화를 받들어 섬기면, 인사에는 천도로 말미암은 정연한 질서가 있고, 인간이 이 천도를 궁구하면 여러 중생들을 깨우칠 수 있다.[35]

大氣에는 活動運化의 性이 있으니 곧 天地之性이다. 人物氣에도 각각 活動運化의 性이 있으니 곧 氣質之性이다. 大氣運化는 사람이 경험하는 바가 다만 지난해, 올해부터 수십 년의 운화에 미칠 뿐이지만 미루어 헤아리면 앞뒤 수천 년의 운화에 이를 수 있다. 사람의 운화는 생사간의 운화를 경험할 뿐이지만 미루어 헤아리면 宇宙人之運化를 경험할 수 있다. 이렇게 해야 天人運化之性을 알게 된다. …… 진실로 천인운화지성을 정확히 보아서 天人이 하나로 일치되면, 人氣運化는 天地運化를 쉽게 따르고 人之性은 天之性을 쉽게 회복할 것이다.[36]

---

33) 『叢書』 5책, 『氣學』 1권, 18조목, "人以一身局定之氣, 外通天地運化之氣."

34) 『叢書』 5책, 『氣學』 1권, 4조목, "輪轉陶鑄, 天地之氣, 敎學導率, 人心之機. 心氣導率, 不悖於天氣陶鑄, 可通行於宇宙."

35) 『叢書』 5책, 『氣學』 1권, 2조목, "體察運化之氣, 推達身心之氣, 須將身心之氣, 承事運化之氣, 人事由天道而有序不紊, 天道從人學而普覺群生."

36) 『叢書』 5책, 『氣學』 2권, 12조목, "大氣有活動運化之性, 卽天地之性, 人物氣各有活動運化之性, 卽氣質之性. 大氣運化, 人之所驗只及於前年今年, 以至數十年之運化, 推而測之,

위에서 살필 수 있듯이 최한기는 여러 대목에서 동일한 氣를 본래적인 운화기[대기=천기]와 개체적 차원의 형질기[심기=인기=신심지기]로 층위를 구분해서 설명한다. 천명지성[천지지성]과 기질지성 용어도 그가 『기학』에서 사용하는 '運化之氣[천기운화]' 및 '形質之氣[인기운화]'와 동일한 의미를 담고 있다.[37] 이처럼 구조적 측면에서 보면 최한기의 발언은 주자학의 理氣, 性情, 體用의 논리를 氣의 두 양태 사이의 관계로 이관한 것처럼 보인다.[38] 잘 알려진 것처럼 주자학의 체용론은 程頤(1033~1107)와 朱熹(1130~1200)에 의해 체계화되었고 이들의 관점은 중국 화엄불교의 대가였던 法藏(643~712)의 『華嚴金獅子章』, 그리고 제자 澄觀(738~839)의 『華嚴法界玄』 등에 나타난 四法界說에서 중요한 단초를 얻은 것으로 평가받는다.[39] 화엄불교에 따르면 형체가 없는 理體도 事象에 의해 顯現하는 것이어서 이 둘은 서로 떨어지면 그 존재성을 잃게 된다. 사법계에서는 理와 事의 관계가 마치 물을 떠나서 따로 波浪이 있는 것이 아니며 또 波浪을 떠나서 따로 물을 찾을 수 없는 것과 같기 때문에, 천차만별의 현상은 차별이 있는 현상 그대로가 평

---

可及於前後數千年之運化. 人之運化, 可驗生死間之運化, 推而測之, 可驗宇宙人之運化. 如是以後, 可知天人運化之性. …… 苟能的睹天人運化之性, 在天人爲一規一套, 則人之運化易循天地運化, 人之性易復天之性."

37) 『叢書』 5책, 『氣學』 1권, 6조목, "氣有形質之氣, 有運化之氣, 地月日星萬物軀殼, 形質之氣, 雨暘風雲寒暑燥濕, 運化之氣也. 形質之氣, 有運化之氣而成聚, 大者長久, 小者卽散, 無非運化氣之自然也. 形質之氣, 人所易見, 運化之氣, 人所難見. 故古人以有形無形, 分別形質運化."

38) 손병욱은 『기학』의 해제에서 최한기의 "氣質通, 運化著"라는 문구를 분석하면서 '氣一分殊', '氣通質局'이라는 용어를 사용한 적이 있다. 손병욱, 「19세기 한 조선인의 우주론『기학』」 해제, 통나무, 2004(b), 367면 참조.

39) 화엄불교와 주자학 체용론의 관계는 蘇淵雷, 「佛敎對中國古典哲學的影響」, 『佛敎與中國傳統文化』, 長沙: 湖南敎育出版社, 1988 참조. 법장과 징관의 대표 작품은 石峻·樓宇烈 外編, 『中國佛敎思想資料選編』, 北京: 新華書局, 1989, 제2권, 2책에 『華嚴金獅子章』, 『華嚴經義海百門』, 『華嚴法界玄』 등이 수록되어 있다.

등한 理體이고 평등한 一理는 理體 그대로가 바로 차별이 있는 현상과 같다고 설명한다.[40] 『이정전서』에 등장하는 정이천의 性에 대한 다음 발언은, 그것[性]이 담연평정함[體]에도 불구하고 빠른 물살이나 용솟음치는 파도[用]를 이룬다고 본 점에서 화엄의 이사무애법계를 연상시킨다. 그는 물로서의 性이 고요하거나 요동치는 다양한 물결과 파랑으로 드러난다고 보았다. 따라서 불선한 情도 결국 性으로부터 유래한 것이라고 말한다. 두 번째 인용문은 정이천이 『역전』 서문에서 주역 괘효사의 의미를 푸는 원칙을 말한 것인데 이곳에 "體用一源, 顯微無間"이라는 구절이 등장한다.

湛然平靜하여 거울과 같은 것이 물의 性이다. 그러나 모래, 자갈이나 고르지 않은 지세에 부딪혀서 급하고 빠를 물살을 이룬다든지 위로 거센 바람이 불어서 파도가 용솟음치는 것이 어찌 물의 性이겠는가. 사람의 性 가운데는 본래 四端이 있는데 또한 어찌 숱한 不善의 事가 있겠는가. 하지만 물이 없으면 파도가 있을 수 없으며 性이 없으면 어찌 (불선한) 情이 있을 수가 있겠는가.[41]

길흉소장의 理와 진퇴존망의 道가 卦爻辭에 갖추어져 있으니 그 괘효사를 미루어 보아 괘를 살피면 변화를 알 수 있으며 象과 占은 그 가운데 있다. 군자는 거처하면서 그 象을 살피고 그 괘효사를 玩味하며 활동할 때는 그 변화를 살피고 그 占을 玩味한다. …… 지극히 은미한 것이 理요, 지극히 현저한 것은 象이다. 체용은 근원이 하나이며, 은미한 것과 현저한 것 사이에는 간극이 없다. …… 내가 전하는 것은 辭다. 이

---

40) 金東華, 『佛敎學槪論』, 寶蓮閣, 1984, 247~278면 참조.

41) 程顥·程頤, 朱熹 編, 『二程全書』 권19, 「遺書」, "湛然平靜如鏡者, 水之性也. 及遇沙石或地勢不平, 便有湍激. 或豈行其上, 便爲波濤洶湧, 此豈水之性也哉. 人性中本有四端, 又豈有許多不善底事. 然無水安得波濤, 無性安得情也."

438 4부 고전자료 새롭게 읽기 II

辭로 말미암아 궁극적인 의미를 터득하느냐 마느냐는 그 사람 자신에게 달려 있다.[42]

정이천은 주역의 辭, 事, 象과 理義의 관계를 유기적으로 설명하기 위해서 '체용일원'과 '현미무간'이라는 문구를 사용했다. 그는 "理는 형체가 없으니 象으로 말미암아 理를 밝힌다. 理가 이미 卦爻辭에 드러나 있으니 그 괘효사로 말미암아 象을 살필 수 있다."고 말한다.[43] 말하자면 괘효사와 드러난 상을 통해서 은미한 理의 의미를 드러내야 하며, 理의 측면에서 보면 이미 象의 다양한 모습이 하나의 근원에 갖추어져 있다는 점을 말한 것이다. 주희는 여러 대목에서 이 구절에 대해 부연 설명했다. 정이천이 말한 '체용일원'이라는 것은 理의 관점에서 본 말인데, 이때는 理가 體가 되고 象이 用이 되어 理 가운에 이미 象이 있기 때문에 一源이라고 이해했다. 그리고 '현미무간'이라는 것은 象의 관점에서 본 말인데, 이때는 象이 현저한 것이 되고 理가 은미한 것이 되며 象 가운데 이미 理가 있기 때문에 無間이라고 이해했다.[44] 주희는 은미한 理 가운데 아무 조짐이 없는 것 같지만 삼라만상의 모든 이치가 있다고 보면서, 현저한 어떤 사물에 나아가도 理가 존재하지 않음이 없음을 강조한다.

체용일원이라고 한 것은 지극히 은미한 理의 관점에서 말한 것이니, 텅 빈 듯 아득하고 아무런 조짐이 없으나 그 속에 森羅萬象이 분명하게 이미 갖추어져 있다. 그가 현미무간이라고 말한 것은 지극히 현저한 象의 관점에서 말한 것이니 어느 事, 어

---

42) 程頤, 『易傳(程傳)』, 「序文」, "吉凶消長之理, 進退存亡之道備於辭. 推辭考卦, 可以知變. 象與占在其中矣. 君子居則觀其象而玩其辭. 動則觀其變而玩其占. …… 至微者, 理也. 至著者, 象也. 體用一源, 顯微無間. 予所傳者, 辭也. 由辭而得其義, 則在乎人焉."

43) 『二程全書』 권63, 「書啓」, "理無形也, 故因象以明理, 理旣見乎辭矣, 則可由辭以觀象."

44) 『朱熹集』 권40, 「答何叔京」, "體用一源者, 自理而觀, 則理爲體, 象爲用. 而理中有象, 是一源也. 顯微無間者, 自象而觀, 則象爲顯, 理爲微, 而象中有理, 是無間也."

느 物에 나아가더라도 이 理가 존재하지 않음이 없다. 理를 말하는 體가 먼저요 用이 뒤이지만, 생각건대 體를 들면 用의 理는 이미 갖추어져 있으니, 이것이 바로 근원이 하나가 되는 까닭이다. 事를 말하면 현저함이 먼저요 은미한 것은 나중이지만, 생각건대 事에 나아가서 理가 體임을 알 수 있으니, 이것이 바로 간극이 없는 까닭이다.[45)

체용일원이라고 했는데 체에는 비록 흔적이 없으나 그 중에 이미 용을 간직하고 있다. 현미무간이라고 했는데 밝음 중에는 이미 은미함이 구비되어 있다. 천지가 생기기 전에 이미 만물이 갖추어져 있었으니 이것이 바로 體 안에 用이 간직되어 있는 것이고, 천지가 세워지고 나서도 그 理는 천지 안에 거하니 이것이 곧 밝음 안에 은미함이 구비되어 있다는 뜻이다.[46)

體는 이러한 道理요, 用은 그것이 작용함이다. 예컨대 귀로 듣고 눈으로 보면서 저절로 이와 같은 것이 바로 理요, 눈을 떠서 사물을 보고 귀를 기울여서 소리를 듣는 것이 바로 用이다.[47)

理는 도처에 혼륜하게 있으니 마치 한 알의 씨앗에서 싹이 트고 그 싹에서 꽃이 피며 꽃이 지고 열매가 영글고 다시 씨앗을 배태하여 본래의 형태로 돌아감과 같다. 한 이삭에는 백 알의 씨앗이 있고 매 씨앗은 하나하나가 완전하다. 이 씨앗을 가져다가 심으면 한 알마다 또 다시 백 알의 씨앗을 맺는다. 낳고 또 낳아서 끊임이 없는데 처음

---

45) 『朱熹集』, 遺集 권3, 「太極圖說辨」, "(若夫所謂體用一源者, 程子之言蓋已密矣.) 其曰體用一源者, 以至微之理言之, 則沖漠無朕而萬象昭然已具也. 其曰顯微無間者, 以至著之象言之, 則卽事卽物而此理無乎不在也. 言理則先體而後用, 蓋舉體而用之理已具, 是所以爲一源也. 言事則先顯而後微, 蓋卽事而理之體可見, 是所以爲無間也."

46) 『朱子語類』 67:24(『語類』 제6권, 24조목), "程子易傳: 體用一源, 體雖無跡, 中已有用. 顯微無間者, 顯中便具微. 天地未有, 萬物已具, 此是體中有用, 天地旣立, 此理亦存, 此是顯中有微."

47) 『朱子語類』 6:22, "體是這箇道理, 用是他用處. 如耳聽目視, 自然如此, 是理也. 開眼看物, 著耳聽聲, 便是用."

에는 단지 한 알의 씨앗에서 갈라져 나온 것이다. 사물에는 모두 理가 있는데 총괄하면 단지 하나의 理일 따름이다.[48]

화엄종에서 理體[이법계]와 현상·작용[사법계]을 물과 요동치는 파도의 비유로 설명했듯이 정이천은 그것을 理[形而上者]와 象(器)[形而下者], 性과 情의 관계로 이해했고, 주희는 은미한 理의 道體와 작용[用]의 관계로 이해했다. 체용 가운데 특히 '體' 개념은 理, 道理, 形而上者 등으로 간단히 이해하기 어려운 복잡한 의미를 담고 있다. 『論語』 「子罕」에 나온 주야로 흐르는 냇가의 물을 가리키면서 정이천이 물의 흐름이 도를 체현, 체화한다고 풀이한 '與道爲體' 구절 때문에, 주희도 體 개념을 道를 외형적으로 체현, 체화한 모습이라고 풀이한 적이 있다.[49] 이에 따르면 어떤 존재의 뼈대, 골자가 바로 體인데 물 그 자체 —波浪을 갖는— 혹은 다양한 작용을 갖는 인간의 몸, 손동작이나 발동작을 갖는 신체의 손과 발 등도 모두 體에 해당된다. 그러나 앞선 세 번째 인용문에서 體를 道理라고 풀이했듯이 주희에게 體 개념은 단순히 체질이나 모양, 개물을 가리키는 것이 아니라, 어떤 개체가 발현해야 할 가장 이상적인 모습[=도체], 됨됨이 등의 의미를 갖고 있다.[50] 가령 주희는 체용을 부채[扇子]

---

48) 『朱子語類』 94:37, "此理處處皆渾淪. 如一粒粟生爲苗, 苗便生花, 花便結實, 又成粟, 還復本形. 一穗有百粒, 每粒箇箇完全. 又將這百粒去種, 又各成百粒. 生生只管不已, 初間只是這一粒分去. 物物各有理, 總只是一箇理."

49) 『論語』, 「子罕」, "子在川上, 曰: 逝者如斯夫, 不舍晝夜."; 『朱子語類』 36:123, "周元興問 '與道爲體'. 曰: 天地日月, 陰陽寒暑, 皆與道爲體. 又問: 此體字如何? 曰: 是體質. 道之本然之體不可見, 觀此則可見無體之體. 如陰陽五行爲太極之體. 又問: 太極是體, 二五是用? 曰: 此是無體之體. 叔重曰: 如其體則謂之易, 否? 曰: 然."; 『朱子語類』 6:20, "只就那骨處便是體. 如水之或流, 或止. 或激成波浪, 是用. 卽這水骨可流, 可止, 可激成波浪處, 便是體. 如這身是體, 目視, 耳聽, 手足運動處, 便是用. 如這手是體, 指之運動提掇處便是用."

50) 김진근, 「程朱의 體用論 연구」, 『한중철학』 9, 한중철학회, 2005, 53~58면 설명 참조. 體로서의 理를 用의 차원에서 실현해야 할 가장 이상적인 됨됨이나 사물의 '~다움'으로 풀이했다.

의 예로 설명한 적이 있다. 그는 부챗살과 부채 자루, 종이에 풀을 묻혀서 붙인 것들로 이루어진 부채를 體라고 한다면 그것을 사람이 흔들며 사용하는 것을 用이라고 설명하면서 "쓰기에 딱 맞게 만들어지는 것"을 體라고 하고 "바로 그런 방식으로 부채를 쓰는 것"을 用이라고 풀이했다.[51] 주희에게 用이라는 것은 그렇게 사용하도록 되어 있는 것을 그대로 사용함으로써 (理를) 체현하고 실현하는 작용이다. 눈금이 새겨진 저울도 마찬가지로 體라고 할 수 있고 원래 저울의 원리에 그대로 따라 체현하면서 사용하는 것을 用이라고 말한다. 주희에게 體는 가장 이상적인 모습, 用을 통해 실현해야 할 궁극적인 존재의 모습이라는 의미를 담고 있고, 이 점은 體를 道理라고 본 점, 理라는 것은 마치 한 알의 씨앗처럼 모든 존재, 삼라만상의 모습과 원리를 이미 간직하고 있다고 본 점에서도 잘 드러난다. 다음의『기학』인용문에서 최한기가 理의 體가 아닌 氣의 體用을 대비해서 말한 점과 천지만물–삼라만상–을 마음속에 벌려놓고 증험하려는 것의 위험성을 경계한 점을 대비해서 살펴보자.

옛날 논설은 理가 主가 되고 氣가 用이 된다. 기학의 논설은 氣가 體가 되고 理가 用이 되어, 天人이 일치하고 理氣가 결합되어 간다. …… 만약 氣의 체용에 통달하게 되면 理는 저절로 그 가운데 있게 될 것이다. 氣가 밝혀지지 않는 것을 오로지 걱정할 따름이요, 理가 밝혀지지 않는 것을 걱정할 필요는 없다.[52]

전래되어 온 德, 聖, 道, 中, 性, 天, 命, 誠, 善, 一 등의 말에 견주어 보면, 마

---

51) 『朱子語類』6:24, "只是合當做底便是體, 人做處便是用. 譬如此扇子, 有骨, 有柄, 用紙糊, 此則體也. 人搖之, 則用也. 如尺與秤相似, 上有分寸星銖, 則體也. 將去秤量物事, 則用也."; 『朱子語類』66:72, "且如這箇扇子, 此物也. 便有箇扇子底道理. 扇子是如此做, 合當如此用, 此便是形而上之理."

52) 『叢書』5책, 『氣學』2권, 74조목, "蓋古之論說, 理爲主而氣爲用. 氣學論說, 氣爲體而理爲用. 天人一致, 理氣合就. …… 若通達氣之體用, 理自在於其中. 惟患氣之不明, 無患理之不明."

음을 근원으로 삼은 것이 많고 氣化를 근원으로 삼은 것은 적다. 마음을 위주로 하면 천지만물을 하나의 마음 가운데 벌려 놓고서 바깥에 존재하는 천지만물을 증험하는 것이니, 이것은 미리 달력을 만들어놓고 하늘을 증험하는 것과 무엇이 다르겠는가. 氣化를 위주로 하여 천지만물운화의 기를 바깥에 존재하는 참된 형체들에서 얻어서 이것을 안에 저장했다가 밖으로 드러내서 사용해야 본말이 어긋나지 않는다.[53]

최한기에 따르면 기존의 성리학—主理之學—은 理를 體로 삼고 氣[器]를 用으로 삼았다. 하지만 그는 氣를 體로 삼으며 氣의 體用을 말하면 조리로서의 理는 이미 그 가운데 있다고 말한다. 운화기가 기의 근원적인 체에 해당된다면 다양한 기의 작용이 運化之理나 推測之理로 드러난다고 볼 수 있다. 앞서 등장한 천지지성, 천지운화기가 기의 본체라면 형체기, 심기, 인신운화 등은 기의 다양한 작용에 속할 것이다. 물론 이 때의 체용 관계는 본래적인 기와 변형된 기의 양태들이라고 이해할 수 있다. 최한기는 천지만물운화의 기를 외부에서 추측하는 탐구과정을 거치지 않고 내면의 무형한 理에 주목하는 성리학적 방법에 회의를 표명한다. 道理, 形而上者로서의 體가 아닌 운화기의 체용을 말한 점, 그리고 체용을 내성적 관조나 통찰이 아니라 외향적인 추측과 증험을 통해 이해할 것을 권고한 점은 주자학적 입장과 분명히 상이한 관점이라고 볼 수 있다. 다른 한편 기의 두 층위—천명지성·기질지성처럼—를 변별하고 체용논리의 기본 골격을 견지한 점, 다음 장에서 상술하듯이 개체에 국한된 형질의 기를 근원적인 운화기에 맞추면서 천인이 일치되도록 지향한 점 등은 주자학적 체용론과 공유한 전제였다고 생각한다. 최한기는 1868

---

53) 『叢書』 5책, 『氣學』 2권, 35조목, "比諸流來之言德言聖言道言中言性言天言命言誠言善言一之類, 以心爲源頭者多, 以氣化爲源頭者少. 心爲主, 則天地萬物排布於一心之中, 以驗在外之天地萬物, 何異於作歷而驗天也. 以氣化爲主, 天地萬物運化之氣, 得之于在外之眞形, 貯藏于內, 用之于外, 則本末無違."

년 『승순사무』를 작성하면서 기학적 구상을 재정비한 것으로 알려져 있다.[54] 제목 그대로 '승순사무'란 承天과 順人, 그리고 行事와 成務의 줄임말이다.[55] 그 의미는 '천의 운화기를 승순하여 따르고[承天], 사람을 순조롭게 하며(사람으로 하여금 천을 따르도록 하며)[順人], 사업을 시행하고[行事], 사무를 성취하는 것[成務]'을 말한다. 『承順事務』「神氣推測幷爲承順」에서 최한기는 추측과 변통을 통한 신기의 소통을 다시 거론한다. 기의 體와 用을 이해하고 깨달을 수 있도록 하는 『신기통』과 『추측록』의 방법을 말년 저작인 『승순사무』에 그대로 적용하면서[56] 이런 통법과 요결에 따라 운화기를 승순하고 사무를 성취할 때라야 體用이 완비된 승순, 天人이 일치되는 승순을 실현할 수 있다고 역설하였다.[57] 유형하며 측정 가능한 형질의 기와 그 기의 牽引 및 推去에 의해 형성되는 氣輪 현상까지 이해한 무렵에도, 최한기는 추측과 증험을 통해 氣의 體用, 一體之用의 실현을 강조했다고 볼 수 있다.

---

54) 손병욱, 「최한기 기학의 학문체계 탐구」, 『혜강 최한기 연구』, 사람의무늬, 2016, 54면 다음 설명 참조. "승천이 곧 천인운화의 기를 승순하는 것을 가리킨다면, 순인은 통민운화를 가리키며, 행사와 성무란 대동일통의 이상사회를 실현하는 것을 가리킨다고 볼 수 있으니, 기학의 구조와 틀을 종합하면 한마디로 '承順事務'라고 일컬을 수도 있다는 것이다."

55) 『叢書』 5책, 『承順事務』, 「序文」 참조.

56) 권오영, 「새로 발굴된 자료를 통해 본 혜강의 기학」, 『혜강 최한기』, 청계, 2004(a), 70~72면, 『承順事務』 「神氣推測幷爲承順」 설명 참조.

57) 『叢書』 5책, 『承順事務』, 「神氣推測幷爲承順」, "自成一體之用, 承順功夫, 惟在推測, 詳在推測錄. 推測提綱, 推氣測理, 推情測性, 推動測靜, 推己測人, 推物測事, 皆是承順事務之要訣. 又有神氣通爲承順事務之通法. 體通, 耳通, 目通, 口通, 鼻通, 足通, 手通, 生通, 變通, 周通, 以在神氣稟受於天者, 通在外萬物陶均之神氣, 卽知覺所得之源. 援以得於外之事物, 知覺存養於內神氣. 推測事物, 無限鍛鍊, 臨行事而發用於在外事物, 常照察于承順, 有疑則就質, 有差則規正, 是乃體用完備之承順, 天人無違之承順."

## 3. 天人一致와 四海一體를 지향한 학문

최한기 기학이 성립하는 데 중요한 계기로 작동한 것 중 하나는 알려진 것처럼 서양 천문학을 통해 습득한 지동설과 중력이론에 관한 논의들이다. 기존에 널리 유포된 동양의 天圓地方說과 地靜說 등에 견주어 보면서 서구 천문학사의 지구설과 지구양전설 등이 최한기 사유에 미친 영향을 코페르니쿠스적인 발상의 전환으로 평가했던 손병욱은, 바로 이러한 새로운 천문학 지식으로 인해 최한기 기학의 '天人一致'적 인간관은 주자학의 '天人合一'적 인간관을 넘어섰다고 주장하였다.[58] 물론 양자 사이에 19세기 천문학 지식을 알거나 알지 못한 분명한 차이가 존재했고, 이에 따라 天理와 天道 혹은 氣에 대한 이해의 내용이 상당히 달라졌을 것이다. 존재와 가치의 근원으로 상정된 天의 의미를 이해하는 탐구법과 인식론적 태도도 달랐을 것이다. 하지만 가장 이상적인 지표나 준거[준적]라고 생각한 理에 일치하는 삶[성리학] 혹은 운화기에 승순하여 天人이 일치하는 이상적 삶[기학]의 지평을 추구한 것은 오히려 양자의 유사한 학문적 목표가 아니었을까? 기학의 '천일일치'적 삶의 모습을 기술한 손병욱의 설명을 좀 더 살펴보자.

기학은 인간이 천과 하나가 되어서 살아가는 天人一致적인 삶의 방식인 天人運化를 개인이 희구하는 가장 이상적인 삶으로 설정하고, 이러한 삶을 위한 방안으로서 인간의 내면에 품부된 본성인 活動運化를 발현시켜야 한다고 보았다. 이처럼 인간이 천과 하나의 생명체가 되어서 활동운화 하는 삶인 천인운화가 가능하게 되면, 천인운화의 기준 곧 天人運化之準的을 세울 수 있다. 이것은 매사를 판별하는 보편타당한 기준이다. 이 기준에 의거하여 政敎 곧 정치와 교육을 시행하면 大同一統의 이상사회

---

58) 손병욱, 앞의 2016 책, 58면 참조.

를 실현할 수 있게 된다. 이렇게 하는 것을 일컬어 統民運化라고 한다.[59)]

최한기는 활동운화하는 기의 본성이 모든 개체에 함유되어 있다고 보았다. 이것은 주자학의 性 개념을 대체하는 혜강의 표현이라고 볼 수 있는데, 바로 위 인용문에서 인간 내면에 품부된 본성으로서의 활동운화가 바로 그것이다. 이 개체 차원의 활동운화기, 즉 神氣가 다른 개체는 말할 것도 없거니와 자연계 전체의 天地運化氣에 부응하고 승순하며 조화를 이룰 때 이 같은 상황을 天人一致의 상태라고 표현할 수 있겠고, 다른 말로 천인의 운화가 실현되어 天人運化의 準的이 세워졌다고 할 수 있을 것이다. "천과 인이 하나의 생명체가 되어서 활동운화한다"고 설명한 것처럼, 기학의 天은 생명천이며 활물로서 스스로 산출하고 변화하는 항구적이며 역동적인 존재로 간주되었다. 주자학의 天理나 道理가 정량적으로 측정될 수 없고 산술로써 분석될 수 없는 것은 분명했으며 格物致知를 강조하더라도 결국 내성적인 心의 함양과 성찰을 통해 비약적으로−豁然貫通− 파악될 수 있는 이치를 상정했다고 볼 수 있다. 이와 달리 기학에서의 天과 運化氣는 측량 가능한 가장 큰 유형의 존재이며 수량적으로 파악되는 것이고, 외부 대상들에 대한 점진적인 추측과 검증을 거쳐서 이해될 수 있는 탐구 대상이었다고 볼 수 있다. 사실 주자학에서 추구했던 理라는 것은 결국 내면의 본성[性]과 같은 것[性卽理]이었지만, 그럼에도 주희는 窮理를 위해서는 외향적인 格物의 과정이 필요하다는 점을 함께 강조하고 있다. 인간의 마음은 私意[私欲]에 은폐되어 내재된 이치를 왜곡시킬 수 있다고 우려했기 때문이다.

이 마음은 본래 虛靈하여 모든 이치가 갖추어져 있지만, 모든 사태와 사물에 대해서도 마땅히 알아야만 한다. 지금 사람들은 대부분 氣質이 치우쳐 있고 물욕에 가

---

59) 손병욱, 앞의 2016 책, 50면 참조.

려져 있기 때문에, 혼매하여 앎을 다하지 못하니 이 때문에 聖賢들이 窮理하는 것을 귀하게 여겼다."(또 말했다.) "모든 이치가 비록 내 마음에 갖추어져 있다고 할지라도, 내 마음으로 하여금 그것을 알도록 해야 한다. 지금 사람들은 여기에 마음을 두고 있지만, 일찍이 마음으로 하여금 많은 도리를 알게끔 하지 않았다. 잠시 일을 만나면 한쪽 측면에서 일을 처리하지만 다른 측면에 대해선 알지 못한다. 동쪽을 보면 바로 서쪽을 잊어버린다. 잠시라도 私意를 품게 되면 도리를 다 실현할 수 없게 된다. 이 마음을 다한 사람은 마음이 밝게 빛나서 모든 사태와 사물 상에 있어 도리에 부합하지 않는 경우가 없을 것이다.[60]

옷 입고 밥 먹으며 행동하는 것들은 단지 物인데 物의 理가 바로 道이다. 그렇다고 物을 곧 道라고 해서는 안 된다. 形而上이 道요, 形而下는 器라는 것은, 형이하인 器 속에 저 형이상의 道가 있다는 것을 말한다. …… 천지 사이에 위로 하늘이 있고 아래로 땅이 있으며 그 사이에 수많은 해와 달, 별, 산, 강, 풀, 나무, 사람, 동식물, 날짐승, 들짐승들이 있으니 이것들이 모두 형이하의 器이다. 그런데 이 형이하의 器 속에 각기 道理를 가지고 있으니 그것이 바로 형이상의 道다. 이른바 格物이라는 것은 곧 형이하의 器에 나아가 저 형이상의 道理를 窮得하는 것이다.[61]

천지 사이에 物物마다 모두 이러한 道理를 가지고 있는데 아무리 하찮은 物事라도 모두 이 도리를 가지고 있다. 생각건대 하늘이 명한 것을 性이라 한다고 했는데, 이

60)『朱子語類』60:23, "曰: '此心本來虛靈, 萬理具備, 事事物物皆所當知. 今人多是氣質偏了, 又爲物欲所蔽, 故昏而不能盡知. 聖賢所以貴於窮理.' 又曰: '萬理雖具於吾心, 還使敎他知, 始得. 今人有箇心在這裏, 只是不曾使他去知許多道理. 少間遇事做得一邊, 又不知那一邊. 見得東, 遺卻西. 少間只成私意, 皆不能盡道理. 盡得此心者, 洞然光明, 事事物物無有不合道理.'"

61)『朱子語類』66:72, "衣食動作只是物, 物之理乃道也. 將物便喚做道, 則不可. …… 形而上爲道, 形而下爲器, 說這形而下之器之中, 便有那形而上之道. …… 天地中間, 上是天, 下是地, 中間有許多日月星辰, 山川草木, 人物禽獸, 此皆形而下之器也. 然這形而下之器之中, 便各自有箇道理, 此便是形而上之道. 所謂格物, 便是要就這形而下之器, 窮得那形而上之道理而已."

도리는 오히려 형체가 없어서 안착할 곳이 없다. 다만 일용 사물 상에 도리는 바로 그곳에 존재한다. 道理와 物事는 원래 서로 떨어지지 않으니, 무릇 하나의 物에는 곧 하나의 理가 있다. …… 그러므로 精粗大小를 가리지 말고 모두 일제히 이해하면 그것들이 나의 밖에 있는 외물이 아닐 것이다[蓋非外物也]. 모두 일제히 이해해야 비로소 다 하지 못함이 없고 빠뜨림이 없이 두루 포괄할 수 있을 것이다.[62)]

주희는 인간의 마음과 모든 사물에 이치가 있다고 보았다. 形而下의 物事[器]에 나아가 形而上의 道理를 탐구하는 것을 格物이라고 말한다. 기학과 다른 점은 이런 도리가 이미 마음에 주어져 있다고 가정한 점이다. 오랜 시간 격물궁리를 거치면서 어느 순간 활연관통하면 내가 탐구해온 대상들이 외부의 物事인 것만은 아니라는 것을 깨닫게 된다고 말한다. 이것은 본성과 물리가 동일한 태극에서 연원한다고 보았기 때문이다. 주희는 『대학장구』 '격물치지 보전장'에서 格致의 탐구를 통해 어느 순간 心의 全體大用을 깨닫게 되는 상황을 이렇게 설명한다. "배우는 자에게 세상 사물에 나아가 이미 자신이 알고 있는 이치를 바탕으로 더욱 연구해서 지극한 지점에 이르도록 하면서 오랫 동안 힘쓰면 어느 순간 활연히 모두 꿰뚫어지면서 뭇 사물들의 表裏精粗에 도달하지 않음이 없고 내 마음의 全體大用도 밝아지지 않음이 없을 것이다."[63)] 이에 따르면, 주희가 경험적으로 격치하는 과정이 필요하다고 본 것도 사실이고, 그 결과 사물의 표리정조를 이해하는 것이 결국 내 마음의 전체대용을

---

62) 『朱子語類』 66:72, "天地中間, 物物上有這箇道理, 雖至沒緊要底物事, 也有這道理. 蓋天命之謂性, 這道理卻無形, 無安頓處. 只那日用事物上, 道理便在上面. 這兩箇元不相離, 凡有一物, 便有一理. …… 所以無精粗小大, 都一齊用理會過, 蓋非外物也. 都一齊理會, 方無所不盡, 方周遍無疏缺處."

63) 朱熹, 『大學章句』, 「格物補傳章」, "大學始教, 必使學者, 卽凡天下之物, 莫不因其已知之理而益窮之, 以求乎其極. 至於用力之久, 而一旦豁然貫通焉, 則衆物之表裏精粗, 無不到, 而吾心之全體大用, 無不明矣."

복구하여 회복하는 일과 같다고 본 것도 분명해 보인다.

최한기에게 格物이란 어떤 의미였을까? 다음 첫 인용문에서 보이듯이 그는 虛理를 추구하는 空談이 아니라 氣化有形의 理를 탐구하는 것이 제대로 된 '格物學'이라고 역설한다. 만사만물의 다양한 쓰임[用]에 따라 드러나는 기화유형의 이치를 경험적으로 탐구하는 것을 내세웠다. 그는 기학의 인식론, 공부법으로 추측과 측험[=추측+검증+변통]의 방법을 제시했는데 이것은 人物과 만나는 다양한 경험의 장에서 人情과 物理를 순차적, 점진적으로 이해하는 탐구법이었다. 그는 내가 품부 받은 신기의 인식 능력을 통해 인물의 인정과 물리를 하나하나 이해하려고 노력하고, 내가 이해한 것을 다른 사물에 미루어 적용하면서 그것이 천지운화기에 어긋나는지 부합하는지의 여부를 검증할 수 있다고 보았다. 나의 추측에 의해 확보한 일시적인 推測之理를 우선 見聞習染의 결과로 神氣에 저장하고, 이미 저장된 지각 내용—추측지리—을 다른 사물에 반복해 적용하면서 검증하면, 결국 대기운화의 참된 원리인 流行之理에 부합하는 앎을 깨달을 수 있다고 말한다. 사람의 신기가 외부 사물을 탐구함으로써 대기 중의 단서를 찾고, 다시 이것에 근거해 다른 사물에 적용하면 대기운화, 나아가 통민·일신운화에 대해서도 폭넓게 이해할 수 있다고 본 것이다.


천하에 걸쳐 풍토가 같지 아니하며 만사에 따라서 취하여 사용함에도 차이가 있다. …… 마땅히 그 경험한 것에 따라서 알맞게 응용해야 하니 이렇게 하는 것이 바로 格物學이다. 허리를 궁구하여 천착하는 것은 격물 중에 空談이고 기화를 잘 헤아려서 시행하는 것이야말로 격물의 참된 실천이다. …… 격물학이 기화유형의 理에 통달한다면 어찌 만물에 다양한 쓰임이 있음을 걱정하리오?[64]

---

64) 『叢書』5책, 『氣學』1권, 12조목, "遍天下, 而土宜不同, 隨民事, 而取用有異. …… 但當

운화를 알 수 있는 방법으로는 활동운화하는 마음이 항상 외부 사물에 도움을 의뢰하고 연구 사색하여 이르지 않는 곳이 없으면, 진실로 大氣 중에서 단서를 깨달아서 그것을 다른 사물에 미루어나가 찾고 사물 상에서 경험해서 이해한 것이 대기와 어긋나지 않을 때, 이것을 여러 번 시험하면서 공적을 쌓으면 비로소 대기운화를 볼 수 있을 것이다. 이것은 조금이라도 지혜가 있는 자라야 할 수 있는 것이다. 이로써 전체대용에 미루어나가면[推達於全體大用] 대기활동운화의 본성을 깨닫게 된다[見得大氣活動運化之性]. 통민운화와 일신운화에 이르러서도 점차 트이면서 활연히 이해할 수 있을 것이다[漸次開豁].[65]

지각하고 기억하는 것은 활동운화의 능함에서 생기고 포용하고 변통하는 것은 활동운화의 많음에서 생긴다. 오직 이 능함과 많음은 경험열력을 따라서 점차 성실함에로 나아갈 수 있다. 지각하고 기억하는 것은 성실하기만 하면 기억을 기약하지 않더라도 사물이 때에 맞춰 와서 제기되고, 포용하고 변통하는 것도 성실하기면 하면 변통을 기약하지 않더라도 사물이 저절로 드러나 원활하게 처리된다.[66]

최한기는 활동운화하는 인간의 마음이 견문추측을 통해 대기활동운화의 본성을 깨달을 수 있고 나아가 통민·일신운화에 대해서도 활연히 포괄적으로 깨우칠 수 있다고 보았다. 기학은 주자학처럼 심의 전체대용이 아니라 운화기의 전체대용과 본성을 깨닫는 것을 강조했다고 볼

---

從其經驗而要適用, 是乃格物學也. 窮虛理而穿鑿, 格物之空談, 絜氣化而措施, 格物之實踐. …… 格物之學, 若通氣化有形之理, 何患萬物不齊之用?"

65) 『叢書』 5책, 『氣學』 2권, 96조목, "若其可識之方, 活動運化之心常資賴於事物, 研究思索, 無所不到, 苟於大氣上, 見端倪而推尋乎物事, 事物上, 得經驗而無衛於大氣, 依此累試積功, 庶可見大氣運化. 是則梢有明慧者所能也, 推達於全體大用, 見得大氣活動運化之性, 至於統民運化一身運化, 漸次開豁."

66) 『叢書』 5책, 『氣學』 2권, 111조목, "知覺記念生於活動運化之能, 包容變通生於活動運化之量. 惟能與量, 隨經驗閱歷, 漸就誠實. 知覺記念, 在誠實上, 不期於記念, 而事物時來提起, 包容變通, 在誠實上. 不期於變通, 而事物自現周旋."

수 있다.[67] "漸次開豁"이라는 문구에서 엿볼 수 있듯이 최한기는 점진적이고 순차적인 방식으로 외부대상을 좀 더 객관적으로 관찰하고 탐구하면, 비로소 대기운화기의 전체 모습과 작용을 깨달을 수 있는 지점이 확보된다고 보았던 것 같다. 비록 견문추측과 증험이라는 탐구법의 차이가 있지만, 최한기도 지각하고 기억하는 인간 신기의 활동운화의 능력이 점차 성실해지면, 기억하고 포용하려고 억지로 작위하지 않아도 저절로 경험 대상들이 때맞춰 다가오고 원활하게 처리되는 어떤 순간이 다가온다고 가정했던 점에서, 오랜 경험열력과 견문추측에 기반한 인식론적 비약을 어느 정도 인정했다고 생각한다. 그렇다면 앎의 추구 방식과 인식 태도가 다를 뿐 공부의 점진적인 누적과정과 어느 순간 다가오는 깨달음의 비약을 통해 절대적 준거와의 합일, 천일일치적 삶을 지향했던 점은, 최한기 기학의 목적의식이 주자학의 그것과 중첩되는 지점이라고 볼 수 있겠다.

최한기는 『人政』에서 학문 조목을 다음처럼 네 부류로 구분해서 설명하였다. (내성적으로) 마음을 위주로 하는 자[主於心者], 외물을 위주로 하는 자[主於物者], 心과 物을 겸하여 함께 밝히는 자[心與物互明者], 세상의 모든 心과 物을 통합하는 자[統天下之心與物者]. 최한기는 이 가운데 10중 7~8할이 주어심자[主於心者]에 해당되고 10중 1~2할이 주어물자[主於物者]에 속하며, 심여물호명자[心與物互明者]는 적고, 통천하

---

67) 손병욱, 앞의 2016 책, 84~85면 참조. 그는 최한기가 주장한 기학적 견성[=활동운화지본성을 깨닫는 것]을 설명하면서, 인정과 물리에 대한 견문추측으로 얻어서 신기에 누적한 추측지리는 만물의 같은 점과 다른 점으로 구성되어 있는데 대동의 같은 점뿐만 아니라 개물마다의 다른 점을 함께 궁구한 것이 성리학과 다른 기학적 깨달음의 특징라고 주장한다. 필자는 이 설명에 동의하면서도 한편으로는 기학의 목적이 개물마다 다른 점을 궁구하는 데 있다고 보지는 않는다. 오히려 대동의 같은 점을 체득함으로서 천인이 일치되는 삶, 대기운화기에 승순·부합하는 것이 기학의 목표일 것이므로, 후자의 측면에서 성리학이 지향한 천일합일의 목적의식과 기학의 공유점을 인정할 수 있다고 본다.

지심여물자[統天下之心與物者]는 더욱 적다고 평가한다.[68] 물론 최한기
자신은 '통천하지심여물자'라는 점을 가정한 것인데, 그렇다면 그의 기
학도 단순한 외향적 차원의 物學만을 추구한 것은 아니라는 점을 알 수
있고, 그렇다고 내성적 성향의 심학 혹은 성리학의 전통적인 함양·존양
공부를 그대로 수용했다고 보기도 어렵다. 선행연구에선 이런 최한기의
학문적 태도를 가리켜서 "(최한기의) 기학이 경험을 중시하지만 경험론은
아니며 깨달음과 무관한 학문이 아니라는 것을 확인할 수 있다."[69]고 평
가했고 "기학은 심학이면서 물학이며 …… 심학과 물학을 나누어 어느
한쪽에 편중되지 않고 이 둘을 통합해서 조화롭게 추진해감으로써 ……
일통학문을 정립하려는 것"이 기학의 목적이라고 설명한다.[70] 『인정』의
다른 대목에서도 최한기는 反求諸己하는 내면적 공부만 해서도 안 되고
외부의 사물만 탐구해도 과불급이 생긴다고 보면서 內外 공부를 겸비할
것을 요구했다.[71] 천인일치를 지향하는 공부 방법에서도 최한기는 심학
적 공부론의 전제－理가 선험적으로 내재되었다고 본 점－를 바꿈으로
써 자신의 체계에 맞게 활용했다고 볼 수 있다.

　　최한기는 『기학』에서 활동운화의 본성이 실현되어 天人이 일치하는
삶, 즉 대기운화기에 승순하는 사람의 모습을 "宇宙諸人爲一體"라고 기
술하고 있다.[72] 이곳에서 최한기는 대기운화에 관통하면 유한한 인간
들이 생각하는 세상 시비와 선악, 생사 구별이 의미가 없어지니 이것은
인간의 일이지 운화기의 일이 아니라고 보며, 우주의 모든 사람이 곧

---

68) 『叢書』 3책, 『人政』 9권, 21조목, '學問條目'.

69) 손병욱, 앞의 2016 책, 82면 참조.

70) 손병욱, 앞의 2016 책, 81~82면 참조.

71) 『叢書』 3책, 『人政』 9권, 「敎人門」 2, '求內求外', "反求諸己, 有過不及之病, 求之於外, 有
過不及之弊. …… 惟此內外過不及之偏, 由於內外之不相通, 得之於外, 藏之於內, 發用於
外, 則不惟相證互發, 漸致明白, 庶無過不及之差."

72) 『叢書』 5책, 『氣學』 1권, 21조목 참조.

일체[宇宙諸人爲一體]라는 깨달음에 이르면 지구의 상고와 중고, 근고와 방금[今]이 모두 나에게 이어진다는 광활한 기상을 피력한다. 운화기를 매개로 우주 모든 사람을 일체로 관통하는 기상을 피력한 최한기는『승순사무』여러 대목에서도 마찬가지 문맥에서 '四海一體',[73] '一體萬姓',[74] '萬物一體'[75]의 논리를 피력했다. 전통적인 만물일체론의 또다른 버전들이라고 볼 수 있다. 최한기는 동서 인류를 관통하여 조화를 이루는 이상적 상태를 오륜의 마지막 '兆民有和'의 슬로건으로 표명하였다. 억조만민의 조화는 곧 인간 개개인이 활동운화기의 본성을 깨달아 천인이 일치되는 삶을 실현할 때 가능할 텐데 최한기는 그것을 일체만성 혹은 사해일체로 표현한 것이다. 손병욱은 기학의 깨달음을 설명하며 "천인일치에 이른 기학적 성인과 천인합일에 이른 성리학적 성인은 전혀 다른 인간상으로 드러나게 된다. 기학적 성인은 활동운화의 본성을 발현함으로써 그 삶이 역동적, 개방적, 창의적이며 매사에 활기 넘치는 양상으로 드러난다."고 주장한다.[76] 경험열력을 통해 수많은 타인과의 만남과 접촉을 상정했기에 최한기는 '조민유화'의 기치를 내걸었을 텐데, 이 점은 관조적인 내성적 경향의 심학자들이 외물로 인한 분요와 혼란을 경계했던 점과 분명히 차이가 난다. 하지만 개체의 유한성을 극복하여 천인이 일체가 되는 삶을 지향하고 그 지향의 근거로 세계[자연]의 존재론적 토대[天]를 설정했던 사유 패턴의 유사성은 인정할 필요가 있을 것 같다. 마치 정이천의 "體用一源, 顯微無間"을 연상시키듯이, 최한기는 天人이 일치되지 못한 경우는 천과 사람 사이에 간

---

73)『叢書』5책,『承順事務』,「大中小三層承順」(329면 상단),「國內國外承順大行」(348면 상단) 참조.

74)『叢書』5책,『承順事務』,「學問有害事務者」(336면 하단) 참조.

75)『叢書』5책,『承順事務』,「承順大義」(324면 상단),「三光運化之氣」(323면 상단) 등 참조.

76) 손병욱, 앞의 2016 책, 88~89면 참조.

극이 있지만, 천기와 인기는 본래 둘이 아니므로 형체의 대소를 넘어서 天人이 일치되는 깨달음을 얻어야 한다고 강변한다.

천인이 본래 둘이 아니지만 기를 보지 못하는 자는 사람의 형체 때문에 곧 천과 간격이 있어서 하나가 되기 힘들다. 비록 이끌어서 합하고자 하지만 형체를 잊고 욕심을 제거한다는 따위의 말로 천인일치의 방법을 삼는 데 지나지 않으니 위태롭다. ……천기와 인기는 둘로 나뉠 수 없으니 기를 들어 말하면 천인이 일치하고 형체를 들어 말하면 대소의 차이가 있다. 따라서 이미 기에서 얻은 바가 있다면 바로 천인이 둘이 되더라도 사람이 천을 섬기는 데 있어 안 될 것이 없다.[77]

타인과 나는 나뉘었지만 자연히 같은 점이 있는데 그것이 곧 천인운화의 기다. 이것을 사무에 조처하면 타인은 나와 같게 되고 나도 타인과 더불어 같게 된다. 만약 이것을 버리고 별도로 같은 점을 구하면서 어떤 이는 심성을 들어서 천에서 나왔으니 사람마다 모두 같다고 여기고, 어떤 이는 심성이 얻은 바의 理를 들어서 만물이 모두 같다고 여긴다. …… 반드시 천하인이 모두 품부받아서 사용하는 천인운화기로써 한다면 그 같은 점을 얻게 될 것이다. …… 이것을 일러서 大同이라고 한다.[78]

하늘을 공경하는 사람은 진실한 마음으로 이 기의 운화를 어기지 않고 하늘을 두려워하는 자는 혹시 이 기의 운화를 어기게 될까봐 두려워하고, 하늘을 섬기는 자는 이 기의 운화를 이어서 받들고, 하늘에 순종하는 자는 이 기의 운화에 감사하며 따른

---

77) 『叢書』 5책, 『氣學』 2권, 114조목, "天人本無二, 而不見氣者, 以人有形體, 與天便隔, 難得爲一也. 雖欲牽合, 不過以忘形除欲等語, 爲天人一致之方, 終是艱厄. …… 天氣人氣不可分二, 擧氣以言, 則天人一致, 擧形以言, 則大小有分. 旣有得於氣, 則雖天人爲二, 以人事天, 亦無不可."

78) 『叢書』 5책, 『氣學』 1권, 100조목, "人我雖分, 自有所同, 則天人運化氣, 擧此而措處事務, 人與我同, 亦可我與人同, 施之於一國, 一國之人可與同, 施之於天下, 天下之人可與同. 若捨此而別求小同, 或擧心性, 以爲出於天而人人皆同, 或擧心性所得之理, 以爲萬物皆同 …… 須將天下人所稟受所受用之天人運化氣, 乃得其同. …… 是謂大同."

다. 우주의 정교도 바로 이 도로 말미암아 인도된다.[79]

최한기는 천인일치를 지향하면서도, 자신의 형체를 잊고 사욕을 제거하는 정도의 전통적인 수양법, 즉 '존천리알인욕'하는 태도만으로는 천인이 부합하는 결과를 얻기 어렵다고 우려했다. 그는 천리나 인욕이 문제가 아니라, 나와 타인을 소통하고 조화시키는 천인운화지기를 궁구하라고 주장한다. 다만 천인운화를 깨닫도록 촉구하면서도 여전히 최한기는 畏天, 事天, 敬天, 順天의 태도, 天에 대한 두려움과 공경의 태도를 중시했다. 그에게 天이란 철저한 과학적 인식 대상이 아니라 외경과 섬김의 대상이었기 때문이다. 그가 비록 운화기를 유형한 형질을 지닌 측정의 대상처럼 간주하고 논의했지만, 기학의 天은 형이상학적 가치와 이념을 담고 있는 외경의 존재였다. 따라서 천인일치를 지향했을 때의 天은 서학의 과학적 안목이 아닌 유학 및 성리학과의 관계에서 조망할 때 더 많은 함의와 시사점을 제공해준다고 본다.[80] 기학에서는 존재와 가치의 근원으로 상정된 천과 천에 대한 인간의 관계는 선천적인 것이 아니라, 견문추측의 공부를 거쳐 경험적으로 형성된다고 보았다. 天人은 이념적으로 합일되거나 일치될 수 없고 오직 인정과 물리를 추구하는 인간의 행위를 통해서만 양자를 매개할 수 있다고 보았기 때문이다.[81]

---

79) 『叢書』 5책, 『氣學』 1권, 31조목, "敬天者, 誠心無違於此氣運化, 畏天者, 或恐有違於此氣運化, 事天者, 承奉此氣之運化, 順天者, 惠迪此氣之運化. 宇宙政敎, 奉由此道."

80) 임형택은 혜강학에 동양전통의 天人合一的 사고가 등장하는 것을 서구의 과학적 사고에 위배되는 것처럼 간주해 부정적으로 평가할 필요가 없다고 보았다. 임형택, 「정약용의 경학과 최한기의 기학─동서의 학적 만남의 두 길」, 『대동문화연구』 45, 성균관대 대동문화연구원, 2004, 15면 참조. 오히려 天人一致를 전제로 인간과 자연, 서양과 동양의 통일을 주장하는 최한기의 일통적 사유가 서구문명이 초래한 재앙을 반성할 수 있는 단초로 기능할 수 있다고 보았기 때문이다. 임형택, 「개항기 유교지식인의 '근대' 대응 논리─혜강 최한기의 기학을 중심으로」, 『대동문화연구』 38, 성균관대. 대동문화연구원, 2001, 155면 참조함.

81) 김선희, 앞의 2014 논문, 85~86면 참조.

최한기는 『人政』에서 "일신운화에서 교접운화와 통민운화에 이르기까지 大氣運化를 본받아야 …… 一統의 運化로 天人一致할 수 있다."고 강조한다.[82] 하지만 대기활동운화의 본성을 깨닫고 이에 부합되는 천인일치의 삶, 천인일치의 운화를 실현하는 것은 용이한 일은 아니었을 것이다. 김용옥은 최한기 사유에 '승순'이라는 막연한 연속성이 가정되어 있다고 말한다. 이 연속성은 역사의 연속성, 즉 제도의 연속성으로 나타나며 이것은 결국 인간 제도가 개선되리라는 막연한 낙관적 기대로 이어진다고 말한다.[83] 자연과학적 지식을 얻는 것과 그에 기반해서 인도와 정교의 원리를 도출하는 것은 필연적으로 연속된 문제가 아니며, 양자를 매개하는 인간의 주체적이고 구성적인 능력을 필요로 한다.[84] 이 점과 관련해 박희병은 최한기에게는 더 이상 人道와 天道가 선험적으로

---

82) 『叢書』 3책, 『人政』, 「凡例」, "人之生也, 有倫有道有事有業, 而不得其一統準的, 必有各心所主, 戕害多端, 是亦究明人道之無不搜覓, 善惡行事之無所不備也. 潛究人生, 不可違越, 惟當承順之道. 自一身運化, 至交接運化, 至統民運化, 皆效則于大氣運化, 進退遲速違合順逆, 自有運移之裁御正宜, 因勢而利導, 千百異論, 咸歸零落, 一統運化, 脗合天人, 是謂人政."

83) 김용옥, 「측인에 나타난 혜강의 생각─독인정설」, 『대동문화연구』 45, 성균관대 대동문화연구원, 2004, 87면.

84) 임형택, 앞의 2001 논문, 145면 참조. 임형택은 이 글에서 정치와 기학[천지운화기]의 관계를 해명하면서 인간의 주체적 개입을 강조했다. "인간 고유의 지적 역량 내지 사고 작용을 논하여 천지 사이의 운화의 기를 본받아서 구성하고 발현하는 형태를 말한 것이다 …… 공학적 제작뿐만 아니라 법률제도까지 모두 천지운화를 합작하여 이루어지는 것으로 주장한 논법과 같다 …… 天人一致라는 것은 인간 주체의 내부에서 오직 자연의 법칙을 준수하여 창조적으로 연출하는 것이다. 이러한 인간 주체의 창조적 연출을 가능하게 하는 것이 바로 천하의 正學이다." 이종란, 「19세기 중기 최한기의 현실인식과 정치윤리」, 『유교사상문화연구』 8, 한국유교학회, 1996, 12~13면, 17~18면. 이종란은 최한기가 자연적 질서를 본받아 인사에 실행한다고 보았지만, 자연은 인간의 사회윤리적 문제에 직접적인 메시지를 던지지 않으며 다만 인간의 인식 수준에 의해 그 원리가 상이하게 해석된다고 보았다. 이종란은 운화기를 최종준거로 삼는 최한기 사유의 논리적 방향을, 자연법에 근거한 民權의 도출에 유사하게 접근한 것으로 평가하면서 民의 평등과 생존권리의 근거를 자연(운화)에 두고 정치의 목적을 民으로 설정하기 위해서 최한기가 운화를 승순할 것을 제시한 것이라고 이해했다.

통일되어 있지 않다고 평가한다. 그는 최한기가 이성이 자연에 승순하지 않으면 안 된다고 본 점에서 서양 근대이성과 다른 자연친화적 상호주체적 세계관을 보여주었지만, 갈등과 대립이 없는 인간과 자연의 조화를 막연히 상정했기 때문에 관념적인 논의에 머물렀다고 비판했다.[85] 최한기는 대기운화에 대한 이해와 승순이 곧바로 통민운화의 문제를 지도하고 해소해줄 것처럼 연속적으로 기술했다. 하지만 天人一致가 가능하려면 천에 대한 단순한 외경과 순응이 아닌, 인간의 주체적이고 적극적인 개입과 판단이 필요하다. 최한기가 제안한 측험과 승순의 의미를 구체적으로 살펴보면서 이 문제를 검토해보고자 한다.

## 4. 주자학 窮理法과 다른 測驗法의 의미

최한기는 『人政』에서 "이학을 하는 사람이 기학에 밝으면 이학은 더욱 밝아지고, 기학을 하는 사람이 이학을 겸비하면 이학은 바르게 된다. 기학이 이학에 도움을 줄 수 있고, 이학이 기학에 도움을 줄 수 있다."[86]고 밝혔다. 심학과 물학이 겸비되어야 한다고 했듯이 성리학과 기학은 상호보완의 역할을 할 수 있다고 본 것이다. 물론 이곳에는 부분적 수용과 강한 비판의 의지가 동시에 담겨 있다. 가령 만물의 모든 이치가 인간 본성에 구비되어 있다고 본 주자학의 성즉리설과 내성적인 본성 함양법은 최한기 입장에선 심성 위주의 한정된 공부를 의미했다. 그는 안과밖을 소통시키면서 근거할 맥락을 운화에서 찾아야 하는데, 단지 마음

---

85) 박희병, 「최한기 사상에 있어서 自然과 人爲의 관계」, 『대동문화연구』 42, 성균관대 대동문화연구원, 2003, 120면, 132~134면 참조.

86) 『叢書』 3책, 『人政』 12권, 「敎人門」 5, '理氣學就質', "理學人明氣學, 則理學益明, 氣學人兼理學, 則理學得正. 氣學可使有補於理學, 理學亦可有助於氣學也.";『人政』 12권, 「敎人門」 5, '理氣學', "理學先起, 導氣學之眞的, 事勢之固然, 假使氣學先發, 必有心中推測之理, 擧而論之者."

의 천리만 말하고 사욕을 제거하라고 하거나 과불급을 없애라고 한다면 이것은 선한 마음에 의존하는 것으로 사람 마음이 선하지 않을 때는 실효가 없다고 비판한다.[87] 또한 기학에서 볼 때 성리학은 추측지리에 불과한 임시변통의 조리를 마음에 내재된 선험적 원리나 가치로 간주하는 위험을 안고 있다. 최한기는 추측과 증험을 통해 경험적으로 신기 안에 습염되고 누적된 지각 내용만을 다음 제2, 제3의 조리를 확보하기 위한 내면적 앎으로 인정했다. 그는 유학자들이 운화기에 대한 順逆으로 인간의 好惡 관념과 선악 판별이 형성되는 것을 모르고 오직 자기 심성 중에 선악과 호오가 미리 내재되어 있다고 본 점을 경계한다.[88] 이곳에서 최한기는 유학의 성선설과 인의예지설, 양지양능의 선천성 등을 기학적 관점에서 일관되게 비판하였다.[89] 선행연구에서 강조했듯이 최한기는 선악을 추측과 증험을 거친 경험적 인식의 산물로 이해했다.[90] 그는 선악

---

87) 『叢書』 5책, 『氣學』 2권, 26조목, "天人運化爲源, 事物運化爲委. 得之於外而正其內, 旣正于內以正外用, 自有可據之脈絡, 易循之軌轍. 若捨此而更求可正之方, 擧本, 則但云天理, 其次, 則除邪慾, 其次, 則無過不及, 其次, 則事物得宜, 俱系于一心之取捨. 如其心善, 則可以得正, 不善, 則何以得正."

88) 『叢書』 3책, 『人政』 8권, 「教人門」 1, '氣順逆生善惡', "此本然之好惡, 自幼至長, 有此習熟, 不及思而知好. 雖不思好而知惡, 有若自然之性, 不思而得. 然其實, 已有漸累所致也. 凡人之所見, 常忽於已往積累, 而每神奇於目前之能行, 所謂生知, 所謂不學不慮而得者, 皆出於此也. 以若顯著誠實之氣, 人常潛養於其中, 故見得未易, 而順逆亦難辨. 只以生於氣順逆之善惡好惡, 爲心性固有之本, 不知善惡好惡所由之源."; 「人政」 21권, 「用人門」 2, '辨善惡有準的', "蓋人有所稟於運化氣, 以爲命以爲生, 則承順運化, 是善是賢, 違逆運化, 爲惡爲愚. 擧此標準, 以較善惡賢愚, 自有不易之天則, 不似人人自執攸見, 難定其善惡賢愚也."

89) 『叢書』 1책, 『推測錄』 1권, 「推測提綱」, '愛敬出於推測', "孩提之童, 無不知愛其親, 無不知敬其兄, 出於推測. 未有推測, 親與兄天屬之義難知, 何暇論其愛敬? 生養於父兄之側者, 自有漬染之見聞, 至二三歲孩提時, 愛其親, 及其長也, 敬其兄. 若使出胎時, 卽爲他人收養, 不露言論氣色, 雖至十數年, 斯人何能靈通而識得? 且有天聾天盲, 雖長養於父兄之側, 何能盡其愛敬也? 是以愛敬敬兄, 實出於積年染習之見聞推測矣. 所謂愛敬出於良知良能者, 特擧其染習以後而言也, 非謂染習以前之事也."

90) 『叢書』 1책, 『推測錄』 3권, 「推情測性」, '仁義禮智', "推測之中, 自有生成之仁, 適宜之義,

을 公議의 利害에 따라서 변경할 수 있다고 보며, 타인의 시비와 물리의 순역에 근거해 증험해야지 홀로 자득한 것을 公議로 삼지 말아야 한다고 당부한다.[91] 그렇다면 기학에서 제시한 내외 겸비의 추측과 증험 과정은 주자학의 공부론과 또 어떤 점에서 상이했던 것일까?

사물이 아직 이르지 않고 사려가 아직 싹트지 않았을 때는 곧 천인운화의 기가 내 몸에 있으면서 순수한 상태로 존재하니, 이것이 중용의 이른바 中이라는 것이다. 이제 사물이 번갈아 다가옴에 사물의 천인운화의 기가 내 몸의 천인운화의 기와 서로 감응하게 되니 중용의 이른바 和라는 것이다. 이 중화의 덕을 확충하게 되면 천인운화의 기가 내 몸에 있을 때는 모두 절도에 맞고, 사물에 감응할 때는 모두 조화롭게 된다.[92]

未發之中이라는 것은 운화가 (내 마음의) 창고에 저장되어 있는 것이다.[93]

천인운화의 理는 유형의 理이고 마음 중의 意思로서의 理는 곧 무형의 理이다. 心氣는 본래 운화하는 존재로 대기운화 중에서 나누어 얻은 것이니 그 기미가 서로 감응하는 것이 마치 자식과 어머니 관계와 같다. 유형의 理를 밖에서 완전히 익힘에

---

循序之禮, 勸懲之知. 然操則存捨則亡. 人物之生, 各具形質, 而權度於這間者, 惟有推測之條理. …… 人或以爲仁義禮知, 素具於我性, 其流之弊, 遺物而只求於我, 烏可論其求得之方也? 如收聚金玉者, 自有積累而得, 非人人所可能也. 若謂人皆有收聚金玉之方則可, 若謂人皆有素積之金玉, 而不得須用則不可. 故孟子曰, 人皆可以爲堯舜, 不曰人皆是堯舜, 而不能行堯舜之道."

91) 『叢書』1책, 『神氣通』3권, 「變通」, "善惡利害, 善惡者, 公議之利害也. 利害者, 事勢之善惡也. …… 善惡利害, 豈有天定之限截, 而未有變通哉. …… 蓋善惡無定所, 取諸人之是非, 以爲準的, 驗諸物理之順逆, 以爲歸宿, 隨時扶抑, 到處章癉, 未可以一時所得, 永期無違, 又不可以自得快足, 而不顧公議也."

92) 『叢書』5책, 『氣學』2권, 2조목, "事物未至, 思慮未萌之時, 卽時天人運化之氣在身純然, 中庸所謂中也. 及其事物交至, 自有事物之天人運化氣, 與之相應, 中庸所謂和也. 擴充中和之德, 天人運化之氣, 在我皆中節, 而應於物皆和."

93) 『叢書』5책, 『氣學』2권, 66조목, "未發中乃運化庫藏."

안으로부터 감응하면 저절로 둘이 합하여 받아들이게 되므로 심중에서 형체[成形於中]를 이룬다. 밖에 있는 유형의 理와 비교하고 증험함으로써 미진한 형체를 완전히 다 드러낼 수 있다. 이렇게 축적해가면 심중의 理[推測之理]가 有形이 될 뿐만 아니라 견고해지면서 빛을 낼 것이니 이것이 바로 운화기의 理이다.[94]

최한기는 『기학』에서 『중용』 제1장의 '未發已發' 및 '中和' 개념에 맞추어 운화기를 설명한다. "事物未至, 思慮未萌"의 때에 천인운화는 내 안에 순수하게 간직되어 있고, 사태가 닥치고 사물이 다가오면 내 안의 천인운화와 사물의 운화가 서로 조화롭게 감응한다고 말한다. 나아가 '미발지중'이란 말은 운화기가 내 마음의 창고에 저장된 것을 가리킨다고도 했다. 내면에 치우친 심학적 공부의 위험성을 비판했지만, 이와 동시에 최한기는 心 내외의 공부를 강조하면서 양측−내면과 물사−을 함께 고려했다. 인간의 심기는 원래 운화기로부터 유래한 것이므로 비록 심중의 의사가 한때 무형의 理를 추구한다고 해도, 자연히 외부에서 익히는 유형의 理와 감응하고 교감하면서 결국 心中에서 구체적인 형체를 이룬다[成形於中]고 본 것이다. 심중에 형성된 有形의 모습을, 최한기는 외부의 유형의 理와 비교하면서 반복적으로 검증하면, 추측지리가 보다 분명한 유형의 상태로 변화하면서 결국 운화기의 理에 부합될 것이라고 믿었다.

최한기는 한편으론 一心을 변화의 근원으로 간주하는 사람은 모든 일을 먼저 마음에서 탐구하고 그 다음 사물을 살피니 자신을 위주로 하는 병폐에서 벗어나지 못한다고 비판하면서도, 다른 한편으로 사물의 운화를 마음 밖에서 얻어 마음속에 간직하고 상황에 따라 마음 밖으로 발용

---

94) 『叢書』 5책, 『氣學』 2권, 73조목, "天人運化之理卽有形理也. 心中意思之理卽無形理也. 心氣本是運化之物, 分得于大氣運化之中, 其幾微之相應相感如子母. 然以有形之理, 慣熟於外, 自內感應, 自有翕受, 成形于中. 又較驗于在外有形之理, 以盡其未盡之形. 如是積蓄, 心中之理, 非但有形, 至於堅固, 又生光明, 乃是運化氣之理也."

해 쓰면 운화기를 승순하는 효과가 있다고 말한다.[95] 이것은 천인운화기가 心의 內外를 관통하며 끝없이 순환하고 전혀 간극이 없다고 보았기 때문이다. 그래서 미발에도 순수하게 천인운화기가 보존된다고 말할 수 있었던 것이다. 최한기는 주자학적 공부법의 맹점과 한계를 비판하면서 자신의 기학적 공부론에서 보완책을 찾고 보다 완비된 형태의 방법론을 모색하려고 했던 것으로 보인다. 완비된 공부법을 찾고자 하는 새로운 문제의식 역시 기존의 심성 위주의 태도를 디딤돌로 삼을 때 도출 가능한 것이었다는 점에서 양자 사이의 비판적 연계성을 고려할 필요가 있을 것 같다.『중용』뿐만 아니라 최한기는『대학』의 삼강령·팔조목을 해석하면서도, 천인운화의 기를 외부에서 얻어 심중의 형체를 이루고[=格物致知] 형체화된 앎을 내면에 간직하며[=誠意正心] 때에 따라 드러내 쓰는 것[修身齊家治國平天下]을『대학』팔조목의 의미로 풀이했다.[96]

최한기는 개인의 신기가 天地의 神氣, 水土 같은 자연환경, 부모 精血에 의해 어느 정도 결정되지만 개인이 익히는 見聞·習染의 정도에 따라 변화 가능하다고 보았다.[97]『추측록』에서 밝혔듯이 최한기는 이미 알

---

95)『叢書』5책,『氣學』2권, 10조목, "蓋以一心爲萬化之源者, 凡事皆先究於心而後, 稽于事物, 主我之病所由始也. 曷若以事物運化, 得之于外, 藏之于心, 隨機而行之于外, 無主我之病, 有順天之效."

96)『叢書』5책,『氣學』1권, 98조목, "天人運化, 累驗而得之於外, 成象而藏之于內, 隨機而用之於外, 卽大學八條, 格物致知, 得之於外也, 誠意正心, 藏之于內也. 修身齊家治國平天下, 用之於外也."

97)『叢書』1책,『神氣通』1권,「體通」, '四一神氣', "旣爲人身, 宜究形質之所由生, 以達所稟神氣隨形質而有異也. 所居之水土, 父母之精血, 爲形質之根基而生成, 所習陶鑄乎天地之神氣. 大人國小人國及奇形怪像之鄕, 卽是土宜也. 就其中, 又有彊弱淸濁醜美之分, 在於精血之和合. 是故人身神氣生成之由有四, 其一天也, 其二上宜也, 其三父母精血也, 其四聞見習染也. 上三條, 旣有所稟, 不可追改, 下一條, 實爲變通之功夫.";「神氣通」1권,「體通」, '通有遲速', "就一事而通之雖同, 有速有遲, 如非稟賦之神氣, 有明昏之異, 卽是究索之用力, 有敬怠之分. 蓋所稟之明昏, 自形質言之, 父精母血成胎之後, 不可變改其質. 自功夫言之, 可將修養而變通其發用矣."

고 있는 것을 미루어 아직 알지 못하는 바를 헤아리는 推測 공부를 지속
하면 기질에 따른 한계를 극복하는 효과를 낳을 수 있다고 보았다.[98] 물
론 추측에 따른 기질극복의 과정은 人情과 物理를 通察하고 習染하는
경험적 공부를 필요로 한다.[99]『운화측험』에서 강조한 氣數測驗의 공부
법도 이와 유사한 의미를 담고 있다. 최한기는 지구에 관한 최신 학설로
인해 측험의 방법이 가능해졌다는 점을 강조한다. 測驗法도 초년에『추
측록』에서 말한 推測法을 기본적으로 공유한 것인데, 다만『운화측험』에
서는 심성이 아닌 運化氣를 염두에 두고 이 기준에 근거해서 推測하고
檢證할 것을 보다 권장했다고 볼 수 있다.[100] 최한기는『승순사무』에서
도 氣數의 測驗을 따를 것을 강조하며, 운화기의 天은 관찰 가능한 유형
한 형체를 갖고 있기에 오늘의 학문이 바른 길을 찾았다고 안도한다.[101]

---

98)『叢書』1책,『推測錄』3권,「推情測性」, '氣質私利', "氣稟之質, 有剛柔窒塞之病, 則無氣
    質而後, 無此病, 有氣質之時, 自有此病. 然惟有推移測量之術, 以剛克柔, 以柔克剛, 以通
    克塞, 如偏側幽鬱之室, 有主人而周旋變通, 未嘗有偏側幽鬱之事. …… 隨氣質而推測生,
    積累推測, 至于慣通, 能離于氣質而克己, 則庶無須用之病, 氣質則固自在, 而不能發用也.
    推測未熟, 不能離於氣質, 則視聽動用, 皆是氣質之病也."
99)『叢書』1책,『神氣通』1권,「體通」, '收入於外, 發用於外', "人情物理, 從竅通, 而得來於
    外, 習染於內, 及其發用, 施之於外, 完然有此入也出也三等之跡. 古之人, 多不言得
    來之由, 只言自內發用之端. 若詰自內所得之由, 則謂有太極之理, 自初稟賦, 而緣於氣質
    之蔽, 或有所未達耳. 然則易所謂多識前言往行, 以蓄其德也, 論語所謂多聞多見也, 大學
    所謂格物致知也, 果非收聚在外之人情物理也, 乃是祛氣質蔽之功夫也. …… 蓋人身神明
    之氣, 惟有通察習染之能, 他無摸着言論之端."
100)『叢書』5책,『運化測驗』,「序文」, "此物彼物比較而生測, 一事二事經歷而得驗測. 驗立然
    後信之篤而疑惑銷, 誠力進而明德著. 測驗不立, 平生行事率多罔昧, 多少言說俱無準的,
    知覺之明不明, 學業之成不成, 皆以測驗之有無多少爲斷. …… 自地球闡明以後, 可測驗之
    氣數漸次啓發. 自轉而爲晝夜, 輪轉而爲四時, 熱氣升而爲雲雨, 蒙氣包而接日月以成萬事
    萬物. 運化之大本自上古已然而人自不知, 由於大地大氣之測驗. 決非一人一時徒將意思而
    排布也, 統合宇宙可測驗之書籍考準於方今運化驗則取之."
101)『叢書』5책,『承順事務』,「學問與氣數參用」, "惟天不尊氣數測驗, 何以見輪攪動, 陶均萬
    物. 古者無聲無臭之天所究說, 亦無聲無臭. 今見天之有聲臭有形質, 則所究說, 有聲臭有形
    質, 萬事之大勢就正, 自有不得違越. …… 以經傳學問堅執終身."

그렇다면 추측·증험을 통해 최한기가 구하고자 했던 유형의 理, 심중의 형체 있는 앎이란 무엇을 말한 것이었을까?

일체의 공부는 그것을 연마하고 수련하는 것이 마음속[心中]에서 형체를 이루어야 잘 미루어 쓸 수 있고 잘 변통할 수 있다. …… 사람이 활동운화의 성으로써 대기 활동운화의 성을 직접 실행하려면 대기가 심중에서 형체를 이루도록 해야 한다. …… 크고 작은 사업을 경영하려면 반드시 멀고 가까운 곳의 일의 기틀과 형세가 심중에 형체를 이루도록 해야 한다. …… 모든 사물 하나하나에 이르기까지 그 일을 감당하여 처리하려면 모두 심중에서 형체를 이루어야 하니 이것이 어찌 여러 갈래로 나뉘어서 번잡스럽겠는가. 물건이 하나라도 형체를 이루면 유추하여 변통하면서 여러 사물을 함께 터득할 수 있고 상이한 종류의 것들은 일곱, 여덟 조목으로 그 요점을 뽑아서 그것을 마음속에 형체화하면, 그 나머지 것은 미루어 도달할 수 있다.[102]

그림이 충분하지 못한 것은 학설로써 그림을 보충하고, 학술이 미진한 것은 운화로써 학술을 보충한다면, 심중에서 형체를 이루는 일에 능력을 다 발휘할 수 있을 것이다. 설령 자신이 얻은 것 가운데 고인이 아직 심중에서 형체를 이루지 못한 것에서 나온 것이 있더라도 그것을 도설로 드러내면 사람마다 모두 보고 얻게 되기를 기대할 수 있을 것이다. 그림으로 형체화하기 어려운 것은 학설로써 형체를 드러내고 학술로도 형체화하기 어려운 것은 운화로써 신묘함을 전할 수 있다.[103]

---

102) 『叢書』 5책, 『氣學』 2권, 85조목, "一切工夫 琢磨鍊熟, 成形于中, 乃可善推用, 亦可善變通. …… 人以活動運化之性, 體行大氣活動運化之性, 必使大氣成形于中. …… 經營大小事業, 必使遠近機勢成形于中. …… 至於事事物物, 當其有爲, 皆要成形于中, 是豈多端紛錯在哉 一物成形, 則可推類變通, 兼得多段事物, 不同類者七八條, 擇其要而成形于中, 其餘皆可推達矣."

103) 『叢書』 5책, 『氣學』 2권, 86조목, "圖之未盡者, 以說補圖, 說之未盡者, 以運化補說, 在中之成形必其所能矣. 設有自己所得出於古人所未得成形于中, 可以圖說著之, 期致人人見得. 難於圖形者, 以說著形, 難於說形者, 以運化傳神."

최한기는 모든 공부가 심중에서 형체를 이루어야 한다[成形]고 말한다. 이 점은 구체적이고 유형한 형질의 기를 상정함으로써 자연스럽게 요구된 결과였다고 본다. 하지만 운화기가 심중에서 형체를 이룬다는 것의 의미가 무엇이었을까? 수학과 실험을 통해 물질적 대상을 탐구하는 것은 도식화할 수 있다고 해도, 윤리를 비롯한 추상적 쟁점들은 어떻게 형상화한다고 본 것일까? 형상화할 수 있어야 같고 다른 부류의 사물들을 유추해서 이해할 수 있다고 했고, 그림을 그리기 곤란하면 학설로 표현하고 학설로도 어려우면 운화로 직접 드러낸다고도 말했지만, 운화야말로 가장 형상화하기 어려운 것일 수 있다. 수학을 중시하고 실험을 강조했지만 최한기 자신이 직접 수학적 연산의 도구를 활용해서 대상을 증명하거나 논증하지 않았던 것처럼[104] 심중에서 유형의 理를 형체화해야 한다고 했을 때도 이것을 직접 형상과 그림으로 설명하지 않았던 점은 아쉬움을 남긴다. 운화기에 승순하여 얻어지는 인도와 정교, 倫綱과 經常의 의미는 有形之理의 차원에서 어떻게 형상화되고 구체화될 수 있다고 본 것일까?[105]

한편 최한기는 『기학』에서 明悟와 記繹과 愛欲의 작용을 구분하고 있는데, 신기가 밝게 깨우친 것으로 말미암아 心氣에 저장하여 기억할 수 있고 기억하고 궁구한 것으로 인해서 좋아하고 욕구함[愛欲]이 있게 된다고 보았다.[106] 주지하다시피 최한기는 인간이 가진 보편적인 욕망

---

104) 김선희, 앞의 2016 논문, 주석 57번, 주석 66번 설명 참조. 최한기가 실험과 수학 등을 중시했으면서도 문자적 언설로만 밝혔을 뿐 실제적인 과학적 실천을 결여했다고 본 평가(전용훈, 앞의 2007 논문)에 대해, 김선희는 과학과 형이상학을 아우르는 보편학으로서의 최한기 기학은 수학적 검증이나 연산을 필요로 하지 않았고 학문의 목적으로 삼지도 않았다는 점을 상술하였다.

105) 도설·학설 등의 의미에 대해선 손병욱, 『기학』 번역본, 2004, 281면, 주석 121번을 참조할 만하다.

106) 『叢書』 5책, 『氣學』 2권, 118조목. 아래 주석 109번에서 인용함. 명오·기억 작용 등 최한기의 인식론에 반영된 서학의 영향과 의미 등을 분석한 선행논문들이 많은데 본고의 핵

의 문제에 주목했던 인물이다. 그는 사람은 누구에게나 음식남녀의 욕
망이 있다고 보았고 재물과 벼슬에 대한 이욕이 있다고 인정했다.[107] 또
한 개인의 私情과 利欲에 대한 긍정적 세계관[欲世界]을 바탕으로 '利
之大同', '仁義之利'를 추구했다.[108] 말하자면 사정을 기반으로 공도를
추구한 것인데, 바로 이 대목에서 최한기는 인간의 애욕이 서로 갈등을
빚을 수 있으며 그 애욕의 문제에 앞서 명오와 기역의 차원이 있다는 점
을 상기시킨다.

　　사람의 신기는 明悟로 말미암아 기억하고 궁구함[記繹]이 있고 기억하고 궁구
함으로 말미암아 좋아하고 하고자 함[愛欲]이 있다. …… 명오가 없으면 어떻게 기
역할 것이며, 기역이 없으면 어떻게 애욕할 수 있겠는가. 대저 명오, 기역, 애욕 세 가
지는 밖에 있는 사물에서 거두어 취하고 心氣에 간직하였다가 다시 밖에 사용함에 이
른다. 인물을 교접하면서 애욕에 거스름이 있으면 싫어하고 성내며 애욕에 순순히 따
름이 있으면 기뻐하고 즐거워하니, 이것이 인물운화의 실정[情]이다. 통민정교는 애
욕을 조절하여 천하 인민의 애욕으로 하여금 각각 그 기에 맞도록 해서 서로 침해함
이 없도록 하고자 한다.[109]

---

심쟁점이 아니어서 상세히 다루지 못했다.

107) 『叢書』 1책, 『神氣通』 2권, 「口通」, '饑飽與人同', "人各有飲食之事, 又各有飲食之欲,
　　 有千萬人, 則有千萬人之飲食, 有億兆民, 則有億兆民之飲食. 我不可以獨取飲食, 而不顧
　　 念人之飲食."; 『人政』 11권, 「教人門」 4, '除物欲', "務除物欲, 不如因物欲而究明其道. 貨
　　 色科宦, 物欲之大者, 而亦是運化中事."

108) 『叢書』 3책, 『人政』 4권, 「測人門」 4, '行事, 無欲有欲', "無欲而無爲, 有欲而有爲, 有欲
　　 之中, 當分善欲惡欲貴欲賤欲. 善欲貴欲, 可用於人道之有益, 猶恐其不勇進. 惡欲賤欲,
　　 只爲自己之利, 不顧在人之害, 當喜其除却也. …… 夫人生於欲世界, 先自擇我所欲, 又測
　　 人之所欲, 善惡貴賤, 交接運化, 可以措施."

109) 『叢書』 5책, 『氣學』 2권, 118조목, "人之神氣, 因明悟而有記繹, 因記繹而有愛欲. ……
　　 未有明悟, 何以記繹, 未有記繹, 何以愛欲. 夫明悟記繹愛欲三者, 收取於在外之事物, 藏
　　 在心氣, 及其須用於外. 交接人物有逆愛欲, 則惡之怒之, 有順愛欲, 則喜之樂之, 是皆人
　　 物運化之情. 統民政教, 弛張愛欲, 要使天下人民愛欲, 各當其氣, 無相侵害."

최한기는 대다수 衆人이 아직 운화기를 이해해서 천인의 준적을 깨닫지 못하면 교접운화에서 자타 간의 이해관계를 고르게 조절하기가 어렵다고 보았다. 그는 아직 衆人의 앎과 이해가 내외를 통관하여 나와 타인을 화합시키는 인도의 대체, 즉 천지운화기를 충분히 추측하기 어렵다고 판단한 것 같다.[110] 이 때문에 수만 가지 가지런하지 못한 人氣를 고르게 만들고 상이한 인기가 서로 침해하지 않도록 人主가 典禮와 刑律을 만들어 통제하고[111] 선조와 君師가 대중으로 하여금 운화기를 이해하고 승순하도록 이끄는 모범을 보이며[112] 운화기를 먼저 이해한 뛰어난 현준을 관리로 선발해서 만민을 교화하는 책무를 맡겨야 한다고 말한다.[113] 이처럼 대기운화와 통민운화를 이해하는 정도가 다르지만, 최한기는 만민운화가 모든 사람에게 잠재적으로 주어져 있다고 보았기에[114] 한편으로는 다양한 중인의 견해를 모아 추측하면 公論이 그 가운데서 산출되고, 나와 타인 간의 상이한 추측과 변통을 잘 취합하면 앎의 진보가 가능하다는 점을 인정했다.[115] 최한기는 자신을 먼저 測己해야 타

---

110) 『叢書』 3책, 『人政』 2권, 「測人門」 2, 總論, '從衆違衆', "衆人之見, 不能統觀物我, 惟恃有己, 此所以見不及於人道. 容貌雖美, 而不能就人道之美, 辭色雖好, 而不能就人道之好, 竟使容貌辭色之美好, 歸於暴棄. 又不能統觀天人和合成就之運化道理, 的實依據, 接湊脉絡, 至使人道經常, 罔昧大致矣. 苟有拔萃之人, 見得人道氣化, 豈欲故違於衆人也? 衆人之所不見, 獨能見之."

111) 『叢書』 5책, 『氣學』 1권, 40조목, "人主統率萬姓, 體氣化之裁御萬物, 齊人氣之有萬不齊, 俾無相侵相害, 各安其所其業. 不可不制置典禮, 以定人氣之遵行次序, 修明刑律, 以防人氣之違越僭濫."

112) 『叢書』 3책, 『人政』 4권, 「測人門」 4, '行事, 是非', "氣化者, 生之本也. 先祖者, 身之本也. 君師者, 敎之本也. 承順乎三本是也, 違越乎三本非也."

113) 『叢書』 3책, 『人政』 16권, 「選人門」 3, '運化選擧', "天以一氣運化, 生長萬物, 國以選擧賢俊, 敎養萬姓. 苟使選擧賢俊, 效則一氣運化, 上下綱紀, 無有違越, 才德天分, 循序而進, 小才不敢先大才, 小德自然後大德."

114) 『叢書』 5책, 『氣學』 2권, 51조목, "萬民運化, 各自具於其身."

115) 백민정, 「최한기 정치사상의 재조명」, 『혜강 최한기 연구』, 사람의무늬, 2016에서 필자는 자타 간의 수많은 추측을 바탕으로 최한기가 어떻게 공의를 수렴하고 창출한다고 보았

인도 測人할 수 있으며, 나와 타인의 견해를 모아 공론을 산출하는 올바른 추측을 진행하려면 애증 때문에 편폐되어서는 안 된다는 점을 강조한다.[116] 외부로부터 얻는 明悟와 마음에 저장하는 記繹이 잘 이루어져야 愛欲을 조절할 수 있지만, 거꾸로 애욕에 의해 가려지지 않아야 타인의 추측과 나의 추측을 소통시키며 올바른 明悟 상태로 변통할 수 있다고 본 것이다. 이 점에서 최한기가 제시한 추측과 검증·변통 공부는 인식론적 층위에만 머물지 않고 심성 상태를 변화시키는 윤리적 함의까지 동반했다고 볼 수 있다.

測人의 도리를 모르면 남을 살필 수 없고 자신을 수양할 수도 없다. …… 헤아릴 때는 반드시 兩端을 비교해서 實을 따르고 虛를 버리며 많은 것을 따르고 적은 것을 버려서 편폐되는 탄식을 남기지 말고 적확한 판단을 내려야 한다. 그러면 남과 내가 서로 변통할 餘望이 있고 貴賤의 구분과 나뉨에 條理가 있어서 남을 살피고 자신을 수양하는 두 일이 모두 적절해진다. …… 남을 살피는 것을 논하여 수신하는 도리를 얻고 수신을 미루어서 남을 살피는 방법을 밝히면, 이것을 일러 남과 나를 화합하고 저것과 이것을 함께 측량하는 도리라고 말한다. 떨어진 것을 합치고 합친 것을 떨어지게 하는 사이 神氣가 서로 통하여 精熟해지고 경험이 갖추어져서 融和되어, 修身과 相人을 아울러서 관찰하는 것이 바로 測人의 도리다. …… 하물며 測人의 대도는 장차 그것으로써 成就함이 있게 하려는 것이지 단지 측인에 그치려는 것이 아니니, 측인

---

는지 이 문제를 다룬 바 있다.

116) 『叢書』 3책, 『人政』 1권, 「測人門」 1, 總論, '一統測', "自己容貌, 縱難自見, 自己行事, 可以自見. 先有得於自己之測, 乃可以測人. 自己行事, 不能以公心反觀, 易陷於偏蔽, 其所測人, 亦難免愛憎之蔽. 無論在己在人, 集衆見合公論, 乃是測也. 測宜廣, 不宜狹, 測貴遠, 不貴近 …… 皆有測人之諸具, 各有可測之事物. 有千萬人, 則千萬人皆有測, 有億兆民, 則億兆民皆有測. 甲之所測, 乙不能測, 丙之所難測, 丁或容易測, 得優劣淺深, 又有倍蓰之不等. 然箇中有天氣人道一統之測, 提挈億兆之測, 建其有極, 派分億兆之測, 充其範圍. 明此一統之測, 導率未達之測, 爲聖爲賢, 不知一統之測, 雖有一二端善測, 未免下類."

의 준적은 남과 나를 화합시키는 데 있다.[117]

    최한기는 "測人의 도리를 모르면 남을 살필 수도 자신을 수양할 수
도 없다."고 말하며, 추측의 이해 과정이 동시에 자신을 바꾸는 윤리적
행위로 변모된다고 말하고 있다. 모든 대소사가 나와 타인이 함께 이루
는 협업이기 때문에 測人의 도는 측인하는 인식론적 행위에 그치지 않
고 나와 타인을 변화시키는 새로운 성취를 낳는다고 본 것이다. 최한기
는 이런 추측의 수렴과정을, 운화기를 염두에 둔 통민운화의 형성과정
으로 이해했던 것으로 보인다. 서로 다른 중인의 추측을, 보편적으로 공
유할 만한 유사한 추측으로 수렴하면서[會其異測而歸於同測][118] 그는
중인의 의견이 상호 관계에서 경험적으로 변통되면서 공론을 형성하는
것으로 이해했다. 추측과 증험의 목적을 삶의 윤리적 변화와 공존으로
상정했던 점에서, 최한기의 측험법은 유학의 전형적인 문제의식을 담고
있었다고 본다. 최한기가 相人[測人]과 修身[測己]으로써 '同測'을 구성
하면서 윤리적 지향점을 설정했을 뿐만 아니라 그 결과 얻어낸 인도의
핵심을 倫綱으로 표명한 점도 유교 지식인으로서 최한기의 정체성을 잘
보여준다. 그는 운화의 조처가 지금[方今]을 따라야 하지만 經常과 倫
綱은 불변하는 떳떳한 이치라고 보았고[119] 운화기를 따를 때 가장 먼저

---

117) 『叢書』3책, 『人政』1권, 「測人門」1, 總論, '合人己爲測', "不識測人之道, 不可以相人,
不可以修身. …… 測必參於兩端, 從其實捨其虛, 從其多捨其寡, 勿留偏廢之欸, 擧其確
之見. 人己有變通之餘望, 貴賤有分開之條理, 相人修身, 兩得其宜. …… 論相人而得修身
之道, 推修身而明相人之術, 是謂參合人己, 測量彼此之道也. 離而合之, 合而離之之間,
神氣相通而精熟, 經驗備至而和融, 修身相人, 并測兼察, 卽測人之道也. …… 凡天下事
務, 大而學問政敎, 小而閭閭産業, 有何不兼人己而成就者乎. 修己治人, 成己成人, 因人
濟事, 皆是也. 況測人大道, 爲將測之而有成就, 非但測人而尼之, 則測人準的, 在於合人
己."

118) 『叢書』3책, 『人政』2권, 「測人門」2, 總論, '測之同異' 참조.

119) 『叢書』5책, 『氣學』2권, 68조목, "衆庶之習染在古, 運化之措處在今. 古今無違者, 經常

해야 할 일은 모든 행위의 으뜸인 효라고 단언한다.[120] 또한 "통민운화에는 천자·제후로부터 경대부·사에 이르기까지 존귀하고 비천한 등급이 있는데 이것은 운화의 일에서 말미암는다. 근본과 말단, 마음을 쓰는지, 힘을 쓰는지 여부에 따라 차례대로 등급이 있다."[121]고 했듯이, 운화기에 승순한 사회적 자아의 신분관념을 그대로 노출하고 있다. 우주만국이 서로 다른 것은 풍토와 물산이며 크게 같은 점은 신기운화인데, 최한기는 기화의 실마리를 따라 천지운화에 이르면 만국의 윤강과 정교가 크게 같아지면서 심지어 풍속도 大同에 이를 것이라고 낙관한다.[122] 최한기가 오랜 추측과 증험의 결과로 얻은 유술의 이념에 대해 만국인들이 공감할 수 없었을지도 모르지만, 기학의 특성상 개방적인 결말, 열린 사유의 구조를 상정한 점에서 측험법의 의미를 긍정적으로 음미할 수 있는 여지가 있다고 본다.

## 5. 주자학 전통과 최한기 사상의 거리

최한기는 지구에 관한 최신 학설에 기반하여 氣數測驗의 탐구방법을 제안했고 이것이 일국이 아닌 만국인에게 통용될 수 있다는 점을 믿어 의심치 않았다. 이 때문에 "중국과 서양을 氣化를 통하여 절충하면 宇內의

---

倫綱也."

120) 『叢書』 5책, 『氣學』 2권, 22조목, "承順運化, 擧其所當先者孝, 爲百行之元."

121) 『叢書』 5책, 『氣學』 2권, 32조목, "統民運化, 自天子諸侯至卿大夫士, 尊卑等級由於運化之事. 自有擧本逮末, 役心役力, 挨次傳達之等級也."

122) 『叢書』 5책, 『氣學』 1권, 73조목, "宇宙萬國所異者, 風土物産, 大同者神氣運化. 散處人民, 因其小異者, 以爲細行習俗, 承其大同者, 以爲倫綱政敎. …… 見聞漸博, 取捨在實. 簡策搜閱, 尋其氣化之端, 事物經驗, 取其氣化之合. 積累之功成人氣之運化, 推達之效及天地之運化. 遠國之人無異同國之人, 異邦之俗可歸大同之俗."

학도가 모두 동문생이 된다."고 했고[123] "세상의 다양한 사물을 경험하여 기화를 알면 이것은 치우침 없는 기화가 될 것이고 각국의 민생을 추측하여 인도를 수립하면 이것은 사사로운 일신의 인도가 아니다."라고 역설한다.[124] 그는 『지구전요』에서도 세계 각국의 인물들이 지구의 사무를 조목별로 분류하고 선별해서 깊이 탐구하며 인도의 經常을 분명하게 설명하고 정교의 化行을 수립하면 지구의 인생도리를 잘 이해할 수 있을 것이라고 말한다.[125] 최한기는 사람들이 지구 표면에 함께 공생하면서 지구의 旋轉에 의지하고 氣化에 승순하면서 평생을 보내는 것은 예나 지금이나 모두 동일하다고 보았다.[126] 이런 점에서 그는 지구 각국의 인물들이 대기운화의 원리를 이해하고 승순하면서 宇內의 조화, 兆民有和를 달성하는 과업에 함께 참여할 수 있다고 믿었다. 『承順事務』「中西通用氣數道理」에서 최한기는 천지운화가 중국과 서양에 차이가 없으므로 東西 백성들은 모두 기화를 따라 승순해서 사해의 승순사무를 통일시켜야 한다고 역설하고 있다. 『승순사무』에서 최한기가 여러 차례 四海一體, 一體萬姓의 슬로건을 내세운 것도, 지구인들이 천지운화기를 체득하여 운화에 따른 삶에 동참할 수 있다고 가정했기 때문일 것이다.

천지운화는 중국과 서양이 조금도 다름이 없으므로 중국과 서양의 백성들이 승순을 따라서 행함도 또한 같지 않음이 없다. 대세가 이와 같다면 그 나머지 같지 않은 것들은 평소 탐구하는 기수도리에 약간의 착오가 있었던 것이 아니면, 반드시 제도 절

---

123) 『叢書』 3책, 『人政』 12권, 「敎人門」 5, '立本有偏黨', "中國西法, 通氣化而折衷, 宇內學徒, 爲同門生."

124) 『叢書』 3책, 『人政』 8권, 「敎人門」 1, '根基標準.' 참조.

125) 『叢書』 4책, 『地球典要』, 「地球典要序」, "當於宇內人物, 關涉地球之事務, 條別勸懲, 硏習須用, 明言人道之經常, 樹立政敎之化行, 足可謂認地球之人生道理也."

126) 『叢書』 4책, 『地球典要』, 「地球典要序」, "夫人共生於地球之面, 資旋轉而乘氣化, 以度平生."